U0894730

京津冀都市圈协同发展与合作共治研究

A Study on the Collaborative Development and Co-governance of the Beijing-Tianjin-Hebei Metropolitan Area

王玉海　等　著

中国财经出版传媒集团

经济科学出版社
Economic Science Press

图书在版编目（CIP）数据

京津冀都市圈协同发展与合作共治研究 / 王玉海等著.
—北京：经济科学出版社，2020. 3
ISBN 978 - 7 - 5218 - 1366 - 1

Ⅰ. ①京…　Ⅱ. ①王…　Ⅲ. ①城市群 - 协调发展 - 研究 - 华北地区 ②城市群 - 经济合作 - 研究 - 华北地区　Ⅳ. ①F299. 272

中国版本图书馆 CIP 数据核字（2020）第 037679 号

责任编辑：杜　鹏　刘　悦
责任校对：刘　昕
责任印制：邱　天

京津冀都市圈协同发展与合作共治研究
王玉海　等著
经济科学出版社出版、发行　新华书店经销
社址：北京市海淀区阜成路甲 28 号　邮编：100142
编辑部电话：010 - 88191441　发行部电话：010 - 88191522
网址：www. esp. com. cn
电子邮箱：esp_bj@ 163. com
天猫网店：经济科学出版社旗舰店
网址：http：//jjkxcbs. tmall. com
固安华明印业有限公司印装
710 × 1000　16 开　19. 5 印张　330000 字
2020 年 5 月第 1 版　2020 年 5 月第 1 次印刷
ISBN 978 - 7 - 5218 - 1366 - 1　定价：88. 00 元
（图书出现印装问题，本社负责调换。电话：010 - 88191510）

前　言

城市化的集群发展是我国经济发展进入21世纪的显著特征。近年来，中国的城市化出现了以大都市区化和都市圈为特征的城市空间布局集聚化趋势。在这种趋势背景下，一个以中央政府为引导、以地方政府为主导、以一定相邻地域为对象范围的区域发展战略规划成为近年来引人注目的经济发展现象。

我国从“十一五规划”开始，全面实施区域发展总体战略，批复了多项意在加强区域内部协同发展的规划。2009～2014年，已有53个国家战略性区域规划获批，尤其是2009～2011年，区域规划密集出台，分别出台了12个、9个和16个“国家战略性”区域规划，此后区域规划不再全面密集铺开，而是有针对性地提出。

根据已经批复的区域经济发展规划，一个以城市为主体、以相邻区域为范围的集群化板块式区域发展格局也已渐趋明朗。在此基础上，2014年提出重点实施“一带一路”倡议，以及京津冀协同发展、长江经济带两大战略，2017年“粤港澳大湾区”正式上升为国家战略，接力珠三角地方规划。这是部署优化经济发展空间格局的重要举措，也是中国经济步入新时代的经济增长动力源。

2017年8月，中国发展研究基金会课题组（以下简称“课题组”）发布了研究结果：长三角、珠三角、京津冀、海西、山东半岛、中原、武汉、长株潭、关中、成渝、辽中南、哈长等12个城市群聚集了中国经济总量的80%，而总面积占比不到20%，人口却占60%多。课题组称，过去10年，这12个城市群占全国经济的份额增加了近11个百分点，可以看出，中国经济集聚的趋势也是中国经济增长动力所在。其中，长三角、成渝、京津冀、中原、海西份额增长最多。环渤海3个城市群占中国经济份额21%，长三角占20%，珠三角含港、澳地区约占9%，这3个湾区总计占全国份额的50%。

近年来，重点区域规划已覆盖了全国国土面积38%的区域。2014年《国家新型城镇化规划（2014－2020年）》提出以城市群为主体形态的城镇化发展路线，要“以城市群为主要平台，推动跨区域城市间产业分工、基础设施、环境治理等协调联动”。“十三五”规划纲要指出，“加快城市群建设发展”。2018 年 11 月，中共中央、国务院发布了《关于建立更加有效的区域协调发展新机制的意见》，提出要推动国家重大区域战略融合发展，以“一带一路”倡议，京津冀协同发展、长江经济带发展、粤港澳大湾区建设等重大战略为引领，以西部、东北、中部、东部四大板块为基础，促进区域间相互融通补充。并提出要更为重视区域空间层面的协同发展和协调发展。2019 年 2 月，国家发展改革委又专门发布了针对都市圈发展的《关于培育发展现代化都市圈的指导意见》，提出到 2035 年形成若干具有全球影响力的都市圈。

这些区域发展战略的出台，表明中国经济正在发生一个质的变化。城市化、工业化从小板块向大板块集聚，市场发展产生了统一的需要，产业发展产生了规模集聚的需要，资源组合产生了配置效益的需要。这些区域板块有可能成为未来中国经济发展新的增长点，意味着中国经济已进入以都市圈城市群为主导的整体竞争新时代，这既不同于改革开放之初以地方行政区为主导的“点状”竞争，也不同于市场经济下以企业为主体的产业链“线状”竞争，而是多元地方政府介于其中的区域板块间的“整体”竞争。

京津冀都市圈是中国都市圈兴起的典型代表。一方面是中国城市化发展的体现，反映了从初级城市化到高级城市化，由单个城市到城市群发展再到都市圈递进的必然规律；另一方面体现了地域差异的不同特色，反映了京津冀地区都市圈的显著特点。京津冀都市圈的形成有自己的三个特点：一是围绕首都功能的定位与功能的设置，这是本区域都市圈形成发展的核心，换句话说，今后首都功能的优化将超越北京市，而着眼于京津冀全域进行全面布局。二是京津冀三地行政区划范围不变，但在内部架构上需进行空间布局调整，其中最为典型的是雄安新区的设立和北京城市副中心的设置，这将成为撬动京津冀协同发展的支点。三是提出以区域协同的思路来推动京津冀都市圈的融合发展，相对于以前提到的协调发展和区域一体化，更加强调共同的发展目标和京津冀整体的共享发展与合作治理。

京津冀协同发展的提出预示新时代我国区域发展也进入新的历史时期。区域协调发展战略转变为区域协同发展战略，不仅区域板块结构发生了根本的改变，而且不同尺度的经济组织关系也产生出新的业态和形式，以前的东、中、西、东北四大板块进一步演化为“两横三纵”的城市群架构，城市群都市圈内外的产业集群还渗透着虚拟的互联网体系及平台经济。于是除了区域之间的协调之外，还要探究城市群都市圈内部的区域协同发展模式，而且随着区域板块的形成，跨行政区的跨区域治理问题也将提上议事日程。这一区域空间经济架构的形成，不仅能为高质量的增长打开发展空间，而且还为将来发展奠定微观基础，也将塑造未来中国经济发展的新格局。

以京津冀为代表的都市圈（或城市群）是区域协同发展战略的区域形式载体。这其中，协同发展是区域发展的总要求，内含着产业的集群和人口的集中以及城市功能的提升。主体功能区战略和国土规划是本底，“四大板块”为基础，“三大战略”为引领，城镇化战略为导向，目的是形成不同的区域发展模式，在区域协调互动与对外开放中相互促进相互支撑，提升优势区域整体实力和竞争力，实现构建区域都市圈或城市群发展共同体的目标。

京津冀协同发展的核心是协同发展机制和合作共治机制。这是一个全新的探索领域，都市圈的形成势必会打破既有行政区划及其权力科层结构。以京津冀协同发展为例，出现许多三地综合公共性问题，相关部门难以解决。因此，亟须切合中国和地区实际，探讨能够包容多元利益主体参与的协同发展机制与合作共治机制。本书以京津冀地区的协同发展为对象，探究如何形成协同发展机制和合作共治机制，以期对全国城市群都市圈的形成发展起到引导示范的作用。

本书聚焦于京津冀协同发展机制与合作共治机制的形成。试图以京津冀都市圈为对象，剖析都市圈的协同发展与合作共治机制。我们把利益主体与区域空间结合起来观察，认为京津冀都市圈“共同体”的形成是地方政府与企业实体、社会公众等多元利益主体交互作用下共同促成的。而纵观相邻地区的利益纷争与区域联合，都联系于资源的利用，围绕着资源的共享展开。由此我们发现，区域协同发展的奥秘在于资源共享所带来的合作剩余及其整体效应，而资源整合是实现资源共享的有效途径，它将原本松散、独立、专享的资源整合在一起供大家共享利用，这其中的内在逻辑关系是：资源整合—资源共享—协同发展。

由此，我们研究得出基本的认识结论：区域范围的资源共享是促成大都市圈形成的动力，也是实现跨区域治理的核心关键。依此逻辑，可上溯揭示大都市圈形成的动因，下延探究资源整合的方式途径，而中间核心是探析资源共享之于协同发展与合作共治的内在机理，然后才能就促进京津冀协同发展提出具有针对性的对策建议。

我们认为，京津冀协同发展是京津冀地区以都市圈的形式联动起来的全面发展。京津冀都市圈是京津冀地区协同发展的未来图景，其核心是协同发展机制与合作共治机制。这是一个全新的探索领域，对京津冀地区非常紧迫重要，对全国城市群的形成发展也是一种引领示范。

京津冀协同发展已到了塑造机制的新阶段。从2014年2月习近平总书记视察北京提出了京津冀协同发展战略，到2015年4月中共中央政治局审议通过《京津冀协同发展规划纲要》，标志着京津冀协同发展的顶层设计规划完成，随后便由规划转向实施阶段。京津冀都市圈的形成势必会打破既有行政区划及其权力科层结构，面对京津冀协同发展，有许多三地综合公共性问题，相关部门难以解决。因此，亟须切合中国和地区实际，探讨能够包容多元利益主体参与的协同发展机制和合作共治机制。

本书共有10个章节。主要包括以下六个方面。第一，介绍了京津冀都市圈形成的国际国内背景，再结合国内外关于都市圈的研究，阐释中国都市圈的特点，揭示京津冀都市圈的使命担当。第二，从区域空间和网络空间两个层面来分析京津冀都市圈内部的城市间关系。第三，深入剖析京津冀协同发展的机制和合作共治机制，认为它们是基于资源共享逻辑一致性的两个方面，要积极探索中国特色的都市圈发展模式与区域治理方式。第四，探究了京津冀都市圈资源共享实现的途径，指出要通过资源整合的新思路来实现资源共享促进区域协同发展。并具体针对京津冀协同发展最为根本的经济利益关系，分析了京津冀三地及其各个城市之间的产业分工合作与调整转移路径。第五，立足于北京市探讨其经济结构“高精尖”发展的方向。第六，在以上研究的基础上，我们针对性地提出了促进京津冀都市圈协同发展与合作共治的10项对策建议。

具体内容阐述如下。

（1）本书对“京津冀都市圈现在怎么样”进行评介。当我们把目光从京津冀都市圈扩展到全国城市群再扩大到世界各地都市圈，发现城市群都市圈是当今世界区域经济发展的大势所趋。但我国都市圈有自己的特色，京津冀也有本地区的特点，而且京津冀都市圈还有着新时代的使命担当。《京津冀协同发展规划纲要》以下简称《纲要》明确提出，京津冀要成为“以首都为核心的世界级城市群”，京津冀都市圈在国际、国家、区域和北京市四个层面承担着新时代的重要使命，对中国未来的发展具有深远的历史意义。这主要体现在第一章和第二章的研究中。

（2）就“京津冀都市圈向何处去”进行阐释。这其实是描述京津冀都市圈的未来图景，主要包括两个方面，一方面是传统城市空间架构；另一方面是现代城市间网络关系。《纲要》规划京津冀区域空间格局是“一核、双城、三轴、四区、多中心”，而随着北京城市副中心的部署和雄安新区的设立，则是在既有行政格局中楔入两个“楔子”，城市间关系构成将会形成以京、津、雄安为三角驱动力的圈层结构，这有望培植形成“风扇三叶旋转”的驱动力，注入反磁力，改变京津“中心地”极化趋势，重塑京津冀都市圈三角空间联系，这意味着京津冀都市圈的空间架构及其城市间关系结构也已初具雏形；与此同时，我们也要关注在当今信息时代下，地理空间已经发生了很大的改变，从地方空间到流动空间，从属性数据到关系数据，都市圈如神经网络一般复杂而机动。为此，我们还揭示了京津冀都市圈的城市网络关系。这在本书中主要体现为第三章、第四章的研究内容。

（3）我们研究了“京津冀都市圈何以形成”的根本问题。这也就是探究京津冀协同发展机制及其区域治理方式，京津冀都市圈的形成及其发展机制不是设计出来的，而是逐渐演化形成的。京津冀作为中国城市群的典型代表，既要成为区域整体协同发展改革的引领区，还要成为国家区域治理现代化的首善区，这也是党的十八届三中全会提出的推进国家治理体系和治理能力现代化的重要内容。京津冀都市圈的协同发展与跨区域治理基于同一机理，都是以资源共享为基础，主要目的是扩大资源利用范围、提高资源共享程度、获得区域集聚效应。而借助资源共享平台，多元利益主体参与区域分工合作活动，形成收益分配、补偿协调的机制，从而促进合作秩序合作范围的不断扩展。京津冀都市圈的治理也将是多元主体参与下，以政府为主导、以维护公共利益为目标、以资源共享为平台的多元参与合作共治。可见，区域范围的资源共享是促成大都市圈形成的动力，也是实现跨区域治理的核心关键，是它们的现实逻辑基础。近年来，互联网兴起所提供的资源共享平台，以及不同利益主体参与的合作分工和共享共治，也为我们探索新的发展机制提供了启发，我们要联系互联网机理探索跨域治理这种网络化的治理形态。这体现在本书第五章、第六章的研究内容。

（4）我们研究了“京津冀都市圈资源共享何以实现”的途径问题。即要通过资源整合的新思路来实现资源共享，京津冀协同发展强调的是目标的一致性，目的是形成一个风险共担、利益分享的区域发展共同体，更为看重的是资源共享带来的合作剩余整体效应，而不是偏执于通过生产要素充分流转实现的资源有效配置。因此，要通过资源整合的方式获得资源共享。资源整合是内嵌重塑一种区域联合发展机制，通过共享机制、合作机制、转化机制和创新机制来促进区域功能结构改善和空间结构改善。因此，要针对京津冀发展的不同程度、不同城市和不同范围，选择恰当的资源整合方式途径以促进京津冀都市圈的协同发展与合作共治。这体现在本书中第七章的研究内容。

(5) 研究了“京津冀在产业上怎么办”的问题。京津冀协同发展绕不过去的是经济利益的分割，这实质上是三地产业的分工合作问题。京津冀都市圈的形成和治理关键在于经济利益分享，经济利益及其产业分工是京津冀三地利益相关者最为重视的，以前三地都追求各自行政区范围内大而全的产业体系和产业结构升级，产业分工与合作所体现的产业转移滞缓产业集聚受限，以致北京、天津出现大城市病，河北出现环京津贫困带，而且整体区域的环境公共问题也日益突出。现在《纲要》对三地的功能定位已明确，京津冀就要按照功能定位选择产业发展的重点，但要在两个层面把握好：一个是产业的布局，要超越既有的行政格局，从区域整体出发谋划产业空间布局，不同层级城市和地区要按照主体功能区之间的内在联系，塑造地区专业化分工体系，按点（主要城市与产业园区）、线（铁路、公路、海运线等重要交通轴线）、面（产业功能集群带）的空间格局来构建产业集群空间分工架构；另一个是产业的调整，不能在既有产业体系上进行“归大堆”取舍，而是要以产业集群为基础进行区域产业调整，打破既有的行政性地区化产业结构体系，形成京津冀“齿合型”产业分工结构。具体的突破口要以产业园区为基础，构建产业整合平台，打破行政隶属关系，按照专业特色促进产业集群。事实上，2017 年 12 月，京津冀三省份已经首次联合制定《关于加强京津冀产业转移承接重点平台建设的意见》，提出要加强京津冀产业转移承接重点平台建设，初步明确“2 +4 +46”平台，包括北京城市副中心和河北雄安新区两个集中承载地，四大战略合作功能区以及 46 个专业化、特色化承接平台，这可以说是京津冀区域产业集群的载体，也是结构调整空间再造的抓手。这在本书中为第八章的研究内容。

(6) 立足于北京市探究了“北京市在产业发展上怎么办”的问题。北京市经济发展要定位于“高精尖”产业，围绕北京非首都核心功能的疏解，我们认为北京市要从“四个中心”的城市战略定位出发，深刻分析北京市功能定位，保障宜居基础，发挥首都核心功能，疏解首都非核心功能产业行业。目标是构建“高精尖”经济结构，凸显科技创新在京津冀地区中的引领作用，把握产业发展未来趋向，选择高新技术产业、创意文化产业、总部经济、高端生产服务业等为发展重点。依据区位商原则和生产效率原则对北京既有产业进行分类，转移那些不具有竞争优势和比较优势的产业；而具体就应该转移的产业来说，还要按照产业关联原则，从产业链的角度更进一步地辨别产业的相互影响，以便确保产业转移能够循序渐进、平稳有序地进行，避免对北京产业经济带来冲击影响。这体现在本书第九章的内容。

最后，在归纳总结研究结论的基础上，对既往对策建议进行梳理评价，提出针对京津冀协同发展的具体对策建议，以便能够体现本书的政策建议作用和转化应用价值。

王玉海

2019 年 9 月

目　　录

第1章　区域城市群兴起中的京津冀都市圈

现代化相伴于城市化，城市化著称于新时代。城市发展的进程，经历了单中心城市—城市群—都市圈的演进过程。这一演进不只是空间范围的扩展，更是城市内涵功能的深化、架构关系的网络化以及治理方式的升级，都市圈是城市群发展到成熟阶段的最高空间组织形式。随着经济全球化与区域经济一体化的加强，以中心城市为“龙头”的都市圈（群、带）已经成为典型地区。目前，国际上有典型的六大城市群都市圈，这些都市圈是一个国家和地区的经济发展高地，它们不仅引发一国范围内经济空间架构的重塑，而且也在塑造着新的世界经济地理格局。我国都市圈城市群处在规划兴起之中，2014 年 3 月颁布的《国家新型城镇化规划（2014 - 2020 年）》明确了“以城市群为主体形态，推动大中小城市和小城镇协调发展”这一指导思想，并规划出近 20 个城市群，架构起“两横三纵”城镇化战略格局。2014 年提出重点实施“一带一路”倡议、京津冀协同发展、长江经济带两大战略，2017 年“粤港澳大湾区”正式上升为国家战略，接力珠三角，这些部署和布局都是从国土空间出发的顶层设计，是优化经济发展空间格局的重要举措，也是中国经济步入新时代的经济增长动力源。京津冀都市圈就是在这样的国际国内都市圈城市群发展背景下提出来的，而且处于国家战略的核心，其所承担的使命意义也是重大而深远的。

1.1　城市与都市圈

城市是人类将人们之间的关系与地域相结合而建构形成的一个可控的多层次组织秩序体系，实质是通过人们的合作，把城市塑造成精神皈依的神圣之地、安全得到有效保障之地、市场得到充分繁荣之地①。城市生活，是一个融生产、生活、生命、生态于一体，集多样性、丰富性与包容性于一身的复合共同体场景。

城市化（urbanization）也称为城镇化，是指随着一个国家或地区社会生产力的发展、科学技术的进步以及产业结构的调整，其社会由以农业为主的传统乡村型社会向以工业（第二产业）和服务业（第三产业）等非农产业为主的现代城市型社会逐渐转变的历史过程。城市化体现着人类社会具有现代城市特征的演化历史过程，城镇化过程包括人口职业的转变、产业结构的转变、土地及地域空间的变化。目前国内外学者对城市化的概念分别从人口学、地理学、社会学、经济学等角度予以了阐述。2011 年 12 月，中国社会蓝皮书发布，中国城镇人口占总人口的比重将首次超过 50%，标志着中国城市化首次突破 50%②。

都市圈是以一个或者多个较大的中心城市作为核心、由许多个城市和城镇聚集所形成的网络，它们在物理空间上分离但在功能上相互联系，通过新的分工来实现超大的经济能量③。国际大都市圈（群、带）一般具有下列特征：吸纳了较多人口，城市化率达到 70% 以上；城市间具有合理的层级关系，承担不同的功能；具有发达的区域性基础设施网络；在国家和世界经济中具有枢纽作用等④。

城市演进为都市圈，不仅是城市空间规模的扩大，而且也是城市功能扩展和内含实质的跃变。它是城市发展到成熟阶段的最高空间组织形式，也是城市由功能主义向人本主义的回归，而且是城市主导带动形成不同特色区域发展模式的体现。都市圈的产生基于经济发展的动力促进，产业会因而进行空间整合，不同城市功能会重新组合，由此形成不同的区域发展模式。

---

① 乔尔·科特金.《全球城市史》（修订版）［M］. 王旭等译. 北京：社会科学文献出版社，2010.

② 陈佳贵，李扬. 社会蓝皮书：2012 年中国社会形势分析与预测［M］. 北京：社会科学文献出版社，2012.

③ Gottmann J. "Megalopolis or the urbanization of the Northeastern seaboard", *Economic Geography*, 1957, 33 (3): 189 – 220.

④ 史育龙，周一星.《戈特曼关于大都市带的学术思想评价》［J］. 经济地理，1996（3）：32 – 36.

1.2 国际上的都市圈

都市圈现已成为城市化的基本形式和区域发展的主要载体。以中心城市为“龙头”的都市圈（群、带）已经成为经济全球化与区域经济一体化的典型地区，是一个地区或国家的商贸、人才、信息、科技汇集地，是创新最主要的发源地，是当今最有活力的经济组织单元，是世界各国参与全球竞争的重要地理单元，是城市发展到成熟阶段的高级空间组织形态。也成为国家之间、区域之间竞争的主要形态。它既是一国经济新的增长极，又是一国参与全球竞争和国际分工的重要途径。它们不仅引发一国范围内空间规模的重塑，而且也在重塑世界经济地理格局。美国、日本、西欧等国家和地区都十分重视都市圈城市群带动本地区发展，纷纷制定了关于都市圈城市群的发展规划和战略。例如，美国区域规划协会制定的《美国 2050 年》战略，圈定了美国 11 个大城市群，以城市群为主体形态带动美国整体经济的发展。

国际上公认的有六大都市圈（城市群）。这些都市圈依托特大城市的辐射能力而形成特大城市经济圈/带，正如波特（M. E. Porter）所说，“当今世界地图上布满了被称为集群的区域，它是每个国家国民经济、区域经济、州内经济甚至都市经济的一个显著特征，在发达国家尤其如此”（Porter, 2001）。具体来看，东京都市圈占日本 3.5% 的国土面积，集中了全国 30% 以上的银行总部、50% 以上销售额，超过 100 亿日元的大公司总部，贡献了日本 31.7% 的经济总量；巴黎都市圈占法国 2.18% 的国土面积，聚集了 30% 的国内生产总值（GDP）和 25% 以上的外贸额。由此还形成了不同类型地区的区域经济发展模式，例如，美国形成的是全国大分工的区域经济格局，而日本却是相对独立的三大都市圈区域经济结构（王建，1996），这是美日区域发展的最重要差别。

（1）以纽约为中心的美国东北部大西洋沿岸城市群：又名波士华城市群，包括波士顿、纽约、费城、巴尔的摩、华盛顿等大城市以及 200 多个市镇。形如带状，长约 1000 千米，宽 50 ~ 200 千米，面积 13.8 万平方千米，占美国总面积的 1.5%。人口 6500 万，占美国总人口的 22.5%，城市化水平达到 90% 以上。

（2）以芝加哥为中心的北美五大湖区城市群：位于五大湖沿岸，从芝加哥向东到底特律、克里夫兰、匹兹堡以及加拿大多伦多和蒙特利尔。集中20多个人口100万以上的特大城市，是北美重要的制造业区。该城市群与美国东北部沿海城市群共同构成了北美的城市群。

（3）以东京为中心的日本太平洋沿岸城市群：又名东海道城市群。从东京湾的千叶开始，经东京，横滨、静冈、名古屋、大阪、神户直达北九州的长崎，呈条带状，从东北向西南延伸1000千米，占日本总面积的6%。人口将近7000万，占日本总人口的61%。

（4）以伦敦为中心的英国城市群：以伦敦—利物浦为轴线，由伦敦大城市经济圈、伯明翰城市经济圈、利物浦城市经济圈、曼彻斯特城市经济圈、利兹城市经济圈，面积4.5万平方千米，占国土的18.4%，人口3665万，占总人口的62.7%该城市集中了英国经济总量的80%。

（5）以巴黎为中心的欧洲西北部城市群：主要城市有巴黎、阿姆斯特丹、鹿特丹、海牙、安特卫普、布鲁塞尔、科隆等。它们地跨法国、荷兰、比利时、卢森堡、德国。总面积为14.5万平方千米，总人口4600万。其中，人口达到10万以上的城市有40座。

（6）以上海为中心的中国长江三角洲城市群：长三角包括了上海、南京、苏州、无锡、常州、镇江、扬州、南通、泰州、杭州、宁波、嘉兴、绍兴、湖州和舟山15个城市，区域总面积为10.96万平方千米，以占中国1.1%的陆地面积、6.3%的人口，2014年创造了中国20%左右的国内生产总值（GDP）和财政收入、40%的外商投资额和35%的进出口总额，人均GDP为全国平均数值的3倍多①，已经成为中国经济发展速度最快、经济总量规模较大的区域。无论是从城市密集度、中心城市、社会经济联系还是从交通网络、总体人口规模、经济聚集度看，长三角区域都具备了向世界级城市群发展的基本条件。

可以说这些地区才是现代经济最有势力的集聚地，也是未来发展最有活力的增长极。世界经济体系和格局的改变，区域产业集聚是最为突出的新兴力量，这既不同于传统意义上的国家力量，也不同于市场经济条件下跨国公司的主体力量，而是国家介于其中、由企业和市场共同作用下在一定地区形成的新势力。一个国家就是要借助区域产业集群及其以城市为主导的都市圈趋势，培植经济发展新的地区增长极，以占据未来国际经济竞争的有利位势。

---

① 任泽平：长三角将成为崛起的世界第六大城市群？htpp：//finance.sina.com.cn/zl/china/2019-07-23/zl-ihytcitm3974395.shtml.

当今世界地理格局其实是以区域产业集群为主导，而且现今进一步演化为以城市为主导的都市圈区域。当今国际经济体系和格局都处在深刻的演化之中，世界经济的全球化让地球变“平”了，变平的世界将让每个个体都站在同一水平线上，任何企业、组织甚至个人都将参与到全球整合的业务环境中。这说明国际产业分工和国际产业链已经伸展到地球各个角落，全球化让世界相互的联系加强了，发展的机会也更多了，但这只是当今世界经济变化的一个方面。我们环顾全球，在经济地理视域中却注意到还突兀着经济的集聚高地。例如，美国硅谷的 IT 产业集聚、法国巴黎的服装、香水、珠宝饰品产业集聚，日本筑波、英国 M4 走廊、印度的班加罗尔、芬兰的赫尔辛基、以色列的特拉维夫等都已成为产业集聚的经济高地。而这些产业集聚的高地都依托于城市，以一定的区域产业集群为主导，并因为产业的演进而成为都市圈区域。

1.3　中国的都市圈

在国内，近年来也出现了以大都市区化和城市圈为特征的城市空间布局集聚化趋势（李京文，2008）。我国从“十一五规划”开始，全面实施区域发展总体战略，因势利导的批复意在加强区域内部协同发展的规划。截至 2012 年底，共有 78 项区域规划及相关政策文件上升为“国家战略”，其中 2007～2011 年共批复了 43 个重点区域规划，尤以 2009～2011 年最为密集（有 37 个），如今已覆盖了全国国土面积 38% 的区域，这意味着区域规划已纳入国家战略层面，根据已经批复的区域经济发展规划和《国家新型城镇化规划（2014－2020 年）》，一个从南到北、从东到西的“两横三纵”（即以陆桥通道、沿长江通道为两条横轴，以沿海、京哈京广、包昆通道为三条纵轴）城镇化战略格局正在构建之中，一个以城市为主体、以相邻区域为范围的集群化板块式区域发展格局也已渐趋明朗。2014 年提出重点实施“一带一路”倡议，以及京津冀协同发展、长江经济带两大战略，2017 年“粤港澳大湾区”正式上升为国家战略，接力珠三角地方规划。这是部署优化经济发展空间格局的重要举措，也是中国经济步入新时代的经济增长动力源。①

---

① 资料来源：《国家新型城镇化规划（2014－2020 年）》。

2019 年 3 月 18 日，中国发展研究基金会发布《中国城市群一体化报告》，报告显示，中国：长三角、珠三角、京津冀、海西、山东半岛、中原、武汉、长株潭、关中、成渝、辽中南、哈长等 12 个城市群聚集了中国经济总量的 80%。而这 12 个城市群的总面积只占了中国国土面积不到 20%，人口占 60% 多①。2006 ~2015 年，这 12 个城市群占全国经济的份额增加了近 11 个百分点，所有城市群占全国经济份额的比重都得到了提升。可以看出中国经济集聚的趋势，也是中国经济增长动力所在。其中，长三角、成渝、京津冀、中原、海西份额增长最多。环渤海 3 个城市群占中国经济份额 21%，长三角占 20%，珠三角包含港、澳地区约占 9%，这 3 个湾区总计占全国份额 50%。

我国大城市群的出现以联合起来促进经济发展为目的，以区域经济集聚为基础的促进要素的空间流动，这些要素先在“点”上集聚，然后在“线”上拓展，再在“面”上整合，区域社会经济空间结构通过“点—轴”联系途径而形成②。

1.4 京津冀都市圈

京津冀成为一个都市圈的动议提出得非常早。北京市早在 1982 年的《北京市城市建设总体规划方案》中就第一次提出“首都圈”概念。随后 1996 年的《1996—2010 年北京市经济发展战略研究报告》提出建设以京津为核心，包括河北省 7 个市（2 +7）、面积共 16. 8 万平方千米的“首都经济圈”。2004 年 5 月北京市发改委提出“3 +2”首都经济圈及以“一轴、两核、三区”为框架的京津冀都市圈发展战略构想。所谓“3 +2”，是指在现有的京津冀合作的基础上，加入内蒙古和山东的部分地区，体现出“首都经济圈”在范围上超出京津冀范围的开放性。2004 年 11 月，国家发改委正式启动长三角和京津冀都市圈区域规划，提出“长江三角洲都市圈”和“京津冀都市圈”两个经济试点区域，京津冀都市圈的一体化进程进入了国家级发展战略。2006 年，京津冀区域发展作为全国发展的重点区域被写入“十一五”规

① 资料来源：http：//www. 199it. com/archives/858750. html.

② 陆大道．《中国区域发展的理论与实践》［M］. 北京：科学出版社，2003.

划纲要。2011年，国家“十二五”规划纲要将打造“首都经济圈”纳入国家区域发展总体战略，明确提出“推进京津冀区域经济一体化发展，打造首都经济圈”。

京津冀都市圈区域规划编制历经10多年却没有出台，直至2015年最终以《京津冀协同发展规划纲要》通过，这反映出首都经济圈已纳入了国家发展战略的导向性，也反映这一区域包括范围、功能定位以及其城市间关系一直处在深刻的变动和激烈的争论之中，也折射出我国区域都市圈城市群形成演进的曲折进程和发展的不确定性。

随着中共中央政治局在2015年4月审议通过《京津冀协同发展规划纲要》，京津冀协同发展的顶层设计基本完成，推动实施这一战略的总体方针已经明确，京津冀协同发展也成为一个重大的国家战略。京津冀都市圈是中国的政治、文化中心，也是中国北方经济的重要核心区。京津冀都市圈由首都经济圈发展而来，其范围包括北京、天津两个直辖市和河北省的全部。而区域空间格局是“一核、双城、三轴、四区、多中心”：“一核”是北京，“双城”包括北京、天津，“三轴”是京津发展轴、京保石发展轴、京唐秦发展轴，“四区”包括中部核心功能区、东部滨海发展区、南部功能拓展区和西北部生态涵养区，多节点包括石家庄、保定、唐山等区域中心城市和张家口、承德、廊坊、秦皇岛、沧州、邢台、衡水、邯郸等节点城市，再加上后来规划确定的通州北京城市副中心和河北雄安新区，为北京市的两翼。

京津冀都市圈的功能定位也已规划明确。整体定位是“以首都为核心的世界级城市群、区域整体协同发展改革引领区、全国创新驱动经济增长新引擎、生态修复环境改善示范区”。北京市的定位是全国政治、文化、国际交往、科技创新四大中心。天津市定位为全国先进制造研发基地、北方国际航运核心区、金融创新运营示范区、改革开放先行区。河北省定位为全国现代商贸物流重要基地、产业转型升级试验区、新型城镇化与城乡统筹示范区、京津冀生态环境支撑区。京津冀都市圈是要探索一条具有中国特色的城市发展和都市圈形成之路，目的是使京津冀都市圈跻身于世界级城市群。

京津冀都市圈是中国都市圈兴起的典型代表。一方面是中国城市化发展的体现，反映了从初级城市化到高级城市化，由单个城市到城市群发展递进的必然规律；另一方面体现了地域差异的不同特色，反映了京津冀地区都市圈的显著特点。相比较国内其他都市圈，京津冀都市圈的形成有自己的特点，首先最突出的是围绕首都功能的定位与非首都功能的摆放是本区域都市圈形成发展的核心，换句话说，今后首都功能的优化将会超越北京市，要着眼于京津冀全域进行全面布局；其次京津冀三地行政区划范围不变，但在内部架构上进行了空间布局调整，其中最为典型的是雄安新区和北京城市副中心的设立，成为撬动京津冀协同发展的支点；最后提出以区域协同的思路来推动京津冀都市圈的融合发展，相对于以前提到的协调发展和区域一体化，更加强调共同的发展目标和京津冀整体的共享合作发展。

1.5 京津冀都市圈的使命意义

京津冀协同发展是一个重大国家战略，京津冀都市圈将在国家和国际层面发挥重要历史性作用。《京津冀协同发展规划纲要》明确提出，该区域的目标定位是“以首都为核心的世界级城市群，区域整体协同发展改革引领区，全国创新驱动经济增长新引擎，生态修复环境改善示范区”。这一战略的核心是有序疏解北京市的非首都功能，调整经济结构和空间结构，走出一条内涵集约发展的新道路，探索出一种人口经济密集地区优化开发的模式，促进区域协调发展，形成新增长极。从国际、国家、区域和北京市四个层面来看，京津冀都市圈承担着重要的使命，对未来中国的发展具有历史性意义。

1.5.1 国际层面的使命意义

京津冀都市圈将会跻身于世界都市圈，成为世界级的城市群。当今世界经济格局已经非常明显地显示为城市群都市圈为载体的经济集聚高地，企业扩展为产业组织，并进一步演进为产业集群，单个城市也联动成为城市群都市圈。数量上我国已经成为世界第二大经济体，一个个具有集聚效应的区域城市群是经济实力的实质支撑，而作为首都所在地的京津冀都市圈自然应该是城市群崛起的引领示范，因此，面向未来打造世界一流的国家首都圈，无疑是京津冀协同发展战略的使命和目标。

1.5.2　国家层面的使命意义

首先，京津冀都市圈将会成为中国新的经济增长极。近年来中国经济的发展在经历了改革开放40年的高速增长之后，进入“调速换挡”的新常态。“新常态”包含的不只是发展速度的回归，还包括经济结构的调整，更内含着带动经济增长点的转变，以此促进发展方式的转型和体制机制的改革，新常态就是中国经济发展模式转换的态势。具体而言，增长的动力由外需转向内需，由投资转向消费；增长的机制由行政主导变为政府和市场相互结合的综合驱动机制；增长的主导产业由一般性制造业和房地产业转变为新兴产业与传统产业的融合为主；增长的区域带动由以省、地行政单位为主的“点状”转变以区域板块集群优势下的“块状”。

其次，京津冀都市圈将会成为中国区域整体协同发展改革的引领区和国家区域治理现代化首善区。中国高质量的发展需要进行深刻的经济结构调整和发展方式的根本转变，这就必须要进行更为大胆的改革探索。而这些区域都市圈（带）是实现发展模式转型的新平台，区域都市圈的形成可能改变以地方独立利益为核心的竞争模式，地方政府权力将会受到抑制，增长的来源也更多地由粗放式使用资源和外延式发展转向基于区域资源整合和产业集聚而产生的报酬递增效应。而且它将促进政府职能的有效转变，形成一个网络化的经济环境和地方政府间的合理关系，区域都市圈的发展必然要实现更为全面的区域管治。推动京津冀协同发展，也是探索改革路径、构建区域协调发展体制机制的需要。京津冀地区是国家首都、国际交往中心所在地，也是展示国家治理体系和治理能力现代化的窗口。推进京津冀跨区合作，就要打破“一亩三分地”的思维定式和体制机制束缚，探索跨区冲突治理、“共建、共享、共赢”发展、政府与市场调节相结合的新机制。这些探索将会为中国体制机制改革和形成区域发展模式提供示范引领。

最后，京津冀都市圈将会成为国家创新驱动中心区域。我国经济发展方式要实现从要素驱动、投资驱动向创新驱动转变，建设创新型国家，是我国跨越中等收入陷阱、实现“两个一百年”奋斗目标、实现中华民族伟大复兴的“中国梦”的国家核心战略。京津冀地区是我国创新资源最丰富、创新能力最强的地区。最大限度地发挥京津冀地区创新潜力和优势，支撑和引领创新型国家建设，是国家战略的必然要求。通过创新，开发、采用和创造出一种新的生产方式——以可再生、可循环、可持续利用的无污染和轻污染的资源取代不可再生资源作为主要生产能源和材料。京津冀的创新驱动战略是一个复杂的系统工程，不仅仅在技术创新、R&D 等，还要在企业组织产业组织层面进行治理结构创新，在已有的产业链条上发掘新产业，而且还要进行更为深入的制度创新，利用制度创新从单独的创新现象中催生出大量的创新活动，形成创新“涌现”和“催化”创新。

1.5.3 区域层面的使命意义

首先是探索区域协同的发展模式。《京津冀协同发展规划纲要》明确了京津冀三地各自的功能定位，实质是调整经济结构，探索区域协同发展方式，这将对京津冀城市群空间结构、规模结构和经济结构优化产生深远影响。京津冀协同发展有助于整合区域优势资源，打造具有国际竞争力的多层次产业集群。过去京津冀协同发展机制体系侧重政府层面，但由于利益协调机制的缺失，无法真正推动京津冀地区实现协同发展。京津冀都市圈在区域层面的一个重要任务就是形成完整的区域协同发展机制体系，推动区域内空间结构、产业结构优化，提升京津冀协同发展质量，使京津冀协同发展过程中，构建新型“协同发展机制体系”。京津冀协同发展的实质在于产业分工合作，但产业分工不是三地产业的归类分类之后的“归大堆”，而是要从京津冀区域整体出发，在区域范围内进行产业空间再造，形成京津冀“齿合型”产业结构，按照产业链价值最大化原则，在特定区域内通过纵横交错的网络关系形成紧密联系在一起的空间经济组织体系。近年来，产业集群以园区的形式得到了一定的发展，为区域产业合作奠定了基础。但还局限于既有的行政边界，因而还需要打破园区行政外壳，以产业集群为基础进行区域产业空间再造，形成区域范围的产业分工合作机制。同时，还要促进区域范围市场一体化程度的提高，形成区域性市场机制。让市场引导生产要素的跨区域配置，核心是人流、物流、资金流、信息流能够自由流动。

其次是探索京津冀环境治理方式。京津冀如今面临着环境恶化、雾霾严重、水资源短缺等问题，着力探索通过功能疏解、空间优化，实现中心与外围共生互动的新调节机制。这要将“公平发展”纳入协同发展机制，通过生态补偿变成本外部化为内部化，探索区域内不同主体功能区之间的资源和生态补偿机制。随着区域一体化的发展，区域内部基于不同主体功能和资源环境条件的地区间联系加强。在区域层面探索国家生态文明区域协同建设，通过区域协同有效解决生态环境问题、推进生态文明建设。这方面的关键是探索资源共享机制，例如水资源的互通共济、统一调配、永续利用共享机制；能源基础设施上布局合理的区域能源体系；统筹山、海、田、林、水等生态环境要素的资源协调体制；全环境污染联防联控合作机制等，通过建立地区间生态补偿制度，构筑一体化的区域生态安全格局。另外，加大公共基础设施建设，促进资源共享机制形成。这是在多元利益主体尤其是地方政府专有资源与通用资源让渡与转化过程中实现的，可以通过资源对接、资源转化、资源整合等方式促进共享性资源的升级转变。探索区域多元利益主体参与下的区域公共治理模式，超越过去单一行政区治理，一方面适当进行行政区划调整；另一方面促进政府职能转型、深化地方行政体制改革。

1.5.4 北京市层面的使命意义

首先是疏解非首都功能。《京津冀协同发展规划纲要》提出，京津冀协同发展战略的核心是有序疏解北京非首都功能。北京的首都功能主要是四大中心，这意味着那些高污染、资源密集型、劳动密集型、低附加值的制造业和服务业将被疏解到北京周边或其他地区。同时，《京津冀协同发展纲要》指出，要调整经济结构和空间结构，实现公共服务均等化。随着通州北京城市副中心的建设，这将极大优化北京空间结构。为推动京津冀公共服务均等化，京津冀三地正在探索将北京优质教育资源、医疗资源向津冀均衡配置的机制。上述推动北京就业空间结构、公共资源配置空间结构优化政策的落实，将极大地缓解北京市人口、交通和环境压力。

其次是治理“大城市病”。京津冀协同发展有助于消除北京城市空间结构不合理导致的“大城市病”。特大城市集聚经济效应在形成城市中心的同时，也将随着集聚经济扩散效应的增强而在城市中心外围形成多个产业集聚中心，从而推动人口向外围扩散，特大城市也因而从单中心城市转变为多中心城市。“大城市病”问题解决的关键是要建立疏堵结合的体制机制，包括政府激励机制和市场推动机制两个方面。政府激励机制是指地方政府要有动力实施解决“大城市病”的疏堵结合的政策，如产业疏解政策、公共资源的共享政策等。市场推动机制是指在人口流动、交通拥堵和环境治理方面发挥市场调节机制的作用，通过价格引导资源的合理配置。京津冀协同发展必然要求市场一体化、构建区域产业链、协调环境治理与经济发展的关系、实现公共服务均等化。实现上述协同发展目标，需要区域之间的协调与互补，突破行政区划的限制，打破条块分割的格局，建立有效的政府激励机制和市场推动机制。这有助于各类经济要素在北京地区实现有效配置，在解决北京“大城市病”问题方面将发挥极为重要的作用。

第2章　国内外都市圈研究与中国都市圈形成特点

随着城市化、区域化和全球化的兴起，都市圈越来越引起人们的关注，也是近年来理论研究的热点。中国作为后起的发展中国家，都市圈的研究更为引人注目。比较国内外研究的概况，可以发现中国都市圈有自己的特点，近年来的区域都市圈是相邻地方政府介于其中，在多元主体交互作用下“主动联合”形成的，主要目的是扩大资源利用范围、提高资源共享程度、获得区域集聚效应。京津冀都市圈也有独特的地域特色，其特别之处在于要围绕首都功能定位进行非首都功能的摆放与疏解，要在服务首都和治理城市之间平衡协调。在总结前人研究的基础上，我们要对中国都市圈的产生及其内涵进行独立的分析，以便揭示中国都市圈的自有特色，在此基础上，才能对京津冀都市圈的内在机理进行深入分析。

2.1　关于区域都市圈（城市群）生成的探讨

2.1.1　国际上关于都市圈(城市群)的探讨

“都市圈”概念率先由国外提出，一开始的研究主要集中于其形成、内部城市间关系及其都市圈层体系等问题。法国著名经济学家戈特曼（1957）教授提出“都市圈”概念时，就认为都市圈是指由其核心作用的一个中心城市或几个大城市再加上周边受到中心城市强烈辐射、有着紧密联系的地区组成的城市经济区域。昆曼与魏格纳（1991）认为，都市圈带实际上是产业空间整合的产物，作为新的地域空间组织形式，将占据全球经济的核心位置。

这体现出从城市群落关系出发探究都市圈的形成产生，由城市扩展形成城市间结构体系，进一步探究其背后的产业集聚原因。

主要的研究集中在都市圈内部各城市之间的相互作用关系。赫尔希曼（Hirschman，A. O，1958）提出涓滴效应和极化效应对都市圈集聚作用进行了深入的研究。瑞典的经济学家缪尔达尔（G·Myrdal，1957）在此基础上，在《循环累积因果原理》一书中提出了“扩散效应”与“回吸效应”的新观点，这对于研究分析城市群形成的辐射力具有重要的指导价值。弗里德曼（1996）提出区域空间演化的中心——外围理论，在特定的城市群的空间地域内，经济系统空间结构分为中心和外围两部分，中心发展条件好，处于支配地位，而外围发展较差，处于被支配地位，这揭示了经济发展不同阶段的空间经济系统的演化。在都市圈体系上，菲尔·布瑞克提出等级组合理论，戈特曼以美国东北海岸大都市带为例提出了都市圈演化四个阶段，即孤立分散阶段、区域性城市体系形成阶段、大都市带的雏形阶段和大都市带的成熟阶段。这些理论为研究都市圈内不同城市之间的分工合作、相互影响奠定了理论基础。很好地解释了城市之间的层次差异，也指出了都市圈形成过程中也存在着地区差异和不平衡问题，并能看出关于都市圈的探讨，将城市和产业结合了起来，两者互为表里相互促进。

后来结合不同的环境地理条件的实证研究受到重视，主要侧重于不同类型地区的区域经济发展模式。这可以说是都市圈探讨的深化，第二次世界大战结束以来，发展的区域空间结构在一系列的演化中逐渐形成了两大类模式：一类是以美国为代表的经济集聚点和非集聚点的“全国一盘棋模式”；另一类是以日本为代表的同构“城市圈”模式。

钱纳里等（1989）在对第二次世界大战后发展中国家进行比较研究，剖析影响工业化和经济增长的各种因素时，注意到资本、劳动力和自然资源的差别影响，但联系贸易区分了生产要素的可流动和不可流动。例如资本、劳动力和农林矿产资源才可以流动，唯有土地不可以流动，不能通过贸易来获得。城市是工业的载体，土地是城市的载体，工业化的展开有赖于城市化的推进，但是庞大的城市群不可能建立在山地和丘陵，只能建立在平原，所以对平原面积匮乏的国家来说，只能在既有的平原面积上谋求工业化和城市化建设。虽然他们的研究集中在产业结构方面，但他们的结论对研究区域结构问题也有借鉴，尤其是对区域发展战略和政策更是有详尽而深入的启发。

美国不仅幅员辽阔、资源丰富、气候适中，最突出的特点是平原面积广阔，良好的交通运输条件也使美国的人口和产业分布几乎可以不受地形条件的制约，这样美国形成的是全国大分工的区域经济格局：位处东北部地区的十四州是美国的“制造产业带”，而农业和采掘业主要集中在中部、南部和西部山区，如此形成了其他地区向东北地区长距离运送原料产品，再从东北地区向其他地区长距离运送加工工业品的全国分工式区域经济结构。正因此，美国的路网长度是世界上最长的。到 20 世纪初，随着美国工业化繁荣的出现，在西北太平洋沿岸到大湖区，形成了连绵不断的城市群，这些城市群共同集中或依赖于制造业生产活动，并在生产职能上高度分工，形成了巨大的制造业产业带，构成了美国延续到今天的区域结构框架。

日本却是相对独立的三大都市圈区域经济结构。日本全境由四个大岛和约四千个小岛组成，地理条件的一个特点是平原面积狭窄，仅占国土面积的 24%，其区域经济的特点是人口和经济高度集中于三大平原地带，这样在日本工业化过程中，逐渐发展成东京、名古屋和阪神三大都市圈，其最显著特点是圈内各城市间的分工与合作非常密切，但三大都市圈之间的经济联系却并不发达，突出的表现是日本的物流活动地域内部的货流量大而地域间的货流量小（据日本运输省《货物地域流动调查》统计，在日本 1979 年约 60 亿吨货流量中，地域内部的货流量占 85.3%，地域间的货流量只占 14.7%，其中三大都市圈之间的货流量只有 1.5%）。相比较美国，在日本有三个彼此独立的制造业中心，区域分工被限制在都市圈内部，而美国只有一个制造业中心，分工是在全国范围展开，这是美日区域布局模式最重要的差别。

美日两国的人均国土资源条件处在两种完全不同的极端情况，美国形成的是全国大分工的区域经济格局，而日本根据本国的国土资源条件走了另外一条道路，即以都市圈为中心、以大城市为骨干，分别部署三套相对独立的产业结构的城市化和工业化道路。相比较，在日本有三个彼此独立的制造业中心，区域分工被限制在都市圈内部，而美国只有一个制造业中心，分工是在全国范围展开。这样的研究体现出对不同地区不同城市特点的尊重，由一般城市群都市圈发展的特点规律，转向尊重不同地区城市群都市圈的特点，探究丰富而多样的区域都市圈发展模式。

总体来看，国际上的研究侧重于都市圈发展的进程及其背后的促进力量和不同城市相互间的作用关系。

2.1.2 国内关于都市圈(城市群)的探讨

国内对都市圈的研究相对起步较晚，研究主要集中在对城市群现象的界定、产生的原因、空间组织结构特征、演进变化特征等方面。有意思的是都市圈率先引起国内地理学者的关注，然后才引起区域经济学者的关注。

首先是对城市群概念进行界定。宁越敏等（1983）首次用“巨大都市带”这一概念将戈特曼的思想全面引入中国。周一星（1988）从城市间、城乡间的相互作用和区域一体化的特征的视角提出了都市连绵区（ metropolitan interlocking region）的概念，尺度与大都市带近似。姚士谋等（1992）提出了城市群的概念，并根据城市组合的空间布局形式将城市群分为组团式、带状和分散式的放射状或环状城市群。国家《十一五规划纲要》也采用了城市群的提法。

其次是中国学者结合中国实际对城市群进行了分类研究。顾朝林（1999）将城市群分为块状城市群（ 如长江三角洲和珠江三角洲城市群等）和线状城市群（如胶济—津浦铁路沿线的山东半岛城市群等）。方创琳（2008）界定了23个城市群，宁越敏（2011）界定了13个大城市群。最终在2014年《国家新型城镇化规划（2014－2020年）》中，规划确定为19个城市群，而且整体上提出要构建一个从南到北、从东到西的“两横三纵”城镇化战略格局。

最后是对中国城市群的形成原因和中国特色进行探究。周干峙（2001）院士认为，中国的城市群仅用30～40年的时间就形成了城镇密布、经济发达繁荣的局面，而这种“群体的”城市化在世界上恐怕至少要几十年甚至上百年才能形成。原因是信息社会条件下，城市群内相互联系的网络功能（network function）的强化作用更为突出。崔功豪认为，城市群是“有机集中与分散”（崔功豪，2001）的一定空间有机组织系统，每一个城市都在特定的区域中形成与发展，存在着自然规律与社会发展规律的交互作用以及相互聚合的整合现象。陆大道院士（1984 ）的研究很有代表性，他认为城市集群是以区域经济集聚为基础的，实际是要素流动的空间结构，这些要素先在“点”上集聚，然后在“线”上拓展，最终在“面”上整合，而区域社会经济空间结构是通过“点—轴”联系途径而形成的。

经济学者关注的较晚但却更为根本，他们主要从产业集聚延伸到城市群都市圈，以揭示都市圈城市群形成的原因，还结合实际来分析中国都市圈的特点。早期研究主要是从区域均衡和非均衡战略的角度注重研究中国不同的区域板块及协调。例如，非均衡发展战略是在改革开放后才被提出来，后来更进一步概括为东、中、西、东北四大区域发展战略，严格地说，这与城市群的形成发展关系不大，而直到最近在城市群都市圈崛起形势下，产业集聚化发展借助园区经济而引人注目，这才把产业集群集聚—园区集聚—城市群都市圈联系起来。

魏后凯（2004）研究了我国产业集群化趋势。苏雪串（2004）探讨了城市化进程中的要素集聚、产业集群和城市群发展之间的关系。夏维力（2007）等探讨了从产业集群到城市群形成的过程和机理。李京文（2008）认为中国近年来出现了以大都市区化和城市圈为特征的城市空间布局集聚化趋势。这背后其实是产业集群的地方集聚，而地方政府主导下以开发区为载体推动工业化和市场经济，在其中扮演了重要角色，这也是中国改革开放取得的最为显著的成就之一。如今，产业集群的发展跨越以前的行政区划范围，进一步演进为区域范围城市体系的创新发展，也即是城市间相互联系的都市圈或城市群的形成。

经济集聚的案例研究是我国区域经济研究都市圈形成的一大特点，诸如对浙江“块状经济”的研究，对广东、浙江和江苏等地“一镇一品”的研究等。王辑慈（2001）从跨学科的视角对国内外著名产业集聚现象进行了实证研究。梁琦（2004）研究了中国制造业近年来的区位变迁。刘勇（2009）在全面分析我国城市群演进轨迹之后认为，我国城市群的发展起源于区域合作，而开发区和产业集群的兴起促进了城市群的形成和发展，城镇化战略和区域协调发展战略则加速了城市群的形成和发展。陈柳钦（2009）研究了产业集群与城市功能的关系，提出以产业集群为导向优化城市功能，以城市产业集群为基础优化城市功能空间结构。

结合具体城市群都市圈的研究更为突出丰富。长三角、珠三角、环渤海是研究的主要地区，长三角地区是我国开展区域合作最早的区域之一，进一步健全长三角区域合作机制、设立长三角发展促进基金、加强国家对于区域合作的指导等政策建议，有助于进一步推动长三角区域合作发展（赵峰、姜德波，2011）。还有学者指出，在全球化迅速发展的今天，区域经济一体化已是大势所趋，长三角的一体化进程最快，然后是珠三角和环渤海，一体化进程由多种因素共同决定，基础设施一体化最易实施也进展最快，产业结构一体化最难以协调（邹卫星、周立群，2010）。长三角的区域协调发展目标就是在不平衡的经济增长中追求平衡的社会发展，推进长三角区域协调发展的体制机制创新，实现长三角区域的经济、社会、环境三者协调发展（储大建，2011）。

最近的研究转向于都市圈内部关系。我国区域经济的发展大致经历了三个大的阶段，分别是中华人民共和国成立后至改革开放前的区域经济均衡发展阶段（1949～1978年）、改革开放以后至20世纪末的非均衡发展阶段（1979～1999年）和21世纪以来的区域经济协调发展阶段（2000年以来）。现在形成了东、中、西、东北四大经济区域。而随着城市化在城市群都市圈层面的展开，区域板块内部的关系引起了重视，于是在关注“地带”区域间的平衡协调关系的同时，城市群内部的协同发展也成为关注的重点，地带间的协调即东、中、西、东北等地区发展战略的协调，城市群内部的协同发展涉及大中型城市与小城镇的协调，这是区域协同中重要的内容（陈耀，2017）。《国家新型城镇化规划（2014－2020年）》提出，要“以城市群为主要平台，推动跨区域城市间产业分工、基础设施、环境治理等协调联动”，党的十九大报告也明确提出，新时代区域协调发展战略的主要任务是以城市群为主体构建大、中、小城市和小城镇协调发展的城镇格局。

值得一提的是，中国学者在比较借鉴国际区域都市圈发展经验之后，结合中国实际对中国区域发展模式的研究，最具代表性的是王建（1996）所提出的中国重点发展“九大都市圈”的主张。他从美日区域结构模式的比较中，分析美国与日本在国土平原面积以及地形地理的差异，揭示不同的区域发展方式及其都市圈形成的条件，进而结合我国国情，提出我国的区域经济战略取向，是参考日本模式对现存的区域经济结构进行重组，到2010年在我国建立“九大都市圈”的设想。

综上可知，国内大都市圈的研究虽然起步晚但非常热，主要以区域规划为主导，地理方面的研究相对多些，比较重视城市体系方面的研究，以区域地方战略发展为主要特色。但在现实都市圈的推进实践中，重规划轻规制，重建设轻管理，重机制轻治理，重视城市结构调整疑惑城市间的分工协作，重视经济发展忽视都市圈的综合治理。

2.2　关于区域都市圈的治理研究

随着区域都市圈的形成发展，跨区域的都市圈治理也成为一个紧迫的现实问题，这一治理也是国家治理现代化的必要内容，这一要求已经在党的十八届三中全会报告中作为重点被提了出来，提出“全面深化改革的总目标是完善和发展中国特色社会主义制度，推进国家治理体系和治理能力现代化”。都市圈的治理问题也是近年来的研究重点。随着全球化、城市化的快速发展，都市圈作为区域发展的经济、社会推动力量，开始主导国家乃至全球经济的发展，城市与城市之间的合作就成为区域管理亟待解决的问题。在区域一体化的过程中出现越来越多的跨域问题，公共事务已经普遍超出传统的行政区划边界，例如区域环境问题、网络安全问题、人口问题、流域治理问题等，于是传统的公共管理开始向治理视角转变（杰瑞·斯托克，2007）。

2.2.1　国际上对都市圈治理的研究

首先，治理的概念来源于企业治理。治理通常被认为来源于企业，即公司治理。随后便结合治理概念，探讨城市治理、区域治理甚至国家治理和全球治理等。按照全球治理委员会（CGG）对治理的定义：“治理是各种公共的或私人的个人和机构管理其共同事务的诸多方式的综合。”（俞可平，2000）治理强调政府与社会、市场之间的分权乃至私人之间的合作，其内涵比统治更丰富，既包括政府机制，同时也包括非正式、非政府的机制。

其次，都市圈治理导源于跨区域问题的产生。伴随着跨域问题的出现，传统的行政管理方式已不能有效应对跨域问题，一方面相关议题和利益相关人跨越行政辖区范围；另一方面公共管理问题跨越许多领域。于是寻找解决跨域管理问题的“良方”就成为统筹区域发展的内在需要和必要机制。从治理的观点来看，单个城市的治理是一种类似分子的治理结构，由地方政府、企业、个人、非政府组织等原子组成。而城市群由多个地方政府管辖范围组成，原有的城市治理也需要逐步向区域治理转变。在这个过程中，由多个分子型的城市治理结构共同组成细胞型的城市群区域治理结构，并为提高城市群的整体竞争力而共同努力。

最后，研究揭示都市圈治理经过了三个阶段的演进。针对城市群都市圈的治理问题，国际上的研究总体上经历了单中心治理、多中心治理和新区域主义治理的演进。

20 世纪 40 年代以后，欧美发达国家陆续进入后工业社会阶段，城市化趋于成熟，大、中、小城市在一定空间聚集的城市群或城市带（又称大都市区或大都市带）出现。以美国在这一时期的大都市圈为代表，一般通过协商、各自让渡一定权力组建一个统一政府机构——“大都市区政府”，即单中心来治理。这其实是形成大都市区政府与各城市政府并存的“双层政府”架构，大都市区政府管理城市集群体的城市规划、环境事务、公共交通运输等公共性事务，而城市集群体内各区域（城市）的日常公共事务仍由各区域政府自己管理。这主要是从结构途径去研究区域治理机制，主张实行政府合并（consolidator），建立大都市区政府或者中心城市对郊区的兼并，这样有助于政府规模的合理化，促使资源不足的地方政府获得发展。

20 世纪 50 年代中期，多中心治理理论兴起，主张让地方政府趋于市场化操作。其关注的中心是政府与社会的关系，最具代表性的是蒂伯特所提出的“用脚投票”（vote with their feet）观点，认为介于地方政府之间的大量自治选区可以吸引更多居民的竞争活动，一方面不仅促使地方政府更加努力地达致居民的服务需求；另一方面也提升了地方政府分配公共资源和生产服务的效率。

自 20 世纪 80 年代以来，欧洲一体化引起人们的重视，由此产生了后来被称为“新区域主义”的新理论，将区域治理看作多种政策相关主体之间谈判的过程，而不是通过科层制或竞争强调“‘国家—市场—社会’构成的多元行为主体，各种类型的国家、市场和公民社会在内的各种行为主体之间互动推动一个有独立权力的区域角色的形成”。组织实施有北美和欧洲的实践为代表的两种模式，北美是依靠现有行政机构，各种单一功能的区域组织、委员会等社会团体，通过协商、投资控制、制度激励等方式，循序渐进地形成区域协调新模式；欧洲则倾向于建立区域协调的政治实体，通过与现有政府机构权力的互补协调，采用更富有弹性的管理体制。相比较而言，以前是依赖于大都市区政府的正式结构来执行的区域管制，而新区域主义强调的是政府与非政府组织以及其他利益相关者合作下的区域治理。

由以上治理的演变可以看出，随着区域发展的演变，西方主导的治理方式一直在市场与政府的两分法中进行取舍平衡，后来的新区域主义试图突破

“市场主导”和“国家干预”的两难困境，也关注区域政治主体的构建和区域合作机制的形成，强调“治理”而非“统治”，主张跨部门而非单一部门，注重合作而非博弈，特别是重视非营利组织和其他参与主体的合作化、网络化治理。注意到区域都市圈形成过程中的不同行为主体，但关于区域治理倾向于模式化分类，简单化地在自上而下正式组织管理和自下而上非制度化的协商治理之间选择，排斥地方政府在产业结构调整和空间再造中的作用。对于我国城市群的治理以及政府之间、政府和其他社会参与主体之间的合作机制的形成，具有一定的借鉴意义。根本上来说，结合中国实际，还有许多适应和根植性问题需要研究。

2.2.2 中国关于都市圈的治理研究

中国区域治理率先受到公共行政管理研究的重视。中国传统的公共行政管理是基于行政区划的管理，地方政府间有严格的行政区划边界。但在向市场经济转型时期，各地方政府在相互竞争中形成了行政区经济，随着市场经济的发展，越来越多的横跨性的区域公共事务出现，改变了传统行政区划的管理适用性，不仅在横向上影响地方政府之间的水平关系，也改变着地方政府和企业、非政府组织等社会组织的关系，甚至是中央政府与地方政府之间的垂直管理关系。

首先，中国关于治理的研究经历了治理转向，也就是从公共行政管理转向区域政府间治理。将治理理论应用于区域发展中是治理转向的重要领域，有些学者重点探讨中央政府与地方政府的关系、地方政府与地方政府之间的关系、政府各部门之间关系的定位与路向问题等（林尚立，1998）。俞可平将治理理论兴起的原因归结于社会资源配置中的市场和政府的双重失效，王诗宗认为治理的兴起来源于社会科学理论发展和行政现实需求两个方面的推动。还有学者将治理理念进一步拓展到地方和城市领域，探讨地方治理和城市治理，王川兰从区域行政的角度揭示出中国的区域管理转向；陈瑞莲等倡导性地提出了“区域公共管理”理论，指出传统的“封闭型”和“内向型”的“行政区行政”的政府治理形态已经不合时宜，应从区域公共管理的视角对区域协调发展、区域公共问题的解决寻求思路。

其次，聚焦于区域治理的研究比较注重切合中国实际。伴随着区域公共问题的大量兴起，行政区行政模式日益暴露出其内在的局限和缺失，形成一种与之相辅相成的新的政府治理形态。张成福对“跨域治理”进行界定，有学者认为，建立跨界职能的联合政府是我国目前大都市区行政组织和管理体制改革的主体模式（刘君德，2001）。还有学者（王健等，2004）在理论层面上提出了区域“复合行政”的概念，认为它是解决当代中国区域经济一体化与行政区划冲突的新思路，强调实现跨行政区划、跨行政层级的不同政府之间，吸纳非政府组织参与，经交叠、嵌套而形成的多中心、自主治理的合作机制。有学者（金太军，2007）提出，区域公共管理的实质是重塑利益格局的制度演变过程。不同利益主体的博弈最终形成相关因素充分博弈后的契约格局。有些学者（杨龙、彭彦强，2009）看重地方政府的合作，强调通过行政管辖权的让渡形成一种区域公共管理权力，对跨行政区公共事务进行治理。但有学者提出（张紧跟，2009），我国当前的区域合作只是一种纯粹的政府管理，缺乏众多利益相关者的参与，要进一步提升区域合作质量，必须适时改进已有的区域合作策略，增进地方政府与企业以及其他非政府组织的协作互动，以形成区域内多元利益相关者的协作性治理。有学者（王佃利，2014）探讨跨域治理在区域发展中的适用性及局限。公共行政理论的研究可以说倾向于将治理理论与实践对应起来进行分析，更大程度上是以中国区域发展来检验治理理论。

再其次，就都市圈治理而言，地方政府间合作机制是研究的重点。研究者认为，由于我国在发展型地方主义下形成的地方竞合机制是以行政分权、财政分权和官员晋升博弈为三大杠杆的一种垂直激励机制，其存在内部激励与外部激励不兼容、政治动员而非平等博弈式激励的制度缺失等因素。因而合理的利益激励机制是实现地方政府长效合作的制度基础，高层政府应该通过指导和协调，构建涵盖地方政府间利益分配、利益协调、利益补偿、利益让渡的平行激励机制，从而使地方政府实现一种地位平等、利益兼容的制度化合作（杨爱平，2011）。

最后，都市圈治理的实证研究是中国区域治理研究的显著特点。随着我国加入世界贸易组织（WTO）和我国城市化的快速推进，我国的区域经济体，例如长三角、珠三角和京津冀等以不同的形式被人所关注，区域经济一体化发展中的投资与贸易、资源配置、基础设施建设、公共安全、环境治理、发展规划等区域公共问题大量涌现，许多实际的地方政府间合作与制度性的协调改革大量出现在各区域经济体内，客观上要求中央和地方政府进行区域治理模式创新。学者们对珠三角、长三角、京津冀、长株潭等区域进行了专门的研究。其中，珠江三角洲作为我国区域一体化的最早区域，是学者们关注较早、研究也较为成熟的区域。他们从区域公共管理的视角进行分析，为了促进区域内城市之间的合作与协调，近年来各种不同的区域合作策略与治理模式不断呈现，归纳起来主要包括空间规划、行政兼并、功能性政府机构设置、地方合作联席组织和地方合作联系机制五种类型（张紧跟，2010），体现出紧密结合中国实际实践先行的典型特征。还有研究探讨跨区域治理的走向路径，认为我国的区域治理是在行政区划调整与非正式的区域协调机制之间进行成本收益的比较选择，走的是一条走向集中的跳跃式制度变迁路径（冯邦彦、尹来盛，2011），从另一个角度也体现出中国特色的实证性特点。比较而言，我国跨地域治理案例研究丰富，而系统化的理论研究相对不足。

2.3　研究评价：国内外研究的特色及其不足

2.3.1　对国际上都市圈形成及其治理研究的评价

总体来看，国际上的研究侧重于都市圈发展的进程、探究其背后的促进力量、分析不同城市相互间的作用关系、构建不同的区域治理模式。理论的色彩浓厚，注重传承演变，模型化特点突出，在理论的系统性上给我们以很大的启发。但这些研究联系中国实际时还有许多不足，从根本上来说，结合中国实际，还有许多适应和根植性问题需要研究。

一是这些都市圈的形成和治理局限于既有工业化发展模式的经验事实，充其量是对发达国家工业化道路的认识深化，总结出不同的区域发展模式，却没有纳入一国经济发展方式的转换要求。我国城市群都市圈的形成，其实是体现着中国经济发展方式的转型要求，由全国一盘棋的计划经济模式，转变为以行政单元为主导的行政区经济模式，而今进一步要转变为相邻区域联合的板块发展模式。

二是关注到了地理区位的重要性以及城市大小之间的相互关系，但并没有分析不同城市的功能定位和产业合作协同发展的途径。既有发达国家的城市群或都市圈的形成可以说是自然竞争的过程，城市地位功能和产业分工合作也是一个自然形成的过程，并不需要重点关注分析。即便是侧重规划如日本的都市圈，也是在顺应市场竞争过程中政府规划适当加以引导整合。而我国是后发的城市群都市圈，起点是点状的行政单元性城市，其地位功能相互间易出现冲突。

三是涉及区域产业分工合作关系，但所谓的分工布局一般是对不同城市或地方既有比较优势互补的阐释，缺乏对区域产业分工形成的分析，也缺乏对区域间产业合作机制的揭示。联系我国的实际，所谓的城市群区域联合协同发展，就是相邻城市地区融合形成为一个区域城市群的产业分工合作关系，它是在产业集群的基础上形成的，不是产业层级上的“梯度”构成，而且以前既有的行政单元经济体系所看重的是“大而全小而全”的完整经济体系，所追求的是产业层次的升级进阶。而今形成城市群都市圈，不同城市地区间的产业分工就成为现实的利益问题摆在眼前，如何破解产业同构促进产业转移，区域产业空间再造是一个现实而紧迫的问题。

四是仅停留在不同城市之间的相互关系结构，忽视了资源环境和社会公共问题之于都市圈形成及其治理的作用，以致缺失区域一体化运作的逻辑一致性基础。发达国家的都市圈主要形成于城市功能扩展期，城市化已发展到一定程度，工业和人口大量外迁，在离大城市不远的郊区建立新城，以分解中心城市的功能。中心城市、周边城市、卫星城在地域空间范围内形成城市功能区域相连的复合体，而资源环境及其社会公共问题压力不是十分突出。而我国都市圈大部分仍停留在初级阶段，即资源和要素向城市集中的阶段。乡村资源、人口和要素向小城市集中的极化阶段，产业还在向城市聚集，存在着城市对周边的虹吸现象。例如京津冀就存在着“环京津的贫困带”。但与此同时，大城市病日益严重，工业病也愈益凸显，核心城市“大城市病”+外围城市“工业病”形成了城市群层面的系统性疾病，城市群培育和发展过程中存在着严重的经济社会发展与资源环境不协调问题，例如京津冀出现雾霾天气。因此，资源环境承载能力是我国开展城镇化布局的重要依据。我们需要优化核心城市中心城区人口规模和功能，提升外围城市产业集聚效率和质量，探讨建立核心城市与外围城市污染减量转移机制，建立核心城市与外围城市资源环境产权交易体系，优化城市群生产生活生态“三生”空间格局，构建城市群层面污染协同治理机制和环保基础设施共建共享机制。

五是注意到区域都市圈形成过程中的不同行为主体，但关于区域治理倾向于模式化分类，简单化地在自上而下正式组织管理和自下而上非制度化的协商治理之间选择，盲目排斥政府在区域治理中的作用。治理在西方话语体系中，已成为这个时代的“元话语”，受到公共行政理论的广泛推崇，其内含的假设，一是认定民主、协作和相对妥协的合作精神所内含的价值；二是认定存在着成熟且多元的治理的主体（政府、非政府组织和公民等），其实这样的假设就像经济学的“理性人”假设一样，在现实中并不完全存在。治理主张模糊的行政和管理界限，也就混淆了城市群都市圈中的不同层级和架构，不同层级、不同性质利益主体的能力存在差异。何况城市群是不断演变的，不同阶段、不同层级、不同性质的主体发挥着不一样的作用，这其中治理存在着丰富的实践多样性。结合我国实际，城市群合作是层级制政府充分发挥作用的推动结果，我国严格的行政区划及政府层级能力存在差异，一开始往往是上级政府主导、地方政府贯彻执行的行政命令，而公民社会非政府组织也有一个培养成长的过程。

2.3.2 对国内都市圈形成及其治理研究的评价

就国内的研究而言，关于都市圈的研究著述颇丰，立足于实际的中国特色突出，开发模式方面的研究（如陆大道提出的“点—轴模式”）、产业集群与城市群都市圈之间关系的研究，以及区域发展模式的研究（如王建提出的九大都市圈发展模式）更为切合中国的实际。随着都市圈的规划构建，运行过程中的治理研究也受到很大的关注，虽然一开始是对国外治理转向研究的简单移植，但也不乏切合中国实际的分析，如刘君德提出的“行政区经济”、陈瑞莲等提出的“区域公共管理”、王健等学者提出的“复合行政”理念，以及王佃利等跨域治理在区域发展中的适用性及局限的探讨，这些研究充分体现出中国学者结合中国实际的自主探讨。尤其是结合中国都市圈的实证研究更为典型，如张紧跟所概括的区域合作治理的五种类型，更为突出地体现出中国都市圈治理的实践探索。但这些研究目前还不够系统，主要体现在以下三个方面。

一是关于都市圈的界定借鉴了发达国家城市群都市圈的概念，立足中国实际的研究很有特色，内涵丰富很有启发性。地理学家的研究侧重于城市—都市圈的功能构成体系，经济学者探究了产业集群—都市圈形成之间的内在逻辑。但仅是对一个个都市圈的形成及其构成体系进行了描述性分析，却对城市群都市圈的形成所内含的中国经济“由点到面”的跃变趋势缺乏分析，这也就影响了对中国都市圈产生机理的深入分析，也影响了对中国都市圈产生特色的把握。为什么中国在改革开放30多年之后出现了城市群都市圈？人口的集中、产业的集群、城市功能的集聚，这些都是一般性的解释，这只是对促进都市圈形成发展的相关利益机制进行的深入研究。先入为主地说，是因为行政区划范围内的土地等资源不足，相邻地区便想通过联合扩大资源共享利用来实现自身的发展。以京津冀区域中的北京市为例，受制于资源环境限制，大城市病问题日益严重，它不得不借助于相邻地区的资环条件来化解自身的问题。当然资源不是简单的归属享有，而是通过探究共有共享的方式，实现合作双赢的效果，因此，都市圈协同发展的真正目的其实就是探究有效利用资源的协同发展机制。

二是关于都市圈的城市间结构从规划顶层设计的角度进行了较为充分的探讨，倾向于由中央政府进行城市功能定位选择和产业规划布局来解决区域产业的分工合作，似乎一旦规划出台，区域内各个地方的定位就会明确，内部合作也就水到渠成。这样的规划设计也只是局限在城市功能定位的程度和产业分工布局的层面。我国城市群都市圈处在规划设计阶段，尤其是区域城市群纷纷上升为国家战略的目的强烈，一个都市圈能够真正运转起来，势必涉及经济利益，只是笼统地强调合作协调原则是不够的，如何真正地协同协调还需要结合都市圈的实际运作来探讨，尤其是地区间财税收支体制的构建是必不可少的内容，而这方面的研究几乎还没有深入甚至没有触及。

三是关于区域治理的研究，立足实证的研究富有中国特色，不同城市群都市圈都有一些现实的探索，也有一些行之有效的做法，但还有待总结成为中国区域治理理论，案例经验的研究丰富但系统性理论化的阐释缺乏。理论层面简单地移植国外治理理论，假定参与治理的行为主体多元平等且成熟，实际中不得不强调政府的作用，除了求助于中央政府的协调，就是一再地强调地方政府的合作。类似谁来治理、治理什么、如何治理等问题，都还没有展开研究。诸如地方之间无序的竞争、重复的投资这些问题实际上为区域治理带来了高额的交易成本，但区域治理却几乎无从下手。联系京津冀协同发展，区域治理的必要性自不待言，但还局限在简单强调中央政府的影响层面。

2.4 中国都市圈的内涵特色及其形成发展的意义

综合以上关于都市圈产生及其治理的研究，从概念界定到都市圈内城市间关系再到都市圈的产生形成原因再到跨区域都市圈治理，都是有关研究的热点。结合中国的研究，一开始在概念上的争论比较多，例如有巨大城市带、都市连绵区、城镇密集区的区别，最为普遍的是都市圈和城市群的界定，其实这些概念都是较为宽泛的概念，都是强调多个城市构成的城镇集合体。“带”“圈”“区”“群”是对城市不同空间组合方式所构成的城市形态的差异化表达，但是它们之间的区别在于空间形态的等级层次不一样，大城市群与都市密集区的内涵相似，在性质与内涵上没有本质区别。因此，我们在这里就以都市圈来概括总称城市化的集群化现象，而是将重点转向中国都市圈城市群的中国特色，以及都市圈形成的中国机理，并由此更进一步探讨中国都市圈的内涵特点及其使命影响。

2.4.1 中国都市圈产生的内外动力

我国以城市化经济集群为主导的区域板块正处在形成演变之中。区域发展战略规划的提出正是这种发展趋势客观见之于主观的反应，相邻地方政府“主动联合”提出规划是其突出的特点，而且都以联合起来争取被纳入国家大的发展战略为定位导向。这背后不排除相邻区域联合向中央政府要政策、要项目、要资金的动机，但更为深刻的原因在于内在的动力和外在的压力两方面力量所驱使（见图2－1）：内在动因是相邻区域扩大资源利用范围和提高资源共享程度以获得区域经济集聚效应；外在压力是联合起来以解决区域资源环境及社会公共性问题。我们能够看到，经过改革开放40年的发展，以行政地区为基本单元的发展普遍受制于辖区资源的约束，而通过区域联合利用外部资源以获得区域集聚式发展成为普遍的目的，与此同时环境以及社会共同性问题的钳制也客观地提出了风险共担的要求。这样，我们需要重点研究区域城市群发展与资源利用时空规律相互关系，揭示资源之于区域发展的作用机理，而其中的资源共享风险共担是问题的核心。

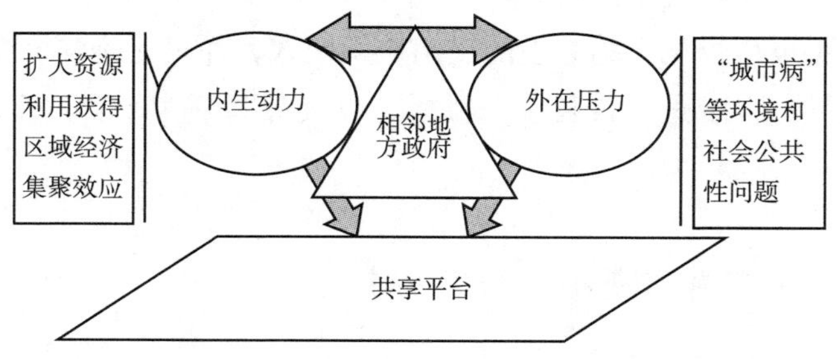

图2－1 都市圈形成的内外力量作用

2.4.2 中国都市圈的特色

中国以城市集群为主导的区域都市圈正处在形成演变之中，目前还处在规划布局顶层设计阶段，但中国都市圈的产生具有自己的特色。与国际上区域化趋势下形成的欧美大都市区都市圈不同，与日本基于全国条件规划下形成的都市圈不同，与以往由中央政府主导按照相邻关系布局进行经济区划不同，也与改革开放以来局限于自己行政范围以地方政府为主导的发展不同，近年来的区域发展战略规划是在相邻地方政府“主动联合”下完成的，并且都以争取能够被纳入国家大的发展战略为定位导向。这些区域都市圈具有如下五个显著特点：一是以纳入“国家战略”为目的；二是以城市化“集群发展”为主要方式；三是以地方政府“主动联合”提出为主导；四是以相邻跨行政区“区域范围”为对象；五是以区域内部经济社会—国土空间—资源环境“统筹协调”发展为主要内容。

相应地，跨区域的都市圈治理也成为一个紧迫的现实问题，这一治理是国家治理现代化的重点内容，这一要求已经在党的十八届三中全会报告中被作为重点提了出来，当然也具有中国特色。与欧美早先大都市区通过协商各自让渡一定权力组建“大都市区政府”的管理方式不同，与后来新区域主义主导下注重相关主体之间谈判的治理不同，也与我国传统的自上而下的政策执行方式不同。新形势下的大都市区治理自有其内在的特点，我们需要探索大都市圈治理的内在机理。现在提到区域治理，更多地强调行政区划调整和区域政府机构设置，这方面中央政府与地方政府的职权功能调整是必要的，地方政府之间的权力让渡也是必需的，但作为治理，核心是多元利益主体的合作共治，尤其结合中国的国情条件，需要探讨中国的区域治理模式。跨区域治理一定是既要超越中国既有的协调的体制机制，也要超越西方所谓的分散式分权制下以市场化契约为主的横向协调模式，而可能是多元主体参与下，以政府为主导、以维护公共利益为目标、以资源共享为平台的多元参与合作共治。

2.4.3 中国都市圈形成的影响意义

中国都市圈的产生一定会产生深远广泛的影响，为了认清中国都市圈的影响作用，我们在综合前面国内外研究的基础上，首先提出对中国都市圈的三重审视；其次阐述中国都市圈所承担的四大使命；最后再概括这些都市圈的影响意义。

2.4.3.1　对中国都市圈的三重审视

前面我们立足于具体区域及其行政单元，分析了中国都市圈产生的内在动力和外在压力，其实不仅如此，中国都市圈的产生也是国际和国内形势使然，这就意味着还要站在国际国家区域的高度，审视不同层面对中国都市圈的期许要求，这就是三重审视。

一是国际经济发展趋势的必然要求。当今国际经济发展突出地表现为全球化和城市化的交互作用，而这一交互作用的结果便是形成不同区域的都市圈城市群，这些都市圈会孕育出丰富多样的区域经济发展模式，可以预期，将来一国经济发展的程度，将由都市圈经济发展的程度决定，而一国经济发展模式将由区域经济发展模式构成，这一必然要求可以概括为：全球化 + 城市化 = 区域都市圈（区域经济发展模式）

二是国内经济地理格局正在被塑造的战略需求。在中国经济发展进入新时代之后，需要从顶层塑造和布局经济地理格局。纵观中国区域发展战略，已经经历了四个版本：第一个版本是1953～1977年，将全国分为沿海与内陆两大板块，在全国范围内建立若干大工业基地、大城市集聚地区以及经济协作区，但由于限制人口流动，地区发展差距不断扩大。第二个版本是1978～1998年，它延续了沿海与内陆两大板块，利用政策优势，沿海地区率先对外开放并加速发展，地区发展差距先缩小（1978～1990年）后扩大（1990～1998年）。第三个版本是1999～2014年，在此期间逐步形成了西部大开发、东北振兴、中部崛起、沿海率先发展四大板块，以及主体功能区等战略，发展差距从2004年之后明显缩小。第四个版本是党的十八大以来，提出“一带一路”倡议，形成了最具特色的、不断完善的中国区域发展战略，即所谓的“4 +3 +1”（四大经济板块与三大支撑带（长三角、京津冀、后加粤港澳大湾区）），还有“一带一路”倡议。其中，一个显著的特点是国内外地理格局的贯通结合，也就是区域性的都市圈城市群与伸向国际的“一带一路”倡议联系起来如表2－1所示。

表 2-1　　　　中国区域发展战略四个版本发展

	第一个版本	第二个版本	第三个版本	第四个版本
	均衡发展（1949~1978 年）	先富论（1979~1999 年）	协调发展（2000~2014 年）	一体化发展（2015~2019 年）
区域划分	沿海、内地；一线、二线、三线	东部、中部、西部	东部、中部、西部、东北	东部、中部、西部、东部；“一带一路”、长江经济带、京津冀首都经济圈
指导思想	均衡布局 各自为战	先富带动后富	协调发展 共同富裕	地区一体化 全国一体化 区域一体化
主要战略	三线建设、遍地开花	经济特区、加快沿海地区发展	西部大开发、中部崛起、东北振兴、主体功能区战略	“4-3-2-1”区域战略框架：4（东、中、西、东北四大板块）+3（京津冀、长三角、大湾区三大代表性城市群）2（长江流域、黄河流域两大流域综合带）（“一带一路”一大内外贯通轴）
生产要素流动	计划配置为主	逐步实现自由流动	加快流动	大范围自由流动
区域差距	经济差距拉大，公共服务缩小	经济差距先趋同、后趋异	经济差距缩小，大趋同	基本趋同
区域发展	建立比较均衡的工业布局	从第四、第三世界到第三、第二世界	从第三、第二世界到第二、第一世界	迈向第二、第一世界

三是都市圈本身融合发展的现实需要。每一个都市圈要实现良性发展，都必须是经济+地理+城市+社会+生态的有机融合发展，都市圈城市群区域其实也是自然生态环境、社会历史文化以及经济因素生态空间结构优化重组的体现，交通道路建设、规划编制及实施、产业簇群等动力因素都是都市圈内部优化融合的作用表现，通过都市圈方式将区域发展的各种动力因素进行协调整合，最终使城市群生态空间结构逐步趋向合理，城市群经济社会环境才能可持续发展，“人与自然”也才能和谐相处。

2.4.3.2　中国都市圈发展的实质意味

中国都市圈（城市群）的兴起，意味着中国经济发展进入了新时代，经济增长要实现高质量的发展。这些都市圈城市群的形成，表明中国经济正在发生一个质的变化：城市化、工业化从小板块向大板块集聚，市场发展产生了统一的需要，产业发展产生了规模集聚的需要，资源组合产生了配置效益的需要。增长的驱动力正在进行“由点到面”的跃变，这些区域板块有可能成为未来中国经济发展新的增长点，意味着中国经济已进入以城市为主导的经济集群化整体竞争新时代。这既不同于改革开放前由中央政府为主导按照经济关系布局经济区划，也不同于改革开放之初以地方行政区为主导的“点状”竞争，也不同于市场经济条件下以企业为主体的产业链“线状”竞争，而是地方政府介于其中多元主体交互作用下的区域板块间的“整体”竞争，这是我国经济发展进入了新阶段的重要特征。

这样的区域空间经济集聚化发展会促进中国经济发展的动能转换。中国经济区域空间层面“由点到面”的跃变，是我国区域经济发展的根本所在，这些城市群（或者都市圈）是区域发展的载体，而新型城镇化则是区域协调发展的核心内容。这些城市群内含着新的动能，不仅要通过资源整合实现资源节约，还要通过风险共担实现环境改良，更要通过产业调整实现空间再造，而且还要通过功能调整实现城市的集聚效应。可以设想，一个又一个集聚效率高、辐射作用大、城镇体系优、功能互补强的城市群，将是支撑全国经济发展的新增长极、促进区域协调发展新平台、参与国际竞争合作的新力量。

都市圈发展的要义主要包括内外两个方面：内部是整合成为一个区域整体；而对外部形成引领，成为中国经济的增长极和参与国际分工的重要力量，以此塑造国内国际经济地理空间结构。因此，中国都市圈城市群在现阶段承担着四大历史使命：一是夯基健体，就是夯实经济基础、健全增长机制；二是调整转型，就是借此调整产业结构、转型发展方式；三是培育经济增长极，形成为由点（行政区）—线（产业链）—面（都市圈）构成的立体化经济增长机体，带动中国经济再上一个台阶；四是尝试国家治理现代化率先在区域突破，就是在都市圈层面深化行政体制改革、推进国家治理能力现代化、探索跨区域治理机制。

2.4.3.3 中国都市圈发展的深远影响

首先，区域都市圈的形成将改变我国经济发展的基础，经济增长将由“行政区经济”主导转向“区域一体化经济”主导。

其次，中国经济格局也会因为区域都市圈的出现而改变，中国区域经济战略取向既不是“全国一盘棋”式的产业布局，也不是产业与地域叠加形成的由东向西阶梯状波浪式演进，而可能是“都市圈（群）”式的区域布局模式，这或许是克服既有行政分割和促进区域共同发展的现实途径。

再其次，它将为转变经济发展方式提供契机，区域都市圈的形成可能改变以地方独立利益为核心的竞争模式，地方政府权力将会受到抑制，增长的来源也更多地由粗放式使用资源和外延式发展转向基于区域资源整合和产业集聚而产生的报酬递增效应，这可能为中国经济社会全面发展提供一股新动力。

最后，它将促进政府职能的有效转变。一个网络化的经济环境和地方政府间关系正在逐步形成，区域都市圈的发展必然要实现更为全面的区域管治。这不仅考验着区域内各级政府的职能转变，也考验着整个国家的宏观经济管理能力水平。

第3章　京津冀都市圈的城市空间结构分析

当今全球经济体系建立在“流”、网络和节点的空间结构基础上，城市群正是资金流、人才流、信息流、技术流的汇集地，是连接区域经济和全球经济网络体系的节点，是国家进行政治、经济、文化多层面竞争的重要空间载体。那么，京津冀都市圈内部的城市间关系如何？这主要包括两个方面，一方面是传统城市空间架构；另一方面是现代城市间网络关系。《京津冀规划纲要》规划的京津冀空间格局是“一核、双城、三轴、四区、多中心”，随着北京城市副中心的确认和雄安新区的设立，京津冀城市间关系构成发生了根本性的改变，这可能会打破由来已久的京津各自“单中心”“同心圆”扩展的京津冀城市空间结构，改变京津“双城争雄”的局面，破解“环京津贫困带”的困境。北京城市副中心和雄安新区就如两个楔子，在既有京津冀的行政格局不变的前提下，以最小的成本，撬动京津冀协同发展，有望培植形成“风扇三叶旋转”的驱动力，在空间上重塑京津冀都市圈三角空间联系，这意味着京津冀都市圈的空间架构及其城市间关系结构也已初具雏形。本章重点探讨传统意义上的城市空间架构，下一章再探讨现代信息网络化条件下的城市网络关系。

3.1　京津冀基本空间关系概述

京津冀同属京畿重地，濒临渤海，背靠太岳，携揽华北、东北和西北，战略地位十分重要。地域面积21.6万平方千米，2014年末常住人口1.1亿，地区生产总值6.6万亿元，以全国2.3%的地域面积承载了8%的人口，创造了10.4%的经济总量；2014年人均地区生产总值6万元，是全国平均水平的

1.3 倍[①]。京津冀地区与长三角、珠三角地区比肩而立，是我国经济最具活力、开放程度最高、创新能力最强、吸纳人口较多的地区，是拉动我国经济发展的重要引擎。

京津冀各自比较优势突出。北京作为首都，政治地位突出，文化底蕴深厚，科技创新领先，人才资源密集，国际交往密切。天津拥有北方最大的综合性港口，制造业基础雄厚，研发转化能力较强，发展势头良好。河北自然资源丰富，劳动力相对充裕，产业基础较好，经济体量较大，具有广阔的发展空间。京津冀地缘相接、人缘相亲，地域一体、文化一脉，历史渊源深厚、交往半径相宜，为实现优势互补、协同发展提供了良好条件。

近年来，京津冀三省份相互签署了一系列合作框架协议，建立了多层次、宽领域的协作关系，协同发展的思路日渐清晰、领域不断拓展。特别是习近平总书记"2·26"重要讲话以来，疏解北京非首都功能的共识逐步形成，疏解工作有序展开、通关一体化等领域实施了一批重点合作项目，京津冀协同发展进入全面深化新阶段。但是与长三角、珠三角地区相比，京津冀一体化进程相对缓慢，整个区域的发展相对落后，急需构建区域协同发展和区域治理的新机制，以促进该区域迅速崛起。

3.1.1 京津冀都市圈空间结构性矛盾突出

空间结构不合理越来越成为影响北京可持续发展的最重要问题。"单中心""同心圆"向外扩展的城市空间布局是北京城市空间结构矛盾的总根源。这种格局使政治、商业、文化、教育、医疗、旅游等城市核心功能都集中在中心城区内。城市功能过度集中于中心城区，强化了中心城市的"磁力"作用，发展要素不断向核心积聚。

北京目前的空间发展问题不是行政区人满为患，而是中心城区"人挤为患"。在"母城"外围打造与中心城区保持适当距离、规模较大、功能互补且自身服务功能完备的"副中心级城市"，形成市域内主、副双中心支撑的空间布局。逐步推动其他中心建设，最终形成多中心的空间结构，有利于缓解中心城区交通、环境和各项城市设施的负担，提升城市区域与中心城区的整体发展水平。这是优化首都空间布局的必然选择。

---

① 资料来源：2015 年《北京统计年鉴》《天津统计年鉴》《河北经济年鉴》《中国城市统计年鉴》。

3.1.2 北京城市副中心建设与京津冀空间结构调整

北京城市副中心建设选址于通州区得益于其独特的地理位置优势。北京城市副中心距离北京中心城区 23 千米，距首都机场 20 千米，距北京新机场 58 千米，便捷的交通对北京中心城区人口疏解、产业分散和资源分配都有极大的促进作用。城市副中心建设对通州区的经济发展、城市管理标准的提高都有积极意义。城市副中心建设将带动北三县（三河市、大厂县和香河县）、天津市武清区及河北省廊坊市的城市发展，对提升京津冀地区协同发展具有重大意义，如图 3－1 所示。

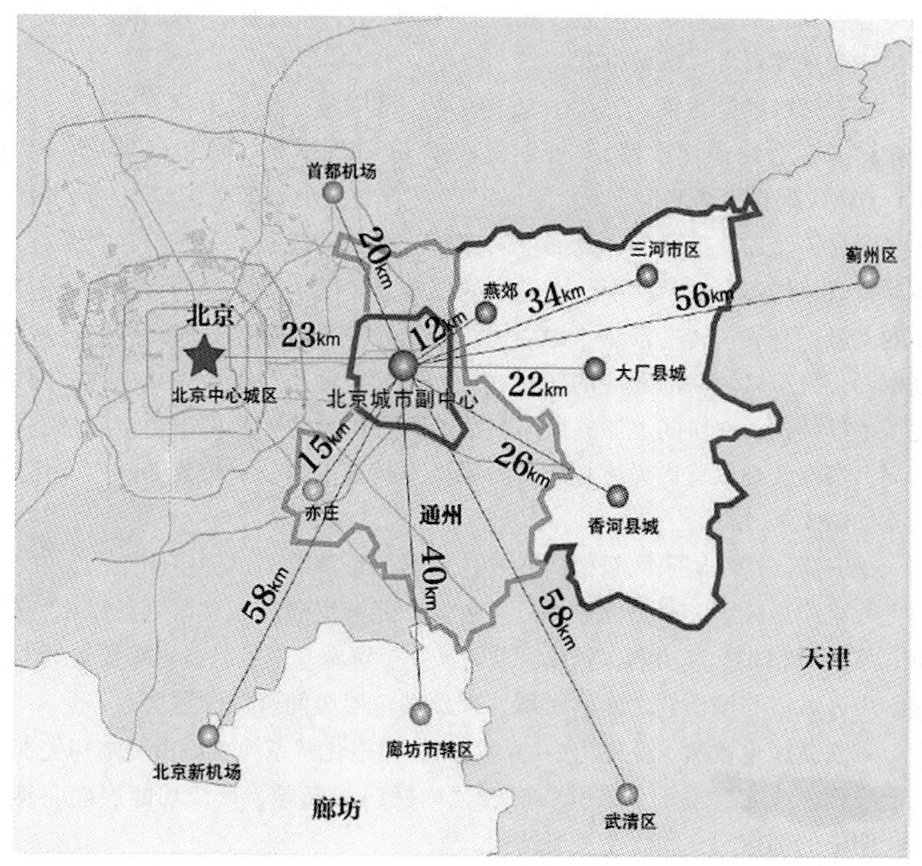

图 3－1　北京城市副中心区位分布示意

3.1.3 雄安新区建设与京津冀都市圈空间结构布局

河北雄安新区于2017年4月1日设立，一年后的2018年4月《河北雄安新区规划纲要》颁布，这是以习近平同志为核心的党中央作出的一项重大决策，是继深圳经济特区、上海浦东新区之后又一具有全国意义的新区，是千年大计、国家大事，也是京津冀协同发展的历史性战略选择。规划建设雄安新区意义重大、影响深远。雄安新区将作为北京非首都功能疏解集中承载地，要建设成为高水平社会主义现代化城市、京津冀世界级城市群的重要一极、现代化经济体系的新引擎、推动高质量发展的全国样板。将与北京城市副中心形成北京发展新的两翼，有利于调整优化京津冀城市布局和空间结构，加快构建京津冀世界级城市群。

雄安新区地处北京、天津、保定腹地，范围包括雄县、容城、安新三县行政辖区（含白洋淀水域），规划面积1770平方千米。距北京、天津均为105千米，距石家庄155千米，距保定30千米，距北京新机场55千米，区位优势明显，交通便捷通畅，发展空间充裕。雄安新区如一个楔子，在既有京津冀行政格局不变的前提下，以最小的成本，类同于一个撬动京津冀协同发展的支点，有利于转变京津“中心地”极化趋势，突破“以邻为壑”区域分割格局，打造区域联动发展的新模式，形成开放性、互动性、共生性的网络化城市群结构，在空间上形成京津冀都市圈京津雄的三角城市群空间形态与布局，最终实现以首都为核心的高品质世界级城市群，京津冀区域空间格局示意如图3－2所示。

雄安新区这一国家级新区的成立，重塑了京津冀都市圈空间结构，在空间上与京津形成新三角空间联系。一方面，能够突破地域和区划的壁垒，疏解北京人口和非首都功能，释放区域间人才、资本、信息、技术等要素活力，缓解中心城市与城市群之间的矛盾，理顺城市层级间资源配置关系；另一方面，雄安新区也被赋予反磁力中心的功用，可以化解京津冀城市间结构失衡、功能失调，改变过去重“外引”而轻“内联”的问题，形成功能层次完善、结构明晰的都市圈空间均衡发展结构。

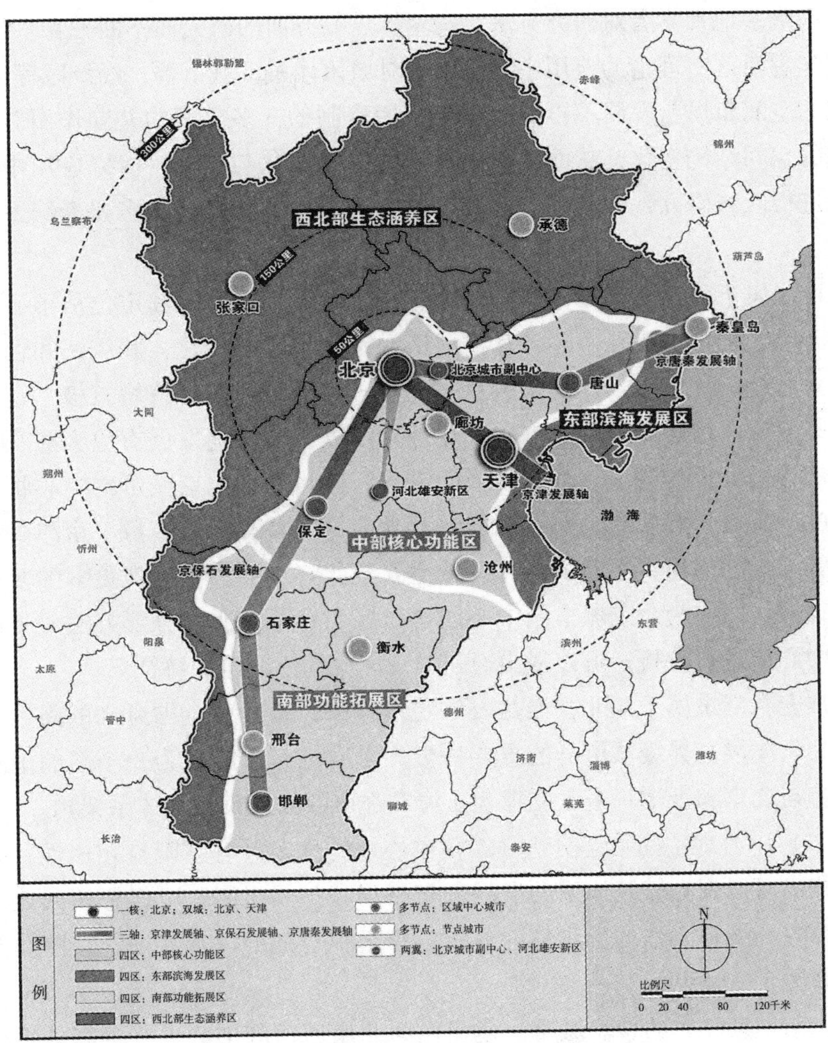

图3-2　京津冀区域空间格局示意

资料来源：《北京城市总体规划（2016-2035年）》。

3.2　副中心与雄安新区之于京津冀都市圈的辐射带动关系

3.2.1　空间辐射带动的理论分析

（1）中心地理论分析。中心地理论主要用于对城镇体系及空间发展的研究，因众多地理学者对研究方法、理论推广等方面的研究而不断完善。目前，我国学者对这一理论的应用主要集中于对城镇体系、城市群、经济区等方面。区域的空间布局与发展不再受制于单一因素制约，多要素的共同作用影响着区域的空间结构变化，从而影响中心地体系的变化与布局。所以应用中心地理论进行区域研究，有利于对区域发展背景及影响其发展的多要素纳入综合考虑。

通州属于北京市辖区，拥有独特的地理优势。2016 年其定位从市行政副中心升级为北京城市副中心，其空间格局将发生显著变化，其经济和社会发展要素将趋于优质化，经济发展水平提高，将成为新的经济增长极。这对促进通州发展、缓解北京大城市病及促进京津冀区域协同发展有重大意义。随着政府办公大楼的完工、基础设施的完善，通州作为北京城市副中心将承担更大的历史责任和使命，在疏解非首都功能区、首都人口疏散、京津冀协调发展等方面的作用将不断加强，区域空间变化将加剧，会出现更多的复杂性和多边性。以作为北京城市副中心的通州区为背景，通过分形方法对不同等级的中心地进行分析，可以得出通州与京津冀的空间组织特征。

雄安新区隶属于河北，但是发展定位很高，是具有全国意义的新区，将会成为京津冀世界级城市群的重要一极，以后也有可能成为一个新的地理中心，将与北京和天津一道，支撑起京津冀都市圈的城市空间体系架构。

（2）中心地空间形态分析。城镇中心地的分布具有空间自相似性，利用分形技术可以探究城镇体系的空间分布格局和扩展机制。可以采用回旋半径法计算各等级中心地的分维值，分析各等级中心地的内部特征，京津冀空间区位如图 3－3 所示。

北京是京津冀的核心城市，通州作为北京城市副中心具有更高的发展定位。可以通州作为京津冀地区最高级中心地和分形测算的圆心，探究北京城市副中心对通州区、北京主城区及京津冀区域协调发展的作用。主城区中心地是北京市所辖的 12 个区，二级中心地是距离通州 100 千米范围内的廊坊市和天津市，三级中心地是距离通州 200 千米半径内的 5 个地级市，四级中心地是半径大于 200 千米的地级市。

通过对不同半径范围内中心地的特征分析，找出通州作为北京城市副中心对通州区、北京及京津冀地区的空间组织特征，并据此提出京津冀各中心地协调发展的图景模式。

（3）区域多中心城市体系分析。多中心城市体系需要满足六边形空间结

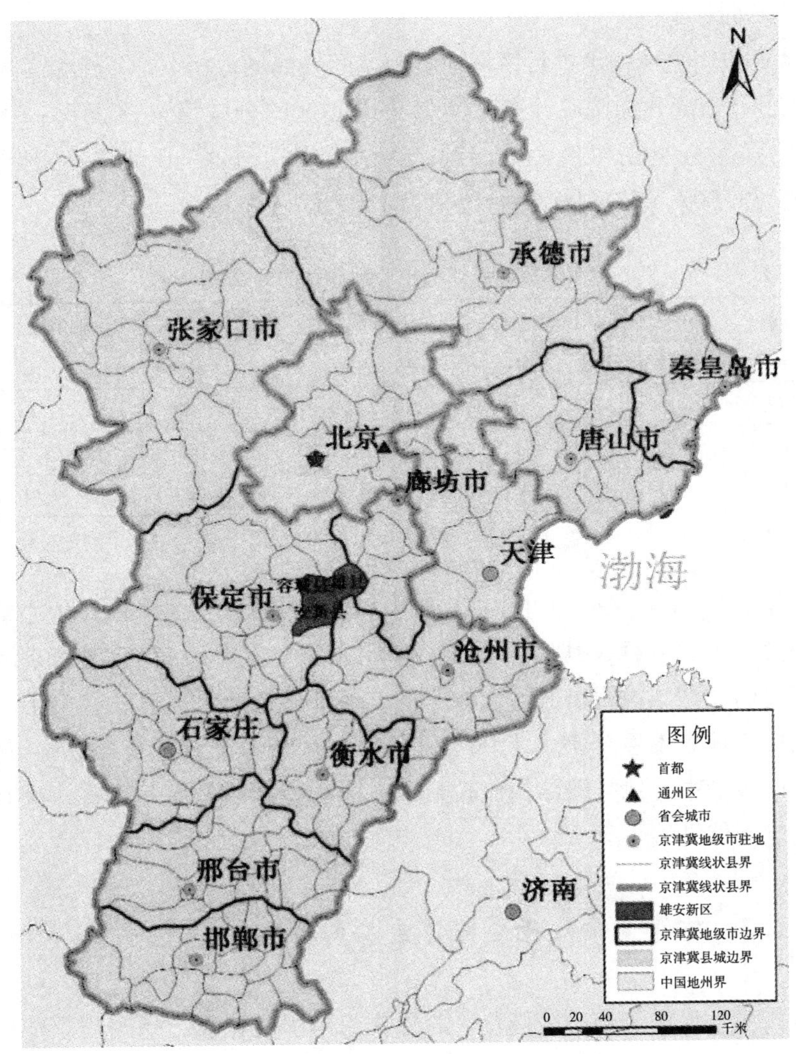

图3-3　京津冀空间区位示意

构的原则，雄安新区次级中心恰巧位于三个高一层级中心的三角形中央，处于京津冀都市圈的交会点，这将有利于与较高一级中心的北京天津错位竞争、协调发展。这不仅能够化解次级城市分布松散、关联程度有限的问题，而且相比其他空间形态，三角形的城市群空间结构更具稳定性，平衡状态不易被打破，有利于完善京津冀城市群空间形态，促进城市群空间优化与空间自组织演进。还有，雄安新区作为北京—保定—石家庄发展轴上重要的载体和支点，可补强河北二线城市的缺失，有利于带动相对滞后的冀中冀东冀南乃至中部地区的发展。

（4）应用分形技术进行区域中心地空间格局的分析。以通州北京城市副中心为例，以通州为圆心计算不同等级中心地的分维值（见表 3－1）分别是：主城区中心地分维值为 2.247，二级中心地分维值为 1.432，三级中心地分维值为 1.007，四级中心地分维值为 1.05。

表 3－1　　　　京津冀地区四级中心地体系的分维值

体系	中心城区	二级中心体系	三级中心体系	四级中心体系
n	13	4	9	14
(n)	12	3	8	13
D	2.247	1.432	1.007	1.05
R^2	0.997	0.676	0.766	0.8365

注：表中 n 为总中心地数目；(n) 为标度区内点数，一般 (n) ＝n－1；R^2 为测定系数。

根据表 3－1 结果分布可知，二级中心地、三级中心地和四级中心地都属于严格意义上的分维，其中，二级中心地的分维值为 1.432，属于空间结构比较紧凑的类型，说明以通州为核心的二级中心地体系发育比较完善。三级和四级中心地分维值分别为 1.007 和 1.05，从整体来看，其维数比较偏低，说明这两级的中心地空间结构比较松散，中心地体系发展不完善，没有形成合理的空间体结构。

3.2.2　京津冀中心地空间关系基本特征

（1）主城区中心地空间极化。北京作为中国的首都，是政治、科技和文化中心，城区聚集了大量的高新产业和政府机关，教育、医疗、基础设施和公共交通系统完善，人口密度很大，对周边区域具有极强的磁化效应，处于空间极化状态，主城区中心地的分维结果（2.247 >2）也验证了这一点。中央商务区（CBD）和中心商业区主要集中于主城区，而中心城区的土地稀缺性阻碍了商业商务的进一步发展，基于经济持续发展的需要，在原有商业聚集的周边建设新的商业商务开发区成为必然趋势。通州作为北京市辖区，依靠其地理优势被定位为北京城市副中心，目的在于通过行政的作用带动通州的人口流动、商务办公、文化旅游、生态环境建设及基础设施完善等，在现有经济基础建设上，加强首都发展的主要功能，疏解非首都功能区，为实施人文北京、科技北京、绿色北京作出战略部署，体现了北京立足于可持续发展的战略要求。根据通州区“十三五”规划纲要目标，2017年底市属行政事业单位将迁入通州工作。2020年，与功能定位相适应的空间格局基本形成，非首都功能疏解将取得重大突破，主城区的空间极化作用将得到缓解。尽管现阶段通州相对于主城区的空间结构处于不稳定的空间系统，但随着政策的落实和相关建设的不断完善，该系统将不断向完整和稳定的方向发展。

（2）二级中心地空间结构紧致合理。二级中心地的分维值为1.432，说明二级中心地是比较完整的空间系统，系统内部之间的相互抑制作用较小，空间结构较合理。这与城市定位及空间分布有很大关系。二级中心地体系中北京市、天津市同为直辖市，虽然北京市作为首都对周边具有较强的磁力效应，对周边地区的发展有一定的影响，但天津市距离北京市有一定的距离，且天津市有自身完善的工业系统、经济基础和基础设施，城市自身可独立运转。同时，北京市和天津市作为直辖市应该对其卫星城有一定的促进作用，廊坊市由于其独特的地理位置，地处北京和天津的中间地带，同时受到北京和天津的共同作用。因此，二级中心地体系的空间结构较为合理。未来随着北京城市副中心建设的不断完善，非首都功能得到疏解后，京津冀协调发展将不断加强，京津冀将会形成体系完整、空间结构合理的区域性城市群，二级中心地将构成京津冀地区中心地体系坚实的中间层。

（3）三级、四级中心地空间结构松散。从分维结果来看，三级、四级中心地的分维值分别是1.007和1.05，城市主要分布在河北省边缘地带和南部地区，受北京和天津的带动作用较小，都体现出中心地空间结构松散的特点。在京津冀协同发展的背景下，扩大京津的大都市职能带动作用成为关键。2016年提出的雄安新区将有效弥补这一缺陷，建设雄安新区除了疏解非首都功能外，还将承担部分带动三级、四级中心地发展的职能，使中心地的空间结构由松散趋于紧致。

3.2.3　京津冀地区中心地体系空间图景构建

（1）空间图景构建方法。受地理因素的影响，中心地空间图式对称分布将出现非对称性，即对称破缺问题。在研究中心地空间图景时有必要对复杂的、有破缺的空间图景进行必要的修复，提取出主要的空间要素，完成对空间图景的构建。在实际处理过程中，遵循地域临近原则将近域城镇作归一化处理，在尊重现实的基础上对空间图景进行修补，最终对修补后的图景进行抽象化处理，形成具有实际意义的空间图景。

（2）构造空间图景。基于ArcGIS软件对京津冀城镇矢量数据进行提取和加工，根据图景构建原则构建京津冀地区原始图景（见图3-4）。

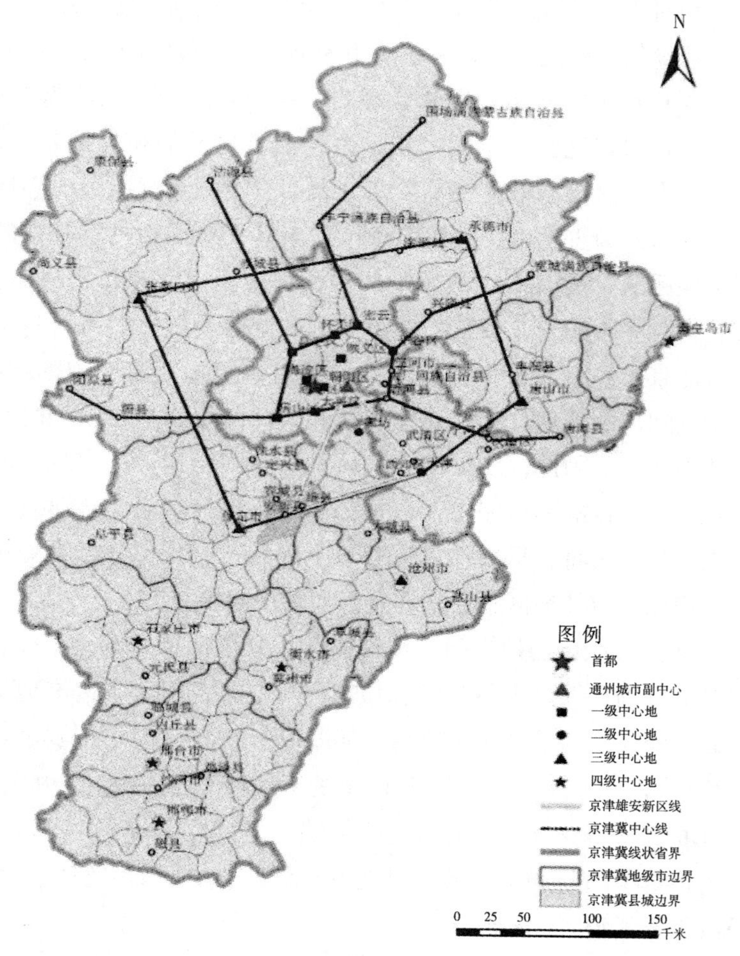

图3-4　京津冀地区中心的体系空间示意（原始）

从原始图景中可以看出：一级中心地为北京市主城区所辖区。二级中心地为围绕通州形成以北京主城区、廊坊和天津为顶点的三角形空间网络模式。三级中心地由一个完整的五边形和其他不规则系统组成。四级中心地主要分布在河北省南部，没有形成以通州为核心的闭合多边形空间网络。

在原始空间图景的基础上，根据空间图景修补原则和方法，将原始图景的范围扩大，使多边形网络延伸到临近区域，突破行政区边界的约束。同时，考虑新建成的雄安新区的定位及其职能，对其辐射效应进行分析。为了尽量实现中心地服务功能的均等化，修补对称破缺问题，将廊坊升级为一级中心地，将雄安新区（雄县、容城县、安新县）、沽源县、张家口、承德、唐山升级为二级中心地，将蔚县升级为三级中心地。据此而得的京津冀地区一级中心地、二级中心地、三级中心地系统的空间图景将呈现出相对理想的六边形和四边形结合的空间图景（见图3－5）。通州、天津和雄安新区（升级后）组成等边三角形的三个顶点，以各自为中心带动更低一级的中心地系统发展，有效带动了河北省南部城市的发展，对京津冀区域协同发展有重要的作用。

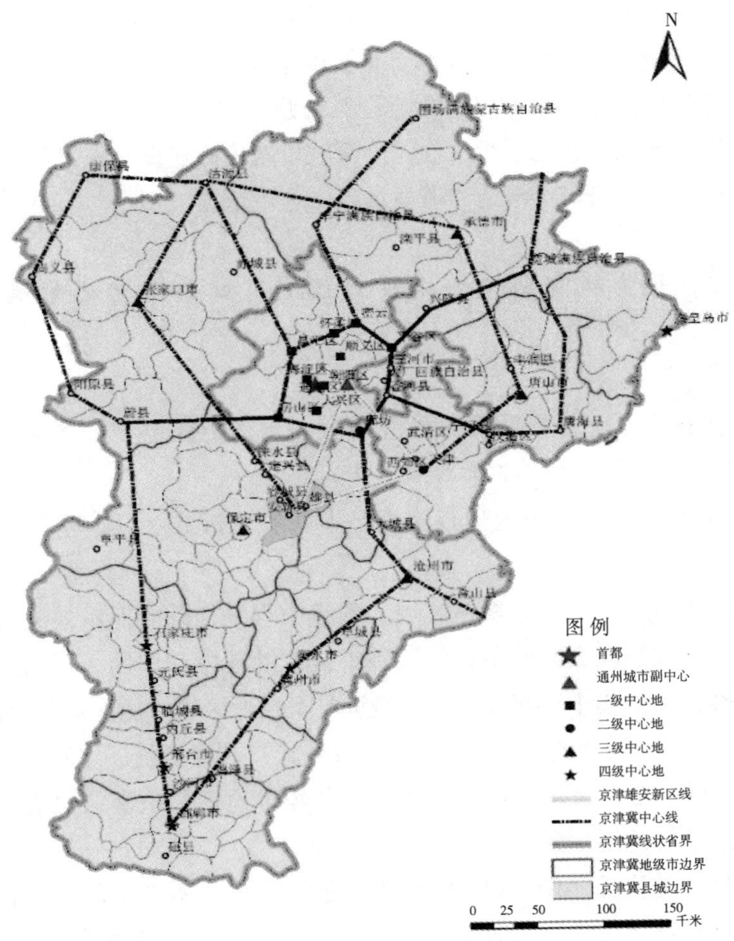

图3－5　京津冀地区中心的体系空间示意（修复）

3.3 北京副中心建设对周边地区人口分布的影响

3.3.1 北京城市副中心建设与区域人口分布变化趋势

2017年底，北京市属行政事业单位将整体或部分迁入通州，未来将带动约40万人口疏解至通州，通州的人口分布将有较大的波动。随着行政部门的迁入，通州的商业区、教育、医疗、公共交通等都将逐步完善，旨在从根本上疏解人口。在政府方介入下，通州的经济和人口都将有明显的改变，这对通州、北京主城区及京津冀地区都有重要的意义。从人口与经济的空间分布特征及变化角度来分析城市副中心建设对通州、北京及京津冀地区的人口与经济的空间演变规律及地域相关性，分析城市副中心建设对人口分布的影响，从而为促进区域人口与经济的和谐发展提供理论依据。

3.3.2 北京城市副中心建设对区域人口分布变化影响的分析方法

（1）数据来源。分析采用的数据来自《北京统计年鉴》《天津统计年鉴》《河北统计年鉴》（2012年、2016年）。

（2）研究方法。采用地理集中度、不一致性指数（I）、空间自相关分析法。

地理集中度是指某一要素在区域上的集中程度，既能揭示要素的空间分布特征，又能表示在大区域中各同级别小区域的地位和作用。运用人口地理集中度和经济地理集中度测算人口、经济要素在大区域中的聚集程度。

人口和经济不一致性指数（I）可以反映人口和经济发展之间存在的空间分布不一致性特征。可用人口地理集中度和经济地理集中度的比值来衡量人口经济空间分布的不一致性。

空间自相关分析（ESDA）可理解为位置相近的区域具有相似的变量取值。利用空间自相关分析法可以研究某一属性值在空间格局中的分布特征。学术界从不同研究方向总结出一些度量空间自相关的方法，使用最多的是

“全局莫兰指数I（Moran's I）”。莫兰指数I的值一般介于－1～1，大于0表示正自相关，即高值与高值相邻、低值与低值相邻；小于0表示负自相关，即高值与低值相邻。如果莫兰指数I接近于0，则表明空间分布是随机的，不存在空间自相关。

为了更好地反映某一区域附近的空间集聚情况，需要使用局部Moran's I指数。局部莫兰指数I的含义与全局莫兰指数I相似。I为正值表示局部空间单元相似值趋于空间聚集；I为负值表示局部空间单元相似值趋于分散分布。

3.3.3 北京城市副中心建设对通州区人口和经济集聚的作用分析

（1）地理集中度。对通州区2012年、2016年的人口地理集中度和经济地理集中度指数进行测算，对人口地理集中度指数和经济地理集中度指数均进行归一化处理，以人口地理集中度和经济地理集中度的平均值的50%、100%和150%为分界值，将各乡镇不同年份的人口和经济地理集中度指数分为四个等级，分别是一级聚集区（0，0.55]、二级聚集区（0.55，1.10]、三级聚集区（1.10，1.65]、四级聚集区（＞1.65），如图3－6所示。

从整体集聚程度来看，人口地理集中度与经济地理集中度呈以通州区政府所在地为中心的集中指数最大，随着距离中心地的距离不断增大，集中度呈逐渐递减的趋势。从人口地理集中度来看，2012～2016年通州人口地理集中度在总体分布上基本没有变化。但是，从人口地理集中度整体变化来看，永顺镇、梨园镇、宋庄镇、潞城镇和张家湾镇的人口聚集程度不断增加，这些属于北京城市副中心建设区域，具有很强的人口集中效应。2012～2016年，永顺镇人口地理集中度增加最大，由11.17增加到12.5，梨园镇人口集中程度较永顺镇稍弱一点，但总体也呈集聚趋势，由2012年的5.56增加的2016年的5.92，潞城镇、张家湾镇人口集中度增幅都在0.05左右。同时，人口集聚呈以城市副中心为中心的环状逐层递减的聚集趋势。

从经济地理集中度来看，通州区的经济地理集中度分布趋势与人口的趋势基本一致，但极化效应要明显大于人口的集聚效应，经济集中指数的最大值和最小值差异较大。2012～2016年，经济地理集中度指数增加的乡镇有梨

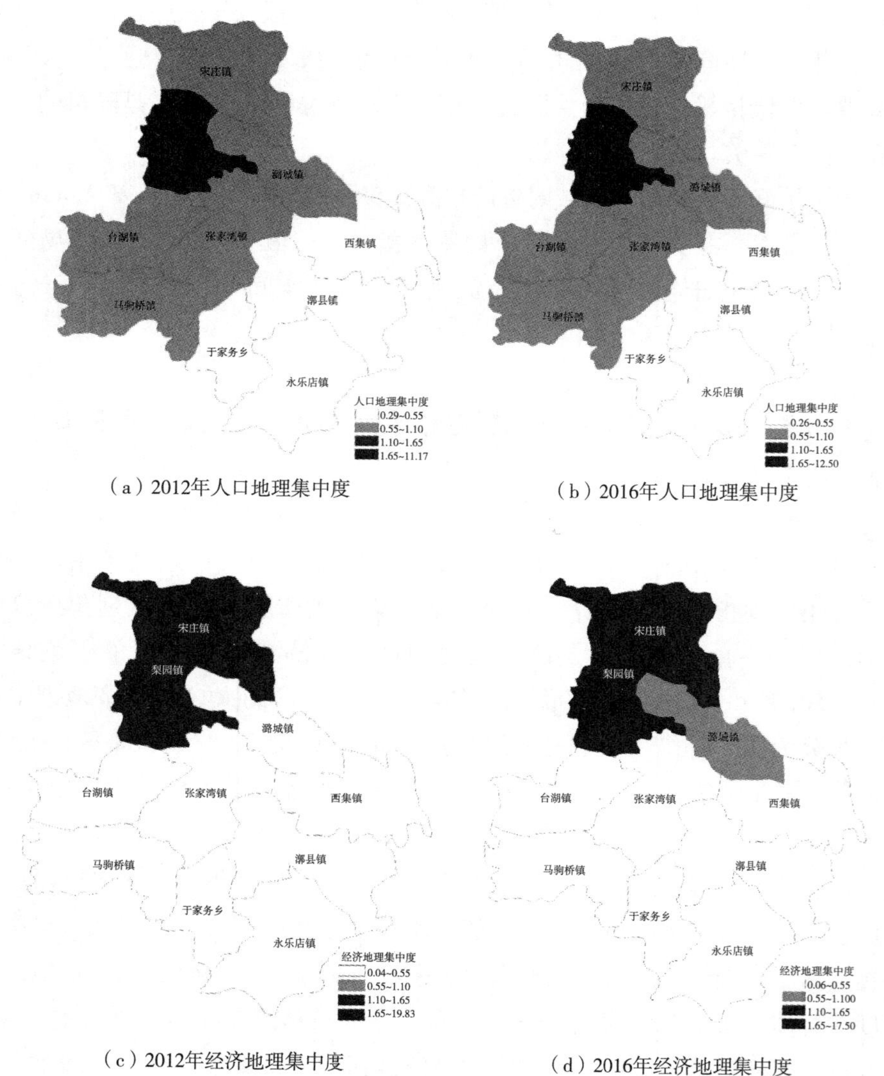

（a）2012年人口地理集中度

（b）2016年人口地理集中度

（c）2012年经济地理集中度

（d）2016年经济地理集中度

图3－6　2012年、2016年通州区人口与经济地理集中度示意

园镇、潞城镇、张家湾镇、西集镇、马驹桥镇，其中，增加幅度最大的是潞城镇，经济地理集中度由2012年的0.47增加到2016年的0.77，增幅达到0.3，张家湾镇集中度指数增加了0.17，其他乡镇增幅都在0.1左右；通州区政府驻地永顺镇的经济地理集中度指数仍然处于最大值，但呈下降趋势，由2012年的19.83下降到17.53，2016年永顺镇经济地理集中度指数为17.5。通州区南部乡镇经济集中度仍处于较低水平，变化幅度不大。

通州区人口地理集中度和经济地理集中度的分布趋势相同，两者存在较强的关联性，主要体现在集中度指数高的区域主要分布在城市副中心建设区域，形成以政府所在地为中心的高值片区。这说明城市副中心设立在通州对通州的人口和经济带动作用明显，促进了通州区域经济发展。但是，通州区各乡镇的人口地理集中度和经济地理集中度指标又存在较大差异，一些乡镇的人口与经济的空间分布趋势也不一致，人口地理集中度指数要大于经济地理集中度指数，如台湖镇、张家湾镇和西集镇等。这说明通州区的人口地理集中度和经济地理集中度在空间匹配上存在差异，还不足以适应作也为北京城市副中心的城市定位，需要在人口、经济和资源等方面加快建设以缩短与北京城市副中心发展定位之间的差距。

（2）不一致指数。采用不一致指数进一步分析人口与经济空间分布之间的关系。不一致指数综合考虑了区域的人口、面积和生产总值。可将不一致指数划分为5个区间：（0.00，0.25］、（0.25，0.75］、（0.75，1.25］、（1.25，1.75］和>1.75。根据不同的区间划分为经济极化区、经济超前区、协调发展区、经济滞后区和经济落后区。其中，经济极化区和经济超前区为经济聚集超前于人口聚集，协调发展区为经济聚集和人口聚集协调发展，经济滞后区和经济落后区为经济聚集落后于人口聚集。当I=1时，表明该区域经济和人口地理集中度水平相同，处于相对协调状态。

通过计算可以得到通州区各乡镇的不一致指数，基于ArcGIS平台可得到2012年和2016年通州区人口与经济分布关系地域类型分布（见图3－7）。2012～2016年，处于经济落后区的乡镇数量从6个减为4个，说明通州区经济发展不断提高，经济聚集能力大于人口聚集能力。宋庄镇、永顺镇始终属于经济极化区，潞城镇由2012年的经济协调区演变为2016年的经济超前区，张家湾镇由经济落后区演变为协调发展区。从不一致指数上看，在经济超前区，梨园镇的不一致指数出现明显下降，说明该地区在区域经济中的作用正在由经济集聚转为经济扩散。潞城镇、张家湾镇和西集镇的不一致指数上升，说明这三个乡镇依托城市副中心的建设，结合自身区位条件和资源条件经济得到了快速的发展。

（3）莫兰（Moran）指数。采用莫兰指数可研究某一属性值在空间结构中的集聚和离散状态。莫兰指数散点图分为四个象限，分别是右上（HH）、左上（LH）、左下（LL）和右下（HL）。其中，右上和左下分别代表“高—高”集聚和“低—低”集聚，属于正相关关系。左上和右下分别代表“低—

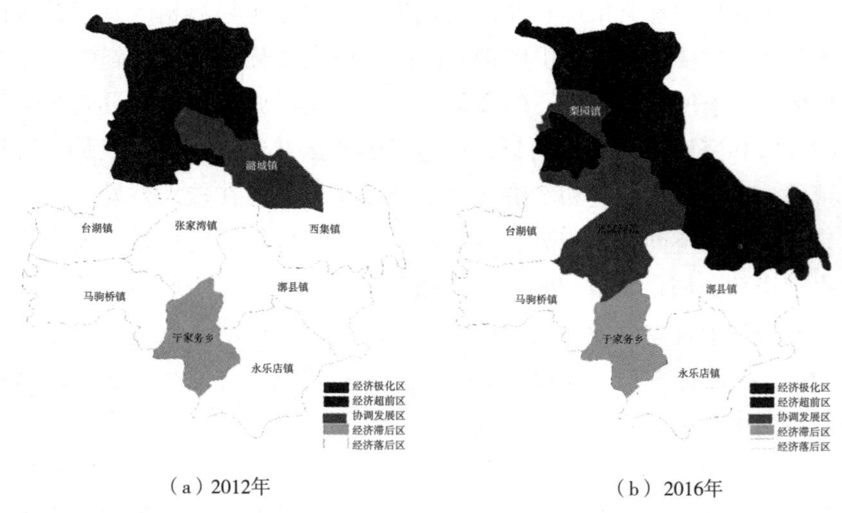

（a）2012年　（b）2016年

图3－7　2012年、2016年通州区人口与经济分布关系地域类型示意

高”集聚和“高—低”集聚，属于负相关关系。

利用莫兰指数分析通州区各乡镇的人口和经济状况，如图3－8所示。2012～2016年通州区各乡镇的人口集聚没有变化，有2个乡镇属于“高—高”集聚，7个乡镇属于“低—低”聚集，都属于正相关。经济聚集趋势相同，有一个乡镇属于“高—低”聚集，一个乡镇属于“低—高”聚集，都呈负相关。其余乡镇都属于“低—低”聚集，呈正相关。对于人口聚集而言，Moran's I值由2012年的0.399下降到2016年的0.389，人口变化呈稳定增长趋势；对于经济聚集而言，Moran's I值由2012年的0.038增加到2016年的0.054，说明通州区经济呈上升趋势。

（4）利用局部莫兰指数的LISA图可以进一步分析各乡镇在发展过程中的空间集聚情况。采用GeoDA计算得到局部空间自相关图（见图3－9）。

从图3－9可知，通州区人口聚集在梨园镇呈现“高—高”正相关关系，在漷县镇呈现“低—低”正相关关系，台湖镇呈现“低—高”负相关关系，其他乡镇间无相关性。也就是说，以城市副中心驻地为中心对人口聚集起正相关作用，随着城市副中心建设，梨园镇、永顺镇、宋庄镇的人口将得到聚集。同时，也将带动张家湾镇、潞城镇、西集镇、台湖镇的人口集聚。通过经济局部空间自相关图可知，梨园镇处于“低—高”关系，与之相邻的城市副中心所在区域、台湖镇和张家湾镇的经济发展水平将高于梨园镇，宋庄镇、潞城镇的经济发展比较缓慢，但总体呈稳步增长的趋势。北京城市副中心建设

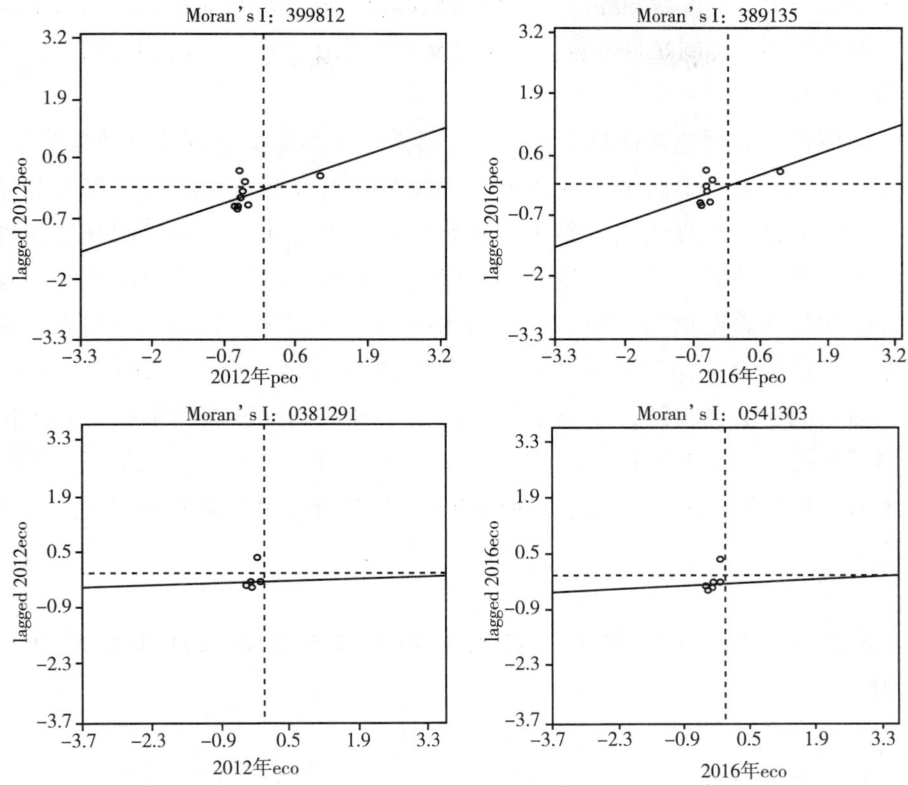

图3-8　通州区人口和经济全局莫兰指数散点

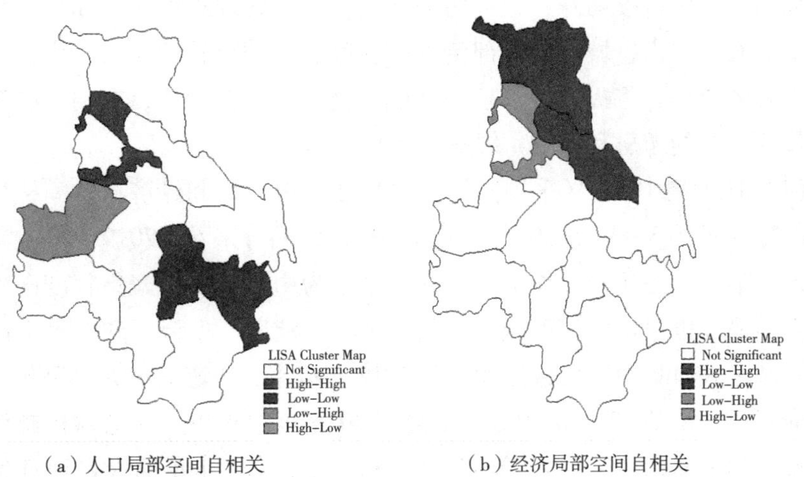

(a) 人口局部空间自相关　　(b) 经济局部空间自相关

图3-9　通州区人口与经济局部空间自相关 LISA 示意

对带动通州区北部区域的经济发展已初见成效。随着城市副中心的建设和发展，其功能辐射范围必将覆盖通州全域及北三县（大厂、三河和香河）以及武清、廊坊。

宋庄作为通州艺术创意文化中心，目前正在形成文化创意产业聚集区。宋庄的文化创意产业将成为通州的一大特色，对经济增长、人口聚集和旅游业的发展都有积极的促进作用。随着城市副中心建设，通州的交通条件也将有极大的改善，目前已建成和在建的交通线有广渠路二期东延至通柴东路，怡乐西路至通柴东路12余千米将开辟地下隧道，目的是打通东六环至东二环的快速通道；京秦高速、首都地区环线高速公路、地铁平谷线、北京城市副中心高铁站，主要是联系北京主城区和京津冀大城市区；城际铁路联络线主要连通首都机场。此外，地铁6号线、亦庄线也到达通州潞城，未来通州将有8条轨道线，这对通州的人口集聚和经济发展将有极大的带动作用。

3.3.4 北京城市副中心建设对北京市人口和经济集聚的作用分析

2016年北京市常住人口达2172.9万人，其中城六区1253.4万人。人口过度膨胀导致一系列经济社会问题，引起社会广泛关注。主要体现为：交通日益拥堵，房价持续高涨，大气污染严重，社会管理难度大，部分外来人口长期不能融入城市，城乡接合部治安存在隐患，城市管理压力巨大。北京城市副中心的建设，将提升首都核心功能，疏解非首都功能，有利于破解首都发展长期积累的矛盾和问题，缓解“大城市病”。

（1）地理集中度。（采用同样方法）北京市人口和经济在空间格局上的变化趋势（见图3－10）。从人口地理集中度空间分来看，2012～2016年，北京市人口集中趋势相同，均呈以北京主城区为中心，人口聚集程度向外层不断下降趋势。以东城区、西城区、朝阳区、海淀区、丰台区和石景山区组成的中心城区人口集中度指数最大。自2012年以来，中心城区人口聚集度指数呈下降趋势，由2012年的10.33下降到2016年的9.98。中心城区疏解人口部分集聚到了通州区、大兴区、顺义区和昌平区等，4年间人口地理集中度指数均增长了0.05左右。随着城市副中心的建设，教育、医疗、交通、产业等都不断地提高标准以满足城市副中心要求。北京市委、市政府、市人大和市政协搬迁至副中心办公，预计将带动40万人向通州区集聚，率先疏解人口和非首都功能。

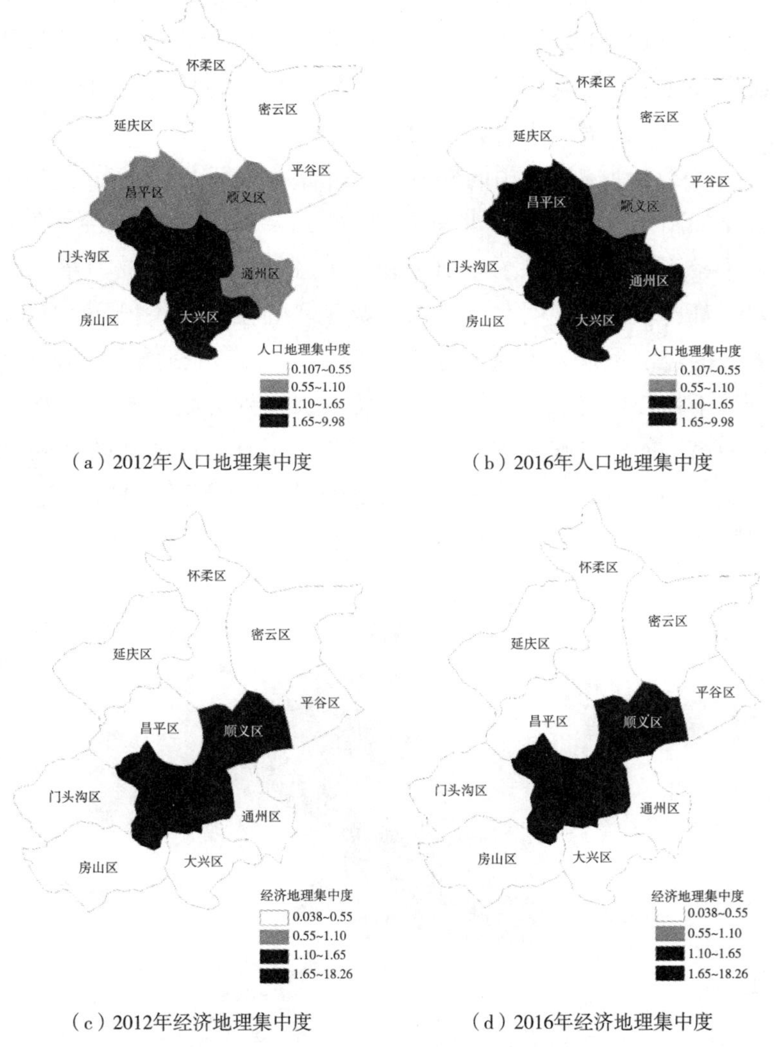

（a）2012年人口地理集中度　（b）2016年人口地理集中度

（c）2012年经济地理集中度　（d）2016年经济地理集中度

图3-10　2012年、2016年北京市人口与经济地理集中度示意

从经济地理集中度空间格局分布来看，2012~2016年经济集中度的区域没有变化，仍然以北京主城区为主。2012年主城区GDP为11315.9亿元，其他区的GDP总和为3283.9亿元，主城区的经济水平是其他区的3.2倍；2016年主城区GDP为15981.9亿元，较2012年增加了4666亿元，而其他区的GDP总和增长幅度为1383.8亿元。主城区的“虹吸效应”太强，在资源分配、配套设施服务等方面远高于其他区，在一定程度上抑制了其他区的经济发展。

尽管从经济集中度的空间分布图中无法直观看出通州区的经济集中度变化趋势，但通过数据可知，在其他区中，通州区的经济地理集中度增幅最大，由2012年的0.46增加到2016年的0.49，增长了0.03，说明城市副中心对通州的经济发展起到了带动作用，随着城市副中心的不断建设和相关设施的完善，通州区的经济发展水平将会得到显著的提高。

（2）不一致指数。（采用同样方法）北京市人口与经济分布关系地域类型空间分布如图3－11所示。北京主城区处于经济极化区，经济发展最快，顺义区处于经济超前区，除了房山区和怀柔区处于协调发展区外，其他区经济发展水平都比较低。说明北京市以主城区“虹吸效应”很强，资源高度集中使主城区的经济发展水平远高于其他辖区，北京市整体经济发展不均衡，资源的分配不均使得北京周边辖区的经济发展受到抑制。通州区处于经济滞后区，说明该区的经济聚集落后于人口聚集，现有的经济基础比较薄弱，与北京城市副中心定位尚存在差距，但是经济发展水平正在呈稳定上升趋势，未来将对疏解北京非首都功能起到重要作用。

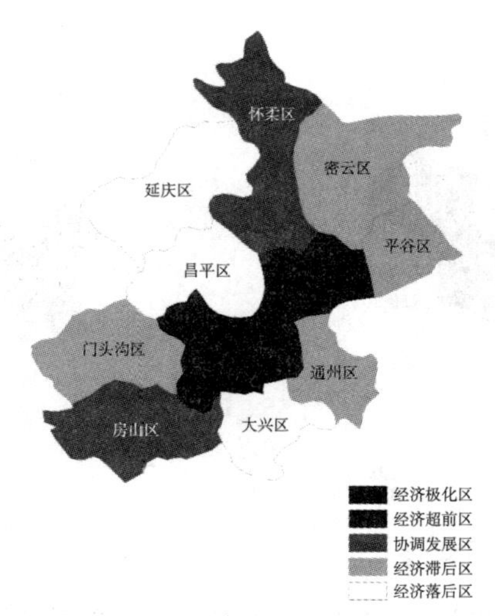

图3－11 北京市人口与经济分布关系地域类型示意

昌平区和大兴区处于经济落后区，受“虹吸效应”的影响，大多数人为了减轻住房压力选择居住在这些地方，但工作仍在主城区，加之这些区域资源分配不均，没有较好的产业支撑其良好地独立运转，处于经济集聚少于人口集聚的现象。在政策的支持下，这些区域将得到资源的重新分配，对促进该区域的人口集聚、产业布局和经济发展都将有积极的促进作用。

（3）莫兰指数。（采用同样方法）北京市人口和经济的集聚和离散状态如图3－12所示。整体而言，2012～2016年，北京市人口集聚度有所下降，莫兰指数由－0.14794降为－0，151395。处于“低—低”关系的区有8个，2个区域处于“高—低”，1个区处于“高—高”关系，都属于负相关关系。北京非首都功能疏解取得初步成效，2016年末，全市常住人口为2172.9万人，比2012年增加了154.3万人，年均增长1.5%，低于2007～2011年年均增速3.2%的速率，常住人口增量从2012年的56.7万人降至2016年的2.4万人，增速从2012年的2.9%降至2016年的0.1%。主城区人口不断聚集的趋势有所缓解，在相关政策和政府力量的作用下，主城区周边的城市副中心、大兴、顺义和昌平新城的建设都将对缓解非首都功能起到积极的促进作用。

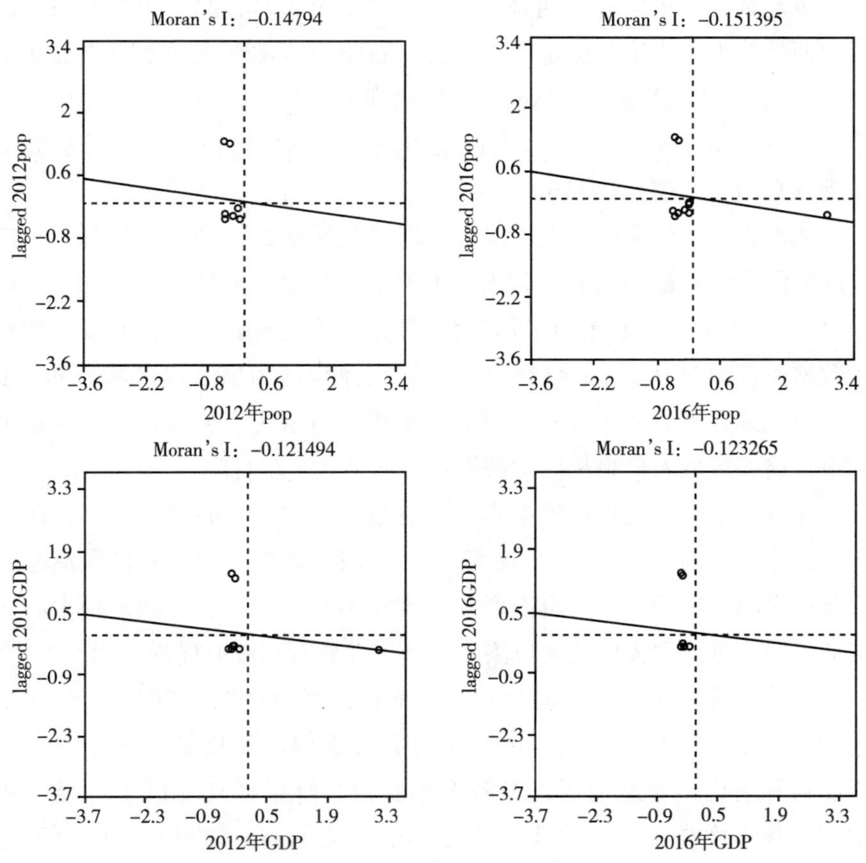

图3－12　北京市人口和经济全局莫兰指数散点

同时，资源的重新分配也将带动主城区周边区县的经济发展，降低主城区对周边区域发展的抑制作用。

由于主城区的经济基础及人口聚集程度远高于其他区县，大部分资源、人口和产业都高度集中在主城区，导致主城区对其他区县的发展存在抑制现象。因此，主城区对周边区县的带动作用不显著，在空间关系上无显著性。

3.3.5 北京城市副中心建设对京津冀区域人口和经济集聚的作用分析

（1）地理集中度。（采用同样方法）京津冀地区不同时期人口和经济在空间格局上的变化趋势（见图3-13）。从人口地理集中度空间分来看，2012年京津冀地区人口集中分布在张家口市、承德市市区，北京市中心城区，唐山市中西部，天津市区，保定市中东部，石家庄市中部，邢台市中部和邯郸市中东部地区，2012年京津冀地区人口地理集度最大的地区是天津市和石家庄市，分别为26.66和11.79，人口集中度最小的地区位于河北省承德市的丰宁满族自治县，仅为0.116。

整体而言，京津冀地区人口聚集呈现“北低南高”的分布趋势，人口聚集程度的最大值和最小值差距较大，说明京津冀地区人口分布不均。2012～2016年，人口聚集程度最大的地区有天津市和河北省廊坊市，人口地理聚集度指数增幅都超过0.2，人口聚集主要以京津地区为核心呈环状分布。4年中，人口聚集程度有所下降的区域有北京市、石家庄市、邢台市、保定市和邯郸市，这些区域人口聚集度指数降幅都达到0.3左右。

京津冀地区人口聚集仍然呈现出以北京、天津为核心区的集聚，在距离北京、天津较近的区域，如廊坊的香河、三河、燕郊等地，人口聚集程度较高，北京中心城区的人口聚集度增长幅度在不断减小。北京城市副中心建设对带动三河、香河和大厂的人口集聚及经济发展有积极的促进作用。

从经济地理集中度的空间分布格局来看，京津冀地区2012～2016年经济地理集中度指数减少最大的地区是河北省承德市隆化县，然后为张家口市张北县和唐山市曹妃甸区，经济聚集度指数降幅都在3以上。经济地理集中度增长幅度高于0.4的地区有北京市顺义区，天津市宝坻区，河北省沧州市河间市，廊坊市霸州市，石家庄市元氏县，保定市安新县，邢台市威

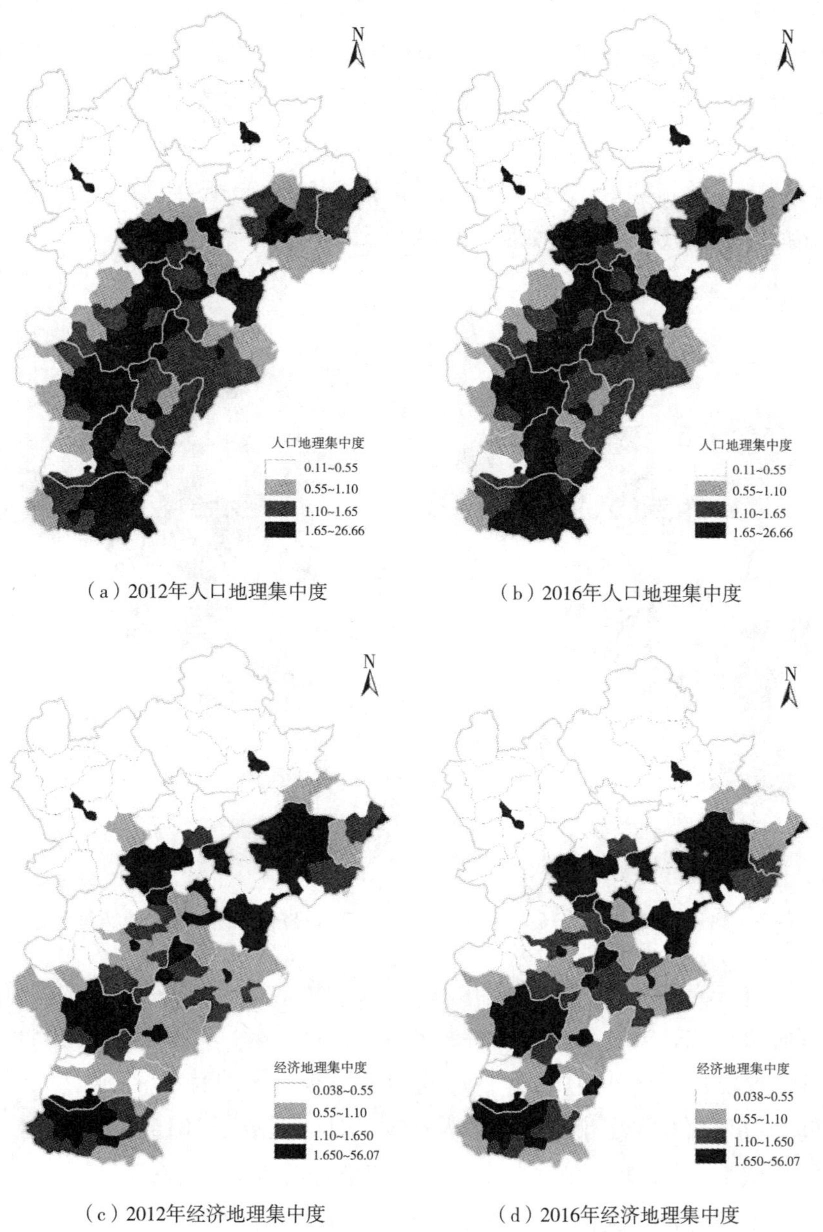

（a）2012年人口地理集中度　（b）2016年人口地理集中度

（c）2012年经济地理集中度　（d）2016年经济地理集中度

图3-13　2012年、2016年京津冀地区人口与经济地理集中度示意

县，张家口市怀来县，经济地理集中度增长的区域都在京津冀大城市包围圈周边。

以北京城市副中心、天津市和雄安新区为顶点构成的三角关系可将大城市的带动作用辐射到京津冀全域，对促进京津冀的协同发展有很大的促进作用。因此，北京市城市副中心建设要处理好与周边区域的关系，根据新的功能定位和标准加强城市建设，以满足更高层次标准的要求，加快城市发展，与雄安新区、天津共同带动京津冀地区协同发展，缩小区域之间的发展差距。

（2）不一致指数。（采用同样方法）2012 年和 2016 年京津冀区域人口与经济分布关系地域类型分布如图 3 – 14 所示。

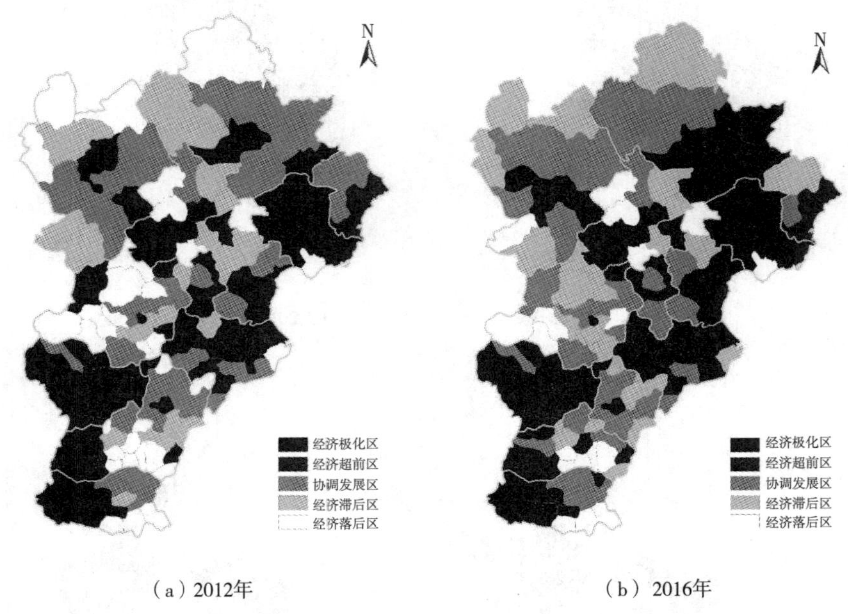

（a）2012年　　（b）2016年

图 3 – 14　2012 年、2016 年京津冀地区人口与经济分布关系地域类型示意

2012 年京津冀地区处于经济极化区的有 16 个地区，其中 14 个为各地级市的政府所在地，另外 2 个处于经济极化区的是邢台市沙河市和沧州市黄骅市，处于经济落后区的有 33 个县，处于经济滞后区的有 19 个县，大部分分布在邢台市东部和保定市中西部以及张家口市西北部，2016 年，处于经济落后区的县减少了 11 个，张家口市、承德市的经济发展水平都得到了较大程度提升，雄安新区及周边区县经济集聚水平都有提升，河北省中南部处于经济落后区的区域数量减少了 4 个。北京城市副中心建设对京津冀地区北部区域的带动作用已初见成效。

随着雄安新区和北京城市副中心的不断建设与完善，北京城市副中心、天津和雄安新区组成的三角格局将会极大地促进京津冀地区的发展，对改善京津冀地区经济发展有很大作用，未来京津冀地区处于经济滞后区和经济落后区的区域将会进一步减少，京津冀区域协同发展将逐渐显露成效。

（3）莫兰指数。（采用同样方法）京津冀区域经济发展水平全局莫兰指数（见图3－15）。2012年京津冀地区经济发展水平的Moran's I值为0.122，大部分区域经济发展水平较低，在空间分布上，经济发展水平较高和较低的区域分布比较集中。2016年，京津冀地区经济发展水平全局莫兰指数增加了0.9，表明经济发展水平有了较大的提高。从空间分布来看，京津冀地区全域经济发展水平都有所提高，处于“高—高”和“低—低”正相关关系的区县数量增加，部分地区经济增幅较大，同时也存在少数地区经济增长缓慢的现象，如经济增长指数最低的县由2012年的－0.8降为2016年的－1.5，说明这些区域经济增长缓慢。

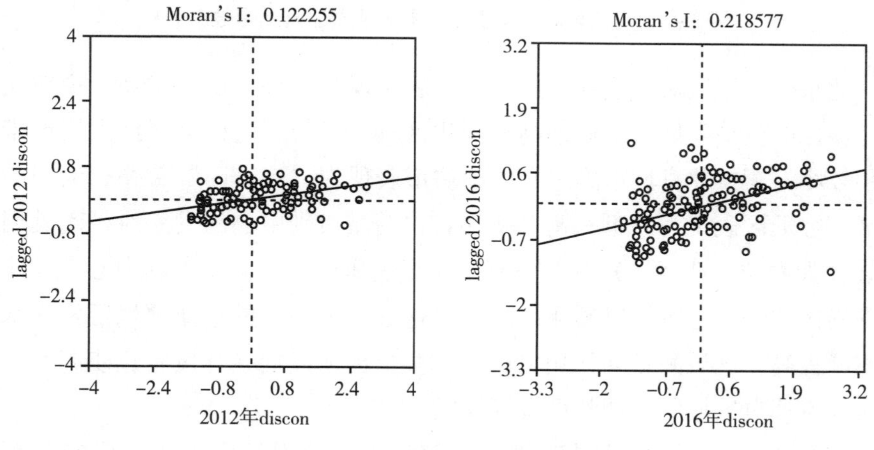

图3－15　京津冀地区全局莫兰指数

（4）（采用同样方法）京津冀地区经济发展水平局部莫兰指数LISA（见图3－16），分析各区县在经济发展过程中的空间集聚情况。2012年京津冀地区经济发展水平处于正相关关系的地区共有8个。其中，处于“高—高”正相关关系的只有河北省廊坊市的霸州市，处于“低—低”正相关关系的区域有7个，分别是河北省邢台市的清河县、南宫市，衡水市的故城县、枣强县及承德市的围场县。2016年，处于“高—高”关系的区县增加了三个，分别是廊坊市、唐山市和石家庄市，“低—低”关系的区县增加了10个，主要分布在张家口市和承德市西部以及保定市。

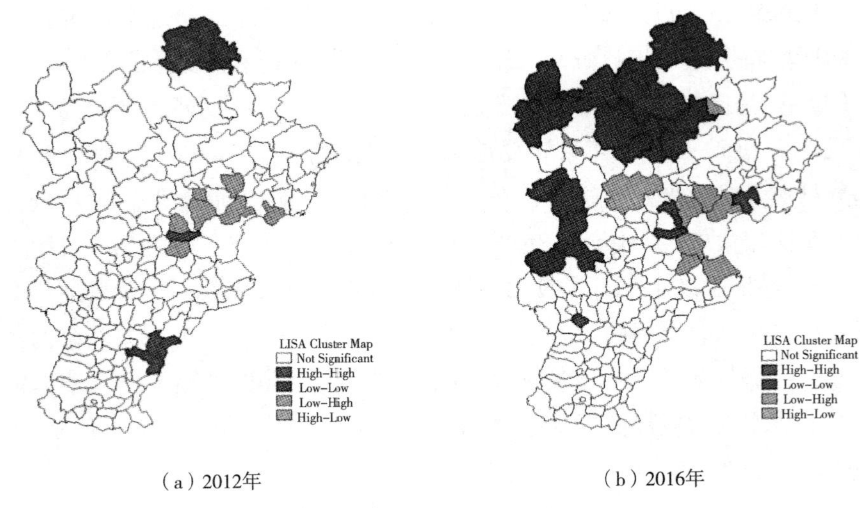

（a）2012年　　（b）2016年

图3-16　京津冀地区经济发展水平局部莫兰指数LISA

北京中心城区对周边区县的经济发展表现为“高—低”关系，说明北京中心城区的经济发展水平远远高于周边区县，且对周边区县经济发展的带动作用较小，紧挨北京城市副中心的廊坊市表现为“高—高”关系，天津的武清区、宝坻区表现为“低—高”关系，说明城市副中心的发展对带动其周边区县（如廊坊、武清等）的经济有正向促进作用。根据城市副中心、天津和雄安新区的辐射范围可以预测，未来以这三点为中心的京津冀地区发展水平将不断提高，区域间带动作用将得到加强，区域发展差异度将逐步减小，最终实现京津冀区域的协调与可持续发展。

综合如上分析，北京城市副中心落址与通州对疏解中心城区非首都功能和带动通州城市发展有积极的促进作用。北京中心城区的人口增长幅度有所减缓，通州人口聚集程度有所增加，定位为新城区的顺义区、昌平区和大兴区也将逐渐承担起疏解功能，人口分流初显成效。以北京城市副中心、天津市、雄安新区为中心的新格局对实现京津冀地区协同发展具有积极意义。随着北京城市副中心的建立，通州的城市发展和经济建设将得到快速发展，其辐射范围将覆盖北三县及河北省北部地区。以高标准建设的雄安新区的辐射范围将涉及河北南部地区，通过人口和经济集聚度的分析可知，各区域均形成以上述三地为中心，人口聚集和经济聚集向外层逐渐递减的发展趋势，未来随着副中心和雄安新区的不断完善，京津冀地区协同发展的目标必将实现。

第4章　京津冀都市圈的城市网络关系分析

信息网络时代京津冀城市网络关系正在形成。都市圈内的城市既有如地形、地理区位的现实关系，也有如交通通信等的新型关系，还有超越了时空的信息关系。地理空间已经发生了很大的改变，从地方空间到流动空间，从属性数据到关系数据，我们还要关注和分析城市网络关系。为此，我们借助百度搜索平台，利用网络分析法，使用百度指数搜索数据，并附之以问卷调查，将虚拟的百度搜索数据化作代表网民的出行意向和虚拟的人口流动来构建城市群的信息流城市网络模型，以期揭示在信息化网络时代下，京津冀都市圈的城市网络关系。我们主要是将京津冀区域中的地级市作为研究对象，参考时间地理学探究人在时间尺度变化下的空间分异方法，利用百度指数灵活多变的特点，分别构建年、月两三种时间尺度下京津冀城市网络，分析其网络结构、网络强度演化，再将虚拟化网络投射到现实城市中，揭示各城市在信息流网络视角下的发展现状，为京津冀城市网络分析提供新的研究尺度，为京津冀都市圈协同发展提供新的战略视角。

4.1　城市网络关系的兴起及京津冀城市网络关系

4.1.1　城市网络关系

城市网络关系是指城市、区域之间的相互作用关系。在当今科技的迅猛发展之下，特别是在信息化技术和经济全球化发展的影响之下，将城市、区域与网络相结合，这便是今天广为关注的城市网络问题。网络是由节点和节点之间连线构成的连通图，用来描述节点对象之间的联系强度和联系结构，是表达城市和城市之间关系的城市体系的一种空间组织范式。网络的结构特征和联系强度对应着城市群都市圈的结构特征和联系强度。

城市网络化的主要推动力是经济所带动的城市间的联系。以生产要素流、人流、物流等为主，在新的信息技术推动之下，在传统网络的基础上又增添了信息网络，城市网络的研究也因而获得了新的生命。以往对于城市网络的研究一般基于传统模型的经济流、基础设施流和企业流的方法，而以大数据、网民行为为基础的信息流，不仅包含已有数据方法的社会经济内涵，还包含信息技术时代的虚拟网络特征内涵，为城市网络研究提供了新的研究视角，并克服了旧有模型不能在区域尺度适用、数据固定、不能反映网络演化的缺点。

在信息化和现代化发展的时代，互联网的搜索信息流能在描述年际城市网络的同时描述出月、日的实时流动变化和客户端的分异，进而模拟短时间范围内城市网络的变化动态和人群的搜索使用习惯。因此，我们可以用百度指数官方网站发布的搜索流量数据来模拟城市间的信息流流动，进而构建城市群在不同时间尺度上的流动空间网络结构和演化过程，从流动空间的城市网络角度入手，分析城市群的网络结构特点以及城市等级分布。

聚焦于京津都市圈，将城市间的搜索强度作为信息流测度，以日、月、年为单位，借鉴时间地理学的研究思路进行城市网络的时空演化研究，利用百度指数城市网络信息流的描绘，反映出人口的搜索倾向和虚拟的人口流动，以刻画京津冀的流动空间，分析区域的网络关系特征，把握各城市在城市群中的地位，总结出各城市在信息流网络中的特点。

4.1.2 城市网络关系的演变

城市在由单中心城市—城市群—都市圈的演进过程中，城市之间的相互作用关系成为城市的网络化结构。这一发展进程，人们认知到二个层面的演进：一是在地域空间层面从地方空间到流动空间；二是在城市相互关系层面从属性数据到关系数据。城市以及城市和城市间的关系最初被认为是静态的，强调的是城市之间的等级和竞争，城市被认为是“地方空间”，而随着全球化的不断发展，城市被认为是“流动空间”。研究方法也出现了由代表地方空间的属性数据到代表流动空间的关系数据的变革。

（1）从地方空间到流动空间。在早期的研究中，对于城市的存在及其相互关系，一般遵循笛卡尔的哲学观点，即每个城市是一个单独的、受到其地域位置限制的空间，即“地方空间（space of place）”。每个城市根据其地理位置具有根植性和空间范围限制性的特征，而单中心、圈层式分布、廊道和点轴式联系是地方空间中的主要组织形式。对于这种空间的描述，最早可以追溯到的德国克里斯塔勒的中心地理论，强调城市之间的层级性垂直关系，忽略了城市之间的横向联系，低一级城市从高一级城市获取资源和商品的联系。位序—规模法则认为城市间的关系是城市的规模分布问题，中心地理论认为是区位关系问题，这些理论最明显的缺陷是把城市看作静止的、相互独立的，得出的结论基本上均为等级分布和位序规律，只强调了城市间的等级制度和竞争关系。然而城市之间的关系是灵活的、动态的、相互关联的，在等级和竞争之外还有着合作与互补。

随着市场经济的发展和全球化渗透，区域内部的城市，不同国家不同大陆的城市也开始建立起联系。人流、经济流、物流不断在城市之间流动，原有的地方空间的概念已经不能解释这种要素流动，便出现了对于流动空间的描述。“流动空间（space of flows）”最早由美国社会学家卡斯特尔（Castells）提出，其定义为“不需要在地理位置上邻接就可以实现的时间和社会实践共享的组织模式”，具体包括四个层次：第一，以铁路、公路等运输线路和通信系统为代表的基础设施流动；第二，通过人、物品、信息等在高等学府、交通站点、通信中心之中循环流动的由节点和枢纽构成的流动；第三，由商业精英日常生活所组成的流动；第四，网站组成的电子信息流动。在流动空间概念启发下，人们注意到城市能够更多地与其他城市进行经济流动和物质交换，城市是由流和能够交换流的地点所产生综合作用的结果。

由于城市能够在流的基础上参与其他城市的要素流动，作为一种能够突破城市之间地域限制的作用关系，“城市网络”的概念更为凸显城市之间本质的流动联系特点。流动空间的理论被广泛应用到城市地理的研究之中，以“流”为视角针对都市圈、城市群展开了更为深入的研究。

（2）从属性数据到关系数据。如同城市之间的相互作用关系从固定的空间到流动的空间的变化，对于它的研究方法也就从基础的属性数据转变为形容流动的关系数据。如前所述，早期城市之间的联系在于城市间的等级排序及其相互作用，城市间的相互作用和联系被认为是与城市个体的属性（如城市的人口规模和经济规模）紧密相关的，城市引力模型便是描述城市空间作用最为重要的方法之一。引力模型又称重力模型，来源于物理学中的牛顿万有引力定律，是前人利用自然界原理来解释空间中的相互作用的重要模型，是对于学科交叉的重要探索。雷利（Reilly）最早将引力模型引入经济地理的研究之中，斯图华特（Stewart）探究了人口在城市间的迁移规律，并用人口数据来代替城市质量；齐普夫（Zipf）首次将引力模型方法引入城市间的相互作用；赫夫（Huff）在分析区域之间的关系时提出了概率模型等。

随着流动空间的提出，城市网络这种新的城市组织范式出现，城市网络就是以图论之中节点和节点之间的连线构成的网络，用以表达城市和城市之间关系的城市体系的一种空间组织范式。在流动空间和城市网络的研究背景之下，泰勒（Taylor）发现，早期对于城市间联系、城市网络的研究确实以城市之间的联系为着手点，但是这些联系都不是从联系数据出发的分析，并没有分析出城市之间关系的本质。网络社会的背景下，城市网络的重点不限于城市自身的属性特征，而在于城市之间的联系，城市的重要性不在于城市内部各类生产要素的多少，而是流经该城市的各类要素的流量的大小。由此，对于城市之间联系的探究从属性方法变为了关系方法，即从城市之间客观存在的联系出发，通过获取的这种联系数据来研究城市网络。随后，实证研究大行其道，德吕代（Derudder）等从多个世界上知名城市的机场收集了飞机的航空流向数据来探究全球范围的城市网络结构，后发展为基础设施法，泰勒（Taylor）等首次利用生产性服务业的网络联系构建了城市网络联系分析了世界城市体系结构，后发展为企业组织法。以关系数据来研究城市网络的方法，于是逐渐在全世界流行起来。

4.1.3 基于信息流的城市网络

随着信息技术的不断发展，城市之间的信息流通、网络流通越来越频繁，以信息流为视角为城市网络增添了新的研究方法。基础设施法和企业组织法的研究多基于相对固定的面板数据和统计数据，受限于其数据本身的时间尺度和获取方式，使其构建的城市网络不能反映出最新的网络特征且相互之间难以比较。在信息技术爆炸式发展的今天，以信息流作为数据进行城市网络研究的方法是一种新趋势。基于信息流的城市网络探究也主要分为两个方面，一方面是以真实的基础设施结构为基础，辅以城市间通信流量的信息流研究，目前以百度指数为主；另一方面是利用大数据在社交网络中人的流动、人的社会交往产生的信息流的研究，以新浪微博为主。

百度指数是基于百度大众网民搜索行为数据而产生的数据共享平台。它可以显示出基于百度搜索量的搜索索引数据，具有以关键字作为统计对象、地域为统计区域等功能。在互联网和信息时代的发展下，搜索引擎已经成为网民获取信息的最重要的网络平台。不同的人群可以根据需要使用搜索引擎的查询功能获取信息，而搜索引擎也会将这些搜索同时记录，最终形成巨大的搜索大数据库。目前，百度指数已被广泛应用于城市网络研究，这方面的研究领域和线索非常广泛，值得深入探索。

4.1.4　京津冀城市网络研究

京津冀区域是我国城市较密集、工业基础最雄厚的区域。在京津冀的城市网络方面，刘辉等通过交通可达性的方法分析了四种不同交通模式下京津冀都市圈的城市网络结构和辐射范围，认为北京、天津以辐射为主，其他城市为集聚为主；傅毅明等基于公路交通流大数据探究了城市群关联网络，发现其发展水平较低，一体化程度不高；唐子来等和赵渺希等从企业组织法的角度对京津冀城市网络进行了描述，发现北京和天津在网络中占有绝对优势，企业高度依赖于北京和天津的网络节点性；鲁金平等、关晓光等以及刘晓萌等从引力模型的经济流出发探究了京津冀城市之间的经济联系强度，发现北京、天津整体联系较强，对河北省城市的辐射影响十分不均衡且与这些城市形成了较大势差，秦皇岛、承德和张家口整体联系较弱；熊丽芳等对比了2009年和2012年两年的百度指数信息流网络，发现虽然信息流总体上在增强，但京津冀城市网络依然不够成熟，城市网络极化现象突出；郝修宇等对比了京津冀在百度指数和引力模型两种方法下的城市网络和主干结构，发现百度指数网络的主干结构呈现出以北京为中心的伞形模式，引力模型网络则呈现出以北京、天津为双核心的发散模式。总结这些以京津冀为研究区域的网络研究可以发现，无论使用哪种研究方法，北京和天津都在网络中占有绝对的优势，极化现象突出。与此同时，承德、秦皇岛和张家口是区域中联系较弱的城市，网络结构整体上极化明显，不均衡现象突出。

从京津冀城市网络的实证研究来看，在京津冀城市群这样小范围的城市网络演化研究之中，选择了数据更加灵活、适用范围更加广泛的信息流方法中的百度指数法，基于流动空间的角度对京津冀的信息流城市网络进行了描述。并且不限于单纯描述城市网络结构，而是从多个时间角度描述完整而动态的京津冀城市网络和城市之间联系的变化。为探究这种动态联系，我们借助时间地理学之中时间、日期变化对人类经济社会活动的影响的思路，从时间和日期对城市之间的联系入手，以日、月、年为时间尺度，揭示出京津冀城市网络的演化过程和联系方式变化，以期揭示京津冀都市圈城市间网络关系现状，为京津冀协同发展提供科学依据。

4.2 京津冀百度指数信息及其百度指数网络模型构建

4.2.1 百度指数信息流的内涵与实质

百度指数是以关键词为统计对象、以特定地区网民在百度的搜索量为数据基础，科学分析并计算出各个关键词在百度网页搜索中搜索频次的加权和，该数据是通过分析处理后的无量纲数据。百度指数的原始数据形成来源于网民搜索量，并以此为基准进行了数据的分析处理。网民搜索量核心点在于网民进行词汇搜索的行为，而搜索数据量出现变化意味着网民对该系列词汇搜索动机的变化而造成的搜索频数变化。因此，百度指数城市网络演化的实质可以等同为在年、月、日的不同尺度上，一定区域内网民对城市名称以及包括城市名称的一系列词汇的搜索动机的变化。

为了解网民的搜索动机，我们利用问卷星网站于 2018 年 3 月 15 日至 18 日在网络上进行了简单的问卷调查，共收集有效问卷 294 份。问卷共包括三个问题，被调查者的年龄、被调查者的工作状态以及网络搜索动机（问卷具体形式内容详见附件）。其中，年龄和工作状态作为被调查者的基本信息，而对网民在百度上搜索城市名称动机的调查则为理解百度指数信息流的内涵和实质提供了依据。本次调查的基本调查结果如图 4－1、图 4－2、图 4－3 所示。

本次调查共收集有效问卷 294 份，全部通过微信、特别是朋友圈的扩散获得样本，利用在线调查网站问卷星收集。从此次被调查者的年龄结构来看（见图 4－1），22～30 岁的年轻人占比最高达到 56%，其他年龄段中，30～40 岁与 40～50 岁年龄占比相近，均在 14% 左右，12～22 岁与 50～60 岁比例相近，均在 7% 左右。从就业情况看（见图 4－2），处于就业状态的被调查者最多，占到 61%；学生占到 34%；处于就业空档期和退休状态的被调查者数量相近，共占 5%。

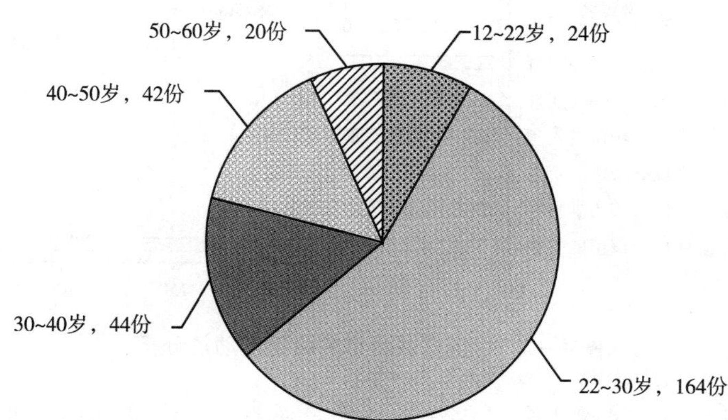

图 4－1　调查者年龄结构

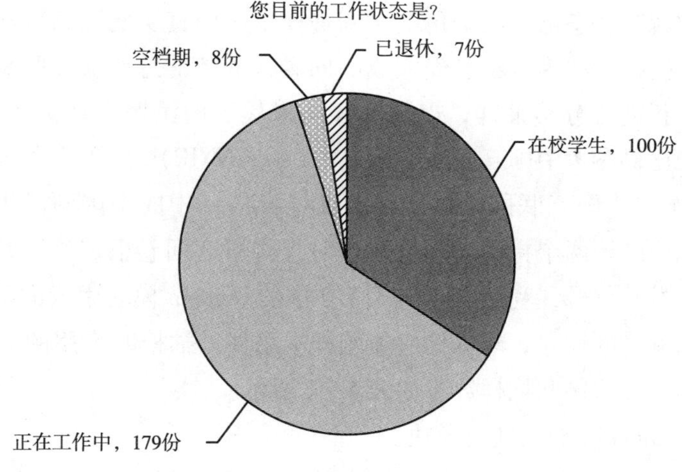

图 4－2　被调查者就业结构

图 4－3 展示了本次调查中搜索动机的调查结果。被调查者中，搜索城市名称以及包含城市名称的一系列名词最多的原因是“近期有因旅游而出行该城市的打算”，占到调查总数的 72%；第二高的原因是“近期有因工作而出行该城市的打算”，占到调查总数的 38%；第三高的原因是“在学习生活中需要查询该城市的资料”，占到调查总数的 37%。从调查结果整体来看，出行甚至旅游出行是网民使用百度搜索城市名称最主要的原因，由于学习、工作需要而进行的资料查询为差距较大的次要原因。

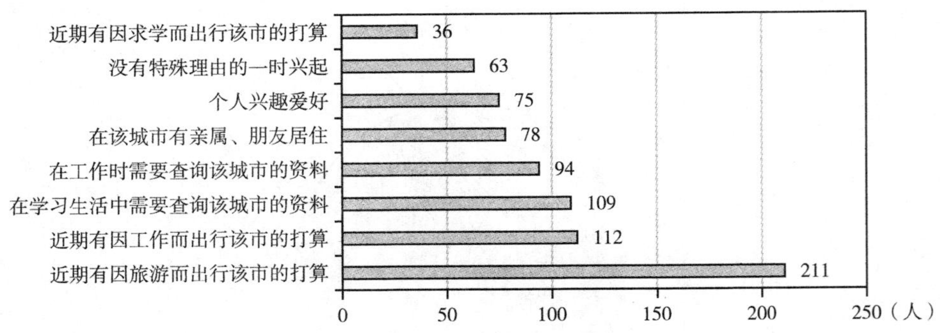

图 4-3 百度指数城市名称搜索动机分析

上述问卷调查虽然说明了出行、特别是旅行出行，成为网络搜索的主要动机。但是，调查样本构成与我国的网民结构相比存在年龄结构过分集中，而就业状态比例失衡的偏差。为了了解更加真实的网民搜索动机，进一步从年龄比例和就业状态结构两个角度对调查样本按照真实网民结构进行了还原匹配模拟。模拟方法为：将已经完成的问卷作为新的总体，按照真实的网民比例对其重新进行分类抽样，以再抽样结果代表网民搜索动机选择。其中，真实的网民比例参考中国互联网络信息中心（CNNIC）于 2017 年 8 月 4 日发布的第 40 次《中国互联网络发展状况统计报告》中的中国网民年龄结构和中国网民职业结构两个指标。随机抽样时先将所有问卷根据年龄结构和职业结构分别分类并编号，利用 Python 3.5.0 中的 random 模块生成的随机数，抽取出相应比例量的编号，样本构成新的样本总体。抽样时采用的 Python 程序如下，真实网民比例和抽样数量如表 4-1 所示。

import random #导入随机模块

print（random. sample（list（range（1，24）)，22)）#从 1~24 个编码中抽取 22 个编码。

表 4-1　问卷再抽样抽样比例及数量

年龄段	有效问卷总数	网民比例（%）	再抽样数量	就业状态	有效问卷总数	网民比例（%）	再抽样数量
22 岁以下	24	22	22	学生	100	25	50
22~30 岁	164	30	30	工作中	179	67	135
30~40 岁	44	23	23	空档+退休	15	8	15
40~50 岁	42	14	14				

续表

年龄段	有效问卷总数	网民比例（%）	再抽样数量	就业状态	有效问卷总数	网民比例（%）	再抽样数量
50 岁及以上	20	11	11				
总数	294	100	100	总数	294	100	200

资料来源：中国互联网络信息中心 2017 年 8 月 4 日第 40 次《中国互联网络发展状况统计报告》。

图 4－4 展示了实施问卷再抽样后的搜索动机结果。通过对比发现，无论是按照年龄结构还是就业结构进行的再抽样模拟，统计结果均与有效问卷总体的统计结果基本一致，说明因旅游出行而产生的搜索动机是首要的动机，且占比均在 70% 以上。另外，计算还发现，因工作、旅游和求学三种出行意向而产生的搜索意向在年龄结构模拟和就业结构模拟中分别占到 86% 和 81%。这充分说明了通常网民对于城市名称以及包含城市名称的一系列词汇的搜索意向是由出行意向所决定的。换言之，百度指数的信息流虚拟化城市网络反映到现实上则代表了城市群内居民出行意向的空间网络结构。由此，作者认为若本书使用的百度指数信息流城市网络的演化过程可以反映现实空间城市群内网民出行意向的变化过程。

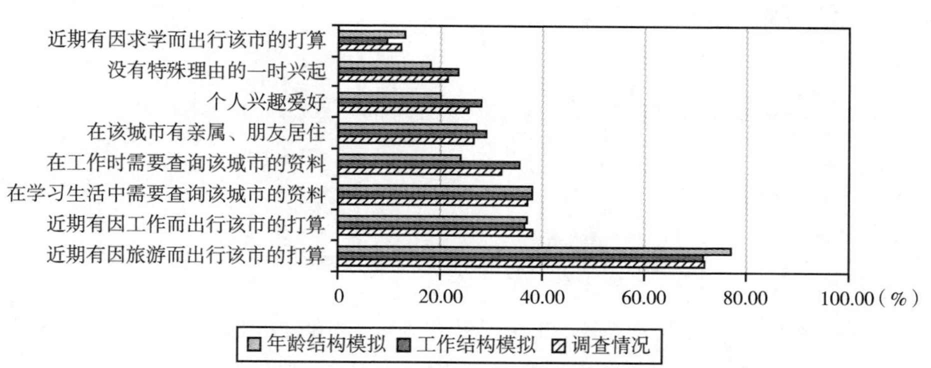

图 4－4　基于再抽样的百度指数城市名称搜索动机分析

4.2.2　搜索数据的获取及其城市网络关系的构建

搜索数据的获取。在 index. baidu. com 页面，获取京津冀都市圈内所有 13 个地级市的相互搜索强度数据。其中，年数据、月数据均用数据中自带的平均值功能取得当年或当月的平均值，日数据则直接记录。然后进行城市网络的构建。根据所得的联系数据，使用网络分析方法，计算得到城市群内各城市之间的相互联系值，根据联系值结果在 ArcGIS 软件中创造城市网络，制作城市网络图，分析城市网络在年、月、日网络的城市等级分布、城市间联系强度排名以及主干网络形态的演化过程。再进行信息流城市网络的现实投射。结合得到的城市网络演化过程，将虚拟化的城市网络投射到现实中的城市特征上，揭示网络演化过程中城市定位及发展状态的优势和缺陷，为城市定位，并刻画都市圈的城市间关系。采用网络分析法构建网络，采用 ArcGIS 中的空间分析方法绘制网络，绘制京津冀城市网络图，探讨其城市网络的结构和演化过程。

在 index. baidu. com 页面中，选择趋势研究。并以城市名称为关键词，按照搜索地域进行分类，五个城市为一次，记录五个城市 BCDEF 对城市 A 的搜索指数，直至记录完成京津冀城市群中全部 12 个城市对城市 A 的搜索指数，则此数据为其他城市对城市 A 的搜索关注信息流数据，图 4 – 5 所示为邯郸、衡水、秦皇岛、廊坊、邢台五个城市 2011 年对关键词“唐山”的百度指数数据页面示例。

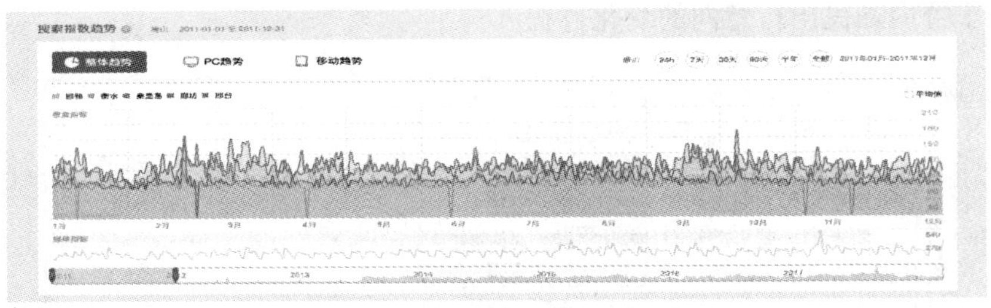

图 4 – 5　百度指数数据获取页面示例

如是循环直至获取到所有 13 个城市的相互搜索强度数据。年数据、月数据均用百度数据系统中自带的平均值功能取得当年或当月的平均值，日数据则直接记录。在搜索时设置时间，年际数据选取时间段为百度指数数据起点 2011 年至本书开始编写时的年份 2017 年；月际数据选取最新数据年份中一个自然年的连续数据，时间段为 2017 年 1 月 ~ 2017 年 12 月；日际数据的选取考虑到希望选取时间段内有工作日、休息日和节假期的分布，节假日时间不宜过长，且时间控制在两周，最终选取了三大假期“春节”“五一”“十一”中的“五一”假期时间段，具体时间为 2017 年 4 月 29 日 ~ 2017 年 5 月 12 日，获得数据示例如表 4 – 2 所示。

表4-2 **2017年京津冀百度指数联系值示例**

	北京	天津	石家庄	唐山	保定	沧州	邯郸	衡水	秦皇岛	廊坊	邢台	承德	张家口
北京		743	535	382	454	306	324	183	240	465	268	184	230
天津	1633		379	332	292	280	228	141	212	318	182	134	153
石家庄	957	312		281	438	259	405	220	172	269	385	136	165
唐山	674	315	297		188	206	150	107	184	210	139	121	106
保定	783	272	486	200		197	196	132	149	208	166	108	119
沧州	520	268	272	211	182		200	120	125	192	150	98	95
邯郸	668	237	423	168	223	202		118	143	174	204	101	113
衡水	449	183	296	152	175	176	226		105	154	208	84	121
秦皇岛	1083	454	403	457	256	222	204	141		266	183	146	131
廊坊	754	252	251	227	178	165	144	97	127		124	90	98
邢台	417	181	342	151	171	160	243	128	114	140		74	107
承德	646	260	246	227	170	136	150	100	209	167	120		113
张家口	980	285	322	249	215	161	202	135	152	198	259	111	

注：表中横行表示该城市收到的来自其他城市的百度搜索，纵列表示该城市对其他城市发出的百度搜索。

4.2.3 百度指数网络模型的构建

根据所得的联系数据，使用网络分析方法，计算得到城市群内各城市之间的相互联系值，根据联系值结果在 ArcGIS 软件中构建城市网络，制作城市网络图，分析城市网络在年、月、日不同时间尺度上网络结构的变化，包括网络的城市等级分布、城市间联系强度排名以及主干网络形态等。其中，年际数据以年为单位对比，探讨不同年份的主干网络变化；月际数据以月份或季度为单位探讨城市网络主干结构和城市间联系变化的周期性；日际数据根据数据特点以日或工作日、周末休息日、节假日为区分探讨不同类型日期下的网络结构变化的特点。

采用的计算方法源自网络研究方法，其中假定城市群内的一个城市 A 对城市群内另一个城市 B 的搜索指数为R_{AB}，城市 B 对城市 A 的搜索指数为R_{BA}，则城市：

城市信息流输出N_o，即城市 A 在由 M 个城市所构成的城市群中其他所有城市发送出的信息流总和：

$$N_{oA} = R_{AB} + R_{AC} + R_{AD} + \cdots + R_{AM} \tag{4-1}$$

城市信息流输入N_i，即在由 M 个城市所构成的城市群内除城市 A 外其他所有城市对城市 A 发送出的信息流总和：

$$N_{iA} = R_{EA} + R_{CA} + R_{DA} + \cdots + R_{MA} \tag{4-2}$$

在网络结构中，两城市之间相互的信息流联系总值C_V为：

$$C_V = R_{AB} \times R_{BA} \tag{4-3}$$

在此基础上，城市 A 在由 M 个城市所构成的城市群的信息流城市网络的联系总值C_T为：

$$C_T = C_{V(1)} + C_{V(2)} + C_{V(3)} + \cdots + C_{V(M-1)} \tag{4-4}$$

城市网络中的城市控制力最早来自迈克逊（Michelson）等研究美国大都市区信息联系的 C – Value、D – Value 层级分析法，由赵映慧在探究东北三省城市群的网络联系结构时首次引入城市网络的研究，是一种能够从城市流输出和城市流输入的方向角度刻画城市间的联系值的指标，城市在城市群中的控制力计算方法为：

$$V_c = \ln\left(\frac{N_o}{N_i}\right) \qquad (4-5)$$

其中，V_c代表了城市的控制力；N_o代表城市的信息流输出指标；N_i代表城市的信息流输入指标。

4.2.4 京津冀网络关系基本概况

京津冀都市圈包括北京、天津以及河北省的保定、唐山、石家庄、邯郸、邢台、衡水、沧州、秦皇岛、廊坊、张家口和承德，涉及京津和河北省11个地级市，城市群区域面积约为21.6万平方千米。根据三地2017年国民经济和社会发展报告计算，城市群2017年GDP总计82560亿元，约占国家总GDP规模的10%，常住人口总计11129万人，约占国家总人口的8%。

表4－3所示是京津冀各城市2017年GDP、人口情况。北京和天津是京津冀GDP和人口排名第一和第二的城市。河北省GDP最高的城市是唐山，而人口数量最多的城市是石家庄；城市群中GDP规模和人口数量最低的城市是秦皇岛。从衡量城市间差异的变差系数（数据标准差和平均值的比值）上看，GDP变差系数为1.26，人口变差系数为0.62，都市圈经济发展的不均衡性较为明显。

表4－3　　2017年京津冀各城市GDP、人口情况

城市	GDP（亿元）	常住人口（万人）
北京	28000.4	2170.7
天津	18595.4	1556.87
石家庄	6460.9	1087.99
唐山	7106.1	789.7
保定	3227.3	1042.53
沧州	3816.9	777.83
邯郸	3666.3	951.11
衡水	1550.1	453.6
秦皇岛	1506	309.46
廊坊	2880.6	461.5

续表

城市	GDP（亿元）	常住人口（万人）
邢台	2236.36	731.99
承德	1618.6	353.18
张家口	1555.6	442.51
变差系数	1.26	0.62

资料来源：2017 年北京、天津、河北国民经济和社会发展报告。

根据北京市《北京城市总体规划（2016－2035 年）》、天津市“十三五”规划以及河北省“十三五”规划，京津冀的 13 个地级市的城市定位和职能分工分别为：北京市通过疏解首都功能，建设全国政治中心、文化中心、国际交往中心、科技创新中心；天津市利用滨海新区特色，建成全国先进制造研发基地、北方国际航运核心区、金融创新运营示范区、改革开放先行区；石家庄市实施大省会战略，提升省会的载体功能和品位；唐山市承担东北部地区的辐射带动功能，建成京津唐区域中心城市；保定以非首都功能疏解为契机，建成京津保区域中心城市；邯郸市通过提升城市能级，打造京津冀南部门户并建成京津冀联动中原的区域中心城市；秦皇岛市发挥其滨海资源优势建设沿海强市、美丽港城；沧州发展成为滨海型产业聚集区和环渤海地区重要港口城市；廊坊推进北三县一体化，建设“京津走廊”上的生态宜居城市；张家口市建成国际知名奥运城市；承德建设国际旅游城市和连接冀辽蒙、面向京津的重要节点城市；邢台市增强规模实力，推进“一城五星”核心区域建设；衡水市建设生态宜居的滨湖园林城市。根据《纲要》规划的“一核双城三轴四区多节点”空间架构，可以判断规划中的京津冀城市网络是以京、津两市为双中心，石、唐、保、秦四市为副中心，以及其他城市共同构成网络节点的复杂性网络。

4.3 京津冀年际城市网络演化

为了从年度变化的趋势上考察京津冀内城市间的网络关系，我们以年为单位入手分析年际城市联系值特征，对年际城市等级进行分类，并从全覆盖网络和骨架主干网络两个方面阐释城市网络的演化特征。在此基础上，再投射到现实中来观察，对京津冀城市间关系进行客观的说明。

4.3.1 年际城市联系值特征

从整个城市群的数据总量上看，京津冀都市圈中各城市的联系数据总量在研究时间段内随着时间的推移表现出明显的先上升后稳定的趋势（见表4-4）。2011~2014年，联系数据以239%的幅度增长，而2014~2017年，联系数据总量趋势表现为增长后的范围波动，城市网络发展从数据总量不断增加的蓬勃发展阶段走入了逐步形成密集均衡化网络的内部调整阶段。

表4-4 2011~2017年京津冀各城市百度指数信息流联系数据总量

城市	2011年	2012年	2013年	2014年	2015年	2016年	2017年
北京	1177364	1470924	2003022	3431625	4271577	3319688	3862533
天津	660701	831974	1237017	2017743	2808130	1857153	1958221
石家庄	447773	504308	1308987	1891900	1747024	1549101	1588542
唐山	186966	230665	340324	549638	643612	605775	774643
保定	239270	246584	662894	1103497	1108349	1083025	935535
沧州	110587	115934	338225	499885	516765	479964	557501
邯郸	144563	160274	361834	552026	626646	571386	719535
衡水	117385	113835	214009	322567	326672	299521	341344
秦皇岛	159446	223266	366631	548671	617430	570174	724513
廊坊	154461	153461	283373	586803	588400	535107	740209
邢台	139295	139834	296725	470810	459751	451604	500754
承德	86453	90604	175283	307758	339321	286483	336832
张家口	115632	130471	207504	404987	575971	573007	508142

从单个城市的联系数据总量上看（见图4-6），2011~2017年各个城市均完成了3~5倍的数据量增长。单个城市联系数据总量的排序上北京、天津、石家庄、保定四个城市的联系总量明显较高，其中，北京连续7年保持数据量最高且在2015年达到京津冀内的城市联系峰值，天津除2013年在第三位外均维持在城市群第二位，石家庄除2013年在第二位外均维持在城市群第三位，保定则稳定在城市群第四位；承德、衡水两城市的联系数据总量则明显偏低，始终处于最后两位，承德市除2015年外均处于最后一位；城市群内其他7个城市差距不大，并且随着年份的变化出现一定的

排位变化。各城市之间的信息流总和差异程度可以用变差系数C_v表示，如表4-5所示。变差系数C_v在研究时段内始终在3.33周边浮动，没有明显的增减趋势，即各个城市间的差异情况在研究时段内没有变化，参考长三角城市群，京津冀城市间差异依然较大且在研究时段内未发现明显的差距缩小趋势，且各城市的联系数据总量的差距明显大于城市间GDP的差异和人口差异。

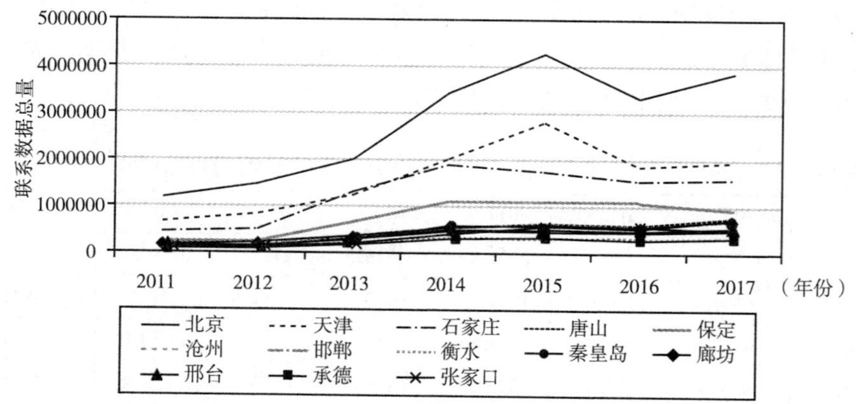

图4-6 2011~2017年京津冀各城市百度指数信息流联系数据总量走势

表4-5 2011~2017年京津冀各城市信息流联系数据总量变差系数

城市	2011年	2012年	2013年	2014年	2015年	2016年	2017年
C_v	3.373	3.399	3.332	3.335	3.360	3.326	3.329

单个城市趋势变化上，京津冀大部分城市在研究时间范围内的联系数据总量均表现出先增长后稳定的大体趋势，与城市群的联系数据总量变化趋势基本一致。将13个研究城市的年际联系数据总量数据放入SPSS进行相关性分析，结果发现13个城市之间的年际数据变化均在0.05的置信水平下相互相关，即13个城市在2011~2017年的数据变化趋势一致。

虽然研究城市从统计特征的角度在大的变化趋势方面相对一致，但个别城市在个别年份还是出现了部分与其他城市不同的数据走势，包括：2015年的北京和天津出现了数据大幅上涨而形成的数据波峰，张家口从2015年开始出现数据量和排名大幅上涨以及在2017年城市群内11个城市均出现了不同程度的数据增长的情况下，保定和张家口的数据回落。

4.3.2　年际城市等级特征

根据上一节中计算的都市圈内单个城市同其他所有城市联系的城市联系总值，利用 ArcGIS 中的自然间断点分类方法，将京津冀的 13 个城市以年为单位分别进行了以第一层为最高、第四层为最低的城市层级划分，结果如表 4－6 所示。

表 4－6　　2011～2017 年京津冀各城市城市层级分布

层级	京津冀都市圈						
	2011 年	2012 年	2013 年	2014 年	2015 年	2016 年	2017 年
第一层级	北京	北京	北京、天津、石家庄	北京	北京、天津	北京	北京
第二层级	天津、石家庄	天津、石家庄	保定	天津、石家庄	保定、石家庄	天津、保定、石家庄	天津、石家庄
第三层级	保定、唐山	保定、唐山、秦皇岛	秦皇岛、唐山、廊坊、沧州、邢台、邯郸	保定、唐山、秦皇岛、廊坊、邯郸	唐山、秦皇岛、廊坊、沧州、张家口、邯郸	唐山、秦皇岛、廊坊、张家口、沧州、邢台、邯郸	保定、唐山、秦皇岛、廊坊、邯郸
第四层级	邯郸、秦皇岛、廊坊、沧州、张家口、邢台、承德、衡水	邯郸、廊坊、沧州、邢台、衡水、张家口、承德	张家口、承德、衡水	张家口、承德、沧州、衡水、邢台	承德、衡水、邢台	承德、衡水	张家口、承德、沧州、衡水、邢台

从层级上看，共有北京、天津、石家庄 3 个城市出现在第一层级，有且只有北京在研究时间段内始终维持在第一层级，天津在 2013 年和 2015 年两个年度上升到第一层级，石家庄在 2013 年上升至第一层级；共有天津、石家庄、保定 3 个城市出现在第二层级，没有始终保持在第二层级的城市，除了曾进入第一层级的天津和石家庄之外，保定于 2013 年、2015 年

和 2016 年进入第二层级；共有 7 个城市出现在第三层级，唐山始终保持在该层级内，除曾上升到第二层级的保定外，秦皇岛、廊坊、沧州、邢台、邯郸都曾出现于该层级；共有 8 个城市曾出现于第四层级，承德和衡水两个城市始终处于第四层级外，邯郸、秦皇岛、廊坊、沧州、张家口和邢台都曾升至第三层级。

从时间变化上看，为简述 7 年的城市层级演化过程，以研究时间段的始末和中间点 2011 年、2014 年和 2017 年为三个时间断面进行比较。2011 年京津冀城市网络层级呈现出“1 + 2 + 2 + 8”的格局，2014 年呈现出“1 + 2 + 5 + 5”的格局，2017 年呈现出同样的“1 + 2 + 5 + 5”的格局。以 2011 年和 2014 年两个时间点的对比来看，京津冀城市群的城市层级结构演化体现在第三、第四层级，唐山、廊坊、秦皇岛三个城市从第四层级上升到第三层级，其他城市的层级位序不变，低层级城市层级上升，可以有理由推测在该时间段内，京津冀城市群中弱联系城市得到了发展，城市网络结构变得更加密集均衡，2012 年、2013 年两个过渡年份的层级结果也动态表现了低层级城市层级上升的过程，也可以对该推测进行印证；以 2014 年和 2017 年两个时间点的对比上看，两个时间断面的城市层级结构相同，然而从 2015、2016 两个过渡年份上看，2014 ~ 2016 年城市群内城市层级得到了普遍的上升，城市网络结构向密集均衡性的发展更加明确，而到了 2017 年则回到了 2014 年的网络结构水平，2017 年的逆趋势是特异值还是京津冀信息流城市网络再次向城市层级差异化发展，需要在未来的发展过程中再次印证。

无论城市群中的城市间联系数据总量还是各个城市单独的城市联系总值以及城市的基本层级分类，都是从数量的角度刻画了城市网络中城市间的联系大小。然而城市之间的联系不仅是存在且具有数值大小的，而且是动态且具有方向的，为了从城市输出和城市输入的方向角度刻画城市间的联系值，在此使用城市网络中的控制力指标。

京津冀各城市 2011 ~ 2017 年的控制力变化如图 4 - 7 所示，整体上看，各个城市均在自身的数据范围内震荡波动，但在研究时间段内没有明显一致的变化趋势。为了将 13 个研究城市从数值大小和波动幅度的角度进行分类，选用了 SPSS 中的系统分类方法并绘制出各组间的树状图（见图 4 - 8），考虑到组数量和组内数量，最终将 13 个城市分为四类。

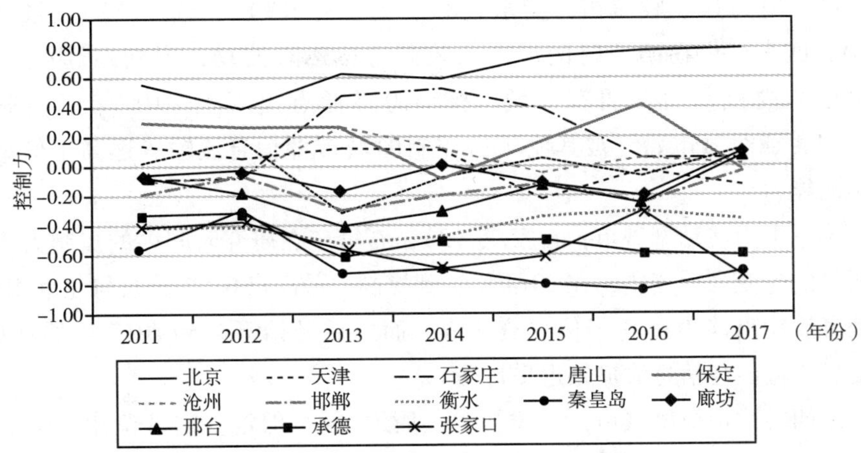

图4－7　2011～2017年京津冀各城市城市控制力走势

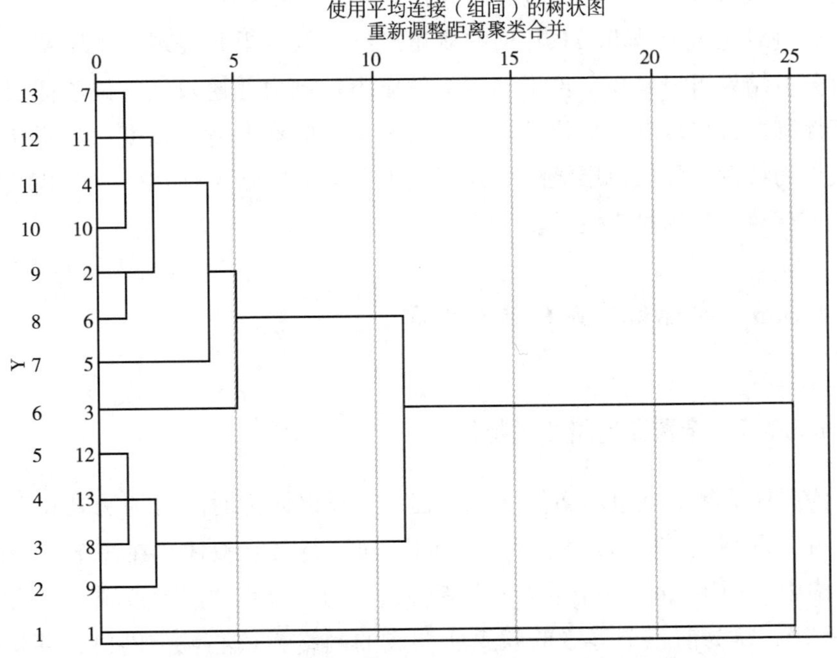

图4－8　2011～2017年京津冀各城市控制力差异系统聚类

第一类为强辐射城市：北京（1），在研究时间段内始终保持了城市群内最高的控制力即信息流输出的能力远高于信息流输入，并且在研究时间段内有控制力逐渐增强的趋势，最高点出现在2017年的0.8。

第二类为强吸收城市：衡水（8）、秦皇岛（9）、承德（12）、张家口（13），四个城市在研究时间段内的控制力虽然有波动，但始终远小于0，是城市群内控制力最弱四个城，控制力最低点出现在2016年秦皇岛的-0.84，四个城市始终被其他城市控制的城市即信息流输入远高于信息流输出的能力。

第三类为波动型城市：石家庄（3），石家庄在研究时间内的控制力表现出明显的先变强后变弱，在2014年达到控制力最高点0.52甚至与北京相近，其信息流输出能力远高于信息流输入，而之后开始下降到2017年的0.06，即信息流输出与信息流输入近乎持平。

第四类为均衡型城市：天津（2）、唐山（4）保定（5）、沧州（6）、邯郸（7）、廊坊（10）、邢台（11）共7个城市，这7个城市虽然内部存在分异，但总体上看均表现出在研究段内的控制力在0的周边浮动特点，即这7个城市在城市群中的信息流输入与其自身的输出能力相当。

通过对比表现城市联系数值的城市层级分级结果和表现城市联系方向的城市分类结果可以发现，位于高层级的城市控制力普遍较强，位于低层级的城市控制力普遍偏弱，但依然存在控制力极弱的秦皇岛、张家口却不在第四层级中的特例，即城市层级的高度同城市控制力的强度存在一定的相关关系但并不存在严格的对应关系。

4.3.3 年际城市网络演化特征

4.3.3.1 全覆盖网络演化特征

为简述7年的城市网络的演化过程，这里以研究时间段的始末和中间点2011年、2014年和2017年为三个时间断面进行文字叙述。在每个年份的城市网络中，利用ArcGIS中的自然间断点分类方法将C_{13}^{2}的78条城市联系分为7个等级，认为前三个等级的联系所构成的网络为核心城市网络，并将前3个强度等级的联系划分为核心网络联系，并认为核心联系所连接的城市构成相应年份的网络核心结构。

2011年京津冀百度指数信息流城市网络如图4-9（a）所示，2011年该城市网络核心结构由“京、津、塘、石、保、张、邯、邢、秦、廊”10个城市构成，呈现出以北京为主中心、石家庄为副中心的双中心辐射状，并形成由“京、石、保”3个城市构成的三角形结构。从单条联系的强度上看，最高的联系强度为北京—天津的516402，是排名第二的北京—石家庄的3.6倍，是排名第三的北京—保定的5.2倍，其他排名前10位的联系包括北京—廊坊、北京—唐山、北京—秦皇岛、北京—张家口、石家庄—邢台、石家庄—保定，以及石家庄—衡水，即前10位的联系中，北京占7条、石家庄占4条。在较弱的联系之中，最弱的联系是邢台—承德，联系值为2760，城市方面承德、沧州、衡水3个城市没有与任何城市构成核心联系，张家口虽然与北京市构成了核心联系，但其与另外8个城市的联系均属最弱级别，是城市群中联系最弱的城市。

2014年京津冀百度指数信息流城市网络如图4-9（b）所示，2014年该城市网络核心结构由“京、津、塘、石、保、张、沧、邯、邢、秦、廊”11个城市构成，与2011年相同依然呈现出以北京为主中心、石家庄为副中心的双中心辐射状，同时形成由“京、石、保”三个城市构成的三角形结构，且该三角的联系强度等级变强，另外“石、邢、邯”3个市的南部联系网初步形成。从单条联系的强度上看，最高的联系强度为北京—天津的1380478，是排名第二的北京—石家庄的2.9倍，是排名第三的石家庄—保定的3.3倍，相比2011年首位度明显下降，其他排名前10位的联系包括北—保定、北京—廊坊、石家庄—邢台、北京—秦皇岛、石家庄—邯郸、北京—张家口、北京—邢台即前10位的联系中，北京占7条、石家庄占4条、保定占2条。在较弱的联系之中，最弱的联系是邢台—承德，联系值为7918，城市方面承德、衡水2个城市没有与任何城市构成核心联系，其中，承德与8个城市的联系均属最弱级别，是城市群中联系最弱的城市。

2017年京津冀百度指数信息流城市网络如图4-9（c）所示，2017年该城市网络核心结构由“京、津、塘、石、保、张、邯、秦、廊”9个城市构成，呈现出以北京为中心的伞状结构，“京、石、保”三角结构依然存在但对比2014年联系等级变弱。从单条联系的强度上看，最高的联系强度为北京—天津的1213319，是排名第二的北京—石家庄的2.4倍，是排名第三的北京—保定的3.4倍，其他排名靠前10位的联系包括北京—廊坊、北京—秦皇岛、北京—唐山、北京—张家口、北京—邯郸、石家庄—保定、石家庄—邯郸，即前10位的联系中，北京占8条、石家庄占3条、保定占2条。在较弱的联系之中，最弱的联系是邢台—承德，联系值为8880，城市方面承德、衡水、沧州、邢台4个城市没有与任何城市构成核心联系，张家口虽然与北京市构成了核心联系，但其与另外 9 个城市的联系均属最弱级别，同样有 9 个最弱联系的城市是衡水和承德，“张、衡、承”三个城市是城市群中联系最弱的城市。

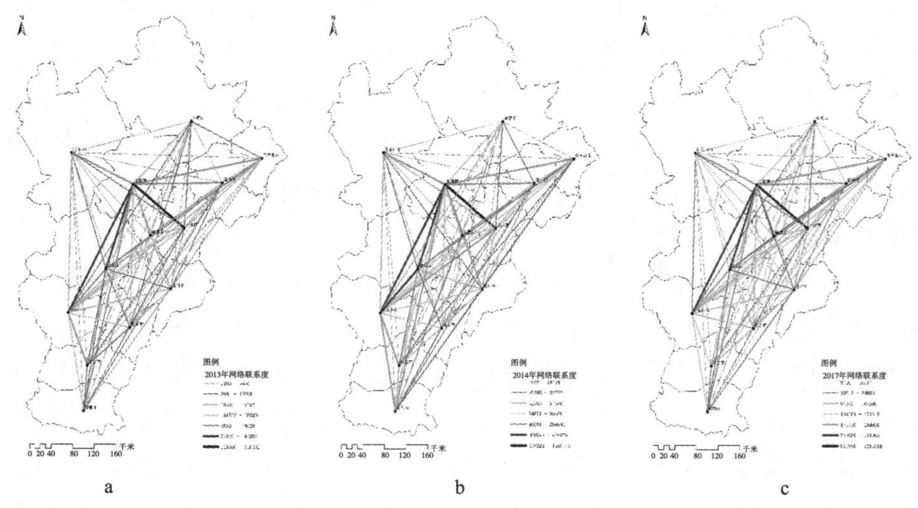

图 4 –9　2011 年、2014 年、2017 年京津冀百度指数信息流全覆盖城市网络

2011 ~2017 年京津冀百度指数信息流城市网络变差系数如表 4 –7 所示。

表 4 –7　2011 ~2017 年京津冀百度指数信息流城市网络变差系数

类别	2011 年	2012 年	2013 年	2014 年	2015 年	2016 年	2017 年
C_v	2.555	2.760	2.199	2.119	2.401	1.870	1.812

2011 ~2017 年，城市网络的演化特征包括：（1）网络核心结构所涉及的城市分别为 10 个、9 个和 11 个，虽然出现了明显的数据增减，但是仅从 3 个时间点 2 个以内的城市数量变化并不能代表核心城市的数量增减趋势，需要通过更加详细的数据支撑证明；（2）核心网络结构形状由 2011 年、2014 年的双核心发散变为 2017 年的单核心伞状发散，北京始终维持了城市群内的核心地位，而石家庄的核心地位先变强，后变弱；（3）城市网络联系值的首位度从 2011 年的 3.6 下降至 2017 年的 2.4，且均为北京—天津为首位联系，北京—石家庄为次位联系的计算结果，即石家庄所承担的对接北京的信息流流动逐渐增强，结合（2）可以推测，虽然石家庄在城市群内的百度指数信息流核心地位变弱，但这是城市网络整体变强，只剩下城市地位特殊、信息强度过高的北京明显突出而导致的；（4）城市群内 78 条联系的差变系数由

2.555降至1.812，各条联系之间的差距缩小，城市网络在研究时间段内始终向网络均衡化的方向发展，城市群内信息流流动方向与资源配置进一步合理高效。

4.3.3.2　骨架、主干网络演化特征

将整个城市群的城市网络中最强的网络联系定义为$C_{V(max)}$，计算其他所有网络联系的联系值与该最强联系值的比值$C = C_{V(AB)}/C_{V(max)}$，并将C大于0.1的网络联系定义为城市骨架网络联系，将C大于0.3的网络联系定义为城市主干网络联系，则2011~2017年京津冀城市骨架、主干网络如图4-10所示。

2011年，京津冀骨架网络构成城市包括“京、津、石、唐、保、张、秦、廊、邯”9个城市，只有北京—天津一条主干网络联系，整个网络联系形成以北京为中心的“爪形”发射状，骨架网络中唯一一条不与北京相关的联系是石家庄—邯郸，但该联系也是所有骨架网络中联系值最弱的。2012年，京津冀骨架网络构成城市包括“京、津、石、唐、保、张、秦、廊”8个城市，形成以北京为绝对核心的伞形发射状且京津冀南部除省会石家庄外均不在骨架网络中，主干网络增加了北京—石家庄。2013年，京津冀骨架网络构成城市包括“京、津、石、唐、保、秦、廊、邢、邯”9个城市，形成以北京和石家庄为双中心的“双爪式”发散，主干网络增加了石家庄—保定。2014年，骨架网络在2013年的基础上增加了北京—张家口、北京—邯郸以及石家庄—天津三条联系，骨架网络构成城市包括“京、津、石、唐、保、秦、廊、张、邢、邯”10个城市，骨架结构也依然是以北京和石家庄为双中心的“双爪式”发散；2015年，京津冀城市骨架网络发生了较大的变化，结构由“京、津、石、保、张、廊、秦、邯”8个城市构成，形状再次回到以北京为中心的伞状，“京、津、石、保”四市构成了复杂的网状结构，主干网络联系重新回到仅有北京—天津一条；2016年，骨架网络在2015年的基础上增加了北京—唐山、北京—沧州以及石家庄—邢台三条联系，沧州首次进入骨架城市之中，形状总体上保持不变，且北京—石家庄再次成为主干联系；2017年，骨架网络在2016年的基础上增加了北京—承德和石家庄—邯郸两条联系，承德首次进入骨架网络连接的城市之中，至此仅剩衡水不在骨架网络相连的网络之中，骨架网络形状变为以北京为主中心，石家庄为副中心的双核心伞状发散状，所有的联系都与且只与这两个城市相关，主干联系方面依然为北京—天津、北京—石家庄两条。

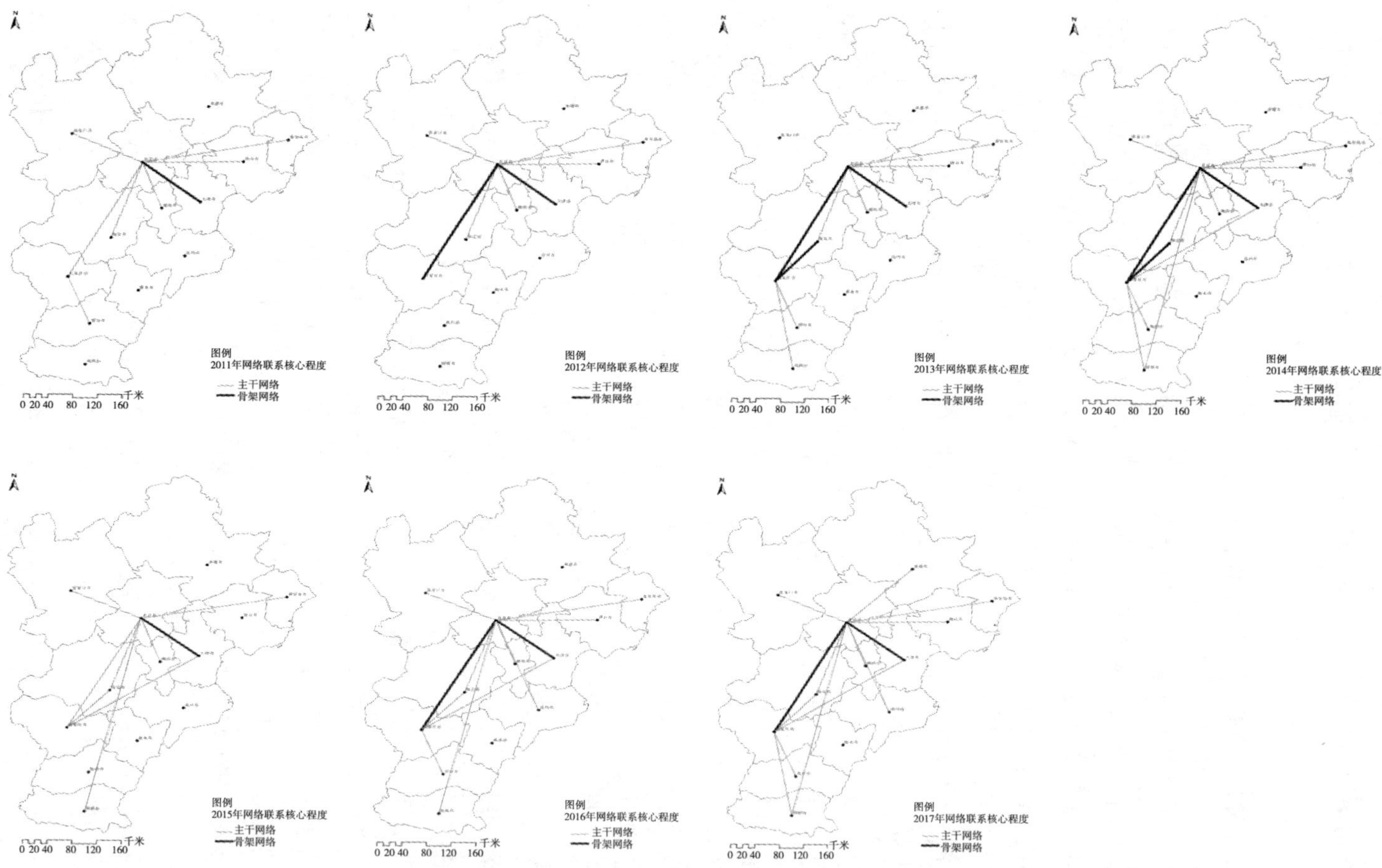

图 4-10　2011～2017 年京津冀百度指数信息流骨架、主干城市网络

2011~2017年，骨架、主干城市网络的演化特征包括：（1）骨架、主干联系以及骨架、主干城市的数量上（见表4-8），表现增加、减少、再增加的“N”形走势，两段增加趋势的分界点均出现在2015年；（2）虽然2015年出现过分界点，但是从总体上看，骨架网络的形状的演化是从以北京为单中心的伞形发射状到以北京为主中心、石家庄为副中心的双核心伞状发散状的过程，网络联系数量不断增加、网络联系形状不断复杂，说明城市群内的骨架和主干网络在研究时间段内与全覆盖网络同样地向均衡化的方向发展。

表4-8　2011~2017年京津冀百度指数信息流城市网络骨架、主干数量

项目	2011年	2012年	2013年	2014年	2015年	2016年	2017年
骨架联系数量	8	7	9	12	9	12	14
主干联系数量	1	2	3	3	1	2	2
骨架城市数量	9	8	9	10	8	11	12
主干城市数量	2	3	4	4	2	3	3

4.3.4　年际城市网络的现实投射

从联系值总量的年际变化上看，城市发展水平和城市群定位的变化导致网民出行意向和搜索意向的变化，联系值增长可以从百度指数搜索数据特性的外因和京津冀城市群发展的内因两个方面解释。外因方面，互联网行业在研究时间范围内蓬勃发展，在PC端达到普及后手机端的网络使用也在研究时间内迅速普及，总用户量和使用量迅速上升，在这样的基础上，百度指数于2013年5月1日首次将移动端搜索指数同PC端搜索指数合并列入计算，双客户端的蓬勃发展使得联系数据总量在2013年和2014年出现两次明显的攀升；城市群发展的内因方面，得益于交通设施的高速建设、城市群的蓬勃发展以及城市定位的不断变化而使城市之间产生的越来越多的新联系，城市群内市民出现越来越多的内部出行意向，即城市之间的信息流城市网络联系随着时间的推移越来越完善，城市之间的联系越发紧密。

从城市等级与控制力特征上看，较为特殊的城市是北京和保定，然而从百度指数信息流的角度，北京作为整个城市群的绝对中心，其始终保持了较高的控制力，对整个城市群的信息流输出远远高于其他城市对其的信息流输入，充分发挥了其城市群中心的辐射作用。保定在城市群中的联系总值和城市等级都是与“京津石”比上不足，与其他城市比下有余，且其城市等级经历了先升后降的特征，在 2013 年前后借由其“北京新副中心”的未证实消息而得到了大量的信息流输入，而在 2014 年开始发布的通州副中心建设以及 2017 年千年大计雄安新区消息的宣布的影响下，保定的信息流总量在 2017 年回到了与城市群内唐山、秦皇岛、廊坊等强势城市较为接近的水平。

从网络演化的角度来看，年际城市网络变化中较为特殊的城市是石家庄和张家口。石家庄作为城市群内的省会城市，在 2011 ~ 2017 年承担的同北京的信息流对接越来越强，城市群骨架网络中也形成了明显的副中心网络结构，城市发展起色明显，省会效应作用凸显。张家口连续成为城市网络中的网络核心城市、网络骨架城市，但是其网络联系仅限于同北京一城，其他大部分城市与张家口的联系均为城市群内最弱，而张家口与北京在 2014 年正式同北京成为冬奥会举办城市之前就形成过骨架联系，从百度指数的内涵和实质上推测，虽然张家口是一个拥有大量旅游资源的城市，但其只形成了对北京网民的出行意向吸引，对城市群内其他城市的吸引力还有待加强。

综合以上的研究，我们发现，2011 ~ 2017 年，网络数据量明显增加，网络联系数量不断增加、网络联系形状不断复杂，城市网络在研究时间段内始终向网络均衡化的方向发展，城市群内信息流流动方向与资源配置逐步趋向合理高效；在京津冀都市圈中，北京持续起到了强中心辐射作用，石家庄的省会效应突出明显地位明显上升，保定在经历了未证实消息以及雄安新区风波后地位先上升后下降到一般水平，张家口持续成为京津冀内联系最弱城市，作为旅游城市的吸引力还有待加强。

4.4 京津冀月际城市网络演化

为了更为深入地考察京津冀内城市间的网络关系，我们从月尺度入手分析月际城市联系值的变化特征，以便揭示不同月份不同季节的网络联系变化特征，这样再投射到现实中来观察，对京津冀城市间关系进行月度尺度的进一步说明。

4.4.1　月际城市联系值特征

4.4.1.1　联系值变化特征

我们选取了2017年1～12月的月度数据进行研究，京津冀城市群内各城市在2017年内的联系值总量变化如图4－11所示。

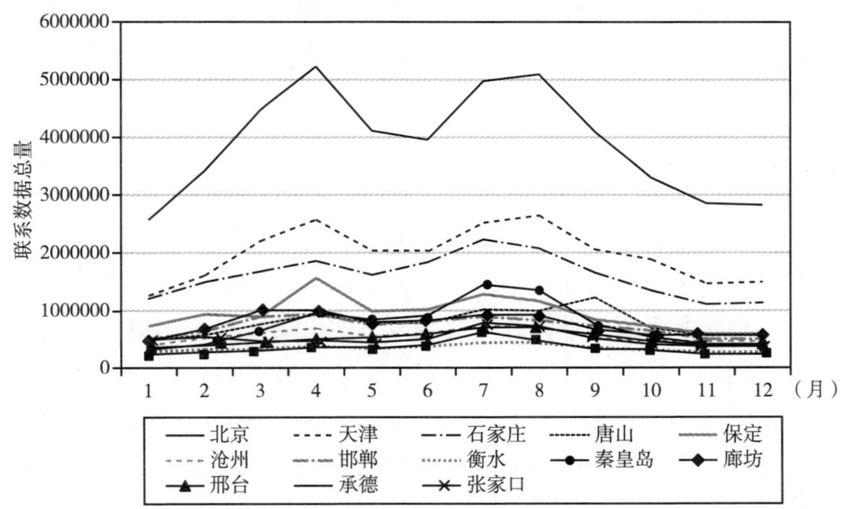

图4－11　2017年1～12月京津冀各城市网络联系数据总量走势

从趋势上看，13个城市在2017年内12个月的变化趋势大体相同，均表现出“双驼峰”型走势。1月处于全年联系值低点，1～4月联系值逐渐攀升，到4月出现第一个数据高峰点，5月、6月联系值下滑，7月、8月连续两个月再次出现数据高峰，之后数据再不断下降到12月并与下一年的1月形成连续。将13个研究城市的月际联系值变化数据放入SPSS进行相关性分析，结果发现13个城市之间的月际数据变化均在0.05的置信水平下相互相关，即13个城市在年内1～12月的数据变化趋势一致。

从联系数据总量的数据量上看，13个城市月际数据存在明显的波动，且不同的城市波动幅度不同。为衡量各城市的波动程度，计算了年内最高月度联系值与最低联系值的比例，比例值最大的是秦皇岛4.52，最小的是衡水1.61，除秦皇岛外，各个城市的比值均在2±0.5的范围内。城市群内月度最高值出现在4月的北京最大值为5227040；最低值出现在1

月的承德最小值为234802。4月、7月、8月3个月是各个城市的数据量高峰月，其中7个城市在7月为全年高峰、4个城市在4月达到全年高峰。

从城市上看，北京、天津、石家庄三个城市在12个月份中均以明显的数据差距分别保持在城市联系总量的前三位，其他大部分城市均在大致排名稳定的情况下在不同的月份内部会出现部分排名变动。虽然在统计特征上，13个城市的月际变化趋势相关，但存在个别城市在个别月份出现了与其他城市具有不同的数据增减幅度或不同的数据走势的情况，例如，在单年度内数据变化趋势最大的秦皇岛、在联系值走下坡路的9月出现全年联系峰值的唐山。

4.4.1.2 联系值出入特征

在上一节的分析中发现，在京津冀城市群的百度指数信息流网络中，城市联系值随着月度变化而变化不是单个城市的变化特点，而是每一个城市的普适规律。由于联系值的计算方式由该城市的主动信息流输出与被动信息流输入相乘得到的，因而信息流总量的变化特征一致并不代表各个城市的信息流输出与信息流流入在年内的12个月间的变化趋势一致。为研究月际城市网络的内在变化，在此利用城市信息流输出指标N_o、城市信息流输入指标N_i进行网络研究。

（1）城市信息流输出方面。百度指数的定义，其是以关键词为统计对象，以特定地区的网民在百度的搜索量为数据基础，科学分析并计算出各个关键词在百度网页搜索中搜索频次的加权和。通过该定义可以发现，可以将搜索量即城市信息流输出定义为选定地区的网民搜索行为的执行量，而选定地区的网民搜索行为的执行量是与该地区的网民基础数量具有相关关系的，而网民基础数量与一个地区的常住人口同样存在相关关系，可以由一个地区的常住人口同该地区的网络普及率相乘而得到。通过逻辑推论可得：一个城市的信息流输出指标N_o是与该地区的人口存在相关关系的。为从统计数据上证明该结论，选取13个城市的2017年常住人口数据（数据来自13个城市各于2018年发布的国民经济和社会发展统计公报）与城市信息流输出数据进行相关性分析，结果如表4-9所示，城市信息流输出与城市常住人口在0.01的置信水平上显著相关，该相关关系推论得到证实。

表4-9　　城市信息流输出与城市常住人口相关性分析

				城市常住人口
城市信息流输出	Pearson 相关性			0.928 **
	显著性（双侧）			0
	N			13
	Bootstrap	偏差		-0.100
		标准误差		0.052
		95%置信区间	下限	0.794
			上限	0.987

注：** 表示在0.01水平（双侧）上显著相关。

图4-12展示了各城市在2017年年内的输出值走势变化，各城市的输出值走势形状表现出与城市联系值相同的"双驼峰"型，月度输出最高值与最低值的比均在1.5±0.3的范围内，与月度联系值相比波动程度大幅减少，信息流输出的高峰依然出现在4月、7月和8月。由于城市信息流输出是与城市常住人口相关而常住人口在年内变化并不明显，则可以推测输出值在年内出现的增减变化是月际时间变化这一单一因素造成的，且各城市变化趋势相同，依然是普适规律。

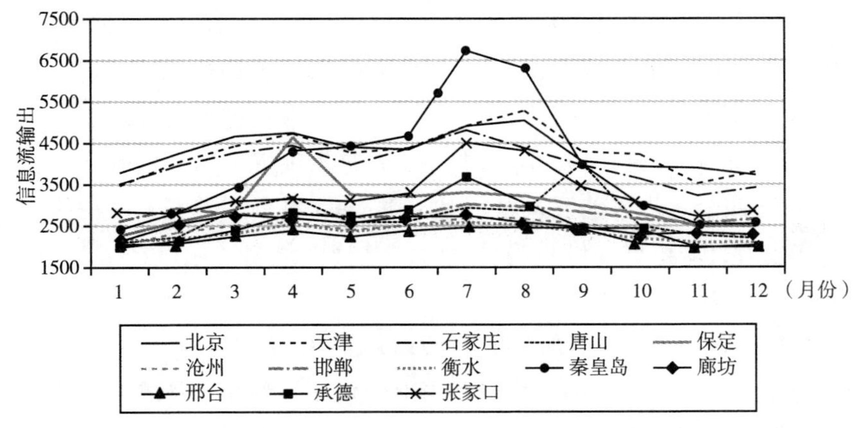

图4-12　2017年1~12月京津冀各城市信息流输出走势

（2）城市信息流输入方面。图4-13展示了2017年京津冀各城市的城市信息流输入在1~12月的变化情况，城市信息流的输入与联系值总量在年内的走势变化明显不同。北京、天津、石家庄三个城市始终保持了较高的被搜索量，表现出高位震荡的走势；唐山、保定、张家口、承德四个城市在整体走势平稳的情况下各出现了一个明显的波峰；秦皇岛最为特殊，在年初被搜索量处于城市群中位，在年中不断上涨并在7月和8月出现城市群内最高的波峰，之后又不断回落并在年末回到年初的被搜索水平；沧州、邯郸、衡水、廊坊、邢台五个城市则表现出与月际联系值变化相同的“双驼峰”型走势，但波峰不明显、震荡范围较小。

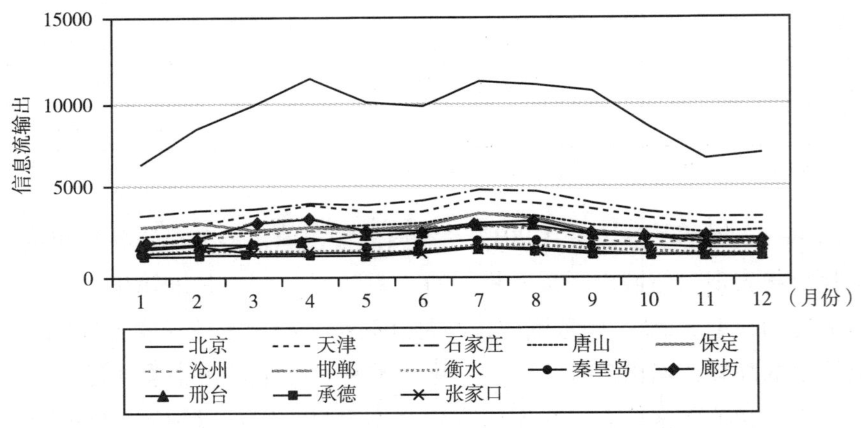

图4－13　2017年1～12月京津冀各城市信息流输入走势

表4－10展示了2017年京津冀城市群中每个月之中的入度排名前五位的城市。从时间和城市上看，共有北京、石家庄、天津、张家口、邯郸、保定、秦皇岛7个城市成为前五的入度城市，在全年12个月份中均进入前五的城市是北京、天津和石家庄，秦皇岛在2～10月共9个月进入前五入度，张家口在1月、3月、6～8月、10～12月共8个月进入前五入度，邯郸在1～2月、11～12月共四个月进入前五入度，保定在4～5月进入前五入度；从时间和入度排名上看，城市群入度最高，换言之被搜索最多的城市在1～4月为北京、5～8月为秦皇岛、9～10月为天津、11月为北京、12月天津，全城市群的最高被搜索量出现在7月的秦皇岛6733，值得一提的是第二高搜索量同样是秦皇岛在8月创造的6308，保定和唐山分别在4月和9月成为城市群内第三入度，但其入度值均与第一入度值差异不大，与“京、津、石、秦”四个城市的持续性不同，表现出了明显的突发性和波峰性。以入度前五位的城市来看，城市信息流入度具有明显的季节性变化特征，被搜索最多的城市春季是北京、夏季是秦皇岛、秋季是天津、冬季是北京，张家口在冬、夏两季进入前五，邯郸在冬季进入前五。

表4-10　　2017年1~12月京津冀信息流入度前五名城市情况

月份	第一入度	第二入度	第三入度	第四入度	第五入度
1	北京 3787	石家庄 3515	天津 3470	张家口 2843	邯郸 2616
2	北京 4243	天津 4042	石家庄 3952	邯郸 2928	秦皇岛 2824
3	北京 4668	天津 4432	石家庄 4272	秦皇岛 3433	张家口 3101
4	北京 4748	天津 4732	保定 4643	石家庄 4445	秦皇岛 4321
5	秦皇岛 4416	北京 4404	天津 4269	石家庄 3979	保定 3256
6	秦皇岛 4678	天津 4383	石家庄 4374	北京 4348	张家口 3283
7	秦皇岛 6733	天津 4915	北京 4911	石家庄 4810	张家口 4517
8	秦皇岛 6308	天津 5277	北京 5042	石家庄 4381	张家口 4313
9	天津 4066	北京 4066	唐山 4002	秦皇岛 3985	石家庄 3971
10	天津 4227	北京 3935	石家庄 3636	张家口 3058	秦皇岛 3019
11	北京 3897	天津 3520	石家庄 3226	张家口 2721	邯郸 2560
12	天津 3808	北京 3727	石家庄 3421	张家口 2848	邯郸 2660

4.4.2　月际城市网络演化特征

综合前两个小节的分析发现，月际的城市信息流输出具有月际变化特征、高入度城市的城市信息流输入具有季节性变化特征，综合两者变化的时间单位绘制京津冀城市群2017年分季节的城市骨架、主干网络如图4-14所示。

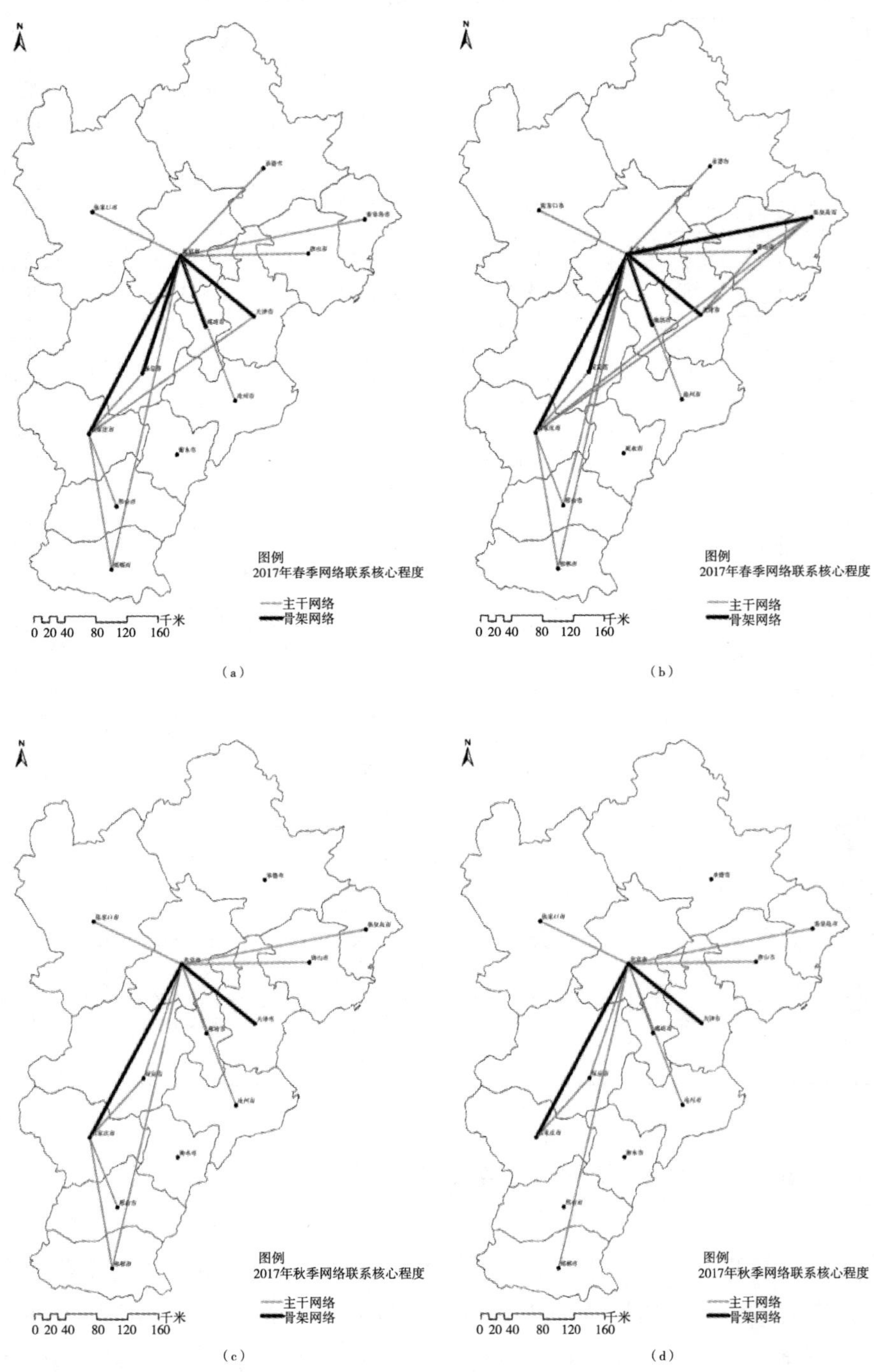

图 4－14　2017 年四季京津冀百度指数信息流骨架、主干网络

2017 年春季，京津冀骨架网络构成城市包括“京、津、石、唐、保、张、秦、廊、邯、沧”10 个城市，主干网络构成城市包括“京、津、石、保、廊”5 个城市，骨架网络联系形成以北京为主中心、石家庄为副中心的双核心发散发射状，主干网络联系形成以北京为中心的“爪形”分布；2017 年夏季，骨架网络构成城市包括除衡水外的 12 个城市，主干网络城市在春季基础上增加了秦皇岛，构成城市的增加使骨架网络形成以北京为主中心进行伞形发散、天津石家庄秦皇岛三个副中心沿主要城市辐射的复杂型网络，主干网络则保持了以北京为中心的“爪形”分布，无论是网络联系值还是核心网络数量夏季都是四季中最强的；2017 年秋季，骨架网络构成城市为除衡水和承德外的 11 个城市，主干网络则只剩下北京—石家庄、北京—天津两条，骨架网络中石家庄的副中心模式再次凸显，形成同春季类似的以北京为主中心、石家庄为副中心的双中心发散；2017 年冬季，主干网络与秋季相同，骨架网络与秋季相比减少了石家庄—邢台和石家庄—邯郸的联系，邢台也因而在冬季不再成为骨架网络城市，整体网络结构也在石家庄与其他城市联系减少的情况下变成了以北京市为网络绝对中心的伞形发散状，冬季也是四季之中网络数量和网络结构最弱的一季，如表 4 – 11 所示。

表 4 – 11　2017 年四季京津冀百度指数信息流骨架、主干城市网络数量

年份	2017 年春	2017 年夏	2017 年秋	2017 年冬
骨架联系数量	14	19	12	10
主干联系数量	4	5	2	2
骨架城市数量	10	12	11	10
主干城市数量	5	6	3	3

2017 年年内春夏秋冬四季，京津冀城市群百度指数信息流城市网络的演化特征包括：（1）骨架、主干联系以及骨架、主干城市的数量上，春夏两季最多、冬季最少；（2）四个季度间骨架、主干网络的结构变化主要集中在北京、天津、石家庄、秦皇岛四个重点城市上，北京在年内始终保持了其突出的主中心地位，天津的网络结构地位在夏秋两季凸显春冬两季回落，石家庄的网络结构地位和副中心作用以春夏秋冬的顺序逐渐增加再回落、秦皇岛的网络作用从春季开始增长夏季达到顶峰再回落；（3）无论是网络的形状结构特征，还是重点城市的地位变化，甚至城市联系值以及信息流出入特征都存

在以春夏秋冬为序的时间变化，并都表现出先增长再减弱的春夏较强、秋冬较弱的数据特征，春夏秋冬四季表现出先复杂再简单的网络结构特性，连续两个自然年中前一年出现数据回落的冬季与后一年数据量低位起始的春季对接形成城市网络以季度甚至以月为单位的网络结构及形状的演化循环。

4.4.3 月际城市网络的现实投射

从信息流的出入特征上看，联系百度指数信息流的内涵与实质，信息流的输出代表着当地网民出行的意愿强度，其结果与人口基数相关是无可厚非的；而信息流的输入则说明了网民在不同月份、不同季节对于出行甚至旅行目标地点的变化导致在月份之前出现明显的搜索意向差异。从信息流输入来看，在京津冀区域的13个城市当中，城市群内网民在不同的月份季节间存在明显的出行意向规律：在1~4月的首要出行意向目的地为北京，5~8月为秦皇岛，9~12月为天津；同时北京、天津和石家庄作为区域内的两个发展极和省会城市，在全年内始终是网民出行的重要选择目的地；张家口基于其冬夏两季均有旅游项目的城市发展特点，在这两个季节均成为城市群内网民重要的意愿出行地。

从网络结构所引发的地域分异上看，同样定位为旅游性城市的秦皇岛、张家口和承德呈现出天差地别的网络强度与结构。从网络强度上看，秦皇岛是城市群内网民在夏季出行意愿的最首要目的地，其在夏季对城市群内网民的出行吸引远超过第二位30%以上，张、承两市则逊色明显，以“避暑山庄”为闻名的承德在夏季的信息流入度甚至未进入过城市群内前五。从网络结构上看，在秦皇岛的旅游旺季——夏季，构成了同北京的主干联系并构成了与天津、石家庄和唐山三个重要城市的骨架联系，成为一个强节点城市，以城市群内13个城市最低的人口和最低的GDP形成了对城市群内网民最高的出行意向吸引，而张家口和承德两市仅与北京形成了骨架联系，仅形成了对北京网民的出行意向吸引，两座城市在旅游资源的进一步开发和利用，旅游品牌的进一步创造和打响以及旅游引力的进一步深化和保持还需加强。

此外，为了更为具体地讨论城市网络联系，我们还要从日尺度入手，讨论日际的城市联系值特征，以及城市网络的日际演化特征，以便发现平常日际之间城市的联系程度。借助网络数据，完全可以更为具体地深入分析，但我们发现网络在以日为单位发生日期变化时呈现出周期性特征：5天连续工作日网络维持稳定，进入周末休息日后网络整体在结构形状不变的情况下强度减弱，当进入节假日时，网络整体强度增加，并根据所在的季节月份出现不同的网络城市节点和网络形状。投射到现实的主要结论包括京津冀城市群北部城市特色以旅行、虚拟吸引为主，城市群南部城市特色以工作、实体经济为主；天津作为城市群内重要的直辖市，却没有发挥出其经济体实力相当的百度指数辐射能力。

4.5　基于网络数据的结论认识

综合以上分析，流动空间、城市网络已经成为研究城市间联系的新组织范式。近年来随着信息网络化的不断发展，城市网络研究已由基础设施、企业组织等实体数据为切入点的研究发展为以新浪微博、百度指数网络数据为切入点的研究，其中百度指数信息流在城市网络的研究中代表着网民的出行意向。使用百度指数数据，借鉴时间地理学中研究人在小时间尺度内的地域分异特征的思路，将城市网络拟人化，利用网络分析法构建了分别从年、月、日三个时间尺度描述的京津冀信息流城市网络，分析了其主要演化特征及其在现实城市发展中的投射，得到主要结论如下。

（1）京津冀城市网络的年尺度网络特征。京津冀百度指数信息流网络2011～2017年网络数据量明显增加，网络联系数量不断增加、网络联系形状不断复杂，年际城市网络结构由2011年的北京单中心的“手爪型”发散结构，逐渐发展到2017年以北京市为主中心、石家庄为副中心的双中心发散结构。城市网络在研究时间段内始终向网络均衡化的方向发展，城市群内信息流流动方向与资源配置逐步合理高效。城市群内城市可根据其信息流输入输出能力分为四类，分别为：强辐射城市——北京；强吸收城市——秦皇岛、承德、张家口、衡水；波动性城市——石家庄；均衡型城市——天津、保定、廊坊、唐山、沧州、邢台、邯郸。

（2）京津冀城市网络的月尺度特征。京津冀各城市的联系数据总量存在随月份变化而发生变化的变化趋势且变化趋势一致。细分到信息流输出即网民的出行意向发生地，研究发现其与城市常住人口存在显著的正相关关系；信息流输入，即网民的出行意向目的地，则存在明显的季节性变化特征：城市群内网民的首要出行意向目的地在1～4月为北京、5～8月为秦皇岛、9～

12 月为天津。城市群城市网络同样存在以季节区分的明显差异，无论网络结构和网络数据强度都存在以春夏秋冬为序的时间变化：春夏网络较强，其中夏季最强，形成以北京为主中心的伞形发散和天津、石家庄、秦皇岛三个副中心沿主要城市辐射的复杂型网络；秋冬较弱，而冬季最弱，表现出以北京为绝对中心的伞形发散状。

（3）京津冀城市网络的日尺度特征。观察以日为单位的百度指数信息流变化，发现节假日、工作日、周末休息日的网络存在明显差异，具体表现为：5 天连续工作日网络维持稳定；进入周末休息日，网络整体在结构形状不变的情况下强度减弱；当进入节假日时，网络整体强度增加，并根据当季月份不同而呈现出不同的网络城市节点和网络形状。在本书研究时段内工作日和休息日网络结构相近，均是以北京为主中心、石家庄为副中心的双中心辐射状；而节假日的网络结构则是由北京为主中心，石家庄、天津为副中心，秦皇岛为强网络节点的复杂型网络，如表 4 – 12 所示。

表 4 – 12　　京津冀各城市城市定位特征与百度指数网络特征对比

<table>
<tr><th>城市</th><th>城市定位/现实特征*</th><th>百度指数网络特征</th></tr>
<tr><td>北京</td><td>全国政治中心、文化中心、国际交往中心、科技创新中心</td><td>城市群内的绝对中心
对整个城市群有强辐射带动</td></tr>
<tr><td>天津</td><td>全国先进制造研发基地、北方国际航运核心区、金融创新运营示范区、改革开放先行区</td><td>只与“京石”存在明显联系，更像旅游城市城市群内辐射作用差，与经济体大小不符</td></tr>
<tr><td>石家庄</td><td>大省会战略，提升省会的载体功能和品位</td><td>城市群内作用提升明显，省会作用突出</td></tr>
<tr><td>保定</td><td>承接非首都功能疏解为契机，建成京津保区域中心城市雄安新区建立</td><td>“京石保”三角网络逐渐突出城市层级先升后降，不再受到类似作用的影响</td></tr>
<tr><td>秦皇岛</td><td>发挥其滨海资源优势建设沿海强市、美丽港城</td><td>强网络节点、高吸引力、月度城市最高值、网络最成功城市</td></tr>
<tr><td>张家口</td><td>建成国际知名奥运城市</td><td rowspan="2">吸引了北京民众的出行意向
城市群内城市品牌的建立和强化还待加强</td></tr>
<tr><td>承德</td><td>建设国际旅游城市和连接冀辽蒙、面向京津的重要节点城市</td></tr>
</table>

续表

<table>
<tr><th>城市</th><th>城市定位/现实特征*</th><th>百度指数网络特征</th></tr>
<tr><td>邯郸</td><td>提升城市能级，打造京津冀南部门户并建成京津冀联动中原的区域中心城市</td><td>同石家庄、邢台联系紧密，构成城市群南部网络联系</td></tr>
<tr><td>唐山</td><td>承担京津冀城市群东北部地区的辐射带动功能，建成京津唐区域中心城市</td><td rowspan="4">网络作用不突出
普通的节点城市</td></tr>
<tr><td>廊坊</td><td>北三县一体化，建设“京津走廊”上的生态宜居城市</td></tr>
<tr><td>沧州</td><td>环渤海地区重要港口城市</td></tr>
<tr><td>邢台</td><td>推进“一城五星”核心区域建设</td></tr>
<tr><td>衡水</td><td>建设生态宜居的滨湖园林城市</td><td>城市群内网络联系最弱、网络作用最差城市</td></tr>
</table>

注：*城市定位特征数据来自河北省“十三五”报告及各城市“十三五”报告。

将网络研究结果投射到现实城市中发现，从单个城市视角上，北京持续在城市群中起到强中心辐射作用；石家庄的省会效应突出，地位明显上升；天津在整个城市群虚拟网络中的城市定位更加倾向于是一个仅同京、石两个核心城市存在工作事务联系、而经济发展相对独立的纯旅游性城市，没有发挥出与其经济体实力相当的辐射作用；保定在2017年雄安新区成立后地位先上升然后下降到一般水平；秦皇岛作为城市群内GDP和人口规模最低的城市，却以其鲜明的城市定位和旅游资源在旺季成为城市群内网民首要的出行意愿目的地；张家口、承德两市作为同样具有旅游职能的城市，吸引了北京民众的出行意向，但旅游品牌的建立和强化还需时日。从整体城市群视角上看，城市群以天津市为分界线，城市群北部集中分布着以休闲旅游、虚拟吸引为指向定位的城市（张家口、北京、天津、承德、秦皇岛），城市群南部则分布着以工作事务、实体经济为指向定位的城市（廊坊、唐山、沧州、保定、石家庄、衡水）。

第5章 京津冀都市圈的形成与协同发展机制

前面我们分析认为，21 世纪以来尤其是进入“新时代”，中国经济的“增长极”正在发生着“由点到面”的深刻跃变，中国经济发展将步入以城市群为主导的时期。如今区域城市群规划布局已然完成，以城市集群为主导的区域都市圈，正处在形成演变之中，探究都市圈形成发展的机理成为时下最为重要的现实命题。京津冀作为中国城市群的典型代表，重大任务就是探究京津冀协同发展机制及其区域治理方式，这也是党的十八届三中全会提出的推进国家治理体系和治理能力现代化的重要内容。京津冀协同发展战略不同于泛泛而论的区域市场一体化，也不同于一般性的区域协调，而是中央政府从解决“大城市病”出发，围绕疏解非首都功能，顺应区域联合趋势提出的重大战略。主要目的是扩大资源利用范围获得区域集聚效应，形成完整的区域协同发展机制体系，推动区域内空间结构调整、产业结构优化，构建新型“协同发展机制体系”，探索区域协同发展方式。核心其实是提高资源共享程度，借助资源共享平台，多元利益主体参与区域分工合作活动，形成收益分配、补偿协调的机制，从而促进合作秩序合作范围的不断扩展。而京津冀都市圈的治理也将是多元主体参与下，以政府为主导、以维护公共利益为目标、以资源共享为平台的多元参与合作共治。可见，区域范围的资源共享是促成大都市圈形成的动因，也是实现跨区域治理的核心关键，是都市圈形成的现实逻辑基础。本章我们重点探讨京津冀都市圈的形成与协同发展机制。

5.1 京津冀都市圈面临的问题

城市群或都市圈的发展与治理成为国内外现实问题。这些以城市为主导的区域集聚化发展，正在形成一个个典型的区域发展方式，丰富着既有的区域经济发展内容，也在很大的程度上改变着一个国家甚至国际经济发展的格局。由于区域城市群或都市圈的跨域性，最明显的是对既有行政区划及隶属关系的超越，必然涉及这些城市或地区如何协同的治理问题，于是区域发展的跨域治理也成为一个必然的要求。

5.1.1　京津冀协同发展面临着发展与治理的双重挑战

京津冀都市圈正处在形成演变之中。从国际比较来看，中国的都市圈具有自己的特色，与国际上区域化趋势下形成的欧美大都市区都市圈不同，也与日本基于全国条件规划下形成的都市圈不同；从前后发展演变的进程来看，现在形成中的都市圈与以往由中央政府主导按照相邻关系进行经济区划不同，也与改革开放以来局限于自己行政范围以地方政府为主导的发展不同；从国内不同区域都市圈的比较来看，京津冀都市圈的形成更有自己的特点，其中最突出的是围绕首都功能的定位与非首都功能的摆放是本区域都市圈形成的核心，换句话说，首都功能优化并不局限于北京市，而是要着眼于京津冀全域进行全面布局。我们需要探究这个都市圈形成的内在动力，也要分析它正常运行的内在机理。

与此同时，随着区域都市圈的形成发展，京津冀区域治理也成为一个紧迫的现实问题。京津冀都市圈产生之后，协同发展运行是否顺畅高效，关键在于治理方式是否恰当。京津冀跨区域治理一定是既要超越中国既有的行政纵向协调的体制机制，也要超越西方所谓的分散式分权制下以市场化契约为主的横向协调模式，而可能是多元主体参与下，以政府为主导、以维护公共利益为目标、以资源共享为平台的多元参与合作共治。新形势下的京津冀区域治理自有其内在的特点，我们需要切合中国实际探索京津冀治理的内在机理。这一治理是一个新的探索领域，是国家治理现代化的必要内容，也是区域联合协同发展和政府职能转变的新议题，这一要求已经在党的十八届三中全会报告中作为改革总目标提出。

互联网更为直接地揭示了京津冀协同发展及其区域治理的网络性本质。如何看待京津冀协同发展？不同城市地区所形成的都市圈城市体系，以及不同利益主体所形成的复杂利益关系，都形象地呈现出一种网状结构。这一方面启示我们要看到京津冀复杂的网络结构；另一方面也为京津冀的协同发展与治理提供了现实的手段方法。京津冀也要探索互联网条件下的新型区域协同发展方式和网络化治理方式。因此，值得特别指出的是，我们要一体化地研究京津冀都市圈的形成机理与跨区域治理机制。也就是京津冀协同发展的形成与治理基于同一机理，不能将两者分割开来。开宗明义，我们认为区域范围的资源共享是促成大都市圈形成的动力，也是实现跨区域治理的核心关键。因此，我们要从资源及其资源共享的角度探究京津冀都市圈形成与治理的内在机制，如此才能找到促进京津冀协同发展与实现良好治理的逻辑基础。

5.1.2 京津冀区域协同发展面临的不确定性

从中国经济发展所处的背景来看，中国的城市群（带）面临着“城市病”日益突出、资源相对紧缺和生态环境恶化、城乡二元经济结构依然明显、社会管理体制不完善等诸多问题。随着城市化的快速推进，我国的区域经济体，例如长三角、珠三角和京津冀等以不同的形式被人关注，区域经济一体化发展中的功能定位、产业调整、资源流转、设施一体受到关注，与此同时，公共安全、环境恶化等区域公共问题大量涌现，许多实际的地方政府间合作与制度性的协调改革也大量出现，客观上要求中央和地方政府进行区域协同发展的创新。

从城市群发展所处的阶段来看，至今还停留在规划和倡导政府间合作的阶段，诸如无序竞争、重复投资这些问题实际上为区域协同发展带来了高额的交易成本。这意味着，中国的区域空间架构（包括城市群内部构建），难以在既有的体制机制下推进，必须创新工业化和城市化的道路，打破各自为政的局面，探索区域发展模式和区域治理模式。

从京津冀都市圈本身来看，大都市圈和区域城市群的形成，是相邻地区相关地方政府“主动靠近”积极联合的产物，既有内在动力也有外在压力。其内在动力是相邻区域扩大资源利用范围和提高资源共享程度以获得区域经济发展的集聚效应；外在压力是联合起来以解决区域资源束缚以及“城市病”等环境和社会公共性问题。此外，也有向中央政府申请资金、申请项目、申请政策的博弈私心。尽管地方政府有一定的主动性和积极性，但一碰到问题仍然倾向求助于中央政府，似乎一旦规划出台，区域内各个地方就会各就各位，相关区域公共问题就会迎刃而解，城市群区域内部分工合作也就自然水到渠成。其实，一切都有待在区域协同发展的矛盾竞争中形成各自的合作运作机制，可以说城市群（圈、带）的形成还有许多不确定性。

5.1.3 互联网革命及其共享经济的新启示

在21世纪，互联网革命的意义可能并不亚于两百多年前的第一次工业革命。互联网革命的影响下，工业时代以来产生的基本社会结构和政治形态都可能被重塑。基础设施除了人们熟悉的铁路、公路、机场这样的交通设施、公用设施外，还进一步扩展出互联网络、云网端、云计算等基本设施。生产要素除土地、劳动力、资本等以外，数据正逐步成长为一个新的，而且至关重要的生产要素。人们之间的相互关系，除了产业链分工体系和市场交易体系，以互联网为平台的多种形式的协同与共享纷纷涌现，远远超过传统的分工与合作结构，突破了实体空间的天然限制，拓展出线上与线下的对接与协同。这深刻影响着工业时代大规模生产的模式体系，全面改造着我们的产业结构和经济格局；也在深刻变革着我们的生活方式与组织方式，我们个体的地位更加自主，人与人联系的方式更加多样，社会组织方式更加多元。

借助互联网的发展，共享经济成为一种新型经济模式。共享经济，顾名思义就是人们以共享为特征的经济活动方式，是人们在资源共享条件下的分工合作与共享发展，实质是作为经济活动主体的人与人之间关系发生的跃变，而产生的条件则是互联网技术的广泛应用。正如著名共享经济研究者杰里米·里夫金所说："共享经济带来了一场改变人类生活方式的资源革命，它带来了经济生活的全新组织方式，将会超越传统的市场模式。"共享经济是基于互联网的新型合作方式，具有降低交易成本、信息对等特点，共享经济之所以风靡全球，是因为借助互联网实现了人们更多、更大范围的合作。共享经济模式突出的表现有两个方面：一是参与者多元；二是借助互联网共享平台实现互联互通。其关键是共享平台，而在这个平台上，才形成了不同利益主体的参与合作分工治理机制，由此可以理解互联网发掘出了资源共享的价值意义。而所谓治理，核心是参与主体如何在资源共享的条件下达到合作共治。

互联网所提供的资源共享平台也为探索新的发展机制和治理机制提供新的启发。在互联网革命下，生产结构巨变、信息流动剧增、社会交往多元、组织合作多样，而一个核心就是以互联网为基础的平台作用，合作聚合的效应将得到充分的体现，同时传统等级化、科层制、管制式的管理模式显然不再适应，而必须探索网络化条件下新的治理形态。在互联网的条件下，多元主体的平等价值诉求不断高涨，我们不能简单地重复单边形式的管理模式，而是要善于利用互联网的技术特性，顺应互联网所体现的开放、对等、公平的原则，实现更大范围的公众参与合作，探索出互联网时代新的多方合作共治模式。可见，互联网革命给传统管理带来挑战，但互联网自身内在的一些技术特性，也为良性的社会治理带来了新的可能。我们需要探讨京津冀协同发展的资源共享平台作用，联系互联网揭示跨域合作及区域治理这种网络化形态。

5.2 京津冀协同发展内涵分析

京津冀协同发展包括三个层面，分别是协同主体、协同对象、协同手段。协同主体就是谁和谁协同，这包括政府、企业、社会公众，不只是单一地方政府间的协同；协同对象就是协同什么，具体包括京津冀三地功能定位、资源共享、环境共治、产业合作、民生共担、设施共建等内容；协同手段是指如何协同，一般来说，市场机制和政府治理要相结合来协同。京津冀都市圈的发展与治理其实是一体的，它们的逻辑基础是一致的，这体现出一体化、综合化、中国化三个特点：都市圈的形成机理与跨区域治理机制是一理一体的，共享资源是共通的逻辑基础；京津冀都市圈的发展与治理内容是综合化的，综合了都市圈发展的经济、社会、自然等层面，包括尊重经济规律、实现科学发展，尊重社会规律、实现包容性发展，尊重自然规律、实现可持续发展；京津冀都市圈的形成具有鲜明的中国化实践特征，体现出区域大都市圈发展模式的中国经验。

5.2.1 京津冀都市圈形成的“三位一体”机理

京津冀都市圈的形成不是一蹴而就的，也不是顶层设计好之后的按图索骥，而是真正切合实际的实践探索。都市圈的产生首先是基于经济发展动力的促进，产业会因而进行空间整合，随之不同城市功能会重新组合，在不同城市之间形成一定的城市结构体系，进而形成不同特色的区域发展模式。从根本上来说，都市圈的出现体现的是对区域范围资源环境利用的时空规律，就其内在的逻辑来说，是以都市圈的方式实现“多元利益主体合作秩序的扩展”（哈耶克，2000），这包括两个方面的内容：一方面是对资源环境的有效利用如何一点点地扩展开来；另一方面是人们之间的合作方式如何一步步加强形成。

这一过程实际是三个方面的有机统一：第一个是都市圈区域经济发展模式问题，区域发展方式从形成的过程来看，递进的逻辑线索是由企业组织到产业组织，再到产业园区、新城扩建，直至产业集群人口集聚城市功能提升，进而实现产城融合，再进一步扩展城市形成区域城市群（带、圈）。这其中产城融合是关键，区域发展模式是标志，如此方能超越既有的发展方式。第二个是都市圈区域治理方式，从形成的过程来看，我们也发现一条逻辑线索，就是人们的生产生活生态“三生空间”由乡村群落到城市聚居再到城市群及都市圈，核心是人口资源环境如何相协调，在利用资源环境不断扩展的进程中，人们通过创设一个怎样的治理架构，来实现对不同相关利益主体不同利益诉求的恰当治理。这其中区域范围内利益补偿是关键，三生空间情态形成是标志。第三个是区域资源环境利用时空规律。都市圈的形成体现的是对资源环境利用的范围扩大和利用效率的提高。受行政区划的限制，资源的利用受限于行政边界，环境的治理也是鞭长莫及，而区域都市圈的形成，意味着资源可以在区域范围流转，而环境也是由外部性变为内部性，这便意味着要探究京津冀都市圈形成中的资源环境利用时空规律，如图5-1所示。

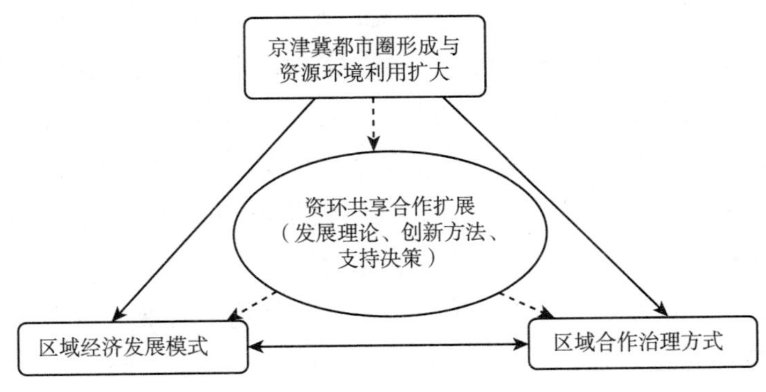

图5-1　城市群演进下的形成与治理

（1）京津冀都市圈对资源环境利用的规律。京津冀地区经过改革开放40年的发展，以行政地区为基本单元的发展而今普遍受制于辖区资源的约束，例如大“城市病”越发严重，靠自身已经无法解决，而通过区域联合利用外部资源以获得区域集聚式发展成为京津冀三地共同的目的。与此同时，环境以及社会共同性问题溢出弥漫在相邻地域，如雾霾等环境问题也客观地提出了风险共担的要求。其中的资源共享风险共担是问题的核心，这需要我们重点研究京津冀都市圈发展与资源利用环境保护的相互关系，揭示资源之于区域发展的作用机理，探究环境之于区域治理的内在逻辑。京津冀都市圈就是要在区域层面实现对资源的有效配置和对环境的生态保护，而扩大资源环境的利用范围或共享程度是京津冀协同发展的动因，这里我们要研究京津冀都市圈的形成对资源环境利用的时空规律。

（2）京津冀都市圈协同发展的机制模式，也就是如何在资源环境利用范围的扩大中实现对资源环境利用的高效有序。随区域空间范围的扩大，也可以说尽管我们颁发了《京津冀协同发展规划纲要》，但协同发展的机制不会自然产生。对资源环境的利用空间扩大，但这不是简单的利用既有方式的外延式扩展，也不是三个地方行政性的合并一体，而一定是三地的互联互通和经济要素的充分流动，这其中内含着的实质是资源环境的共享程度提高，从而资源利用的效率才会提高、环境生态才能得到有效有序的维护，这意味着经济发展方式发生了转型。质言之，是发掘出了促进京津冀协同发展的资源环境共享机理。

（3）京津冀合作秩序的治理方式，也就是京津冀协同发展需要一个怎样的区域治理架构来维护它持续运转。在资源环境利用空间范围扩大的同时，其实利用的组织方式也一定会发生改变，人与人合作的方式更加丰富多样，相关利益主体也是多种多元，概言之，这实际是人与人的合作秩序在京津冀范围内得以扩展开来，因此，我们把京津冀都市圈的形成看作区域经济活动的一种组织方式跃变。由此我们要探究这一组织方式的治理结构，以及内在的治理机制和表现出来的治理方式，其不仅是范围扩大到京津冀区域范围，而且内容也扩展包含了人们生产生活生态的“三生”情境，更主要的是相关主体变化复杂了，不只是地方政府，还有中央政府、企业、城市市民、非政府组织等的力量也会变化。

5.2.2 资源环境共享是京津冀都市圈形成和区域治理的共同逻辑基础

追本溯源京津冀区域发展，京津冀区域合作的倡议可追溯至 1949 年中华人民共和国成立后所设置的华北行政区，20 世纪 80 年代还签署过“廊坊宣言”，但一直难以联合起来，直至 2014 年才真正迈出协同发展实质性的一步，颁布了《京津冀协同发展规划纲要》。为什么以前的研究建议和民间倡议都没能促进京津冀区域联合，而直至今天京津冀才有了协同的动力？道理其实很简单，以前局限于各自行政区范围，资源还足以支撑各自经济发展，环境问题也无须联合才能够得到妥善解决。另外，联合起来的目的是实现资源的共享环境的共治，其根本在于区域资源的整合和共享，能够因为产业集聚而产生报酬递增效应，也就是体现 1 +1 >2 的合作剩余。

协同发展和区域治理的共同逻辑基础是共享机制。我们把京津冀都市圈看作在更大范围利用资源环境的一种有效方式，也就是实现资源在更大范围的有效配置，或者充分利用不同层面的资源，其中的核心是共享机制，这才是协同发展和区域治理的共同逻辑基础，也是区域都市圈真正发展的理论依据。可惜现有理论偏重于资源要素有效配置的分析，而忽视了探究不同要素所内含的资源共享特性的价值，这一点在今天互联网经济中通过平台资源价值得到了充分体现。联系现实，我们经济活动中的许多资源环境要素，有许多是不可分割、需要共享的，比如江河湖泊，而重要的是探索创设一种恰当利用这些资源环境共享的方式，资源的有效利用表面看来是不同资源的有效结合，但关键却在于对“公域性”资源环境的共享机理的把握。因此，我们先要在理论上进行创新，超越传统的资源有效配置理论，借鉴互联网共享经济原理，探索京津冀都市圈形成和区域治理之于资源环境的共享机制，以期找到它们共通的逻辑基础。

都市圈的形成与治理其实基于同一机理。我们从资源视角出发审视，发现相邻地区之所以愿意主动联合起来，是要突破自己辖区内资源的约束，但不让渡自己的资源，而让渡资源不是出让交换，而是转化形成共享资源，以真正扩大资源在更大范围利用配置的功效。以前我们笼统地强调充分发挥市场机制作用，建立资源要素市场的一体化，促进资源在区域范围的流转，其实更为关键的是实现资源的区域共享（见图 5 –2）。因此，我们是从资源及其资源共享的角度，提出探究城市群形成与治理的内在机制，进而揭示区域发展模式，探究城市群区域治理模式。而由此我们发现，促进大城市群形成发展与实现良好治理的逻辑是一致的，区域范围的资源共享是促成大城市群形成的动力，也是实现跨区域治理的关键，在城市群形成治理问题上，资源共享风险共担是问题的核心。

图 5-2 资源视角下城市群形成的阶段及其结果

这里我们要强调以下三点：一是要重视资源让渡向资源共享的转化，不能拘泥于资源的交换，而是要促进资源共享，资源配置效率的提高其实是建立在资源共享基础上的。二是要重视资源共享平台的构建，这是城市群协同发展和治理的突破口，区域经济融合或者一体化，资源共享是实现资源有效配置的关键。三是促进政府职能转变，这是城市群形成和治理的现实抓手。中央政府和地方政府都需要转变职能，具体通过共享资源提供来发挥政府的支持作用。

5.2.3 京津冀协同发展区域模式与京津冀区域治理模式理论逻辑

我们将京津冀都市圈看作有效利用一定区域范围资源环境的特定组织。借鉴公司治理理论，准确地说是对公共领域资源环境有效利用的一个治理结构。从理论上来说，这可以说是不同城市或地区专有性资源与共享性资源占有支配使用的转化与均衡问题。这其中涉及两个最为基本的机制，一个是补偿机制；另一个是激励机制，也就是建立起一种社会机制，以期取得区域发展整体资源配置效益的优化和各方权益的均衡。由此我们提出了资源环境共享之于京津冀都市圈重要性的命题，也就拓展出资源环境共享的视角，并进一步探究共享之于京津冀都市圈的协同发展和区域治理的作用机理。

具体我们要注重探讨两个模式：一个是京津冀区域发展模式；另一个是京津冀区域治理模式。两个模式都立足于对资源环境的共享，但区域发展模式更为偏重于产业集群发展与都市圈城市功能安排及其对资源环境的利用，也就是探究产业集群—城市功能—资源环境之间的关系机理；而区域治理模式却偏重于对区域范围利益相关者之于资源环境共享的行为方式及合作方式，主要是探究利益相关者—资源环境—治理架构之间的关系机理。这两个模式无疑对其他区域城市群或都市圈具有很大的示范借鉴价值，因此，这两大模式是可复制、可推广的，因而它们是对我国区域都市圈发展一般经验规律的揭示和总结。

京津冀协同发展和区域治理的实现，是在多元利益主体尤其是地方政府专有资源与共享资源让渡与转化过程中实现的，需要根据资源环境不同特性进行资源环境管理上的调整。依从对资源环境的有效利用，资源按照类属的不同分为自然资源、经济资源、人力资源、社会资源以及空间资源等，不同发展阶段资源利用的重点和资源转化整合的做法不同，一般按照自然资源共享—人力资源共享—社会资源共享演进的逻辑线索来利用。因而京津冀协同发展所处的阶段不同，对资源环境利用的主导不同，这就可以提出促进京津冀协同发展资源利用和资源整合的具体路径，也能够就不同阶段提出区域治理的具体途径。如结合“十三五”“十四五”规划，具体拟订京津冀协同发展与区域治理的阶段性目标任务，将区域发展模式和区域治理架构建设的探索落实到实际规划之中。

5.3　资源共享与产业集群及其都市圈产生

5.3.1　资源共享的学理认识

都市圈是城市化的区域集聚。区域集聚就经济视角来看，实际就是企业的地域集中，而企业集中的地域，事实证明往往是吸引资本、劳动力大量聚集的“黏性（stickiness）”区域[①]（Markusen，1996），并进一步演进成为一个重要的区域经济增长极。这种集中是一大群企业既有自主行为又有相互作用的松散型组织，因此，企业主体行为是企业地域集群的微观逻辑基础，而产业集群是城市集聚都市圈的基础。

5.3.1.1　由企业资源观到产业集群的资源观

企业主体在经济活动中一直备受关注。企业在市场竞争中保持优势地位一直是企业行为分析的基本内容，优势来源经历了从传统外部定位（Positioning）转向“内部审视”（introspective），转移到对企业内部的独特资源的重视，格兰特（Grant，1991）认为企业内部资源（resources）与能力（capabil-

---

① Markusen. A. Sticky places in slippery space: a typology of industrial districts [J]. Economic Geography, 1996, 72 (3): 293 - 313.

ities）会引导企业经营战略的方向，并成为企业利润的主要来源。彭罗斯（E. Penrose，1957）在《企业成长论》中，认为“企业是资源的集合体”，企业成长的主因是“组织剩余”（organizational slack）。1984年沃纳菲尔特（Wernerfelt，1984）依循彭罗斯的观点，在《企业资源观》一文中，提出了“资源基础观点”（resource - based view）一词，认为不是从产品市场的活动来看的生产单位，而是一个有形与无形资源独特组合而成的组织，企业战略的思考角度转变为以“资源”来替代传统的“产品”观点，战略制定的基础由外部的“产业竞争分析”，逐步移转到内在能力的“资源基础观点”。

资源观认为，企业战略和经营的成功基于它的资源结构。不同企业的内部资源并不同质，一个企业凭借对这些资源的独占和利用而获得竞争优势①，其利润来源是对这些资源进行有效组合后的“组织剩余”。至此，我们可以把作为单一企业竞争优势表现的“组织剩余”看作“资源租金”，又称“理查德租金”（Ricardian rents），即经济租金产生于供给有限或准有限的资源②。与传统微观经济学家在分析竞争优势时，只关注企业对供给有限的自然资源（如土地）通过向政府寻租而独占（垄断）不同，资源观下的竞争优势既有来自对有限资源的独占利用（垄断），也有企业通过组合培育与开发出的供给有限的（相对于其他企业）异质性资源。准确地说，企业是在自己企业内部较好地占有和利用了“共享性资源”，对于稀缺的原始资源，由于其不可分割性，有许多属性价值被留存在“公共领域”，从而成为大家竞相争夺的“资源租金”，而只有通过组织化方式来利用，才能避免在“寻租”过程中的“租值耗散”；也有在组成企业之后新产生的组织资源，它也以大家“共享”合作利用的方式存在，这些资源在很大程度上也是不可分割和难以模仿的。正是企业对这样一些共享资源的有效利用，才源源不断地产生出“组织剩余”，可见，所谓“租”与“共享性”相联系，稀缺只是其存在的条件。

传统资源观仅适用于以企业作为基本竞争单元的分析，而难以对以产业集群为代表的区域经济集聚作出恰当的分析。原因是它看重的只是单一企业范围内存在的异质性资源，而对存在于产业集群内部却又游离于单一企业外

---

① Prahalad C K，Hamel G. The core competence of the corporations［J］. Harvard Business Review. 1990，(3)：79 －91. Hamel G，Prahalad C K. Competing for the future［M］. Boston，MA：Harvard Business School Press，1994.

② Peteraf M A. The cornerstones of competitive advantage，a resource based view［J］. Strategic Mangement Journal. 1993，14：179 －191.

部、对集群外部企业产生隔离而为集群内部企业所共享的异质性资源，并没有纳入其分析的视野，因而往往不被企业战略分析所看重，致使产业集群分析除了马歇尔揭示的“外部经济效应”和克鲁格曼深化的“报酬递增效应”之外，难以将“基于资源的观点”贯彻始终，也就使“资源观”的理论阐释力大打折扣。其根本的原因出于两个方面：一方面是受制于市场—企业两分法范式；另一方面是缺失了对“资源共享”之于企业竞争优势的深刻揭示。

资源观揭示企业的竞争优势在于其所拥有的资源及其结构，但竞争优势是不断变化的，因而企业要保持竞争优势，就必须能够不断获取资源，并能实现经济组织中资源、能力、竞争力的递进转化，这其实也就是“整合”资源的过程，也即是持续竞争优势源于组织对于不同资源在时间和空间上的不断“整合”，不仅是对于企业内部不同资源的整合，而且包括企业内部和外部资源的整合。因此，资源的“整合”是企业组织产生竞争力的关键机理。在整合资源的过程中，企业组织之间分工合作的关系逐渐成形，于是产业集群也借助资源整合而产生，图5－3是我们对由单一企业组织到产业集群形成逻辑关系的刻画。而连接企业与产业集群共通的东西是共享资源，共享资源是它们转换和演变的逻辑基础。

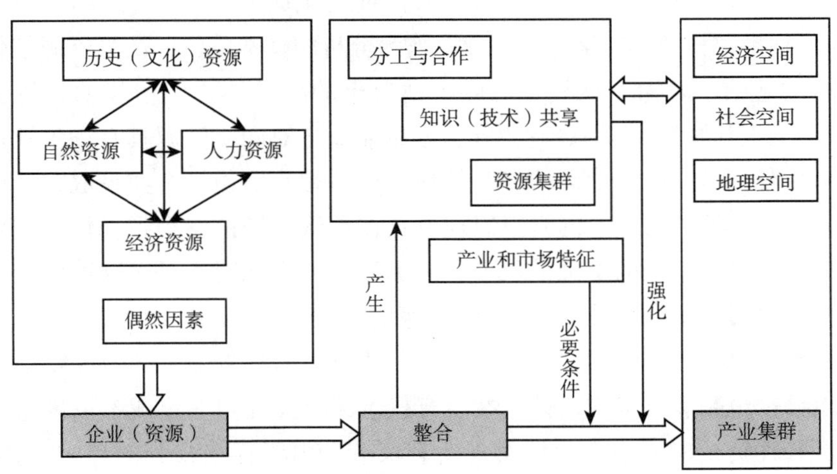

图5－3　由单一企业到产业集群的形成

5.3.1.2　从“公域性资产”到“共享资源”

新制度经济学在对财产“公共领域”的分析中，将研究引向深入，才真正揭示出“公共领域”财产所拥有的“经济租金”的特有意义，揭示了资源共享性的价值意义。与此同时也论证了产业集群其实是一种有效利用资源的组织。

在制度经济学那里，资源共享并不是直接的研究对象，而是经历了企业组织—交易费用—契约—产权界定—财产“公共领域”这样一个转变过程之后，才对资源物品的相互依赖性及其不可分割的共享性有了深入的分析。

依循新制度经济学的分析，科斯（Ronald H. Coase，1937）认为利用价格机制是“有成本的”，从而发掘出“交易费用”，威廉姆森（O. E. Williamson，1975）重点研究了“契约”与规制结构的对应关系，围绕着规制结构的功效，产权成为至关重要的问题。张五常也认为，“聚合几位所有者的资源用于生产，涉及利用契约来部分或全部地转让产权的问题”。[①] 德姆塞茨指出，“产权发展是为了在内部化的收益大于内部化的成本时内部化外部性”（Demsetz，1967），由此得出结论性认识：产权制度是一个经济运行的根本基础，有什么样的产权制度就有什么样的组织效率。

新制度经济学虽然提出了新的企业理论，打开了新古典经济学的企业“黑箱”，把市场和企业等量齐观，但并没有探究它们存在的根本差异，反倒看作是不同的交易方式或是契约关系。对此佩弗和萨兰西克（Pfeffer and Salancik）批评科斯和威廉姆森把交易作为分析的基本单位，认为资源依赖才是分析的基础，因为交易只是对应于他提出的象征性资源依赖的资源交换（如消费者与供应商关系），它不能包容企业双方对同一资源具有竞争性需求但未产生任何直接交易活动的相互依赖，这种相互依赖是企业采取购并或网络安排的基本原因之一。网络组织理论也在承认市场依赖和技术依赖重要性的同时，对经济活动的基础采取了一种更为广阔的视野，寻求这种依赖更深刻的根源，提出了互补性活动和资源依赖的观点。

对此，巴泽尔提出的“公域性资产”概念更有启发意义。他深刻地认识到界定产权也是有成本的，排他性所有权意味着要耗费一定成本去度量和描述资产并耗费相应成本来保证实现所有权利。由于存在权利的界定、转让、获取和保护所需要的交易成本，任何一项权利都不是完全界定了的。而没有界定的权利连同一部分有价值的资源就留在了“公共领域”，于是产生公共财产和寻租行为以及偷懒等，而为监督和维护各种限制条件的执行，就需要

---

① 转引自埃格特森．新制度经济学［M］．北京：商务印书馆，1996.

组织，因此“组织”是“对所有权被分割的实体的管理”①（巴泽尔，1997）。通过组织控制，作出排他性的规定，约束和限制权利，避免相互侵权。为利用这些留在“公共领域”的财产，就有不同的契约化组织形式出现。可见公共领域最普遍和突出地存在于组织中，任何产权界定和限制都不能完全消除公共领域的存在，只有管理能够在产权界定和限制的基础上完全解决公共领域问题。

其实从财产公共领域到资源的共享是一脉相承的。在爱伦·斯密德 SSP 范式②分析中，就认为物品的内在特性是导致人类相互依赖性的固有根源，而物品内在规定的相互依赖性就导源于资源的大家共享性。区域产业集聚是共享性资源观与产业集群组织观相结合的产物。当把资源依赖观点由单一企业推广到区域产业集群中间性组织时，我们发现，企业之间存在着互补性活动和基于共享资源的相互依赖。互补性表现在：每个企业根据自身能力从事分工活动的某个环节，企业之间的生产活动不是孤立的，而是互补的，这就需要通过一定的契约关系加以协调，特别是在那些生产活动联系相当紧密的企业之间。资源依赖体现在：企业的生产活动依赖很多的资源，当企业无法通过市场和企业内部突破自身资源限制时，企业就会通过契约的形式与其他企业进行适当的协调，实现资源共享，优势互补。这样就把依赖同一资源而存在竞争的生产活动的协调纳入分析框架，进一步拓宽了生产组织方式研究的范围。

5.3.2 基于共享性资源的产业集群及其形成机理

5.3.2.1 资源共享在企业集中到产业集群演进中的作用

前面，我们从企业资源观的角度，把都市圈的形成看作是以共享资源为基础的组织演进过程，这是借助新制度经济学财产“公共领域”概念，超越

---

① 巴泽尔．产权的经济分析［M］．上海三联书店，上海人民出版社，1997.

② ［美］爱伦·斯密德：《财产、权力和公共选择：对法和经济学的进一步思考》，黄祖辉等译，上海三联书店，1999 年版。状态—结构—绩效（SSP）范式是在“哈佛传统”结构—行为—绩效方法基础上的进一步扩展，而威廉姆森认为，作为导源于贝恩的一种“哈佛传统”，结构—行为—绩效方法是对交易费用方法的重要补充。另参［美］威廉姆森：《反托拉斯经济学》，经济科学出版社，1999 年版。

市场与企业两分法的认识后提出的。我们得出一个基本认识是：都市圈的产业集群是企业为了利用好内外共享资源，对其组织形态自觉调整的结果。以共享资源为线索，从逻辑上，可以把都市圈的产业集群分为三个阶段的演进：首先是企业搜集资源以便纳入自己层级组织进行生产；其次是面对外部的共享资源，通过协调企业间相互关系（通过契约），延伸扩大活动范围；最后是更进一步在一定区域范围内，通过一定的企业网络整合共享资源，构建一定的产业空间系统。这一逻辑演进过程如图 5 -4 所示。

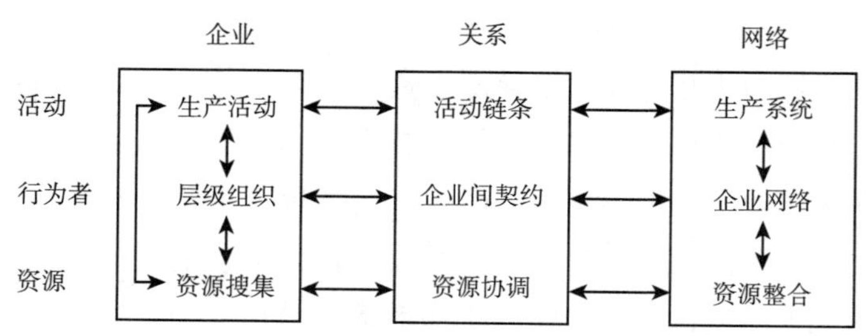

图 5 -4 产业网络演进的基本逻辑关系

这里，我们要强调的是企业之间合作的共享资源基础。我们知道，科斯的经典论文《企业的性质》，结束了传统经济学对市场与企业相互对立和矛盾的看法，在两者之间架起了一道交易费用桥梁。张五常于 1983 年在其署名论文中指出，企业并不是用非市场方式替代市场方式，而是用交易费用较低的要素市场替代了交易费用较高的中间产品市场，他把企业等同于市场，都看作是契约。如果说科斯是从企业的外部即交易费用压力解释企业的存在，则阿尔奇安、德姆塞茨和钱德勒是从企业内部即团队生产的合作剩余吸引来解释企业存在的原因。这样内外结合扩大了企业行为分析的基础，但他们共同之处是，强调企业与市场之间的替代关系，忽视了互补关系。交易成本和技术不可分性的分析未能扩展到企业间复杂多样的制度安排。在企业理论中，最早作出这种尝试的是威廉姆森，他用不确定性、交易频率和资产专用性解释经济活动的契约规制结构，试图在契约的一般框架下，构建一个超越企业和市场的一般分析框架。但是在对这些不同治理结构的发展趋势进行分析时，却得出了处于这两者之间的双边、多边和杂交的中间组织形态不稳定，而一般的向两端靠拢的结论。他在 1975 年出版的《市场和等级组织》中指出，“在以完全竞争市场和一体化的企业为两端，中间性体制组织介于其间的交易体制组织系列上，分布是两极分化的”。因此，在企业理论中虽然出现了网络组织思想的萌芽，但基本上所持有的仍是市场和企业的两分法。

里查德森（Richardson，1972）从互补性活动的角度打开了企业相互间依赖的分析大门①。他认为，企业所从事的只是分工活动的某个阶段，所以它的活动从不是孤立的，而是与其他企业相互依赖、互相补充的，这就需要在企业之间协调，特别是那些密切互补的活动，其结果是需要企业间各种各样的组织安排，如许可证、共同投资或证券投资等。这些中间形态允许某种程度的协调，而没有导致垂直一体化的高昂成本和企业僵化不灵之弊端。

当里查德森从活动的互补性分析企业间制度安排的理论基础时，在经验研究中，企业间协调问题得到了广泛的讨论，其中佩弗和萨兰西克（Pfeffer and Salancik）关于资源依赖（这里指人力资本、技术诀窍等各种各样的资源）的观点，引起了人们的关注。他们认为，企业间相互依赖的网络导致了对企业间作用的约束，需要对企业间的活动进行明确的协调，或者是通过共同计划，或者是通过一方对另一方行使权力而完成，从而产生了企业间互相依赖和长期关系的多样性契约安排，这些契约可以有效地降低交易和生产成本，推动技术的联合开发，提供对相关企业的控制，或者是成为进入其他领域的桥梁，这种协调方式比内在化的企业科层协调具有独特的优势。

坎松和斯涅何塔（Hakansson and Snehota，1995）综合了以上文献的发展，提出了影响网络组织结构的基本变量（活动、行为者和资源）和网络的构成关系（企业、关系和网络）。在图5-4中，企业关系是多层次的，企业间的契约使行为者相结合，并形成资源纽带。生产活动链条联结企业的互补性生产活动形成一个有机的生产系统；资源协调机制使企业资源利用实现整合形态。这种多层次性既反映在企业内，又是网络的基本特征。这些关系由企业自发地创造，形成对相关企业的约束力量。因而网络形成是一个自组织过程，其演进带有路径依赖之特征，正是这种处于市场与企业边缘之处的网络关系承担了企业家创造性演化的组织功能。

随后，皮卡尔德·拉森（Pikard Larsson）调查了组织间关系理论之后，他形象地把组织间协调称作是亚当·斯密“看不见的手”和钱德勒“看得见的手”的“握手”，据此，他把威廉姆森影响规制结构的三要素（不确定性、交易频率和资产专用性）与资源依赖的观结合起来，并用特定资源依赖替代资产专用性，提出了如下命题。第一，在较低的内在成本和行为者之间的信

① Richardson，G. B. The Organisation of Industry［J］. Economic Journal，1972（82）：895.

任程度低的情况下，不确定性、交易频率和特定资源依赖程度越高，这些资源依赖越可能由企业“看得见的手”所协调；第二，在较低的外在成本情况下，不确定性、交易频率和特定资源依赖程度越低，这些资源依赖越可能采用市场“看不见的手”之方式；第三，在较低的召集成本和较高的内在成本或行为者之间信任程度高的情况下，不确定性、交易频率和特定资源依赖程度越高，资源依赖的协调越可能由作为企业间契约的网络(“握手”）来协调。

5.3.2.2 以共享资源为基础的区域产业集聚

从单一企业借助资源共享竞争优势的培植，到产业集群借助企业间共享资源的形成，我们找到了区域产业集聚优势形成的根本。区域经济集聚就是区域产业集群，是指在某一特定领域内，通过公共性活动与互补性活动（commonalities and complementarities）相互联系的及相关机构在地理位置上的群集[①]。这些企业群体分享与承担共同的机会与威胁。接下来我们重点要分析的是共享性资源的特点，以及共享性资源的来源。

产业集群一般具有专业化分工（specialisation)、地理性临近（geographic proximity)、组织性临近（organizational proximity)、群内组织相互关联（interrelatedness)，以及协同与溢出效应（synergies and spillovers）五大特性，这五大特性相互作用，共同培育出处于企业与市场中间的一类具有价值性、难以模仿、难以替代的异质性资源[②]。虽然在不同研究中，对这类资源赋予了诸如网络资源、关系资源、系统资源等不同称谓，但其本质都是集群内部企业可以通过共享而获取竞争优势的另一源泉。

事实上，由于外部性以及排他性成本等问题，共享资源是普遍存在的。小到邻里间的公共走廊、共有设施，再到小区公共绿地、村庄公共灌溉系统，大到区域环境、森林资源、江河湖泊、海洋大气等，这些领域都需要集体行动来利用好共享资源。共享资源既可以是有形的也可以是无形的，既可以是既存的也可以是有待实现的。我们通过图 5 -5 来说明共享资源特性及其他在产业集群形成中的作用。

---

① Porter M E. Location, competition, and economic development: Local clusters in a global economy [Z]. Economic Development Quarterly, 2000, Feb.

② 吴晓波，耿帅，徐松屹．基于共享性资源的集群企业竞争优势分析［J]．研究与发展管理，2004，16（4)：1 -8.

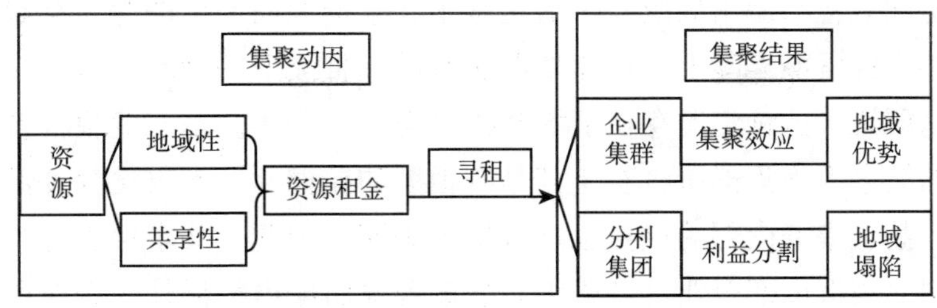

图5-5 以资源为基础的区域聚集因果模型

（1）资源的本质属性是地域差异和资源共享，地域分异是资源存在的外在表现，而资源共享则决定了资源被利用的方式。资源的地域性决定了资源被利用的范围，资源的共享性决定着资源被利用的组织方式。笼统地说，要按照资源共享的层级范围利用资源，不同范围不同属性的资源要在不同的组织层级和组织方式下利用，资源利用并不只有市场交易和国有两种方式，还有其他许多中间性方式。

（2）一定地域范围共享下的资源，内含有丰富的资源租金，这是吸引相关利益主体竞相“寻租”的动因，借助对资源租金的争夺，呈现出利益主体在一定地域范围内的集聚。因此，“资源租金”和利益主体的“寻租行为”才是共享资源为基础的经济集聚的真正内在动因。以此观之，因为缺失了对“资源租金”的揭示，以产业集群“外部经济效应”（马歇尔）和产业集群“报酬递增效应”（克鲁格曼）为核心的分析，错误地把“集聚效应”假设当成了经济地域集聚的前提。

（3）从资源角度分析经济集聚能够区分集聚动因和集聚结果。集聚动因是因为寻租，而集聚的结果并不确定，既有可能通过企业集群而获得集聚效应，形成地区竞争优势，也有可能形成分利集团而出现利益分割，最后导致地区衰败塌陷。因此，要全面动态地看待共享资源的作用，其中如何把握基于共享资源的区域集群优势转换是关键，一般的管理原则便是抑制分利集团而促进企业集群，但其中的转化机制和分寸界定很难把握。

作为企业相互作用形成的共享性资源，它是企业地理临近性与组织临近性相互作用的结果。缺乏组织临近性，仅有一墙之隔的两个企业也会没有“共同语言”；缺乏地理临近性，则会由于没有面对面的交流而使企业间的缄默性知识无法有效传递；同样没有地理临近与组织临近的保证，基于“亲缘”和“地缘”关系的“信任”网络就难以形成，企业间的交易费用也无法降低。协同效应与溢出效应实际上是基于共享资源而产生的综合结果。由此可见，共享性资源实际上是产业集群所有的一种无形的网络结构性资源，正如马歇尔所说，这种资源存在于集群的“空气”当中，是产业集群各特性综合作用的结果。为集群所特有，其具有很大的模糊性，不仅集群外部企业难以识别，甚至集群内部的企业也难以清晰表明，因此，共享性资源难以被模仿与复制，集群内部企业可以凭借共享该资源而赢得集群外部企业所不具备的竞争优势。

5.4 基于资源共享的都市圈经济集聚过程解析

都市圈既是城镇群体的一种形式，也是产业集群的地域空间表现，按照我们的分析，其实是有效利用区域范围具有共享性特征资源环境的一种组织方式。都市圈是一个动态系统，也是一个不断演化的区域经济体，这个演进扩大的过程呈现出有效利用共享性资源的特征。并且由于都市圈的影响因素众多，导致处于不同阶段的都市圈呈现出不同经济特征，其规划管理的目标、重点也不尽相同。因此，动态地认识都市圈，了解都市圈的演化阶段，把握其演化规律，对于指导都市圈的规划和发展是十分必要的。

5.4.1 都市圈发展变化的阶段历程

关于都市圈形成变化的研究，侧重于空间格局或者结构的成长过程。在国外，比较有代表性的观点是耶兹（Yeates）的五个阶段论：（1）商业城市时期（mercantile city）。城镇群体在地域上表现为沿海城市以港口为核心、内陆城市以农业或资源地为核心的紧凑状分布形态，城市间交通联系较少。（2）传统工业城市时期（classic industrial city）。工业成为城市与区域社会经济组织的主体，也构成了城镇群体空间结构演化的主要推动力量，出现了按工业生产要素接近原则所形成的城镇组合。（3）大城市时期（metrepolitan era）。城镇体系在大工业大生产组织的作用下重构，大城市逐步形成并占据了主导地位。大量交通系统为城市由向心集中转向放射状的向外扩展提供了可能，出现郊外区域性中心。（4）郊区化成长时期（suburban growth）。第二次世界大战以后经济与技术迅速发展，城市人口规模迅速增加，城市与郊区各自的比较优势被认识，郊区的生态价值以及经济价值被重新得以发现。伴随着居住与就业岗位向郊区分散与转移，推进了原有城镇群体空间的一体化联系。（5）银河状大城市时期（galactic city）。20世纪80年代以后城镇群体空间在区域层的大分散趋势继续成为主流，传统中心城市的作用被一种多中心的模式所取代，形成城乡交融、地域连绵的“星云状”大都市群体空间。

在国内，也是更多地将注意力放在了都市圈的结构特征和功能变化上。高汝熹、罗明义在《城市圈域经济论》中阐述了都市圈的发展阶段，并解剖了各阶段所具有的经济特征，将都市圈发展划分为四个阶段：（1）孤立城市发展阶段；（2）单中心城市圈域经济形成阶段；（3）多中心大城市圈域经济发展阶段；（4）大城市经济带发展阶段。陈小卉（2003）将都市圈的发展划分为雏形期、成长期和成熟期三个阶段，认为徐州都市圈处在雏形期，南京都市圈处在成长期，而苏锡常都市圈处在成熟期。并在此基础上对都市圈的各个发展阶段规划目标、规划重点及其发展动力进行了探讨。何一民结合社会发展的进程，归纳出具有程度差异的都市圈发展三种模式，分别是独立型发展模式、依附型发展模式和互动共生型发展模式。农业社会时期是独立型发展模式，城市化发展初期是依附型发展模式，在21世纪则是城市与城市、城市与区域分工合作互动共生的发展模式。

综合以上观点，可以将都市圈空间结构归纳为四个阶段（见图5-6）：雏形期、成长期、发育期与成熟期。的确，不同发展阶段都市圈的空间格局是不一样的，这是都市圈成长变化的重要特征，但这只是都市圈演化的外在特征，反映了都市圈由点到面、再由面到网的空间演变过程。表面上看，这是城市及其城市绵延区之间的关系结构变化，实际内含着的却是产业结构及其地域专业化分工调整的必然机理，而一定区域产业结构的空间调整又与一定范围的多元利益主体相联系，这些利益主体间的相互作用又与一定地域的资源条件，尤其是获得资源共享相联系。

从图5-6中可以看出，都市圈发展的阶段性特征是十分明显的，一般都经过强核—外溢—布网—叠加—整合几个阶段。首先是区域中心城市由小到大、由弱到强，成为区域核心城市，催生出区域城市圈。其次是核心城市因规模太大产生一系列不经济现象，诸如交通拥挤、地价飞涨、环境污染、人居环境恶化等，由此内生出一股外溢的力量，导致城市郊区化；城郊一体化的基础设施网络，如轨道交通、高速公路、航空枢纽、海港枢纽、能源供应、

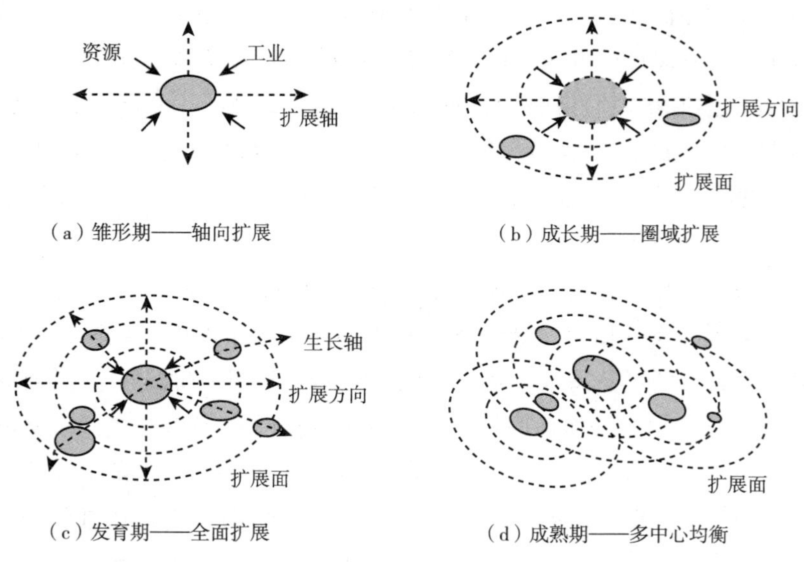

图5-6 都市圈空间成长过程示意

水资源供应、污水处理、垃圾处理等开始大规模兴建，大城市郊区不再是核心城市的附属，而是大城市经济圈不可缺少的重要功能区；城市经济圈经济发展和规模扩大促使若干城市经济圈相互重叠、渗透、融合，形成规模更大的都市经济圈；大都市圈引入环保、集约等发展理念，通过资源整合、产权整合、功能整合、管理整合，增强全球竞争力，提高其持续发展能力。

5.4.2 都市圈动态变化与共享资源变迁

我们将都市圈的发展看作是以共享性资源利用为基础的产业集群演进，因此重要的是实现不同阶段产业集群优势的有效转换。我们把区域都市圈发展的阶段、集聚目标、共享资源支撑三者结合在一起，描述为一个三维动态变化图形（见图5-7）。首先，区域发展需经历发育、成长、成熟和衰老与转换四个不同阶段，并螺旋式循环上升；其次，在不同发展阶段，区域集聚目标不同，总体上分为经济增长、经济增长与发展、经济社会发展和和谐社会四大阶段目标；处于不同发展阶段，发展的要素侧重点不同，根据发展阶段，资源支撑由低到高分为原材料与能源、资金与交通、技术与人才、信息与环境。重点是揭示不同发展阶段共享资源支撑的类型特点。这里所要揭示的是产业集聚所依据的共享资源在不同阶段是不一样的。

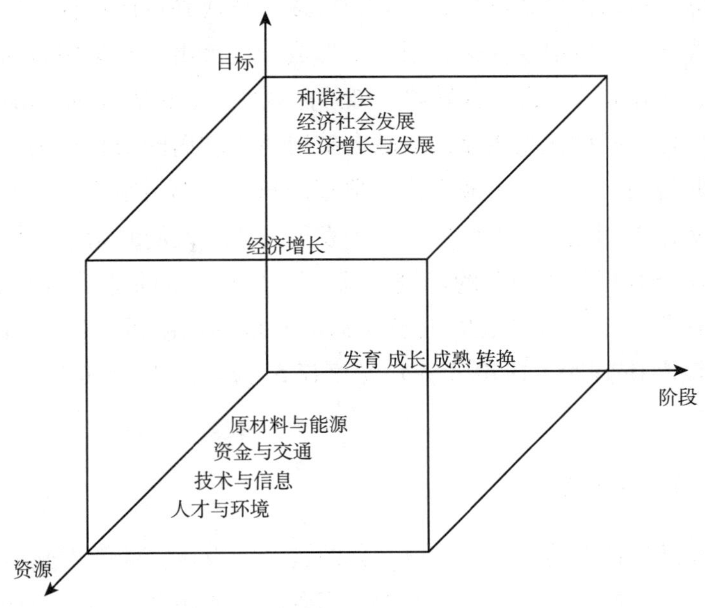

图5-7 区域发展演进三维框架

5.4.2.1 发育期

随着资源不断被发现和开发利用，初级加工工业成为区域城市形成的起点，企业组织逐渐成为社会经济组织的主导，并成为城镇群体空间演化的主要推动力量。城市不断扩展，其影响力逐渐突破了行政地域的限制，出现了以城市为中心按生产要素接近原则形成的城镇组合，广大乡村地域成为生产要素净流出的边缘。交通工具由人力、畜力为主向机动车转变，相对于农业社会的封闭，不断修建的铁路使孤立的城镇之间以及城镇与农村地域之间建立起相互联系，形成都市圈的雏形。处于雏形期的都市圈，其空间结构呈现核心—放射状，城市沿主要轴线扩展，一般不具备圈层扩展的能力，都市圈的圈层结构不甚明显。在欧美发达国家，这个阶段一般从19世纪后期到20世纪初期。

5.4.2.2 成长期

随着工业化不断加深，工业大生产组织的规模不断扩大，企业经营的重点是整固其所拥有的各种资源，资金与交通是其发展所需的内外关键，并通过迁移调整促使城镇等级体系发生重构。产业结构是块状形式，相互之间几乎没有关联。城市规模继续扩展，大城市逐步形成并在区域社会经济发展中占据了主导地位。放射性快速交通系统形成，城市由向心集中转为放射状的向外扩展，产业和人口向郊区转移，郊外区域性中心标志即副都市中心诞生。此阶段核心城市扩散作用明显，从轴向扩展为主转向圈层扩展为主，扩展面形成并不断得到强化，都市圈呈现出典型的核心—圈层结构。西方发达国家的大都市多在20世纪20年代进入这个发展阶段，人们开始追求休闲的生活方式，出现土地开发和抢购的热潮，都市圈表现为空间蔓延和低密度开发，通俗地说这是一个外延扩展圈地确立都市圈范围的阶段。以美国为例，如洛杉矶都市圈在1920～1940年人口密度仅5～24人/英亩（即：12～59人/公顷）。

5.4.2.3 成熟期

随着经济与技术的进步以及城市化的进一步发展，伴随着交通与通信技术的发展，中间性组织产生，产业配套出现，企业相互间的联系加强，产业空间再造成形。企业集群形成，资源支撑以高速公路和基础设施的建设及社会人文资源和管理制度资源为主。中心城市发生结构和功能的重组，重化工业和制造业发生外移，在新的产业区集聚。都市圈空间以圈层扩展为主，城镇群体空间的一体化联系加强，并出现多个生长点、生长轴生成，都市圈空间全面成长。人们的就业范围扩大，居住与就业岗位向郊区分散与转移，城市持续蔓延，郊区化导向明显，都市圈进入全面发展时期。20世纪80年代，西方社会开始关注由城市化带来的各种环境问题及其经济社会后果，认为"以小汽车为导向的交通方式、低密度的城市扩张，这种城市蔓延方式是一种不可持续的增长方式"。美国学者因而提出城市发展应该采取TOD模式，即以大运输量的轨道交通系统为导向，以站点为中心建设半径合理的居住区，并提供办公、商业服务业等多项功能。

5.4.2.4 转换期

随着信息通信技术发展，高新技术产业强盛，生产性服务业崛起。借助于网络型高速路网和发散式轨道交通，一种城乡交融、地域连绵的大都市群体空间网络结构日渐形成。产业集群的优势凸显，产业间的地域分工合作关系确立，有序协调的都市圈管理体制和运行机制，最终突破既有行政区划的限制而逐渐形成。各种资源在更大都市圈范围和更高层面整合，高层次的人才、优越的环境条件以及规范合理的契约制度氛围成为支撑区域都市圈发展的基础。这样，都市圈空间成长进入成熟期，生长点稳定发展，都市圈空间结构由单中心向多中心转变，都市圈与都市圈进行联合、融合、改造，在更高层次上提升发展，都市圈空间发展走向均衡。对于这种成熟期的多核心都市圈来说，都市圈由各自城市的圈层结构组成新的空间模式，圈层会产生交错叠制现象，表现为多中心网络化的空间结构（见表5－1）。与此同时，涌现出大量区域协调组织，既有政府支持的组织，也有民间设立的非营利组织，它们积极倡导区域规划和区域合作，在区域规划和区域发展协调和法制形成等方面发挥了重要作用。值得说明的是，这些跨行政区的协调组织或者都市区政府的存在，并没有剥夺地方政府的权力，而是对传统行政管理体制的必要补充。

表5－1　　都市圈形成演进的阶段及其相关特征表现

项目 / 时期	阶段特征	资源支撑	动力来源	企业组织	产业特征	交通基础	空间结构	扩展方向
发育期	城镇化初期	原材料与能源	自然资源租金	种子企业	初级加工业	畜力、人力车为主	核心一放射状	沿轴线扩展
成长期	出现中心大城市	资金与交通	企业规模收益	规模企业	重化工业	放射性交通系统	核心一圈层结构	圈层扩展
成熟期	城市功能区形成	通信与基础设施	集群效应	企业集群	产业空间重组	快速交通系统	圈层结构功能区化	郊区化导向明显
转换期	城市网络形成	网络资源制度资源	网络效应	中间性组织	产业网络型结构	交通管理信息系统	圈层结构均衡化	内部管理整合

5.4.3　重塑都市圈协同发展新机制：构建多元利益驱动机制

京津冀都市圈的形成及其发展是相关多元利益主体关系的协调。这取决于市场主体——企业在区域空间范围的培育、重组和集聚，而促使这些企业组织进行空间范围调整重组的就是空间集聚机理，这其实就是不同利益主体围绕利益的相互作用及其过程，它包含三个相互联系的层面：一是区域中的相关利益主体；二是引起主体追求的利益动力；三是主体间相互作用的关系进程。

区域在内外动力的共同推动下，为了实现自身和整个区域的利益，应对区外的竞争和压力，区域间在寻求各自利益的共同点或“交会点”的基础上，通过政府治理和经济实体要素间的优化整合，形成统一、开放的市场环境，消除经济交流障碍，实现域内企业及产业间的配套调整，最终实现产业集群和区域经济的一体化，而新的区域再通过更大范围、更高一级的资源整合协调，在新的共享资源基础上实现产业空间再造，最终朝着经济全球化的方向迈进。这其中有三大主要的利益主体：政府、企业、社会，它们相互作用共同指向共享资源（见图5－8）。

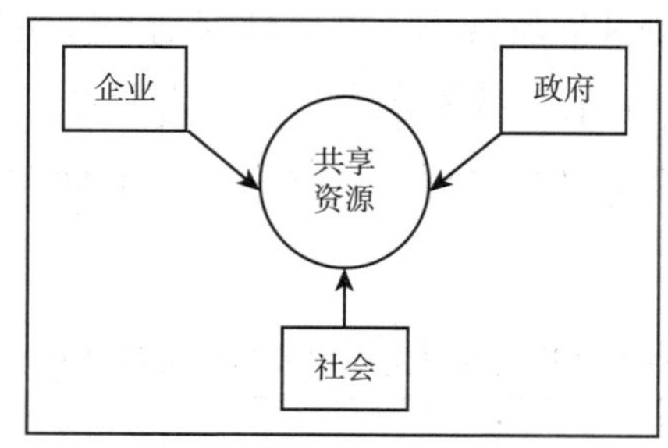

图5－8　以资源共享为目的的经济集聚

就企业经济实体而言，随着市场力量的不断发展，市场经济的主体——企业，为更大范围的资源租金所吸引，集聚一地取得地理相邻性，引发了空间上的极化效应；随后地理相邻性与组织（社会关系）相邻性交互作用，通过一系列有机整合与聚类整合，逐步形成分工合作的企业群、主导企业群和伴生企业群；随之而来的是企业间分工合作产生的共享资源，它们形成产业集群的基础；伴随着企业集群进一步的极化，形成了经济中心，由于市场扩张和地域分工的需要，中心城市与其相邻地区的经济结构关系形成，区域经济集聚的都市圈层结构逐步形成。

就政府主体而言，在市场化进程中，一方面中央政府与地方政府进行着权益关系调整，通过放权让利，地方经济利益驱动增强，其行为的企业化倾向明显，也在追逐获利较多的资源；另一方面是政府与企业的权益关系调整，这在与外部地方政府竞争中体现出它是“辅助之手”还是“掠夺之手”的差异。由于其秉承计划经济而取得的对资源的天然控制地位，使其对资源租金具有相对垄断的权力，但是地方政府间的竞争会改变地方政府对企业的态度，因而出现“辅助之手”与“掠夺之手”的差别。有的地方政府通过政府治理，转变政府职能，加强区域整合的制度建设，顺利实现了从“设租、护租、寻租”到

“合作创利”的转变，其中政府对基础设施等共享资源的投资作用突出。

就社会公众主体而言，它们是社会关系资源的拥有者，也是人力资本的所有者，既以个体的形式存在，更多的情况下是通过社会力量的培养，形成非政府中介组织。中小企业集群在发展过程中存在许多制约因素，需要公共支持体系的扶持，非政府组织在其中发挥着不可替代的作用，对许多发达国家企业集群的研究发现，集群内为中小企业提供服务的中介机构对企业集群的发展具有重要的作用。这些中介机构主要有两类：一类是行业协会；另一类是提供专业化服务的中介机构，以“第三意大利”地区为例，当地不但存在企业主的联合组织——雇主协会，同时也有许多为中小企业提供专业化服务的机构①，这些中介组织是共享关系的直接体现，本身就是共享资源的产物，同时为政府职能的转变提供组织载体。

5.4.4　都市圈发展中的共享资源演进总结

区域集聚以追求共享资源租金为动力，能否形成产业集群是区域经济集聚发展的关键，这意味着区域经济集聚的收益动力应由“寻租”转向“合作剩余”，意味着要促进区域企业集群内部形成分工合作关系。如果大家都为寻租，而不愿创利，在资源租金耗竭殆尽之时，也就是这一地区衰落之时，因此，集聚的动力是为了寻租还是为了在互利合作中创利，就是区域兴盛或是衰败的分水岭。而互利合作下的创利活动是以产业集群的形成为前提的，因此，产业集群的出现是区域集聚的关键，它的出现意味着集聚一地的企业及其产业之间有了内在的联系，形成了一定的分工合作关系，更为主要的是形成了产业集群新的共享资源基础。

需要指出的是，不同阶段不同的资源发挥了不同的作用，一种资源不可能依靠到底，不同资源也不是均衡地发挥作用。因此，一地集群优势的形成是多种资源的组合，但更富有意义的是分辨出具有演进性的阶段性资源作用。对此我们可以归纳为图5－9所示的内容。

---

① 盛世豪，郑燕伟．浙江现象，产业集群与区域经济发展［M］．北京：清华大学出版社，2004.

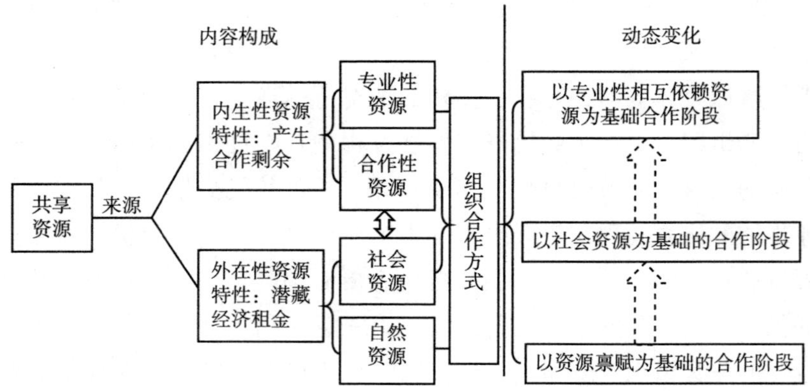

图5－9　共享资源来源及其三阶段利用假说

以上三阶段演进模型，包括两大假设、三大推理和三大结论。

（1）两大假设：一个是资源通过组织化方式被利用的；另一个是组织化利用以资源共享为核心。这两点是内在联系着的，共享性决定了组织化，组织化是为了确保资源共享。组织是综合化利用自然资源、社会关系资源、人力资源、专业化资源等各种资源的复合体。

（2）三大推理：一是组织化利用共享资源，既以既有共享资源为前提，同时又创生新的共享资源，共享资源是形成组织合作的基础；二是由于共享资源潜藏着“租金”，这是吸引利益主体集聚的动力所在，只是形成租金的共享资源是不断变化的，于是组织合作的方式随着共享资源的变化而变化，这里所隐藏着的是共享资源—租金—组织形式的内在逻辑；三是根据共享资源的变化，组织方式利用呈现三个不同的合作阶段演进，即分别是以资源禀赋为基础的合作阶段、以社会资源为基础的合作阶段和以专业性相互依赖资源为基础的合作阶段。

（3）三大结论：一是共享资源是不断创生的，这意味着要创新资源观，要从已有自然资源观下解脱出来；二是共享资源是不断演进的，由此决定了利用资源的组织方式是不断变化的；三是区域经济集聚的发展是通过不同阶段优势转化实现平稳过渡的，不同阶段优势的共享资源基础是不同的，因而要促进不同阶段共享资源的构建，否则就会陷入“资源诅咒”而中断发展的进程。

第6章 京津冀都市圈的区域治理机制研究

随着区域都市圈的形成发展，跨区域都市圈的治理也成为一个紧迫的现实问题，而且还会是党的十八届三中全会提出的推进国家治理体系和治理能力现代化的有效突破口。京津冀都市圈的区域治理，既要超越传统的中央纵向行政协调的体制机制，也要超越西方所谓的分散式分权制下以市场化契约为主的横向协调模式，而可能是多元主体参与下，以政府为主导、以维护公共利益为目标、以资源共享为平台的多元参与合作共治。这是新的探索领域，也是区域联合协同发展和政府职能转变的新议题。需要强调的是，京津冀都市圈的治理是基于资源共享平台的合作共治，利益各方需要让渡资源，构建资源共享平台，整合区域范围拥有的资源，以便大家合作共事。这其中内含着参与主体、政府职能、治理内容等的转变。近年来兴起的互联网协调为我们探索新的社会治理机制提供了启发，我们可借鉴互联网共享平台实现的互联互通，探索跨域治理这种网络化的治理形态。

6.1 城市—城市群演进下的跨区域治理需求

6.1.1 都市圈需要整体性治理

近年来，随着全球化、城市化和区域一体化的不断推进，区域之间联系日益密切，跨区域的治理问题日益突出。20世纪90年代末期以来，整体性治理理论通过有效的跨界合作与协同治理来增进公共价值，成为一种新的政府治理方式。英国学者佩里·希克斯认为整体性治理以协作和整合为特征，强调三方面整合，即不同行政层级间和相同层级政府间整合；政府各部门功能整合；公共部门与私人部门和非营利组织整合。整体性治理理论最初是基于政府内部各部门功能性的整合而提出的。随着这一理论的发展，它开始逐渐关注政府与政府之间，政府与非政府组织和私营部门之间的协同合作。因此，该理论对于区域公共管理领域，尤其是大都市的跨区域治理具有重要的理论价值，跨区域治理逐渐成为现代社会探寻政府改革与治理创新的新思路。

整体性治理的核心是协调理顺多元主体间的利益关系。多元利益主体主要包括企业、政府、社会三个方面。就企业主体而言，市场经济的主体企业，为更大范围的资源租金所吸引集聚一起，通过一系列有机整合与聚类集合，逐步形成分工合作的企业群、主导企业群和伴生企业群。就政府主体而言，在市场化改革中，中央政府与地方政府进行着权益关系调整，通过放权让利，地方经济利益驱动增强，其行为的企业化倾向明显，也在追逐获利较多的资源。与此同时，政府与企业的权益关系也在进行调整，政府对资源租金具有相对垄断的权力，但地方政府间的竞争会改变地方政府对企业的态度，因而出现“辅助之手”与“掠夺之手”的差别。有的地方政府通过转变政府职能、加强区域整合的制度建设，顺利实现了从“设租、护租、寻租”到“合作创利”的转变，其中政府对基础设施等共享资源的投资作用突出。就社会公众主体而言，它们是社会关系资源的拥有者，也是人力资本的所有者，即以个体的形式存在，更多的情况下是通过社会力量的培养，形成非政府中介组织。这些中介机构主要有行业协会和提供专业化服务的中介机构两类。这些中介组织是共享关系的直接体现，本身就是共享资源的产物，同时为政府职能的转变提供组织载体。

显然相对于京津冀都市圈来说，受制于条块分割体制，京津冀虽相邻却相隔，靠既有的自上而下的行政性管理方式不太适宜，而通过市场化权力让渡和约束监督的西方治理方式也不适合。相对京津冀都市圈而言，治理面对的是一个相对更大的区域范围，行政单元也是平级三地的联合，法理上不存在行政级别上下之分。治理的对象也不是政府面对企业和社会的管理调整，而是涉及公共事务多元利益主体广泛参与下的博弈合作治理。因此，都市圈治理比较复杂，需要进行深入的实践探索。

6.1.2 都市圈治理的国际借鉴

随着全球化、城市化的快速发展以及都市圈形成，城市与城市之间的合作成为区域管理亟待解决的问题。在区域一体化的过程中越来越多的跨域问题出现，公共事务已经普遍超出传统的行政区划边界，例如区域环境问题、网络安全问题、人口问题、流域治理问题等，于是传统的公共管理开始向治理视角转变（杰瑞·斯托克，2007）。按照全球治理委员会（CGG）对治理的定义："治理是各种公共的或私人的个人和机构管理其共同事务的诸多方式的综合。"（俞可平，2000）。治理强调政府与社会、市场之间的分权乃至私人之间的合作，其内涵比统治更丰富，既包括政府机制，同时也包括非正式、非政府的机制。

伴随着跨域问题的出现，传统的行政管理方式已不能有效应对跨域问题，一方面相关议题和利益相关人跨越行政辖区范围；另一方面公共管理问题跨越许多领域。于是寻找解决跨域管理问题的"良方"就成为统筹区域发展的内在需要和必要机制。从治理的观点来看，单个城市的治理是一种类似分子的治理结构，由地方政府、企业、个人、非政府组织等原子组成。而城市群都市圈由多个地方政府管辖范围组成，原有的城市治理也需要逐步向区域治理转变。在这个过程中，由多个分子型的城市治理结构共同组成细胞型的城市群区域治理结构，并为提高城市群的整体竞争力而共同努力。

西方主导的治理方式一直在市场与政府的两分法中进行取舍平衡，后来的新区域主义试图突破"市场主导"和"国家干预"的两难困境，也关注区域政治主体的构建和区域合作机制的形成，强调"治理"而非"统治"，主张跨部门而非单一部门，注重合作而非博弈，特别是重视非营利组织和其他参与主体的合作化、网络化治理。这对于我国城市群的治理以及政府之间、政府和其他社会参与主体之间的合作机制的形成，具有一定的借鉴意义。国际上发达国家的都市圈城市群兴起较早，也摸索出了一些值得借鉴的经验教训。综合各国成果经验，提炼了相关有益尝试。

一是建立统一的行政管理机构。美国城市理论家刘易斯·芒福德曾经指出："如果区域发展想做得更好，就必须设立有法定资格的、有规划和投资权利的区域性权威机构。"欧盟是跨国界进行治理的典型，欧盟政体是一个介于国家与国际组织之间的特殊政体，从组织构成上，欧盟建立了统一的行政管理机构，具有主权国家所具有的立法、行政、司法三权分立与制衡的组织体系。西方国家也有类似的机构，如20世纪50年代加拿大成立的多伦多大都市政府，60年代英国成立的大伦敦议会，70年代出现的巴黎大都市政府等，都是大都市区统一行政管理机构。

二是发挥市镇联合体作用。市镇联合体是指由若干市镇以合作为目的，由相关市镇联合而成的非政府组织，它以签署合约或协议构成合作关系。在本质上是一个开放的区域合作框架，使市镇、省间通过合约建立起良好的合作伙伴关系，共同参与大都市区的规划、建设与管理，是一种行之有效的大都市区管理模式。以法国为例，自 20 世纪 50 年代起，法国政府就开始推行市镇联合政策，鼓励市镇通过协商建立不同形式的市镇联合体，建立“法国城市合同委员会”模式，巴黎大区由巴黎、近郊区（包括 92 省、93 省、94 省），远郊区（77 省、78 省、91 省、95 省四个大省）组成，由签约城市派驻 1 ~2 名代表，对共同关心问题进行协调决策，为相关市镇提供城市发展所必需的服务，取得了较好的效果。

三是市场化管治。以美国为例，为了在有限的资源条件下提高管理效率，城市政府将行政部门的主要精力投入政策研究和加强政府的服务、指导、协调、监督等宏观职能上。同时引入市场机制，充分调动企业的积极性和创造性，整合城市内的社会资源。通过合理授权、分权，使市场运作机制深入城市管治的各个方面，形成政府与市场、政府与企业之间的良性互动。在社会职能的履行方面，城市政府运用市场机制，以“小政府、大社会”的模式，将部分职能配置给非政府组织，减轻政府负担，降低运作成本，同时提供更多的公共服务产品。在美国的城市治理理念中，政府治理往往是“掌舵”而不是“划桨”。在市场、企业和社会能有效发挥作用的地方，政府都退出，但是在保证社会服务的公平合理方面，政府则积极进行宏观调控。

四是公众积极参与。仍以欧盟为例，欧盟于 2001 年发布的《欧盟治理白皮书》中确立了欧盟的多元化治理结构，其中特别强调让各类社会组织介入欧盟政治决策过程的必要性，突出了欧盟治理中重视社会参与的维度。而且，在《欧盟宪法条约》和《里斯本条约》中都明确保留了有关“参与民主”的表述：欧盟各机构应通过适当手段，给予公民和代表性利益集团在联盟的一切活动领域中表达和公开交换他们看法的机会；欧盟各机构应与代表性利益集团和公民社会保持一种开放、透明和定期的对话；欧盟应对相关各方进行广泛的咨询，以确保欧盟行动保持聚合和透明。在欧洲一体化进程中，欧盟重点加强了代表民众利益的各类社会组织的发展，推进了社会对话的深入，并强调这两个因素在治理中的作用。学界普遍认为，欧盟多层治理网络体系为包括这些社会组织在内的各类行为提供了制度性的渠道。

6.1.3　中国城市群治理的实践探索

中国城市群区域治理一个显著的特点是实践主导，随着城市化的快速推进，我国的区域经济体，如长三角、珠三角和京津冀等以不同的形式被人关注，区域经济一体化发展中的功能定位、产业调整、资源流转、设施一体受到关注，与此同时，公共安全、环境恶化等区域公共问题大量涌现，许多实际的地方政府间合作与制度性的协调改革也大量出现，客观上要求中央和地方政府进行区域治理模式创新。长三角、珠三角比京津冀发展步伐早，在区域治理上也进行了一些有益的探索。

一是探索切合实际的区内结构布局。长三角是“一主多副”模式，上海是主中心，南京、杭州等城市为亚中心；珠三角即是典型的“多元中心”，香港、澳门作为行政特区，地位略高于广州、深圳，但经济实力和社会潜力则为大体均衡；京津冀则是典型的“中心—外围”（北京为中心，环首都圈均为外围）发展模式，且北京、天津、石家庄、秦皇岛、保定、廊坊、唐山等城市依次呈现差异化的梯度布局，缺少苏、锡、常类的区域节点城市。

二是探索适宜的发展模式。长三角表现为内联外引的发展模式，即内部联合本地兄弟省份的力量，外部吸纳发达国家和地区的资金、技术；珠三角即为外资主导模式，主要依靠外来资金、技术和经验，加上内地劳动力、政策等加快发展；京津冀则是内资自主发展模式，主要依靠区域自身力量、部分借助外力促进发展。

三是甄别不同的主导推进力量。宏观层面上看，三个区域经济社会发展都得益于中央高层提出推进改革开放的战略决策和加强区域发展的政策方向，体现一种自上而下的发展方式，但具体到各个地区，又有所不同。如中央提出设立四大经济特区，珠三角就占三个；又如，中央提出推动浦东开发区、上海自贸区等，上海经济社会发展又到了一个新高度。可以说，长三角、珠三角是在前期自上而下推动、之后民间资本和民间力量释放巨大活力自主创业的自下而上倒逼体制机制改革的基础上逐步走向一体发展的。相对而言，京津冀地区提出区域协同发展时间较晚，在发展步伐方面也相对慢于长三角和珠三角，在体制机制上没有放开放活，社会自主发展动因不足，目前仍然处于政府主导推动层面。

6.2 中国区域治理嬗变及京津冀都市圈特点

中国城市群都市圈发展有其自身的历程，也有其自己的特点，因此，我们需要立足于中国的区域治理演变进程，探究京津冀都市圈的区域治理问题。

6.2.1 中国区域联合中的城市群区域治理嬗变

我国城市群的形成与治理有其独有的特性，具有时代变迁的演进性特征。我国计划经济体制下全国“一盘棋”，不存在区域治理一说，改革开放初期也谈不上区域治理。从全国来看，改革开放激发了行政单元的积极性，地方政府变为竞争性地方政府，所谓管理也就是行政区单元范围的“点”状管理，是地方政府行为主导下以经济发展为中心的“行政管理”，可以说既是行政管理的地方化微缩，也是地方政府的企业化管理。

但这种行政单元主导的“点”状格局造成生产要素跨行政区流动困难，产业同构现象严重，于是中央政府提出推进“区域经济一体化”，这是当代中国区域治理嬗变的初级阶段。这一阶段推动的力量主要是中央政府，推动的方式主要是区域规划，推动的主要内容是围绕区域经济发展的“六大”一体化（交通等基础设施与信息的一体化、产业一体化、市场一体化、生态环境一体化、政策与制度一体化、形态一体化），偏重经济建设，忽视体制机制。这一阶段有了超出行政单元的跨区域空间范围概念，但就区域治理来说，是在单一制国家结构形式下，以压力型政府绩效评估体系为手段的。既难以形成跨区域政府合作的共识，也缺乏催生跨区域政府合作的真正动力。区域经济一体化停留在通过中央有关部门的宏观规划与调配，侧重于交通基础设施等硬件建设，而难以在体制制度等治理机制上取得突破性进展。

我国真正的区域治理是在近年来才产生的。我国从“十一五”规划开始，区域发展总体战略上升为“国家战略”，一个以城市为主体、以相邻区域为范围的集群化板块式区域，形成了以大都市区化和城市群为特征的城市空间布局集聚化趋势。这其中内含着区域治理的三大转变：一是中央政府从自上而下“全国一盘棋”式的管理，转到尊重相邻区域政府自主联合又规划引导区域城市群发展；二是地方政府从政府组织间的协商合作，转到吸纳调动各行业协会间、各民间组织间的“非政府组织”参与下的合作共治；三是治理内容逐步递进由硬件设施建设转向体制机制建构，从交通、信息与标准等跨区域重大基础设施建设，扩展到产业分工、产业空间再造、产业利益协调补偿的跨区域产业体系建构，再扩展到就业、教育、卫生、社保等的跨区域公共服务福利建构。

6.2.2 中国区域治理的演进性特点

中国区域治理导源于公共行政管理。中国传统的公共行政管理是基于行政区划的管理，地方政府间有严格的行政区划边界。但在向市场经济转型时期，各地方政府在相互竞争中形成了行政区经济，随着市场经济的发展，越来越多的横跨性的区域公共事务出现，改变了传统行政区划的管理适用性，不仅在横向上影响地方政府之间的水平关系，也改变着地方政府和企业、非政府组织等社会组织的关系，甚至是中央政府与地方政府之间的垂直管理关系。

区域发展是治理转向的重要应用领域。中央政府与地方政府的关系、地方政府与地方政府之间的关系、政府各部门之间关系的定位与路向问题等（林尚立，1998），一直是中国行政体制改革最为关注的问题。区域发展也因而是地方治理和城市治理探讨的重点领域，王川兰从区域行政的角度揭示出中国的区域管理要转向区域治理；陈瑞莲等倡导性地提出了“区域公共管理”理论，指出传统式“封闭型”和“内向型”的“行政区行政”的政府治理形态已经不合时宜，应从区域公共管理的视角对区域协调发展、区域公共问题的解决寻求思路。伴随着区域公共问题的大量兴起，行政区行政模式日益暴露出其内在的局限和缺失，现实更为迫切的要求将治理理论与实践结合起来，并以中国区域发展来检验治理的理论主张。“跨域治理”倡导建立跨界职能的联合政府是我国目前大都市区行政组织和管理体制改革的主体模式（刘君德，2001）。有学者（王健等，2004）在理论层面上提出了区域“复合行政”的概念，认为它是解决当代中国区域经济一体化与行政区划冲突的新思路，强调实现跨行政区划、跨行政层级的不同政府之间，吸纳非政府组织参与，经交叠和嵌套而形成的多中心、自主治理的合作机制。也有学者（杨龙、彭彦强，2009）看重地方政府的合作，强调通过行政管辖权的让渡形成一种区域公共管理权力，对跨行政区公共事务进行治理。还有学者

(王佃利，2014）注意到跨域治理在区域发展中的适用性及局限。

随着城市群都市圈的形成，区域治理也自然延伸到都市圈的治理，这其中，地方政府间合作机制是重点。由于我国在发展型地方主义下形成的地方竞合机制是以行政分权、财政分权和官员晋升博弈为三大杠杆的一种垂直激励机制，其存在内部激励与外部激励不兼容等因素。因而合理的利益激励机制是实现地方政府长效合作的制度基础，高层政府应该通过指导和协调，构建涵盖地方政府间利益分配、利益协调、利益补偿、利益让渡的平行激励机制，从而使地方政府实现一种地位平等、意思自治、利益兼容的制度化合作(杨爱平，2011)。

后来，中国区域治理在结合城市群都市圈的实际之后，实证研究便成为一个显著的特点。随着我国加入世界贸易组织（WTO）和我国城市化的快速推进，我国的区域经济体，如长三角、珠三角和京津冀等以不同的形式被人关注，区域经济一体化发展中的投资与贸易、资源配置、基础设施建设、公共安全、环境治理、发展规划等区域公共问题大量涌现，许多实际的地方政府间合作与制度性的协调改革大量出现在各区域经济体内，客观上要求中央和地方政府进行区域治理模式创新。

随着珠三角、长三角、京津冀、长株潭等城市群的逐渐形成，为了促进区域内城市之间的合作与协调，近年来各种不同的区域合作策略与治理模式不断呈现，归纳起来主要包括空间规划、行政兼并、功能性政府机构设置、地方合作联席组织和地方合作联系机制五种类型（张紧跟，2010)，体现出紧密结合中国实际实践先行的典型特征。还有研究探讨跨区域治理的走向路径，认为我国的区域治理是在行政区划调整与非正式的区域协调机制之间进行成本收益的比较选择，走的是一条走向集中的跳跃式制度变迁路径（冯邦彦、尹来盛，2011)，从另一个角度也体现出中国特色的实证性特点。相比较而言，我国跨地域治理案例研究丰富，而系统化的理论研究相对不足。

6.2.3 京津冀都市圈的区域特点及其治理要求

京津冀都市圈相比较国内外的其他都市圈，有一些显著特点。

首先，京津冀区域最特殊的地方是首都功能。同珠三角、长三角地区的区域规划相比，更要注重首都经济圈的“首都特性”，从国家战略意义等角度来保障国家安全、首都功能保障等关键领域的有序发展。但同时，正因为区域的首都特性，区域间协调难度与长三角、珠三角比较相对大些，对资源的吸附作用要强，导致了目前的低水平发展和区域内部梯度式不均衡发展格局。这体现在都市圈治理上，如何妥善地处理与中央政府的关系是一个重要的问题，京畿地区既要服务于首都，又要管理好自己地域范围的事务，这之间的协调非常重要。与此同时，虽然京津冀三地政府是平等基础上的分工合作，但各自的差异也是客观存在的，而如何恰当治理也很复杂。

其次，京津冀三地经济发展和社会发展不平衡落差很大。虽在很多方面表现出一定的整体性，但经济联系、城镇化等的“整体性”较弱。相对“松散”的京津冀首都圈包括若干个经济单元和地理单元，具有较强地域差异以及多元性和多样性特征显著。在这样一个都市圈地区探究区域治理很复杂很有挑战也非常必要。

最后，从资源环境条件限制、基础设施发展趋势、国家战略要求，目前更需要促进生态、交通、产业、公共服务等方面的联系，京津冀区域需要进行整合，产业如何再造调整、生态环境如何做到风险共担等，都需要恰当的治理模式。可以说京津冀都市圈治理探索，比西方治理仅在市场和政府之间选择要复杂得多，也比其他相对城市结构比较成型成熟的城市群，如长三角的城市群治理要困难得多。正因此，京津冀的治理显得尤为重要。

因此，京津冀跨区域治理具有自身的外在压力与在需求。推动京津冀协同发展，是党中央、国务院在新的历史条件下作出的重大部署，是一项重大国家战略。时至今日，京津冀被誉为长三角、珠三角之后，中国经济第三增长极。京津冀地区既是面向全球的国家门户区域，又是我国最具发展潜力的区域之一。李克强总理强调“环渤海地区是中国经济增长和转型升级的新引擎”。2014 年习近平总书记在北京“2・26”讲话后，将京津冀协同发展提升为国家发展战略，由此京津冀协同发展进入崭新的历史发展阶段。这些都说明，无论从国际还是国内形势来看，都市圈发展已经成为重要发展趋势，由此与之对应的跨区域治理问题被提到重要的议事日程。

外在压力：资源环境压力加大、区域发展不平衡、“大城市病”日益成为阻碍京津冀发展的“瓶颈”约束，京津冀三地都难以独善其身。严峻的环境问题，让京津冀看到了整体发展的必要性和迫切性，水资源的匮乏、环京津贫困带也成为三地社会经济发展要解决的重点，拥堵等“大城市病”更是让大城市负重增大。为此，国家层面出台了《大气污染防治行动计划》及

《京津冀及周边地区落实大气污染防治行动计划实施细则》等文件。为解决资源环境压力加大、区域发展不平衡矛盾日益突出等问题，京津冀必须要走向联合协同发展，直面京津冀地区长期积累的深层次问题，探索改革路径构建区域协调发展的体制机制。

内在需求：跨区域治理是中国经济发展由“行政区经济”向“区域范围经济”转变的内在要求。区域范围经济具有资源配置优化和分工合作的聚集效应，但这有赖于恰当区域治理的跟进。在区域关系模式由行政性向市场关系转换下，必须进行行政体制变革，要在跨区域范围探索跨越行政边界的跨区域治理，这既不同于以前行政单元管理，又不同于市场一体化管理，而是介于行政单元管理和中央集中管理之间。当前京津冀地区经济空间格局，已从过去的以省份为基础的“行政区经济”转向跨省份边界的区域经济，相应的政府管理模式也就要从基于行政区划界限的“行政区管理”转向跨越行政管辖区边界的区域公共治理，即在一个地区边界管辖意义逐渐下降的公共管理世界中，区域内各政府应该突破或超越以边界为基础的公共管理模式，构建跨边界区域协作治理模式，提升区域公共事务的治理绩效，促进资源的跨区流动和横向整合，在区域整体范围内实现资源优化配置，真正实现“1 +1 +1 >3”的分工合作聚集效应。

6.3 京津冀都市圈治理面临的问题

自习近平总书记2014 年“2・26”讲话后，京津冀协同发展工作取得了积极成效。京津冀三地均成立了由党政一把手任组长的推进京津冀协同发展领导小组，加大对京津冀协同发展工作的组织领导和统筹协调力度。三省份之间分别签订了一系列合作框架协议，形成了高层互访推动、部门协调组织、企业落实合作的工作格局。2014 年，京冀、京津先后签订了 13 个合作发展协议及备忘录，确定了 6 个方面 118 项具体合作任务，并逐项落实到责任单位。同时在产业合作、城市空间布局、生态联防联控、现代化交通网络构建、市场一体化进程等方面取得了长足进步。但是，京津冀协同发展稳步推进的同时，也遇到环境、产业、交通、公共服务和行政管理体制等方面的跨区域治理难题，影响和制约着协同发展进程。

6.3.1　跨区域生态环境治理问题

近年来，京津冀地区频发的雾霾天气在对人民生产、生活造成影响的同时，其生态治理问题也逐渐引起关注，现实中京津冀地区的生态治理涉及不同区域利益主体。京津冀跨区域生态治理的现实困境，亟待国家层面建立起区域横向生态长效机制。

一是生态环境的公共品属性与地方参与生态治理动机的兼容问题。2013 年，河北人均地区生产总值不足北京、天津的 50%，人均财政收入分别只有北京、天津的 1/6 和 1/5 左右，河北省经济发展水平明显低于北京和天津。在现行政绩考核体系下，河北省经济发展动机要明显大于其他两个省份。从产业结构来看，北京目前产业结构以第三产业为主，天津产业结构处于转型阶段，而河北则处于工业化加速阶段，产业结构仍然以第二产业为主。由于工业历来是污染排放大户，所以工业受生态治理的影响最大，因此，京津冀区域内部发展阶段上的差异使不同地方政府参与生态治理的动力存在较大差异，在缺乏合理补偿机制的情况下，经济发展相对欠发达地区参与生态协同治理的动机较弱。

二是生态系统的跨区域系统性与地方行政区的管理体制之间的矛盾。京津冀地区是一个相对完善的生态系统，因而生态治理必须从整个系统的角度来筹划。但目前京津冀生态治理在管理体制上尚处于“各自为政”的状态。

三是生态治理的外部性与地方生态治理成本与收益不对等之间的矛盾。从环境污染治理投资额占 GDP 比重来看，北京为 1.31%，天津为 1.55%，河北为 2.54%①，河北的生态负担要高于其他两个省份。但由于生态环境的外部性，整个京津冀地区都享受到环境治理的收益。以水资源为例，为保障北京水资源质量，张家口市近十年来关闭污染企业 600 多家、停产治理 280 多家，放弃了 20 多个效益好但污染大的项目。可见，河北参与生态治理的成本和收益不对等，大大降低了其参与生态治理的动力，也造成整体区域生态治理强度不足。

四是生态治理有效沟通机制亟待建立。河北人均水资源量仅为全国平均

① 资料来源：《中国环境统计年鉴（2012）》。

值的 1/7，每年却向京津提供用水近 20 亿立方米①。但现实中却也存在，由于河北对水源地保护不到位，京津面临严重水源污染威胁。如引滦入津的水源地没有被划定为水源地保护区，投饵养鱼、尾矿砂等造成的水污染十分严重。

6.3.2 跨区域公共服务合理共享共治问题

一是公共服务水平落差明显。2013 年河北人均财政支出分别只有北京、天津的 30% 和 35%，河北义务教育人均预算内经费不足京津的 1/4，一本录取率约为北京的 40%，每千人口拥有医疗机构床位数和执业医师数分别仅为北京的 27% 和 57%，平均受教育年限比京津落后 2 ~ 3 年，平均预期寿命比京津低 4 ~ 5 岁。环京津贫困带问题突出，目前河北仍有贫困人口 366 万，国家级贫困县 39 个，其中环首都贫困县 9 个②。

二是形成巨大的公共服务落差。据统计，1998 年以来，张家口市内几所高效、重点高中调走或辞职骨干教师 500 多人，其中大部分具有教授、副教授、中学一级等高级职称。当地领导称之为“大树底下不长草”。同时由于河北与北京、天津相比，公共服务缺位，影响了产业聚集发展，导致一些“空城”和“睡城”。

三是公共服务相关政策制度标准不统一。户籍制度、高考制度、养老制度、医疗制度等阻碍区域协同发展。

6.3.3 跨京津冀的行政管理问题

跨区域行政管理体制问题是跨区域治理的重点、难点，也是取得跨区域治理成功的关键点。在行政区域向经济区域转变的过程中，首先应当突破的就是行政管理体制的藩篱，这其中治理困难的原因复杂，治理难度也超乎想象。

一是行政体制和思维方式。2014 年 8 月，国务院成立了京津冀协同发展领导小组，张高丽、韩正两位副总理先后担任组长，领导小组办公室设在国

---

① 资料来源：京津冀一体化过程的发展现状与困难分析［EB/OL］. 凤凰网，http://hebei.ifeng.com/news/detail_2014_11/07/3119681_0.Shtml.

② 转引自文魁．《京津冀发展报告 2014》［M］. 社会科学文献出版社，2014.

家发改委。此举对于综合协调多个同级行政级别的区域管理事宜应该是目前折中的最佳方式，但从目前的协同发展进展情况上看，三地职能部门普遍聚焦在期望中央给更多政策、友邻作出更多的让步上。比如在产业转移方面，天津河北的主要注意力还停留在协调产业转移、争取更多落地项目等事务上，而对产业承接地在基础设施、产业配套能力、政策环境、服务意识等方面的差距估计不足。

二是国家层面制度尚不健全。目前京津冀城镇体系规划尚未出台，从联合治理角度还欠缺具体操作环节和更高层面的统筹推动，而京津冀都从本省、本市的利益出发提出规划目标。京津冀区域内政府高层协调机构进行了双边互访和多边协商的“对话合作”阶段，取得了一定成效，但呼声不断的京津冀省市长联席会议至今未成立。合作协议很多，但没有改变现有的法律制度和框架，约束力不强。

三是法律制度框架缺失。京津冀地方政府间的合作缺法律约束，不利于形成常态化的合作协调机制。我国宪法和地方组织法中关于政府间协议的具体规定和条例几乎是空白，还没有《政府间关系协调法》或《政府间合作法》，也没有类似美国联邦宪法“协议条款”的法律规定，缺乏保障区域合作协议争端解决程序公正的法治机制。

四是“大社会、小政府”的多元化治理主体机制尚未建立。非政府组织力量薄弱，各类社会组织参与推动京津冀协同发展的积极性很高，但从实际效果来看，京津冀区域治理的主体仍是地方政府。公众参与度较低，绝大多数公民是观望与依赖，未形成良好的公民意识和公众参与机制。

6.4 构建京津冀都市圈共享与共治的框架体系

无疑中国城市群发展趋势下的京津冀区域治理需要创新。大都市圈区域治理也正在探索之初，这既要有顶层设计的框架，还要有治理机制的尝试探索，既要有总体的导向目标，还要有阶段性的节点支撑。京津冀的区域治理，既需要正式的或契约化的治理关系，也需要民众主义者的引入；在治理逻辑上，既需要权威性的决策，也需要建立共识、动员社会公众和实现互惠；在治理内容上，包括生态、产业、交通、公共服务、行政管理等方面。也就是说，我们要建立一种综合主义的区域治理模式，要构建一个由政府主导的区域协作治理网络。具体到操作层面上，应在中央政府指导下，建立起京津冀区域治理的制度性框架，包括跨区域治理组织体系的构建，环境、经济、社会、交通“四位一体”的治理模式和多方位协同发展的行政保障机制。

6.4.1 京津冀都市圈协同治理的特点

京津冀协同发展提出了良好区域协同治理的内生需求。随着京津冀协同发展的持续推进，三地交叉公共问题越来越多，环境问题影响扩大，正面的如交通网络信息等的共享收益溢出，于是探索区域治理成为现实的需求。隐藏其后的是多元利益主体的变化以及由此所引发的利益主体间的利益关系调整。西方治理理论假设利益主体是先验存在的、成熟的、独立的、而且是平等的，这与中国事实不适合。因而要探索京津冀恰当的都市圈治理模式，要结合实践探索具有中国特色的治理方式。

具有中国特色的京津冀都市圈治理应该强调以下四点：一是要认识不同利益主体及其行为，都市圈的形成，地方政府无疑扮演着重要角色，但其他行为主体的地位作用也不容小觑，其治理也不再是既有行政体系自上而下政府间的协调，还包括横向地方政府间的博弈，而且区域范围社会公众意识的兴起以及企业组织的作用调整都内含其中，可以说这是一个区域治理制度的探索过程。二是重在协调京津冀都市圈内的经济利益，都市圈就是相邻地区融合成为一个产业分工合作体系，这意味着新的区域产业空间的再造、产业结构和分工体系的形成，而经济利益的协调补偿就是城市群治理根本性的问题。可以说，在城市化发达国家，政府职能不涉及经济利益，市场机制作用发挥充分，但结合中国实际，地方政府及其经济利益首当其冲，如何转变政府职能，我们还有许多根本性问题需要探索。三是导引促成城市间结构体系的合理化，这不只是不同城市地理区位的重要性以及城市大小之间的相互关系结构，更重要的是不同城市的功能定位和产业分工合作的途径，而且资源环境的外在压力和“城市病”等内生公共问题更是左右着城市群的治理效果。四是立足于探索区域发展模式，发达国家都市圈的形成与治理反映了既有工业化发展模式的经验事实，充其量是对发达国家工业化道路的认识深化，而我国城市群都市圈的形成与治理内含经济发展方式转换和探索区域发展方式的要求。中国是幅员辽阔地域差异显著。京津冀地区是国家首都所在地，从体制机制创新来讲，京津冀都市圈治理，要打造国家区域治理现代化的首善之区，对其他都市圈和城市群起到示范引领作用。

6.4.2　构建京津冀都市圈协同治理的体系框架

我们将京津冀都市圈看作有效利用一定区域范围资源环境的特定组织。这样我们借鉴公司治理理论，京津冀都市圈的实质是对公共领域的资源环境有效利用的一个治理结构。恰当的治理取决于相关多元主体利益关系的兼容，这是一个不同利益主体围绕利益的相互博弈过程。城市群治理的核心是多元主体参与下的合作共治机制。这主要包含三个相互联系的层面：一是要搞清参与主体行为模式以及相关利益主体间的关系；二是要充分发挥资源共享平台的基础性作用；三是要从区域城市群整体出发塑造支撑载体，这里包括以下四个方面（见图6－1）。

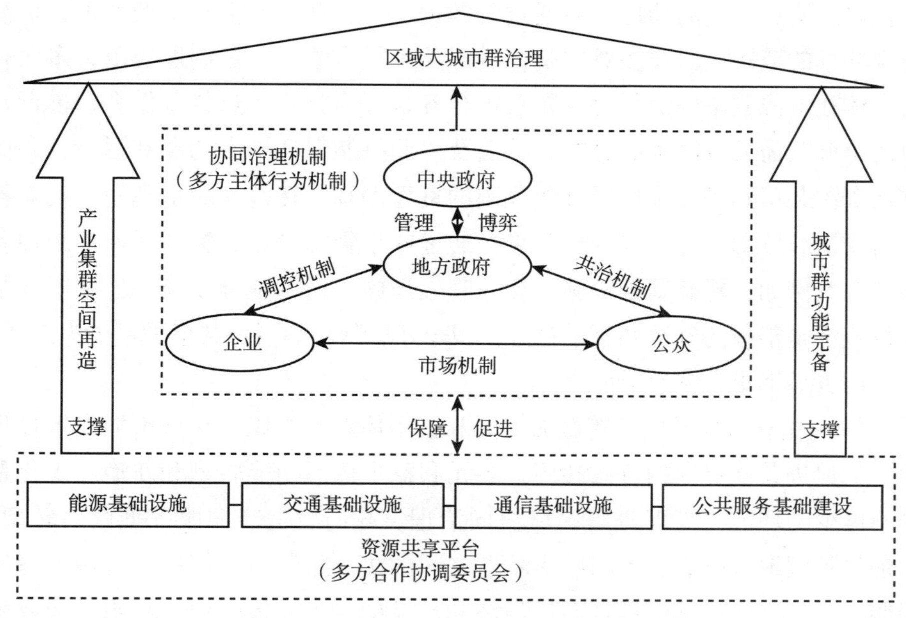

图6－1　京津冀都市圈共享共治框架体系

（1）深入分析利益相关主体的行为方式。企业是以盈利为目标，而公众更多地体现在对公共事务和利益的关注，政府则扮演协调平衡的角色，但也不排除政府作为经济人的利益趋向。在关系方面，企业与公众的关系体现为市场关系，可以说市场机制是协调他们关系的最大机制，而政府与公众则是民主集中的治理关系、政府与企业则是调控关系，不能掺杂过多的经济利益因素。此外，政府之间涉及中央和地方政府以及地方政府间关系，这之间既有管理与被管理的关系，也有博弈关系。

（2）要强调资源共享对京津冀合作共治的基础作用。合作一般都得有合作的共同基础，而共享资源的提供是不同利益主体合作的关键。首先，相邻空间内所蕴含的不可分割的共享资源是合作信任关系建立的天然基础，例如共享的环境资源、文化资源、产业集群、相互连接的已建成公共设施等，相邻空间内的多元利益主体更容易相互信任，达成合作关系。其次，任何资源共享平台都是基于资源的开放所建立的，所有参与跨区域协同治理的多元主体都应在鼓励和激励下，主动开放更多资源以供共享，并有意识地通过共享平台整合区域内的优势资源。优势资源的开放共享可以进一步促进区域内形成合理的分工体系，并吸纳更多优质资源进入共享平台。还要认识到，资源共享平台不仅是一个聚集资源、开放使用的平台，而是具备资源整合、资源转化以及资源创生的功能，并通过资源创生，实现平台上资源的增加，扩大资源共享的范围。需要注意的是，资源共享平台需要一定制度规范，多元利益主体在资源共享中的行为需要在符合各自行为方式特点的条件下，进行有效的协调，需要有明确的分配、补偿及协调机制保证平台的顺利运行，并促进从资源共享到进一步扩展合作范围的良性循环。在跨区域治理中，利益各方需要让渡资源以便大家合作共事，通过共享资源平台，整合区域范围拥有的资源。例如，能源基础设施、交通基础设施、通信基础设施、公共服务基础设施都是很好的资源共享平台。在当今互联网趋势下，共享平台更为广泛，其作用也显得更为突出重要。

（3）建立目标导向的跨区域多元利益主体新型组织。在城市群发展过程中，为促进共享资源的有效利用，多元利益主体的功能转型和新型组织化是必不可少的环节。为促进跨区域协同治理，政府将逐步向服务型政府转型，并加强不同地方政府、不同层级政府之间的协调机制，以解决跨区域治理的问题，并更好地促进区域社会、经济和环境的和谐发展。产业组织、行业协会以及包含社会意义的产业生态系统，在提升产业发展水平的同时，将更好地与区域环境相融合，有益于区域公共设施的进一步完善。由社区以及网络公众平台、公共组织作为代表的公众组织，提升了公众参与区域协同治理的积极性，实现公众的真实意愿将成为区域治理的主要目标，也同样使得公众群体中的社会资本转变为公共服务成为可能，通过公益、互助等形式，提升公共服务水平。

（4）城市群跨区域治理需要有产业支持和城市功能支撑。一个城市群需要有相应的功能定位和产业实体，而这恰巧是形成城市群的支柱，也可以理解为这就是一个跨区域城市群得以形成的架构，如果没有功能实体，所谓的区域城市群也就是一盘散沙，大而不强。在产业与功能的支撑下，包容不同新型组织追求的不同发展目标，为利益主体提供发展的空间，在多元利益主体参与下，基于资源共享平台，共同形成城市群治理体系。

6.4.3 界定多元利益主体及其相关利益关系

都市圈的形成及其协同发展是相关多元利益主体关系的协调。京津冀都市圈的形成是多元利益主体在一定地域范围的集聚，集聚的根本是因为有收益增加的动力，这其实就是不同利益主体围绕利益的相互作用及其过程。（见图6-2）。

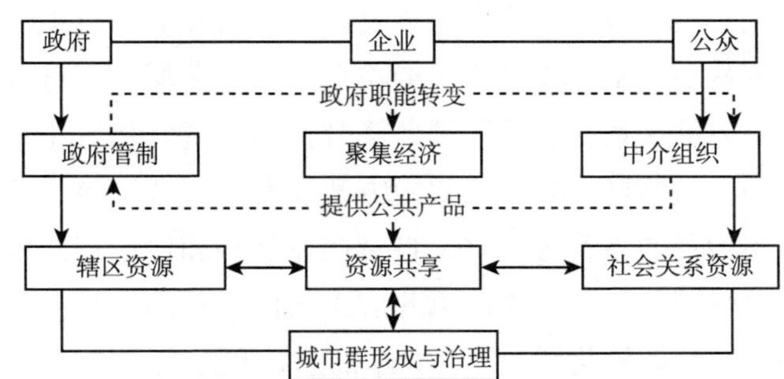

图6-2　多元利益主体作用下的城市群形成与治理

实现治理主体由单一主体向多元化主体转变。京津冀应构建政府、企业、社会多元主体共同参与的区域协同发展机制，各层次主体相互协作，密切配合。市场机制注重微观领域，政府机制侧重宏观领域，民间机制关注中观领域发挥作用。同时建立完善公众参与机制，将社会主要利益集团纳入区域发展决策过程，如充分发挥民间组织作用，在要素、企业、产业、城市群等各个层面培育相应的商会、联盟、协会等市场组织，发挥中介组织的纽带作用。

就企业主体而言，随着市场力量的不断发展，企业为更大范围的资源租金所吸引集聚一地，通过一系列有机整合与聚类集合，逐步形成分工合作的企业群、主导企业群和伴生企业群，实现聚集经济的报酬递增效应；就政府主体而言，在市场化改革中，中央政府与地方政府进行着权益关系调整，通过放权让利，地方经济利益驱动增强，其行为的企业化倾向明显，也在追逐获利较多的资源。与此同时，政府与企业的权益关系也在进行调整，政府对资源租金具有相对垄断的权力，但地方政府间的竞争会改变地方政府对企业的态度，因而出现“辅助之手”与“掠夺之手”的差别；就社会公众主体而言，它们是社会关系资源的拥有者，也是人力资本的所有者，既以个体的形式存在，更多的情况下是通过社会力量的培养，形成非政府中介组织。这些中介组织为政府职能的转变提供组织载体，在中小企业集群发展过程中发挥着不可替代的作用，为其提供了公共支持体系。因此，城市群发展会改变地方政府作为利益主体的主导地位，经济利益职责会分解，政府职能会转变，相应的公共职责提高，地方发展目标定位也会改变。

京津冀区域治理的关键是利益主体相对于资源的关系，而关键是政府与资源的关系，这是形成良好区域治理的基础。区域经济合作其实是资源超出了既有地区行政边界，在更广的区域范围流转、融合与调配，隐藏其后的是多元利益主体相对于资源关系的变化以及由此所引发的利益主体间的利益关系调整。因而要从利益主体相对资源的关系角度对区域治理进行分析，其中关键是政府与资源的关系，这是区域经济合作的关键。相对于京津冀都市圈来说，由于长期条块体制分割，相关地方政府都以行政区域为范围、以构建完整的产业体系为目的，着力于完善自身产业结构和协调行政区内经济。因此，政府职能的转型是先导，要改革政府对域内资源的垄断或专有，探索专有资源与通用资源互动转化实现资源共享的途径和方式。

6.4.4 探索生态、产业、交通、公共服务“四位一体”的治理模式

6.4.4.1 构建京津冀三地利益补偿机制推进生态环境共同治理

目前，京津冀地区环境恶化趋势初步得到有效遏制，但整体形势仍然堪忧，已成为制约区域发展的刚性约束。要按照“统一规划、统一标准、联合管理、改革创新、协同互助”的原则，打破行政区域限制，建立横向生态补偿机制，大力推进区域绿色循环低碳发展，加强生态环境保护和治理。但还要在以下两个方面继续探索：一是进一步深化生态治理联防联控协作机制。

逐步缩小京津冀三地环保标准、政策差异。进一步深化协调联动机制，加快区域大气污染治理信息平台的建设和完善，实现空气质量和重点污染源数据等信息共享。率先在京津冀三地建立区域空气重污染预警会商和应急联动长效机制。针对区域性秸秆焚烧、燃煤及油品质量、机动车异地超标排放等污染问题，进行区域联合监察，开展三地跨界交叉执法。二是建立横向生态补偿长效机制。在水资源管理方面建立上下游权责明确的生态补偿长效机制，根据水源保护的质量和数量，由用水方对水源地进行横向生态补偿，切实加大水源地保护力度，保护水源安全。在城镇污水垃圾处理和工业园区污染集中治理等领域开展环境污染第三方治理试点，整合建立京津冀地区统一的排污权交易平台，开展跨区域排污权交易，实现三地整体减排。三省份按一定比例共同出资建立京津冀区域生态补偿专项资金，用于补偿区域水资源使用权损失、生态林用地使用权损失等费用，提高京津冀两市对河北地区在植树造林、水资源输送、“稻改旱”工程等方面的补偿标准，建立生态补偿长效机制。

6.4.4.2　探索产业利益协同发展机制

产业协同要着眼于发挥京津冀在全国区域发展大格局中的特殊作用，坚持市场主导、政府引导，按照资源互享、政策互惠、功能互补、融合互动的原则，加快产业对接，理顺产业发展链条，建立产业协同发展机制，推动产业有序转移承接，加快产业转型升级，打造立足区域、服务全国、辐射全球的产业聚集区。一是明确产业定位和分工对接。北京、天津、河北都要有各自的产业发展重点，并相互合作分工。二是要着意构建开放协作的机制，京津冀产业对接协作不能停留在现有产业存量调整，更应该寻找途径做大增量，既要解决北京市产业远距离配套问题，又要解决天津产业基地壮大发展和河北产业转型升级问题。三是要构建产业集聚机制。围绕国家确定的四大产业功能区（曹妃甸、中关村、新机场、滨海新区）进行产业集群。四是构建要素流动市场机制，促进人口、资本、技术等要素的自由流动。五是搭建产业对接合作平台。在京津冀协同发展领导小组框架下，研究建立有关部门和京津冀三地政府共同参与的区域产业合作协调工作机制，建立起相互间跨区域行政对接的有效机制。

6.4.4.3　构建区域交通一体化机制

一是建立区域交通互联互通机制，深化交通一体化管理体制改革，推进区域综合交通运输信息互联互通与共享开放，加强交通运输法规政策和技术标准对接，建立健全执法联动机制，加快构建京津冀轨道交通一体化网络。二是建立健全交通一体化推进机制，可成立由国务院有关部门牵头，其他相关部门和三省份参加的推进机构共同协调解决一体化发展的重大问题。三是积极出台一些交通一体化支持政策。将京津冀区域作为全面深化交通运输改革的实验区、区域交通一体化的示范区、交通运输现代化的先行区试点。

6.4.4.4 推动公共资源和公共服务协同发展机制

目前，京津冀公共服务水平差距明显，要发挥政府引导作用，引入市场机制，促进优质资源均衡配置，合力推进社会事业发展，逐步提高公共服务均等化水平。一是建立统一规范的人才合作机制。加强人力资源市场的法制建设，建立完善人才信息服务机制，建立区域人才预测、预报机制。二是建立教育一体化发展机制。时下，企业外迁的人员流转，存在户籍、教育、医疗、社保等方方面面的牵制，需要探索如何配置的教育联合机制。三是加强医疗卫生联动协作。目前，已经探索出三种有效对接方式分别是点对点对接、集团式合作、深度合作（如朝阳医院与燕达医院的公立民营合作）。四是推动社会保险顺畅衔接，逐步缩小京津冀社会保障标准差距，实现社会养老保险关系省份间的顺利衔接。五是推进文化事业的共同发展。六是推进土地市场一体化改革。坚持耕地占补平衡，稳妥推进土地制度改革，开展农村集体经营性建设用地使用权入市、农村宅基地制度、征地制度等改革试点。

6.5 京津冀都市圈跨区域治理的实现途径

新形势下的京津冀都市圈治理自有其内在特点。我们需要探索治理的内在机理，也需要找到能够切入现实的可操作途径。组织机构的建立，治理模式的运行，是建立跨区域治理的重要手段，行政体制的创新是跨区域经济协调发展和完善的关键。跨区域行政管理体制改革，实质上意味着地方政府如何让渡自己权力，如何转型职能，而转型让渡后又如何充分发挥市场作用，使机制运转自如，其中行政体系转变改革是一个重点内容。

6.5.1　建立京津冀多层跨区域治理组织机构

探索建立健全中央支持下的横向和纵向协商相结合的区域协调组织机制。从纵向看，应组建“中央—区域—城市—部门”四级区域协调机构；从横向来看，每一级组织机构又都由不同的政府机构横向联合构成，形成横到边、纵到底的组织网络。

国家层面建立京津冀首都圈委员会。京津冀区域的政府治理是相对“碎片化”的，这种碎片化是京津冀区域性公共产品和服务供给不足、“区域病”突出的重要原因。可建立一个由多部委协同配合的中央区域协调委员会，由国家领导人担任委员会主任、由相关部委派遣代表构成，管理跨省份的区域性事务，权限应主要来自三省份让渡的规划、市场监管、环境保护、财政等权限，同时，中央可赋予其部分审批等权限，并在财政上予以一定补助。

京津冀层面设立京津冀协同发展领导小组。目前已成立，由国务委员、国家相关职能部门、京津冀行政区首长组成，是京津冀区域决策的最高行政议事机构，负责制定京津冀区域总体规划，推动实施重大规划和重大政策，协调解决跨地区、跨部门重大事项，并对中央区域协调委员会的宏观指导和决策部署进行层层分级落实，并加强对规划实施情况的跟踪分析和督促检查。

完善地方政府与非政府组织以及其他利益相关者的协作机制，形成多层次、多领域的政策相关者跨地网络治理体系，提高跨地治理能力。并充分发挥各界专家学者的决策咨询和监督作用，成立京津冀区域发展咨询委员会等非政府机构，加强对重大规划、重大政策、重大项目的咨询论证。

6.5.2　制定京津冀“首都圈治理法”，设立京津冀首都圈发展基金

根据依法治国的根本要求，借鉴国外法治首都圈的经验，制定京津冀“首都圈治理法”和“国家行政文化新城特别法”。界定中央、区域政府和地方政府之间的权责关系；明确规定非首都核心职能迁移的过程。探索建立跨省份司法机构，以消除司法权地方化，如设立京津冀巡回法院，受理、审判分属于三地的政府、企业、团体与个人的社会经济纠纷，为进一步推进市场一体化、消除区域壁垒、强化区域协调来创造法律环境。

借鉴欧盟区域发展基金的经验，支持京津冀三省份发起设立京津冀首都圈发展基金，通过基金优势引进相应的专业机构和人才，筛选区域共同项目和管理区域共同投资。

6.5.3 资源共享平台是京津冀首都圈治理的突破口

区域经济融合或者一体化，其实质是在区域层面实现资源的有效配置，而区域范围的资源共享则是实现资源有效配置的关键。京津冀的协同治理，基础设施的资源共享是区域一体化发展的基础和前提条件。2000 年 1 月，首都机场和天津滨海机场率先实现了中国民航跨区域的机场的整合；京津城际轨道于 2008 年实现通车；目前区域性客运轨道网络，以北京为核心方圆 500 千米区域的陆路“三小时交通圈”正在建设之中。此外，京津冀在水资源配置、生态环境保护和公用基础设施建设等方面的区域合作范围进一步扩大；在公共卫生和疾病防控体系、动物防疫检疫与植物保护体系、食品安全保障体系建设等方面形成巩固、稳定的互利互惠的区域合作关系；在社会治安、社会稳定和公共安全体系建设方面的合作正进一步改进、完善，以形成能有效保障区域安全的统一的预警和防范合作体系。这些共享资源领域方面的建设都是区域合作可以率先启动的工作。

6.5.4 政府职能转变是城市群治理的现实抓手

京津冀区域治理的实现以政府职能的调整为具体抓手。这是在多元利益主体尤其是地方政府专有资源与共享资源让渡与转化过程中实现的，需要根据资源不同特性进行资源管理上的调整，按照自然资源共享—人力资源共享—社会资源共享演进的逻辑线索，提出不同发展阶段资源利用的重点和资源转化整合的具体举措。政府职能作用相对于资源关系进行动态调整，通过共享资源的提供来发挥政府对城市群的支持作用。在区域城市群形成发展的不同阶段，地方政府职能要根据集群发展的程度进行调整，即在不同阶段政府发挥作用的侧重点不同。

第一阶段，以自然资源为基础的共享资源合作阶段。政府主要通过资本形成，加大共享性资源建设，如建设企业能够共享的人力资本培养和交流市场。

第二阶段，企业集聚阶段。企业追求跨地区资源的利用和对既有范围资源的整合。政府作用的突出表现是，在城镇周边土地上建设基础设施完善且先进的开发区或工业园区，以便集约用地、加强产业联系。

第三阶段，产业集群初级阶段。当企业在一定地域集中并进行它们之间的关系调整时，政府作用的重点是改善公共基础设施、加强交易制度建设、协调产业发展带来的社会问题等共享基础设施的建设。政府主要的作用是通过加强地理近邻性而深化组织近邻关系，实现企业间的分工合作与地域专业化基础上的产业空间再造。

第四阶段，产业集群基础上的产业空间结构形成阶段。更高一级的社会资本成为发展的需求，这时，以信息网络共享资源为基础的建设就成为重点，知识文化制度的共享提供具有重要的意义。政府作用的突出表现是，通过构建信息网络平台、营造“虚拟市场”、加快服务创新等手段推动专业市场的功能拓展。

从公共管理的视角来看，治理模式的变革与创新已经成为各国面临的共同问题，跨区域治理显现了全球范围的普遍性。作为一种治理改革创新实践，鼓励地方政府之间的联合行动，关注公私伙伴关系的建立，鼓励非政府组织与公民社会的积极参与，推动了区域之间的合作共赢与可持续发展。但是，跨区域治理和任何制度一样，其制度困境也是现实的、不合回避的，也充分表明跨区域治理不是万能的，更不是千篇一律的。因此，作为一种新的治理模式和思路，跨区域治理改革也是必然渐进的、系统的和具有地方特色的。

第7章　京津冀都市圈协同发展的资源整合路径

前面我们探讨了京津冀都市圈形成及其协同发展与合作共治的机理，指出资源共享是它们共同的逻辑基础，那么如何获得资源共享呢？这便是京津冀都市圈资源共享何以实现的途径问题。开宗明义，我们提出通过资源整合的新思路来实现资源共享。资源整合是通过一定的资源组织方式，将原本松散、独立的资源联合在一起加以利用，使不同资源以最佳的组合方式、最高效的利用方式参与生产，其最大的特点不同于互利交换，而是整合形成共享。它是内嵌重塑一种区域联合发展机制，通过共享机制、合作机制、转化机制和创新机制来促进区域功能结构改善和空间结构改善的协同发展。资源整合是整合主体、整合组织结构和利益分配机制的统一，要选择恰当的整合方式。京津冀协同发展与区域协调发展不同，强调的是目标的一致性，目的是形成一个风险共担、利益分享的区域发展共同体，更为看重的是资源共享带来的合作剩余整体效应，而不是区域协调所强调的通过生产要素充分流转实现的资源有效配置，因而要通过资源整合方式获得资源共享，这是与资源配置完全不同的。这样，要针对京津冀发展的不同程度、不同城市和不同范围，选择恰当的资源整合方式途径，来促进京津冀都市圈的协同发展与合作共治。

7.1　区域发展历程及京津冀协同发展

区域发展包括地带间协调和城市群内部协同。我们一直比较注重从国家层面探讨不同区域之间的关系，这便是地带之间的区域协调，经历了从均衡到不均衡再到统筹协调均衡的发展进程，而今将此概括为东部、中部、西部、东北四大区域及其区域发展战略，也即是大家熟悉的“西部开发、东北振兴、中部崛起、东部率先”的区域发展总体战略。关于城市群内部协同，即对区域板块城市群都市圈内部的关系关注的较少，探讨也不够深入，这里我们着重要探讨的是针对城市群都市圈内部的发展，探讨区域内部关系的演进，如何更好地促进内部协同。

7.1.1 区域发展的阶段性演进

我国区域经济发展经历了由高度计划体制下的条块经济—体制转轨中的行政区经济—市场经济体制下的经济区经济—市场经济体制成熟期的区域经济的转向演变。相应地，以城市化为特征的中国区域内城市间关系经历了四个发展阶段的演进，即经过了由单个城市突进到区域城市间协调，再到区域一体化，进而到区域协同发展的历程，而区域协同发展是区域城市联合发展的高级阶段。

第一阶段，单个城市发展阶段。这一阶段是改革开放背景下，从农村家庭联产承包经营到城市企业承包制再到后来的分税制，我国各地经济发展逐步确立了以行政区划为边界范围、以地方政府为主导的“点状”发展格局。这样一来，经济发展借助行政区域内部的要素资源构建相对封闭的地方市场，以行政区边界“划定”市场范围。但从区域尺度上来看，局限于行政单元，尤其是城市之间的横向联系并不密切，地方保护盛行，甚至出现人为的隔阻。城市发展方面以地方行政性城市为依托，各个省份都有自己的首位城市，但也只是单个城市的“点状”发展。城市化进程也主要表现在土地开发、工业化发展和人口城市化等方面。资源的利用粗放，大量本地资源投入“开发—利用”的线性过程中，并获得了短期经济活力的大量释放。

第二阶段，区域协调阶段。由于前期的发展主导是地方政府，经济活力释放的同时也导致了种种弊端，例如市场分割、重复建设和盲目竞争等，同时也造成大量的资源浪费，对地方经济的发展造成了一定影响。与此同时，在城市化进程中，城市发展边界逐渐扩大和融合，城市的发展和区域经济活动联系增强。资源的“瓶颈”约束日益加深，尤其环境的恶化往往超出单一行政区划范围。这便要求城市之间，尤其是相邻地区之间要互相协调，不能以邻为壑，加之市场的拓展渗透加深了相邻地区和城市之间的联系，客观上也提出了协调发展目标的要求。

第三阶段，区域一体化阶段。一方面单个城市的扩张已达到边界；另一方面市场的自发拓展作用无边无界，各城市之间的人员流动和商品贸易频繁，相邻地区和城市逐渐形成一体化的市场。与此同时，鉴于前期行政单元主导造成生产要素跨行政区流动困难，产业同构现象严重，行政分割恶性竞争等弊端，中央政府倡导推进“区域经济一体化”，推动的主要内容是围绕区域经济发展的六大一体化（交通等基础设施与信息的一体化、产业一体化、市场一体化、生态环境一体化、政策与制度一体化、形态一体化），这一阶段有了超出行政单元的跨区域意识，但区域经济一体化仅停留在通过中央有关部门的宏观规划与调配，侧重于交通基础设施等硬件建设，偏重经济建设却受挫于体制机制的改革创新。需要指出的是，行政单元内的本地资源开发成本逐渐提高，但随着技术进步和大量的资本投入，短期仍能维持各个城市的发展。

第四阶段，协同发展阶段。随着市场化的进一步发展，企业主体地位进一步增强，它们在纵向上延伸产业链，在横向上形成产业集聚，由此打破了城市之间的行政边界壁垒，实现了空间上的集聚。这在地理空间上就表现为城市之间联系的增强，并逐渐突破行政区的边界，以经济空间结构的转变带动城市空间结构的转变。因此，这种城市的融合和扩张是经济发展内生驱动的自发性行为，以经济发展先行带动城市的发展，是城市演化过程中必经的阶段，并在区域尺度上表现为“块状”的城市群或都市圈。各城市的联合发展虽然能形成区域的大市场，但却无法解决区域性的整体发展问题，例如生态环境污染和资源耗竭等。因此，需要统一利益目标，对城市综合体的功能进行全面提升。这一阶段的资源利用已不再局限于城市边界，而是统筹各地资源进行共享利用。

7.1.2 京津冀协同发展的二维内涵

通过上面的描述，城市群都市圈从最开始的单个城市发展，到多城市的联合，再到更深层次的城市合作。可以看出，每一个阶段的演进都体现出区域发展内涵与资源利用获取方式之间的相互作用影响关系，由此，我们需要重点探讨资源与区域协同发展的关系。这里我们先来阐释京津冀协同发展的二维内涵，也就是在区域协同发展的高级阶段，区域发展包括两个层面的协同内容：功能结构维度的协同和空间结构维度的协同（见图7-1）。

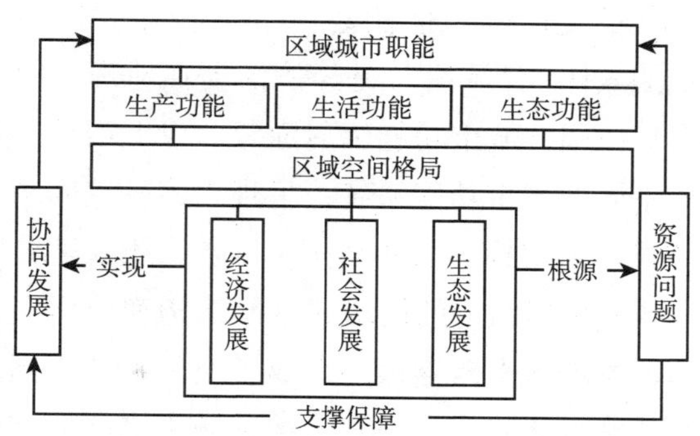

图7－1　区域协同发展二维结构关系

功能结构协同指的是一个城市所需的不同功能，一般而言就是生产功能、生活功能、生态功能的综合协调，这是在发展过程中体现出的不同侧面。区域协同发展在不同时期表现出不同的关注重点。在发展初期，区域发展重在经济功能，表现为对经济增长的关注，核心关注国内生产总值（GDP）总量的提升和高增速的保持。尤其以GDP为核心的地方官员考核体系，更加强化了对经济增长的关注。而在经济水平达到一定程度之后，社会问题和生态环境问题逐渐凸显，人们才将关注的重点从GDP的增长转移到民生改善和环境保护上；也因为经济总量的增长和财政收入的增加，城市才有能力建设各类公共服务设施完善社会保障体系，使居民得到便利的生活服务。此时，发展的重心一分为二，兼顾经济与社会的双重需要。此后，生态环境日益显现出其重要性，生态环境承载力决定着经济增长和社会发展的“天花板”，因此，对资源节约、环境友好的诉求逐渐成为发展的主流观点，可持续发展更是将当代经济、社会、生态的同步发展延伸至代际之间。可见，区域发展的内容重点逐渐从经济扩展到社会再延伸至生态领域。由于发展理念的革新和发展现实的需要，区域协同体现在经济、社会、生态三位一体的同步发展上。

空间结构协同指城市之间的空间联系以及空间层面形成的结构体系，一般而言就是不同城市空间结构上的协同。区域中的各个城市以行政边界划分，表现出非均衡化的发展格局。城市之间存在着从经济总量、产业结构、公共服务、基础设施，到人口密度、生态环境承载力、资源总量等各方面的差异。城市经济活动最终反映出地理空间上的不同形态，一般由点、线、网络和域面四个基本要素构成区域的空间结构。“点”状要素表示经济活动在地理空间上的集聚，即单个城市所承载的工业、商业等服务功能；“线”状要素表示连接不同城市之间的交通线、通信线、能源线等；“网络”则是点与线状要素共同连接构成的载体；“域面”是经济活动在地理空间中表现出的面状分布特征，例如市场范围、城市功能辐射面等。以上四种要素在空间中有多种组合模式，构成不同的城市功能系统，呈现出多种空间结构。例如以点状要素为核心的极核式空间结构、双核结构，以点—线要素共同构成的点轴式空间结构，以点—线—网络组成的网络式空间结构和域面上的区域城市对称分布等。不同城市的发展水平差异最终形成了空间上的不同结构，在微观层面表现为产业分布的集聚化趋势，中观层面是城市之间的空间等级之差，宏观层面表现出区域整体空间结构的不均衡。区域发展虽然会出现各式各样的空间形态，但根本要求还是实现从微观到中观到宏观的协同发展，弥合发展差异以避免马太效应的出现，补齐区域发展中的“短板”，最终实现整体发展水平的提升。

区域协同发展是各个城市之间在时间、空间维度上的目标协同，以促进区域间的合作，实现统一、稳定的有序状态，其核心内容是功能层面经济、社会、生态子系统的良好运转和空间层面产业、城市、区域的结构均衡。两者分属区域协同发展的不同层次，但却存在着紧密的联系。经济—社会—生态子系统的协同发展是区域功能结构维度的要求，是驱动区域协同发展的内在动力和支撑体系，代表着协同的核心内容。城市之间的协同是区域空间结构维度上的协同，是依靠经济—社会—生态三个子系统的发展而实现的空间发展差异弥合。在时间维度上先后发展起来的经济子系统、社会子系统和生态子系统，本质上是区域城市所承担的服务功能，是城市生产—生活—生态“三生”情境的构成要素。而生产功能、生活功能、生态功能实现所依托的是产业发展、公共服务和生态环境的提升和改善。进一步来说，是相关资源要素在城市生产、生活、生态领域所能创造效益的体现。

值得强调的是资源之于区域协同发展的基础作用。区域城市职能的构建由生产、生活、生态功能组成，而生产效率的提高、生活效益的增加和生态效能的提升均需要通过资源的开发利用实现。可以说，资源是构建城市职能的基本要素。而城市职能相对应的经济、社会、生态子系统发展，是实现协同的基本要求。因此，我们可以廓清资源与区域协同发展间的关系：资源是区域城市发展的基本要素，而区域城市职能的实现是协同发展的必要前提，资源作为协同发展的支撑保障，在区域发展中占据着至关重要的地位，由此我们构建以资源为基础的区域协同发展内涵体系。区域发展达到区域协同的高级阶段，区域发展因为产业集聚打破了城市之间的行政边界壁垒，以产业链的延伸实现了空间上的集聚，在区域尺度上表现为“块状”的城市群或都市圈。区域协同发展扩大了资源的获取范围和途径，使区域内各城市能够根据自身发展需要使用共有的资源，实现城市和区域的增长。但区域协同发展不是一蹴而就的，而是从城市发展到区域发展再到协同发展的阶段式演进过程。不同发展阶段的内涵不同，对资源的要求也就不一样。

7.2　区域协同发展及其对资源的新要求

以上分析揭示了资源之于区域协同发展的影响作用。资源是区域协同发展的支撑基础，要关注基础资源要素对区域整体发展的影响，构建从微观到中观到宏观的协同发展思路。而这里要突破对资源的泛泛认识，既要跳出资源要素作为单纯生产要素的局限，也要跳出一般性看待资源基础作用的空泛。而是要从资源整合的角度分析资源对于区域协同发展的作用，也就是只有资源整合才能够促进区域协同发展，因为资源不是单纯的生产使用元素，也不是交换之后可获得的资源配置效率，其更重要的价值在于资源整合之后提供大家共享所获得的合作收益报酬递增效应。这样，我们要界定资源概念，揭示资源整合的内涵，分析区域协同发展对资源的指向要求。

7.2.1　区域协同发展的内在实质

区域协同发展以都市圈城市群为代表，这些由区域范围内不同行政等级的城市共同组成的都市圈，不仅拥有更多的资源存量，更在资源优化配置、产业集群、市场一体化等方面具有强大的竞争优势。城市之间的“合纵连横”能够显著提升整体的发展实力，但如何选择区域发展策略是都市圈走向的关键。都市圈不单是城市之间的拼接，也不是空间上的简单划分，更不是城市功能的叠加和拼凑，而是城市中的经济、民生、环境等各方面的协调和统一，是城市生产功能、服务功能、公共治理职能在更大范围内的良性运转和有序梳理，是满足不同城市需求、实现区域共同发展的动态演进过程。

在区域发展中，城市之间联系的增强促使各类生产要素进行跨区流动，并进行市场优化配置以提高资源利用效率，无形中扩大了城市能够利用的资源数量和范围。但同时也会碰到一些问题：一是地方保护主义，即便多个城市联合形成区域发展格局，资源在区域内部也并非完全自由流动。跨区使用资源不仅会受到种种限制，甚至需要支付高昂的使用成本。二是发展差距拉大，在区域协同发展过程中，由于采取措施不当，往往造成区域间的马太效应，加剧区域内部发展的不平衡，削弱了各个城市在面对区域共同问题时的协调能力。三是重复建设和恶性竞争。区域内各主体“各自为政”，低端重复建设，缺乏合作意识，引发无序的竞争，如招商引资中低价出让土地、发放各类补贴、随意减免税收等。

因此，选择怎样的区域发展策略是区域联合城市群持续发展的核心。区域联合发展的目的，是实现不同城市之间功能、职能的耦合，促进区域经济、社会、人口、环境等方面的协调共荣。既包含不同城市内在发展目标的统一，也包括外在行动的一致，都市圈是城市发展空间范围的扩大，真正决定发展成效的是区域协同发展的水平，也即不同城市之间的协同效应。先入为主地说，我们应该采取区域协同发展的策略。

7.2.2 区域协同发展与资源利用的关系

我们先要辨析区域协同和区域协调。20 世纪 90 年代初，国务院发展研究中心在《中国区域协调发展战略》中首次提出，通过区域协调发展的方式解决区域经济发展差异的问题。《国民经济和社会发展“九五”计划和 2010 年远景目标纲要》中首次将“促进区域经济协调发展”作为一条重要的国民经济发展方针。协调发展的基本目标主要有两个方面：一是实现区域公平；二是促进区际分工。主要是处理协调好区域内部的和谐和区域之间的平衡。

但区域协调发展强调的是区域之间的地带协调和区域内部相邻地区独立行政单元之间的协调。区域协调是从现实的发展条件出发，尊重行政单元的相对独立性，强调资源在区域范围内的自由流动，以便提高资源利用效率，注重相邻行政单元在区域层面、产业层面或各个子系统之间的相互关系协调，可以说这只是宏观层面的战略布局和中观层面上的区域利益协调。既忽视了公平性问题（如不同省份之间的社会福利待遇差异），也没有真正促进产业的区际分工，反倒因为大城市的虹吸效应导致地区发展差异扩大。区域协调强调资源配置效率，却没有对资源整合及其资源共享作用进行探讨。具体针对京津冀都市圈，自 1985 年起提出发展首都经济圈、推动京津冀一体化和促成环渤海经济圈，但效果尚不显著。

在2000年之后，尤其随着2014年2月习近平总书记对北京考察之后，提出“京津冀协同发展”的新理念新思路，京津冀区域的协同发展才真正有了突破。根据协同学家哈肯的定义，“协同”是系统的各部分之间相互协作，使整个系统形成微观个体层次所不具有的新质的结构和特征。而区域协同发展是一个区域内经济社会系统整体及其各板块、各子系统之间相互适应、结构耦合而成的一个协调发展的良性循环过程或状态。子系统之间的相互作用，会产生1+1+1>3的整体功能提升，因此，区域协同发展，是以获得整体效益提升为目的，既追求合作剩余的产生，也要获得资源配置的帕累托改进。

可见，京津冀协同发展最重要的是建立了一种区域发展认识观念，既有京津冀区域的总体目标定位，也有内部不同构成地区的各自功能定位，既注重整体系统性及其整体协同效应，还强调形成合理的京津冀城市结构和分工合作的区域产业结构。我们借鉴协同学理论，认为区域可以划分为三级系统：微观层次是要素层，是由区域内各资源要素组成的基础层；中观层次是子系统层，即组成区域核心功能的经济、社会、生态子系统等；宏观层次是区域整体。资源之间的组合和非线性作用共同构成各个子系统，子系统之间相互作用再形成动态发展的宏观区域系统。这样我们就建立起资源作用于区域协同发展的逻辑关系，关注到了基础要素资源对区域整体发展的影响，构建资源整合促进区域发展的路径和机制。

区域协同发展与协调发展具有相似性，都关注区域公平性的改善，并强调系统内部的联动优势。而区别有：协调发展是区域内各主体之间的行为，不可避免地受到行政边界隔离的影响，而协同发展是发展实质内容——经济、社会、环境等各方面因素的综合考虑，打通了产业发展、行政治理、生态环境等之间的隔离。而资源是构成各个子系统的基本要素，研究资源在不同领域内的应用和组合方式，为区域协同研究提供了切实可行的抓手。

协同发展意味着具有共同的发展目标，资源在所有领域内自由流动，而不受行政壁垒或行业壁垒的限制。实现这一目标并非通过建立高于各个地区之上的独立管理部门实现，而是通过公平合理的机制设计和资源整合平台的建立，推动不同地区在保持现有行政架构和范围不变的基础上进行资源的共享。不同于区域一体化的市场手段和区域协调发展的行政手段，区域协同发展是以政府间合作设计市场化运行机制推动地区间合作，并不完全依赖市场手段或行政手段中的哪一种，而是对两种方式的综合。资源整合在其中发挥着关键性的作用，从发展的基础——资源角度出发，以竞争的核心要素为基础，推动各参与主体的合作。

区域协同发展的基础在于资源，而资源整合为资源的开发利用提供了创新的途径，在降低资源跨区使用成本的同时提高了资源利用的收益。因此，资源整合是区域协同发展的有效途径。图 7－2 揭示了区域发展—资源整合—区域协同发展之间的关系。

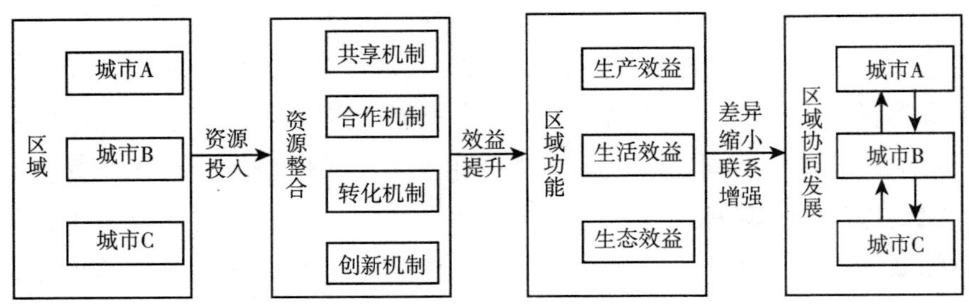

图 7－2　资源整合与区域协同发展关系机理

区域中的众多城市在发展过程中自成一体，在资源禀赋上具有地域性差异。在进行区域合作时，城市之间通过资源整合的方式，将各自所拥有的资源经过组织化方式共享利用，并推动资源转化利用和资源更新的进程，因而提高了资源的利用效率，获得更多的合作剩余。资源配置同样是资源优化利用的一种方式，但资源配置是以交换为基础的市场手段，改变了资源的主体，仅局限于区域协调所要求的利益最大化原则。而区域协同发展要求各主体在同一的目标框架下进行合作，是不损害任何参与者的帕累托改进，因而其最终目标不是单一主体的利益最大化，而是基于共享的合作剩余。资源整合构建了以共享为基础的资源整合平台，在不改变资源主体的前提下，实现资源的组织化利用。在区域生产、生活、生态三个维度上得到效益的提升，在生产领域缩小城市之间发展的绝对差异，在生活领域构建均等化的公共服务体系，在生态领域推进生态环境问题共治，提升单个城市发展水平的同时促进城市间公平性的改进，实现城市间差异的缩小，推进区域的协同发展。

7.2.3　区域协同发展思路分析

以往解决区域协同发展有两种思路：一体化思路和行政管理思路。一体化思路认为只要拆除不同行政单元之间的行政壁垒，就会形成一体化的市场，从而能够形成统一的治理结构和政策体系。20 世纪早期，美国市政改革就提出了“一个区域，一个政府”的构想，建立区域性的巨型政府（gargantuan government）以整合不同地方的利益诉求。一体化理论主张超越行政区划的限制，通过贸易一体化、要素一体化、政策一体化、完全一体化四个演进阶段来实现经济活动的空间格局优化，强调从产品市场到要素市场再到经济政策的逐步统一，是状态与过程、手段与目的的统一。其本质是在地区分工和专业化程度不断加深的同时，拓展产品和要素自由流动的空间，从而实现分工与市场之间反馈互动的正向效应。区域一体化是从市场化角度来解决问题的，其逻辑较为简单：行政边界的划定是政府行为，只要通过建立囊括所有城市在内的统一大市场，就可以用市场规律约束和调控资源的流动，从商品贸易的自由流通开始，逐渐延伸至生产环节，进而影响政策环境，最终实现自下而上的“大一统”。但事实上，在市场规律作用下，资源更易流向资源富集区，造成区域发展差异的扩大。

行政管理思路强调要素在市场经济规律下的自由流动，重视区域间横向联系的广泛发展。具体以统筹完善区域管理制度，设立职能明确的区域管理机构来实现。对不同区域进行框架划分，来促进区域间的企业主导型合作，在区域层次上建立起合理的企业间联系、企业结构与产业结构体系。行政管理的方式弥补了公平性缺失的问题，充分发挥政府职能，对缩小地区间差距进行行政干预，其逻辑是通过建立独立的区域管理部门，完善区域管理制度和合作体系，协调不同地方的利益诉求，加强区域内部的横向联系。这种方式更有利于解决区域整体性问题，并将经济发展、民生改善和环境保护等问题纳入实施框架中，但仍然存在一些缺陷。首先是管理机制设计问题，在以往城市群合作战略探索中，已经有地方设计了类似的管理机构，例如长三角地区设立的三省份主要领导定期磋商机制、沪苏浙经济合作与发展座谈会、长江三角洲 16 城市经济协调会、三省份有关职能部门沟通协商机制等，但其作用范围十分有限，在面对区域宏观发展问题时，往往无法把握整体方向。并且这些合作机构的行政等级并不明确，没有法律性条文约束下的合作机制依靠自律或通识性行为维系，其体系并不稳定。其次是实施层面的问题，通过区域性组织协商制定的合作手段，通常只是倡议性或指导性意见，促成跨区域企业间或企业与政府间的合作。对政府之间的合作约束力有限，一些合作计划通常难以施行。最后是利益协调问题，管理机构的负责人通常由参与合作的地方官员担任，每一方都代表着各自的利益团体，在出现竞争或冲突时，往往坚持各自的利益诉求而难以达成统一。

区域联合发展的实现不是简单对市场化或行政化手段的选择，而需要从区域整体发展的基础和需求出发，探索更为精细、准确、有效的解决方式。从需求角度出发，区域协同发展既需要有外部的“硬件设施”，也需要有内部的“软件支撑”。外部的“硬件设施”包括基础设施的互联互通，以空间资源为基础实现不同地方的密切联系，例如完善的交通路网和便捷的通信条件等；内部的“软件支撑”则是在空间连接的基础上，通过政策制度的引导，以产业协同发展、公共服务共享、生态环境共治等，驱动区域在经济、社会、人口、生态等方面的综合效益提升。区域协同的“硬件设施”是框架，“软件支撑”是具体内容，而这都需要以资源作为依托。硬件设施的建设需要公共财政的支出和管理，软件支撑需要产业所依托的生产要素的优化配置和公共资源的合理分配。

与此同时，也要看到区域协同发展面临的问题：地方市场分割所造成的竞争关系，以及由此引发的分化现象和共治难题。这种“碎片化”的合作本质上还是对资源的争抢和控制。因此，我们提出资源整合的方式，从区域发展的基础要素出发，探索资源整合促进协同发展的路径。资源整合是在尊重既有行政边界的前提下，对区域内所有影响区域协同发展的资源进行开发、整理、配置和使用，协调多元利益主体之间的相互关系，促进区域的协同发展和进步。这样，我们就需要探讨如何进行资源整合，探讨资源整合促进区域协同发展的机制，探讨区域协同发展中资源整合的具体路径。

7.3 资源整合之于京津冀协同发展的作用机理

通过深入探究促进区域协同发展的核心关键，我们认为资源整合是促进区域协同发展的新思路，资源整合在功能构建和空间优化两个方面对区域协同发展具有促进作用。区域协同发展的内涵主要体现在功能维度和空间维度两个方面，而资源整合通过共享机制、合作机制、转化机制和创新机制能够为区域功能维度的协同发展提供生产、生活、生态发展带来实际的效益，进而通过功能维度的改变促进空间结构的优化。

7.3.1 资源整合与区域协同发展的实现

资源整合是实现京津冀区域协同发展的必然途径，京津冀协同发展是资源整合的最终目标。站在资源的角度审视区域协同发展，我们会发现区域协同发展以资源共享为基础，而资源共享要通过资源整合来实现，借此才能实现效率与公平兼顾的区域增长。

7.3.1.1 目标：区域发展的目标是协同发展

协同发展是区域发展追求的目标。单一城市的增长并不能完全代表区域的发展水平，区域整体实力的提升往往取决于不同城市之间的协同程度。正如木桶效应中的“短板”一样，区域发展的“瓶颈”不在于核心城市的发展高度，而在于区域中的“短板”，即周边城市的发展水平。长期以来，人们过于关注核心城市的增长，而忽视了区域公平性问题，区域“短板”的存在导致整体发展水平难以提高，核心城市的辐射带动作用未能得到充分发挥。

7.3.1.2 途径：资源整合是实现协同发展的必要手段

资源整合是解决区域发展差异问题的现实抓手。资源禀赋差异是造成区域非均衡发展的根源，而在开放市场的环境中，资源的流动性让这种差异进一步扩大。虽然资源在长期内会自发流向价值洼地，促进公平性的改善，但这一过程往往需要经历漫长的周期。资源整合是在不改变现有行政体系和资源所有权的情况下，对资源利用方式的一种创新，以较低的整合成本和治理方式推进资源的跨区域流动，并着力提升欠发达地区参与合作、共享资源的能力，增强城市之间的协同效应。

7.3.2 资源整合的内在机理

区域协同发展面临的根本问题是资源问题，资源在空间分布上的不均导致了区域的非均衡化发展，而如何进行跨区的资源利用则是解决区域协同发展的重要研究问题。通过对资源整合内在机制的梳理，我们可以探索出更为合理的资源利用方式，在跨越行政边界的区域合作中发挥更大的作用。

由于资源在区域空间上分布的不均，不同城市拥有的资源种类和资源总量不尽相同，从长期发展的角度来看，资源总是稀缺的。并且不同城市的资源开发利用水平存在差异，资源利用效率也有高低之别。以下资源整合的四种机制为稀缺性问题提供了可变通的解决方式，在保持现有资源主体边界不变的前提下，让资源在更大的空间范围内流动并利用，并构建新资源开发的动态能力框架，在此过程中提升所有资源主体的资源利用效率和产出效益。资源整合二维关系如图7－3所示。

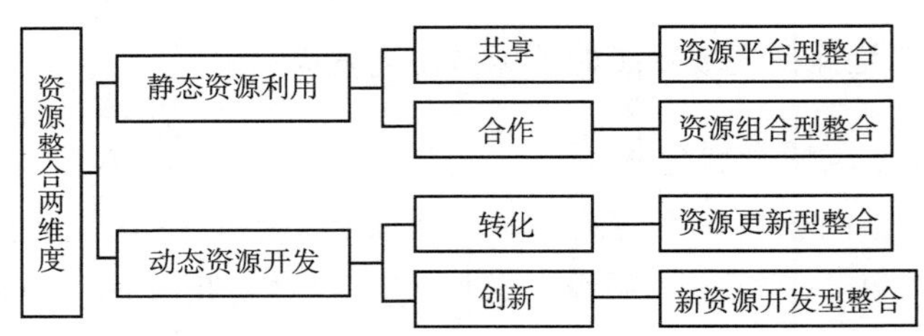

图7－3　资源整合二维关系

资源整合包含两个方面的内容：一方面是对现有资源的优化配置，提高资源利用效率；另一方面是对支撑未来发展的新资源进行开发，使发展主体不断获取竞争优势。进一步概括为静态的资源利用和动态的资源开发。资源整合本质上是创新资源组织方式，使资源主体获得持续竞争优势。在静态层面上，是对资源利用方式的创新。通过共享平台和组合使用实现跨主体利用，打破单一主体对资源的获取和利用能力限制。动态层面上，是对资源开发的创新。通过转化现有资源的价值属性和开发新资源，实现资源存量的增加。

（1）共享机制——资源平台型整合。资源共享是在不改变资源所有权的基础上，对产权关系进行的一种调整，本质是改变私有私用为共享公用，使合作主体获得1＋1＞2的合作剩余。参与共享的各个主体共同享有资源的使用权，共同承担共享的成本和风险，共同享受资源开发的收益。资源共享的前提是共享所获得的收益高于单独利用收益的总和，其原因有：一是产权裂变带来的合作剩余增加。资源共享突破了资源所有权和使用权统一的限定，将资源的使用权范围扩大到参与合作的区域各方之间，对资源的支配和使用更加灵活。在不改变所有权的前提下进行资源层面的合作，同时扩大了合作的范围和合作的频率，也因而创造出更多的合作剩余。二是资源交流带来产出收益的非线性增长。部分资源在共享过程中可以带来产出收益的非线性增长，例如智力资源。智力资源不同于传统的自然资源，智力资源的开发收益并不符合报酬递减的规律，而是长期来看边际成本趋近于零的资源开发模式，非线性增长的收益远远高于传统资源开发的收益。

（2）合作机制——资源组合型整合。资源组合型整合的逻辑是通过资源主体间的合作将多种资源应用于共同的生产领域，降低资源获取成本的同时，构建资源高效利用的生产流程。资源合作不同于资源共享，不涉及资源的跨主体利用和资源之间的交流，整合的对象不是资源的主体，而是资源产品的生产流程。最常见的是循环经济中的应用，将前一环节的产品或废弃物作为下一环节的原材料，并形成产业生态化的循环。资源的合作机制就是针对资源利用中可能进行价值提升和重复利用的环节，整合不同资源将其组合在一起，以满足形成循环的条件，使各个资源主体均享受资源获取成本的降低和产出收益的增加。

（3）转化机制——资源更新型整合。资源更新是对资源利用方式的更新，转变原有的单一利用方式，对资源进行重新梳理，应用于效益更高的领域。资源更新是扩大资源供给的一种方式。资源更新常见于土地资源整合，伴随着城市更新而生。从城市发展的逻辑来看，地租与距市中心距离呈反比关系，因此，城市中心区通常布局高价值高产出的商业地产和住宅地产，工业生产因占用土地较多及对周边环境的影响，逐渐向城市外围迁移。城市中心工业用地的清退和整理，重新转化应用于住宅、商业功能或公共服务功能，即是土地资源的更新。

（4）创新机制——新资源开发型整合。创新机制作用于新资源的开发和利用。随着时代的发展，不断有新的资源被人们所发现并了解，资源整合也包含了新资源的开发过程。通过技术水平提高、发展观念转变和体制机制完善，一些新的资源或资源属性能够被发现并应用于生产环节中。对于资源利用主体来说，持续的资源获取能力意味着持续的生存能力，在应对技术革新、产业结构转型或宏观调控时，能够更好地适应外部环境的变化。企业或区域的动态能力就是对新资源开发整合的能力，是未来发展能力的保障。

7.3.3 资源整合促进区域协同发展改善功能结构

从区域发展的阶段性演进过程来看，发展重心先后经历了从经济、社会到生态的不断转移，共同构成区域发展的核心内容。区域协同发展体现在功能层面就是经济差距的缩小、社会发展的均等化和生态环境的一体化。

7.3.3.1 经济协同增长的资源利用逻辑

经济协同增长的实质是在区域范围内实现帕累托改进，在不损耗任何一方利益的前提下实现效率的提升。这就是说，协同发展不能以“侵占”或“掠夺”任何一方的资源来实现其他地区的增长。资源整合为帕累托改进提供了一种思路，通过资源组织化利用，鼓励区域内各城市共享各自拥有的资源参与合作，打破资源获取的行政壁垒。以产业发展为基础，在生产环节将共享资源统一组织化利用，参与合作的各方均能获得产出效益的分成，以此实现经济的协同发展。

7.3.3.2 社会协同增长的资源共享逻辑

要实现社会协同增长，需要为各地区提供均等化的发展条件，资源整合为区域资源调配提供一种思路。首先体现在基础设施资源整合方面，交通和通信是促进城市之间融合的最直接的途径，统一的交通路网体系和便捷的通信条件能够促进区域范围内的资源流动；其次体现在生活性服务资源整合方面，不同城市的人口能够享受到同等的生活服务，吃住行、游购娱都能在本地得到满足，能够在刺激消费拉动内需的同时创造更多的就业工作机会；最后体现在公共服务资源整合方面，尤其是教育资源与医疗资源的分配，高度集中的教育、医疗资源对城市生活造成极大的公共服务压力，也不利于地区公平的改善，通过建设高校分校和医院分院的方式，促成教育、医疗资源的分散布局，减轻核心城市压力的同时提升周边城市的社会发展水平。

7.3.3.3 生态协同增长的资源治理逻辑

生态发展是与区域所有城市相关的整体性问题。但由于不同城市的发展阶段不同，对生态问题的关注程度也不同，协调区域整体的生态发展目标，设计行之有效的外部性问题解决方案，是区域生态协同增长的核心。资源整合首先是对生态环境问题的治理整合，将不同地方的生态资源纳入统一治理框架中，进行合理的整合布局，规划城市绿地范围、乡村生态景观等，促进生态可持续发展；其次是对生态环境系统进行保护性整合，以自然环境先行的理念进行城市的发展设计，在环境承载力范围内进行资源的开发和利用，并对可能产生的污染进行治理，实施生态补偿机制；最后是对生态环境发展的产业化整合，鼓励生态产业化发展，将其作为资本要素参与到经济生产中创造价值，避免以牺牲生态环境为代价的经济发展方式，构建良好的“经济—生态”二元关系。

7.3.4 资源整合促进区域协同发展改善空间结构

区域空间结构是产业结构与地理空间相互作用产生的外化表达。一般而言，区域空间结构受到政策体制、城市化、产业集群等因素的影响，在宏观、中观、微观三个层面表现出不同的空间形态特征，且三者之间存在着相互的影响。区域空间结构的演化遵循自组织原理，宏观层面的政策变动或经济形势可以影响中观的城市规模扩张和发展方向，进而对微观层面的产业布局产生影响；同时，微观层面的市场化作用又会引起资源的集聚或流动，形成中观层面城市之间的竞争与合作，带来宏观层面的发展态势转变。资源整合通过创新资源利用方式和获取方式，产生新的资源利用组织结构，以整合平台打破传统行政边界限制下的条块化市场分割，弥合城市之间因资源限制引起的发展差距，进而推动区域整体空间结构的优化。

资源整合对区域协同发展的促进作用主要通过功能维度和空间结构维度两个层面来实现。功能层面是经济、社会、生态三个子系统的发展，空间层面宏观、中观、微观三层次的空间结构协调。通过对资源整合和协同发展内涵的梳理及资源整合作用机制的分析，可以凝练出资源整合促进区域协同发展的路径。具体如图7－4所示。

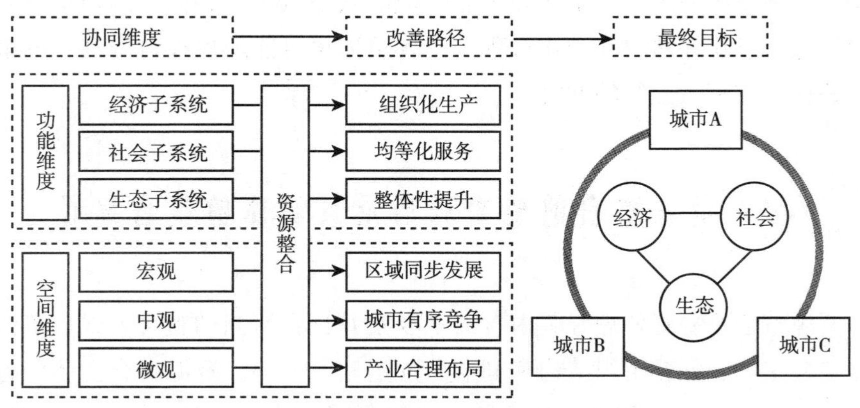

图7－4 资源整合促进区域协同发展路径

7.3.5 资源整合促进区域协同发展的可能问题

资源整合是在资源层面作用于区域的经济、社会和生态系统，通过对城市生产、生活、生态功能的提升，扩大资源的使用范围和利用方式，以促进公平性的改善和协同发展。由于涉及跨区域合作的问题，资源整合在具体实施过程中，有可能面临以下问题。

发展目标不一致。区域中的不同城市存在着发展差异，也意味着城市处于不同的发展阶段，具有差异化的发展目标。核心城市在经济发展到一定水平后，开始关注民生改善和生态保护，而周边城市可能处在经济的高速增长期，对社会和生态发展关注不足。而所有城市处于共同的区域发展环境中，任何城市的发展策略均“牵一发而动全身”，目标不一致往往造成协同发展的负效应。

整合方式不合理。资源整合是通过共享的方式实现资源的跨区利用，但在实践中很容易演变成资源的交易。不同城市将各自难以开发的“空闲”资源或超出生产力的“富余”资源拿出来共享，而其他城市若想使用这些资源，则需支付给资源提供方一定的使用成本，或以其需要的资源作为交换。这种操作本质是将资源放在整合平台中进行交易，匹配不同城市之间的资源需求，而非共同开发共同获益的共享。

利益机制有冲突。资源整合能够进行的基本原则之一是参与各方达成一致的利益共享方式。但资源的开发在不同行业、不同城市间产生的价值不同，甚至同一种资源在生产、生活和生态领域的效益也不尽相同，因而很难对资源价值进行量化评估。在合作过程中，各主体尽可能地保障自身利益的最大化，往往造成利益分配的冲突。

7.4 资源整合的要素构成及其具体的整合途径

资源整合要妥善处理好其内含的三要素并选择恰当的整合方式。资源整合是整合主体、整合组织结构和利益分配机制的统一，资源整合主体中行政机构、企业（组织）和民众的角色与作用不同，整合组织结构也有直线型、平面型和网络型的差异，结构性资源整合需要通过整体收益提升和错位需求实现来达到资源整合的目的。

7.4.1 资源整合的理论认识

7.4.1.1 资源整合概念

资源整合起源于企业资源整合，后来扩展到区域资源整合。企业资源整合兴起于企业战略研究，潘罗斯（Penrose，1959）指出企业是生产性资源的集合体，企业所拥有的资源决定着企业的绩效。沃纳菲尔特（Wernerfelt，1984）提出“企业的资源基础论”（resource - based view），提出企业的竞争优势来源于其独特的资源，这类资源无法被其他企业模仿，因而企业可以从中获取持续竞争优势，并享有高于正常水平的收益。随着研究的深入，格兰特（Grant）提出对企业“内部审视”，认为资源只是决定企业战略的一部分，而更重要的是“能力”，由此发展出企业能力理论。具有代表性的观点是 1990 年普拉哈拉德和哈梅尔（Prahalad and Hamel）所提出的“核心能力”概念，认为核心能力是企业中协调整合生产技能的“学识”，是保持核心竞争力的关键。在此基础上，蒂斯和艾森哈特（Teece，Eisenhardt et al.）对核心能力做了补充，提出了动态能力理论，认为企业必须在整合资源的过程中形成持久的、能够快速回应外部环境变化的能力，即动态能力。

可见，在企业战略研究中，从“资源观”到“能力观”再到“动态能力”的演化，资源整合在其中发挥着重要的作用，企业不单纯是“资源的集合”，正是对资源的组织化利用的“组织能力”，才是企业核心竞争力的来源，而所谓企业组织化利用资源的“组织能力”，其实就是资源整合，这是企业获得动态能力的主要方式，资源整合的过程、机制、模式以及对动态能力有很大的影响。

区域资源整合将资源的利用范围从单一主体扩大到区域范围内的多个主体，目的是通过要素转换，实现从“资源—产品—企业—产业—经济”的区域增长。在企业层面上的资源整合局限于单一企业，而一系列企业联系形成产业链，是产业关联上的资源整合，演进形成一定的产业结构，形成不同的核心竞争力。一般的区域资源整合是针对同类资源的组合，通过合并资源的所有者企业，将分散在每一个企业中的资源集中加以利用，建立有效的沟通渠道，构建一定的共享平台，将资源的需求方与供给方联系在一起，共享给区域范围内的所有使用者。而区域资源的整合机制，可以通过建立共享联盟，共享设备和资源，以共享机制推进资源整合，例如针对科技资源、技术资源等流动性强、无实体概念的资源，通过基础设施建设和数据系统的建立，促进此类资源的共享和开放，鼓励各个主体各个层级之间的合作。

7.4.1.2 资源整合与资源配置辨析

资源整合不同于资源配置。企业层面的资源整合带有行政性资源组合安排的倾向，不像市场上通过价格机制的资源配置。“资源整合”与“资源重构”“资源组合”“资源使用”等不同，资源整合表征的是资源的组合，企业在整合资源的过程中形成动态能力，不断创造出新的资源。综合来看，资源整合的内涵包括资源利用的组织化和新资源开发两个方面，资源整合是动态变化的，企业借此形成不可转让、不可模仿的动态竞争能力，而且还由此产生新的资源，如企业品牌形象文化等资源。企业的资源整合局限于确定的利益主体，并未深入讨论资源的获取方式和成本，忽视了企业的外部环境和交易环节。区域资源的整合的范围较大，一般有相应的规划设计、政策手段做支撑，由此体现出政府的主导作用和行政性对策举措。而区域层面的资源配置一般借助不同层级市场来进行，以市场价格机制来引导资源流转配置。

资源整合是发展主体获取持续竞争力的手段，通过一定的资源组织方式，将原本松散、独立的资源联合在一起加以利用，使不同资源以最佳的组合方式、最高效的利用方式参与生产。资源配置借助以交换为核心的市场机制，是以改变资源主体为前提的资源获取方式。但在现实中，部分资源例如空气、水等不具有明确的主体，这一类公共物品的所有权无法转移，但又影响着所有参与者的共同权益，因而需要以创新的方式对其加以利用。资源整合的核心就是构建了资源共享机制，在不改变资源主体的情况下对资源进行开发利用，并使其他利益相关者得到应有的收益保障。共享利用是资源整合与资源配置最本质的区别（见表 7 - 1）。区域经济和社会发展依赖于内部资源和外部资源的整合，资源属性决定了资源的流动方式。

表 7 - 1　　资源配置与资源整合辨析

	资源配置	资源整合
主体	资源所有者	跨越资源所有者的组织
手段	市场手段	行政手段为主，市场手段为辅

续表

	资源配置	资源整合
目标	自身利益最大化	共同发展
路径	市场交易	市场交易与行政调控结合
机制	资源交换	资源共享
结果	参与者利益最大化	资源共享带来合作剩余

资源整合不同于资源配置。一是主体的不同，资源配置是资源主体间的博弈，而资源整合是跨越主体的组织化利用；二是手段不同，资源配置借助市场手段，讨价还价来实现有效配置，资源整合是以行政手段为主，市场手段为辅的综合运用；三是目标不同，资源配置以自身利益最大化为目标，资源整合中各主体具有共同的发展目标；四是路径不同，资源配置通过市场交易进行，资源整合则将市场交易和行政调控相结合；五是机制不同，资源配置是资源的交换，资源整合以共享为基础；六是结果不同，资源配置体现参与者利益的最大化，而资源整合则会产生基于资源共享的合作剩余。

7.4.1.3　资源整合的突出特征

一是主体的多元化。资源整合不同于资源配置或资源分配，是资源不同所有者之间进行的资源共享，因而也是资源主体之间的合作。整合的范围突破了企业边界、行业边界，乃至行政边界，资源的所有者可以是企业、利益团体，或者行政机构，因此，资源整合的主体呈现出多元化的特征。

二是平台的开放化。资源整合平台承担着资源共享、资源转化、资源更新的众多需求，需要平台保持动态开放的状态，以便于对资源的整理、匹配和利用。而静态封闭的平台显然无法满足多样化的需求，将平台面向不同资源、不同主体、不同组织开放，才能使整合有效地进行。

三是行业的跨越性。资源整合的共享性不仅体现在行业内部企业之间的资源共享，更体现在跨行跨界的资源共享。行业内部的资源整合在市场规律作用下往往已达到了较高的资源利用效率，如需产生额外的收益或降低资源的使用成本，则必须打破行业壁垒，突破原有的资源利用模式，进行跨界资源整合。

四是利益关系的互惠共生性。资源整合平台的存在不仅是对资源组织化利用的实现途径，更是协调资源主体合作利益机制的重要方式。资源整合最根本的动因是合作剩余，只有“有利可图”才能促成不同主体间的资源合作。通过利益分配机制设计，为合作主体提供利益保障，在整合过程中提倡互惠互利的共享式发展，参与各方均能从中获得额外收益，因而保证了合作的顺利进行。

五是目标的统一性。资源整合能够进行的必要条件是参与各方的目标一致，避免在合作过程中出现冲突和矛盾。目标的统一性并不意味着目标的单一性，而是在共同的目标框架下整合各方利益诉求，在合作中实现多重目标的达成，形成多赢的合作结果。在不违背整体发展目标的前提下，满足各主体的个性化发展需求。

7.4.2 资源整合的构成要素

资源整合是在一定范围内，根据发展条件和发展目标，通过挖掘新的资源、丰富资源利用形式、改进资源组织方式等，将资源按一定方式重新组合加以利用，使不同资源以最佳的组合方式、最高效的利用方式参与生产，以便提高企业或区域整体发展水平。资源整合是解决区域协同发展的一种思路途径，涉及多元利益主体，也关涉资源组织化利用方式的创新，还有核心的利益分配机制，因而要深入分析资源整合的各个方面。

7.4.2.1 资源整合对象

资源整合是一种对资源进行组织化利用的方式，其针对的对象是全部资源，而且也还涉及创生的资源。人们对资源的认识随着生产力的发展和科学技术的进步不断地变化和延伸，资源的内涵是广义的、动态的，因此，一切与发展相关的自然资源、社会资源都是资源整合的对象，且根据不同阶段的发展需要，资源整合的对象可以进行动态调整和更新开发。

7.4.2.2 资源整合相关利益主体

瓦戈（Vargo et al.）等曾提出所有社会和经济参与者都是资源整合者，资源整合为其带来了竞争优势，布罗迪（Brodie et al.）更明确地将其定义为所有提供资源的参与者，资源的组织结构和部署方式带来了可持续的竞争优势。可见资源的主体是多元的，资源组织利用结构中的所有参与者都可以是资源整合的主体。在区域协同发展中，资源整合的参与者既有不同城市的行政机构，也有企业或组织，还有区域中生活的人，我们将三者的关系进行梳理。在资源整合的主体识别中，三者占据同样重要的地位，但承担的功能有所不同，如图7－5所示。

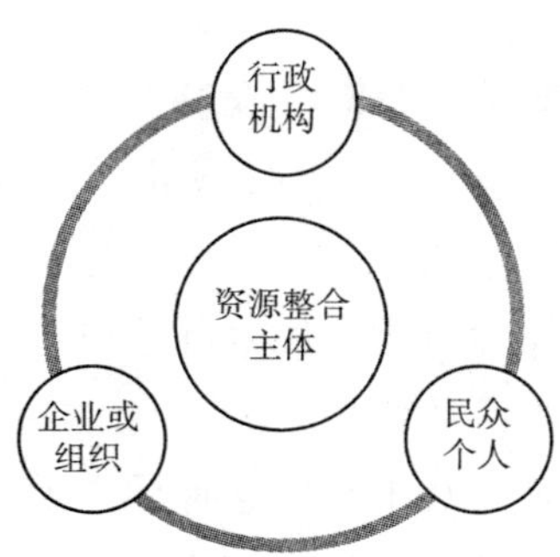

图7－5　资源整合相关主体

（1）政府是主导。

政府对区域发展起到关键性的作用，把握着区域发展的宏观方向，并作出发展的战略决策，制定相应规划并辅以行政手段实施。与此同时，政府还是资源的所有者，切身参与区域间的合作。政府的双重身份决定了其职能的特殊性，通过“行政＋市场”的双重手段来实现发展的目标。其主要功能体现在以下两个方面。

一是体制机制设计。根据发展目标和发展阶段，明确区域内各城市发展现状，以各地资源禀赋和发展需要为基础，制定合理的协同发展机制，促进资源整合的进行。

二是提供公共物品。首先是提供基础设施，例如道路、管道、通信设施等，方便区域间人员、商品、资源、信息的沟通交流，创造区域协同的硬件环境；其次是制定协同发展的政策，通过立法或其他行政手段，保障不同城市获得均等的发展机会，营造公平的政策环境。

三是建设整合平台。平台实际上是资源的共享平台，各地政府在明确可以共享的资源之后组成合作组织，通过政府间协商讨论确定资源的组织利用方式，确定利益分配原则，共同分享资源整合的收益，共同解决区域性问题。

（2）企业（组织）是主体。

企业在资源整合的实践层面占据着主体地位，企业的作用连接着政府职能部门与民众，也是资源价值转化的途径。企业在资源整合中承担着两个方面功能。

一是转化资源价值。企业是实现资源价值转化，构建城市功能的必需环节。政府间的合作达成资源的共享，确定了资源的组织利用方式，而企业是实际使用资源进行生产的承担者。

二是政府与民众的连接中介。生产环节的资源整合提高经济产出，积累物质财富；生活环节的资源整合服务于企业生产和民众生活，提高社会福利和人民生活满意度；生态环节的资源整合提高整体环境效益，提升环境承载力，间接产生经济价值和社会价值，为人民生产生活提供良好的生态环境。

（3）民众是社会资源拥有者。

资源整合是区域的整体性行为，民众既是资源整合的参与者，也是受益者。因此，民众在其中承担两种功能。

一是资源整合的参与者。对于政府管理层来说，资源整合方案制订和实施细节等均由相关职能部门工作人员决议产生；对于企业生产者来说，资源的组织化利用是由企业员工实现的。

二是发展成效的受益者。资源整合的目的是实现区域协同发展，而最终产生的经济、社会、生态效益则是为了满足人的生活需要。

7.4.2.3 整合的组织结构

资源整合是通过对资源的组织化利用，将资源重新进行组合，分辨出共享性资源，以联合整合资源结构体系，创造出“1+1>2”的合作剩余。这其中合理的组织结构是资源整合的框架承载，借助一定的组织结构才能达到整合的要求。我们根据不同资源和不同主体的条件，将区域范围资源整合的组织结构划分为三种，分别是直线型、平面型和网络型（见图7-6）。

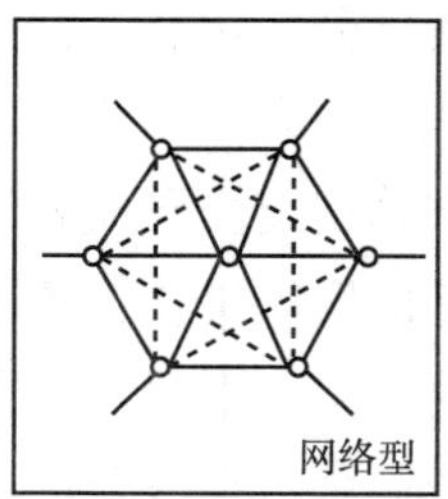

图7-6 区域资源整合组织结构三种方式

（1）直线型：促进产业链延伸的资源整合。

直线型是自上而下的垂直式组织结构。是指不同地区在产业纵向延伸中对资源的整合。资源在不同地区分散式分布，各地区的资源种类可能部分重合，但质量、数量及应用技术有所区别，在应用于同一产业发展时容易形成竞争关系。分散利用面临体量小、效率低、沉没成本高等问题，加速资源的消耗并且无法获得最大化的产出。根据规模经济的理论，将资源整合起来统一利用的效率必然高于分散化经营的收益。因此，直线型组织结构是根据产业链的纵向延伸，将产业链上各个环节所需的分散资源加以整合，形成统一的生产体系，实现资源利用效率的提升（见图 7 -7）。

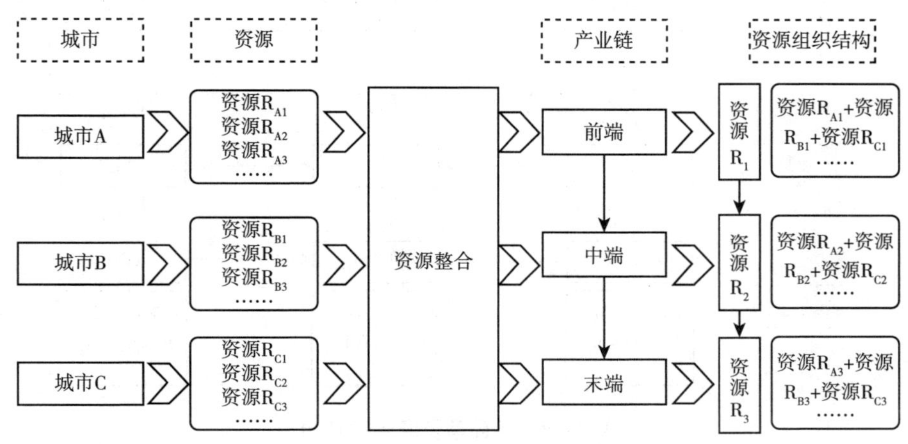

图 7 -7　直线型资源组织结构

（2）平面型：促进产业集群的资源整合。

平面型是扁平化的水平式组织结构，是指不同地区以核心产业为基础，向周边关联产业横向扩张中对资源的整合。产业集群形成的一种方式是产业链的横向扩张，在核心企业周边往往会有相关联的其他企业，作为核心业务的补充。平面型组织结构是根据核心产业的周边产业需求，对区域范围内的资源进行整合，形成横向关联的产业集群，以集聚的形态促进整体竞争优势的提升（见图 7 -8）。

（3）网络型：促进网络层级结构发展的资源整合。

网络型是多节点的立体式组织结构，是柔性化、去中心化的资源组织方式，是在区域资源整合中，对多主体进行跨行业的资源整合。通过创新生产方式，将原本联系较弱甚至互不关联的产业结合在一起，排除直线型或平面型的“一对一”关系，构成“多对多”的网络层级结构。在网络型组织结构中，没有产业的“前端—末端”或“核心—周边”的结构关系，而是以资源为连接点，通过多点合作的方式自由组合，形成有利于区域整体发展的综合产业体系（见图 7 -9）。

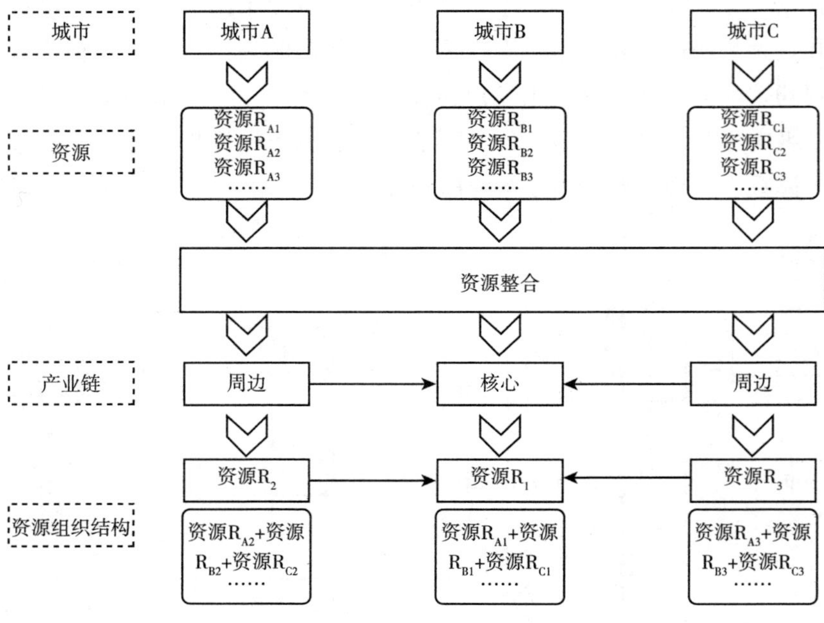

图7－8　平面型资源组织结构

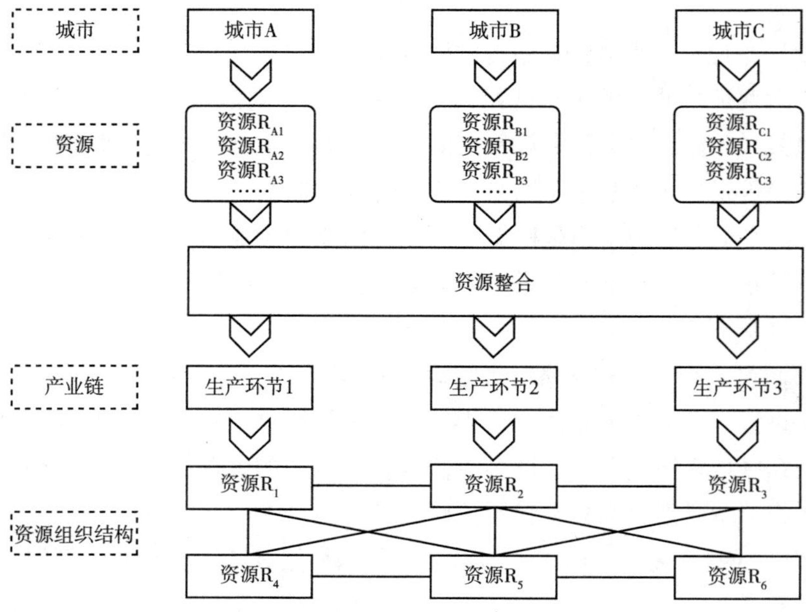

图7－9　网络型资源组织结构

7.4.2.4 利益分配机制

资源整合是多元主体的利益合作，因此，协调各主体的利益关系成为资源整合机制设计中的重要一环。区域的非均衡发展是由于资源禀赋差异造成的，区域间的竞争关系也由对资源的争夺引起，区域协同发展本质上要解决的是在资源禀赋差异的前提下实现资源的跨区开发，并共享发展利益促进区域间发展差异的缩小。资源整合提供了一种资源的合作模式，使各地方合作带来的收益大于各地方单独发展的收益之和，避免了区域间对资源的争夺而造成的恶性竞争，而关键则在于构建了合理的利益分配机制。主要有以下两种。

（1）提高整体收益。在统一目标框架下，区域整体收益的提高才能为参与整合的主体带来可以分享的利益。整体收益的提高依赖于资源要素的增加和资源利用效率的提升，资源组织化利用从以下三个方面提高了整体收益：首先，共享资源降低了资源的获取成本，原本的资源交易被共享模式取代，交易成本转化为更低廉的组织管理成本；其次，资源整合增加了生产要素的投入，在技术水平不变的情况下带来规模收益增加；最后，资源获取范围的扩大同时也带来了市场的扩大，能够在区域范围内提供商品和服务。在区域整体的收益提高之后，参与资源整合的主体从中获取收益，并根据各自参与共享资源的多寡决定收益的分配。

（2）实现错位需求。由于城市之间所处发展阶段不同，对区域协同追求的发展目标也有不同的侧重点，此时资源整合在实现整体收益增加的同时，更关注不同利益主体的多元化需求实现。区域之间的竞争关系不仅体现在资源层面，有时也出现在利益分配的过程中，因此，需要协调利益主体之间的冲突关系，变竞争为合作。产业梯度转移就是错位需求的一种表现，核心城市在经济发展达到一定水平之后追求生态效益的增加，因而将一些产能落后、污染较多的工业企业向外搬迁，而周边地区为了经济增长和产业升级主动承接这些企业，为本地带来税收增加并创造就业岗位。在这一过程中，合作双方在各自的利益目标下都获得了收益的增加。类似这样的错位需求是将合作收益转化为不同主体的多元化需求，在共同的利益框架下实行一致的整合措施，并在此过程中实现各主体的利益诉求。

7.4.3 资源整合的过程

资源整合的流程大致可分为四个环节，分别是资源识别、资源获取、资源配置及资源利用。

（1）资源识别。首先对区域内各类资源进行识别，既是对现有资源利用现状的了解，也是对未来区域发展能力的评估。对资源的种类、获取方式、开发成本、预期收益及所有者等信息进行全面的了解，根据区域发展目标、产业发展状况和资源需求确定资源整合的对象。资源识别过程是认知过程，对内外部环境和整合能力的充分了解是进行资源整合的前提。

（2）资源获取。资源获取主要是通过建立整合平台的方式，促进区域内各主体将可以整合的资源进行共享，涉及对整合平台的管理和对参与共享的利益机制设计。在资源获取过程中，不仅有对现存资源的共享获取，也有对转化资源利用方式和新资源识别开发的过程，通过多渠道拓宽资源获取的途径，从企业到行业，从城市到区域，逐步增加整合平台的资源储备。

（3）资源配置。资源配置是对整合平台中的资源进行组织化利用的过程，根据发展需要将不同地方的不同资源重新加以组合，并投入生产环节中创造新的资源合作。例如，将科研单位的技术资源和投资者的资本资源相结合，设立企业孵化器等。通过不同的资源组合方式，探索资源在不同领域的应用价值，改变原有资源的单一利用方式，在调整产业结构的同时尝试协同创新。

（4）资源利用。在经过对资源的识别、获取和配置之后，通过对彼此独立、松散的资源加以组织化利用，转变为经济、社会和生态效益。以专业化协作提高生产率，通过分工合作享受资源组织化利用的合作剩余。

7.5 资源整合在北京城市副中心的应用实践

北京城市副中心建设提供了资源整合促进区域协同发展的实践检验。主要体现在资源整合促进京津冀城市功能协调和空间优化布局两个方面，我们以典型案例“解剖麻雀”的方式，实证分析资源整合促进京津冀都市圈的协同发展。理论上，资源整合通过共享机制、合作机制、转化机制和创新机制促进城市间的协同增长，现实中，北京城市副中心建设通过一定的资源整合路径将经济、社会、生态效益转化服务于城市功能，带动了区域、城市、产业间的空间结构优化。

7.5.1　北京城市副中心建设背景

2014 年，中央政府首次在国家战略层面提出京津冀协同发展，为了治理北京“大城市病”，促进京津冀协同发展。2016 年 6 月，中央明确了通州区作为城市副中心的定位，北京城市副中心规划建设部署正式启动，主要是以行政手段“划分”北京，通过市级政府机关向东搬迁至通州，带动中心城区的人口和功能疏解，并进一步加强和河北北三县（大厂、三河、香河）的联系，借资源整合之势，行协同发展之举。

通州区的建设和发展主要经历了四个不同的阶段，如表 7 – 2 所示。从卫星城到城市副中心的转变，反映了通州区与主城区关系的改变。在卫星城建设阶段，主城与通州构成“核心—边缘”的单核单中心空间结构，主要的城市服务功能高度集中在主城区，形成通州对主城区的依附发展。在城市副中心建设阶段，通州区致力于新城建设，以行政中心的迁移和基础设施的全面建设带动部分城市职能、产业和人口的疏解，摆脱两地之间的依附关系，增强通州在区域城市体系中的核心城市功能，构建多核多中心的均衡发展空间结构（见表 7 – 2）。

表 7 – 2　通州区建设发展历程

时间	城市定位	发展战略
1984 ~ 1996 年	远郊卫星城	北京郊区小城镇
2005 ~ 2007 年	新城卫星城	北京未来城市综合中心
2009 ~ 2012 年	国际化新城	北京东部发展首都新区
2014 ~ 2016 年	城市副中心	行政副中心、北京新城、京津冀协同发展试验区

7.5.2　城市副中心建设面临的主要问题

7.5.2.1　新老城区发展差距较大

主城区与新城之间发展差距过大是由以往产业发展的“转移—承接”关系导致的，产业梯度转移使新城产业结构落后于主城区，过度依赖资源输出的发展模式限制了建设活力。由于产业发展不足导致新城缺少工作机会，部分上班族在新老城区之间做起“潮汐族”，加剧“职住分离”现象和往来交通压力。加之公共服务水平的差距，无法吸引更多人口向新城疏解，致使新城在区域发展中无法发挥增长极的带动作用，承担相应城市职能。

7.5.2.2 规划定位与现有基础差距较大

大量外部资源在新城建设中无法与本地资源对接，发挥其应有的作用，反而成为制约新城发展的负担。由于缺乏相应的生活服务设施、商业服务功能和相关管理体制机制，通州目前无法承担更高等级的城市功能，规划定位的国际医疗服务区、文化创意产业集聚区、高端商务服务区等还有待建设，主城区提供的产业、技术、人力资源尚无法发挥最大的资源优势。

新城建设的主要矛盾既反映在经济水平、就业机会、产业结构等直观内容上，也反映在新老城市资源的冲突上。因此，需要在城市副中心建设过程中，对新老城区的各类资源进行整合，盘点新城具有的资源优势和主城能够提供的资源支持，明确城市副中心建设的资源需求和合理的组织利用方式，以发挥资源整合的最大效用，构建区域范围内的均衡发展空间结构。

7.5.3 城市副中心建设中的资源整合效应体现

7.5.3.1 资源整合促进区域功能结构提升

当经济和社会发展到一定程度时，人们对美好生活的追求不再局限于财富积累和便捷的城市生活，而更关注“青山绿水”的宜居环境，因此，城市的资源整合是在经济和社会效益提升的同时，进行生态环境的修复，提升其生态效能。具体包括图 7 – 10 所示的三个方面的功能提升。

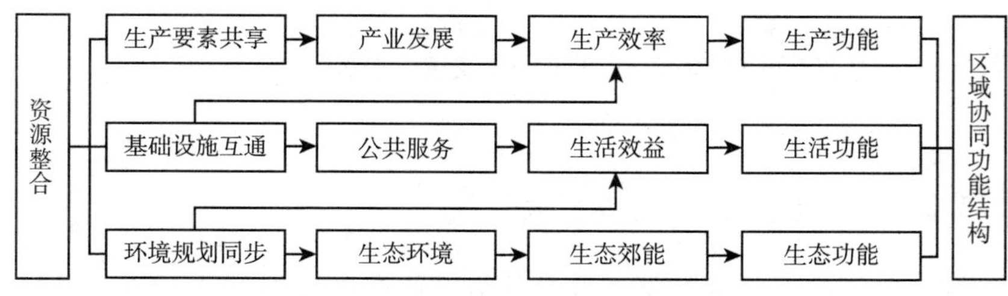

图 7 – 10 资源整合促进区域功能结构提升路径

一是促进生产功能提升，实现产城融合。以就业为主的人口迁移模式是新城建设集聚人口的主导方式，生产功能的改造提升服务于新城产业发展水平的提高和产业结构调整，并在新老城区范围内形成合理的产业分工布局。针对多种资源的整合，探索丰富资源的利用方式，提高资源利用效率；针对同质资源，构建资源整合平台，创造产业孵化环境；针对不同地域资源，促成区域联动，实现资源由专享转变为共享，缩小区域间发展差异。生产功能是新城建设的核心驱动因素，以新城现有发展条件为基础，结合内外部资源整合，确定主导产业和支柱产业，构建新城产业发展体系，提升经济建设水平的同时提供大量就业岗位，促进产城融合。

二是促进生活功能完善，带动人口落户。整合区域基础设施资源，构建立体化的区域交通网络系统，在增强新老城市联系的同时，提供便利快捷的交通服务。完善城市的基础服务设施，例如供水供电管道等市政设施，提升城市发展的"硬件"实力，满足日益增长的人口生活需要。通过资源整合，在区域范围内促进公共服务的均等化发展，尤其在教育和医疗方面，缩小不同地区之间的公共服务差异，以高水平的公共服务质量吸引人口的落户，促成区域人口结构的均衡分布。

三是助益生态功能恢复，构建宜居环境。资源整合以城市生态服务功能为约束，以提升生活和生产环境质量为目标，克服粗放型增长带来的生态环境破坏问题。积极进行城市生态功能修复，对已存在的污染源进行治理，维护城市生态系统的可持续发展，打造生活宜居城市。

（1）经济子系统上促进生产功能。

腾笼换鸟——资源更新型整合。通州区历史上形成了许多"工业大院"，这是20世纪90年代由镇村产业集聚在一起形成的产物，涉及企业3500余家，这些企业以乡镇小企业为主，占用了大量的土地。随着北京城市副中心的建设，通州区政府对工业大院开始进行重点整治。以工业企业为重点，对不符合功能定位的落后产能予以工业调整退出。在对化工、家具、金属制品、木器加工等24个行业的企业进行转移退出和违建集中拆除之后，共计腾退违法占地约15000平方米。原有的138个工业园区和工业大院，经整顿后保留园区5个，核减面积3298.56公顷。对工业大院的清理整顿是对土地资源的更新整合，腾退出大量可利用土地，缓解了目前土地资源稀缺的矛盾，为城市副中心建设提供发展的空间。

文创产业化——资源组合型整合。宋庄文化创意产业集聚区位于北京通州东北部，由于临近首都文化中心的地缘优势且保有古朴的乡村景观，宽敞、优美的艺术创作环境吸引了最早一批艺术家的到来。在20多年的发展过程中，宋庄由最初的艺术家社区逐渐演化成集聚大批优质文化资源的文创产业园区，并以其“原创艺术”的核心竞争力享誉国际。宋庄在发展过程中，形成了以文创产品为核心的文化创意产业集聚区，从原材料供应、艺术创作、产品包装、成品出售等各个环节均已形成成熟的产业链条。在城市副中心建设规划中，将原宋庄文创产业园区116平方千米的绝大部分纳入新城建设范围内，设立文化创意产业集聚区，带动了一批艺术类院校在通州设立分校，完善人才培养体系，为宋庄艺术家群体创造强大的“造血功能”。宋庄文创资源整合的核心在于构建以文创产品为核心的资源合作平台。各类艺术培训机构和艺术类院校借助当地的文创资源优势，形成了青少年兴趣班、艺考学生集中培训、艺术爱好者学习和艺术类高校人才培养的体系；同时，艺术人才的培养又不断为宋庄艺术家群体注入新的活力，输送更多人才，推动艺术创作核心竞争力的提升。以宋庄文创产品为核心，整合教育培训和人才资源，多方参与，组合成规模更大、专业化程度更高的文创产业体系。

创建环球影城——新资源开发型整合。2014年，北京市引进美国环球影城大型主题公园项目，在通州文化旅游区内规划选址4平方千米进行建设，预计2019年底建成，2020年开园。环球影城项目是面向未来发展的新资源开发型整合，创新动画娱乐资源的利用方式，将其作为文旅资源进行开发，通过创造体验式休闲娱乐中心，引入新的产业发展资源，为关联产业的发展留出“接口”。首先，环球主题公园以其深入人心的荧幕形象为核心，开发周边游戏、服饰、纪念品等相关产品并销售，借助良好的品牌形象提升文化附加值；其次，带动上下游关联产业的发展，例如影视制作、动漫绘画、精品演艺等相关产业；最后，以大量的游客资源催生特色餐饮、消费购物、高端旅游、体验住宿的需求，构成游购娱一体化的产业链条。主题公园的引入本质是对新资源的吸纳和利用，针对文旅资源缺乏的地区来说，积极创造资源优势，培育区域文化旅游产业，并以核心资源为主，整合区域范围内相关联的动漫文创产业资源、旅游业资源、技术资源、生活性服务业资源等，形成区域之间的联动优势。

（2）社会子系统上提高生活功能。

过去通州因高度依赖主城区而被人戏称为“睡城”，房地产业和建筑业是支撑通州发展的核心支柱产业（见表7-3）。城市生活功能的缺失导致了职住分离、有城无产等问题，新城建设为提升城市生活服务功能创造了有利条件。

表7-3　　通州区2013~2015年地区生产总值　　单位：万元

项　　目	2013年	2014年	2015年
工业	1757738	1904420	1932439
建筑业	733216	862205	850906
批发和零售业	367104	407438	452476
交通运输、仓储和邮政业	693338	74460	81631
住宿和餐饮业	71372	74095	72630
信息传输、软件和信息技术服务业	12417	14268	16219
金融业	321304	357710	393353
房地产业	745230	727249	817823
租赁与商务服务业	75029	83158	87194
科学研究和技术服务业	96167	130622	151920
水利、环境和公共设施管理业	27153	32193	41263
居民服务、修理和其他服务业	47469	52962	62144
教育	191569	211841	333792
卫生和社会工作	107504	130511	195999
文化、体育和娱乐业	13710	13753	14831
公共管理、社会保障和社会组织	203520	209592	251584

资料来源：通州统计年鉴。

在改善人民生活质量、促进公共服务提升方面，通州区主要着力于以下三个资源平台型整合方式，将区域公共资源联通共享：交通方面，整合本地路网系统，与区域范围内核心城市、交通枢纽加强联系，构建京津冀一小时都市圈的大交通体系；教育方面，整合本地教育资源与主城区教育资源对接，推进名校办分校工程，解决从业人口子女教育问题。同时规划建设高教园区，吸引主城区各高等院校以多种形式落户通州，形成新城教育资源集聚优势，促进科研实力提升，服务于通州城市发展；医疗方面，整合医疗服务、养老养生、中草药种植等资源，规划建设四个区域医疗服务中心，发展面向全国和东北亚地区的医疗康体产业，实现新城范围内的公共医疗服务全覆盖。

（3）生态子系统上提升生态功能。

生态文明建设已成为各地区发展的核心问题之一。人民生活空间的生态环境质量直接影响宜居性和舒适性体验，而生态文明建设对提升生活质量，增强人民生活幸福感至关重要。通州对自然环境资源的整合是将本地环境资源纳入区域的规划体系中，协调同步规划目标，实现资源平台型整合。

水资源方面，新城建设中对生活供水和污水处理两方面进行资源整合，铺设自来水管网 118 千米，新建 10 万吨污水处理厂，启动河东再生水厂、通惠河截污等工程，完善城市供水管线，并对污水处理进行严格把控，改善水环境质量；绿地资源方面，构建全区“两带一环一心”的绿色空间结构，在城市副中心 155 平方千米范围内形成“一带一心多廊多园”的生态建设格局，提升区域生态环境承载能力；通过对水环境治理、绿化设施建设等项目，城市副中心建设实施以生态环境先行的发展战略，严格控制城市建设中对生态环境的影响，并在产业发展等方面积极配合生态需求，避免引进高污染、高耗能企业，打造高水平的新城建设。

7.5.3.2 资源整合促进区域空间结构优化

区域空间结构优化是在功能提升的基础上进行的布局调整，是引导功能完善、提升整体发展水平的重要措施。城市副中心的建设是从实体空间结构和不同空间尺度下的内涵结构两个方面来支撑区域的空间优化。在资源整合的过程中，从点到面逐渐向外扩大整合的空间范围，构建多级空间联动的区域协同体系，并在产业、城市和区域层面建立空间内涵结构的协同。

一是通过资源整合促进实体空间结构协同。资源整合在构建实际空间结构的协同体系中发挥着重要的作用。通过整合行政办公区、城市副中心、通州区、北三县、通武廊等地区，构建圈层式的空间发展体系，以点带面推动京津冀协同发展的空间结构优化，如图 7 – 11 所示。

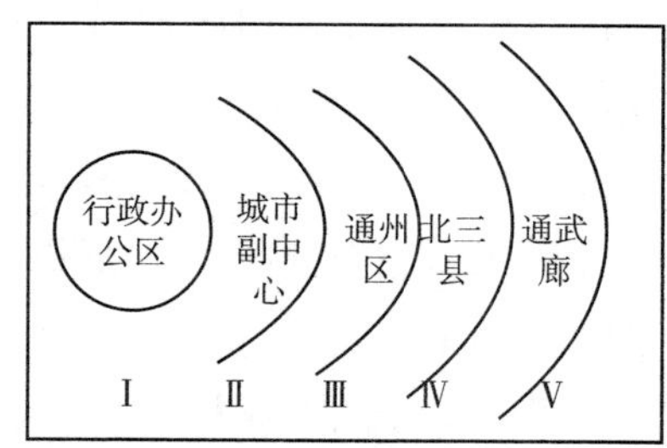

图 7 – 11 资源整合推动空间结构优化的圈层结构

核心层是行政办公区。城市副中心的建设是以行政中心迁移带动的城市综合职能空间转移，副中心的建设以行政办公区建设为突破口，划定6平方千米的核心区建设北京市委、市人大、市政府和市政协“四大班子”的办公场所及职工配套住房，通过行政手段促使政府工作人员搬迁，带动资源转移的落地。

第二圈层是城市副中心规划范围，涵盖了通州老城区的大部分地区，规划建设“一核五区”的主体城市框架。“一核”指通州国际新城的核心区，“五区”指文化旅游区、文创产业集聚区、环渤海高端总部基地集聚区、国际医疗服务区和国际组织集聚区。

第三圈层是通州全区。在远景规划中已有意将通州全区纳入城市副中心的建设范围，旨在通州建设“新北京”。通州作为未来承接中心城区功能的重要疏散地，在城市副中心的建设过程中能够享有更多资源的倾斜和政策优惠，全区纳入城市副中心范围更是对本地整体发展实力的全面升级，释放更大的发展潜力。

第四圈层是联合紧邻通州区的河北三河市、香河县和大厂回族自治县（通常称作“北三县”）。随着城市副中心范围的扩大，对周边地区的影响范围和影响程度也在不断加深。北三县将通州连接京津冀东部城镇空间体系“跳板”，促进北京与周边地区的联动发展。“北三县”与通州区具有天然的地缘优势，是突破京津冀合作的重要窗口。

第五圈层是通州、武清、廊坊共同构成的“通武廊”试点区，通过逐步扩大城市副中心的影响范围，联通京津冀协同发展的渠道。三地分属京津冀的治理范围，推动三地的合作对开启京津冀协同的实质进展具有重要的作用。通州、“北三县”、武清廊坊分级递进促进京津冀东部地区协同发展。

二是从空间内涵结构上加强协同。首先是产业发展层面廓清产业空间，通过腾退工业大院整合土地资源，从地理空间上为产业结构调整创造有利的条件。在靠近主城区 CBD 的区域划定运河商务区，充分发挥产业集聚优势和区位便利条件，通过资源整合的方式对产业发展的空间结构进行合理的调整。其次是城市发展层面疏解非首都功能，带动通州本地经济社会的发展。资源整合通过构建公共服务的整合平台，建立立体化的交通路网，促进人员和商品的流动。同时以教育、医疗资源疏解的方式，带动通州本地的公共服务升级。城市层面的资源整合能够更好地促进人口和要素在空间上的合理分布，缩小不同城市之间因资源禀赋差异造成的发展实力差距。最后是区域发展层面优化区域的空间结构，城市副中心建设的目标定位即推动京津冀协同发展。

作为实践切入点，副中心的建设对协调北京、天津和河北之间关系起到了连接和推动的作用。通过规划层面的“一张蓝图绘到底”，将北京和环京地区纳入统一的规划体系中，充分考虑不同地方的发展需求和未来的发展方向，实现区域层面的空间结构优化。

城市副中心建设是资源整合在京津冀区域的实践，可以对未来更大范围的功能维度和空间维度的提升优化提供参考。城市副中心建设作为京津冀协同发展的现实切入点，其资源整合在功能提升和空间优化两个方面所发挥的作用，为更大范围内资源的跨区流转和整合提供了实践探索的经验。资源更新型整合、资源组合型整合、资源平台型整合和新资源开发型整合促进了功能维度的协同；资源整合空间层面通过以点带面的圈层结构，不断向外扩大城市副中心的影响范围，将北京中心城区与河北、天津等地连接在一起，构建以行政办公区为核心的区域空间协同体系，推动了非首都功能的疏解和区域整体功能结构调整。对此，我们还需要好好总结，真正把京津冀都市圈协同发展的资源整合思路和方式贯彻在实践之中。

第8章　京津冀协同发展下的产业空间再造调整

京津冀都市圈的形成和治理关键在于经济利益分享。经济利益及其产业分工是京津冀三地利益相关者最为重视的，这就要研究京津冀都市圈的产业分工问题。以前三地都追求各自行政区范围内大而全的产业体系和产业结构升级，以致北京、天津出现“大城市病”，河北出现“环京津贫困带”，而且整体区域的环境公共问题也日益突出。现在《规划》对三地的功能定位已明确，京津冀要按照功能定位选择产业发展的重点，但须在两个层面把握好：一个是产业的布局要超越既有的行政格局，从整体区域出发谋划产业空间架构，不同层级城市和地区要按照主体功能区之间的内在联系，塑造地区专业化分工体系。具体按点（主要城市与产业园区）、线（铁路、公路、海运线等重要交通轴线）、面（产业功能集群带）的空间格局来构建产业集群空间架构。另一个是产业的调整不能在既有产业体系上进行“归大堆”取舍，而是要以产业集群为基础进行区域产业调整，打破既有的行政性地区化产业结构体系，形成京津冀“齿合型”产业分工结构。具体以产业园区为突破口，构建产业整合平台，打破行政隶属关系，按照专业特色促进产业集群。事实上，2017 年 12 月，京津冀三省份已经首次联合制定《关于加强京津冀产业转移承接重点平台建设的意见》，提出要加强京津冀产业转移承接重点平台建设，初步明确“2 +4 +46”平台，这可以说是京津冀区域产业集群的载体，也是产业结构空间调整再造的抓手。

8.1　京津冀协同发展提出前产业状况评价

表面看来京津冀三地产业差异较大、层级阶梯明显，也有不同的产业发展重点，但多年来三地产业分工合作并没有显著成效。其原因在于三地都追求各自行政区范围内大而全的产业体系和产业结构升级，产业分工与合作所体现的产业转移滞缓产业集聚受限。京津冀产业结构同构，这势必造成区际间对同类资源和同类市场的竞争，影响区域特色的形成和优势发挥。但是京津冀三地毕竟有发展程度的差异，也客观存在着不同优势产业的差别，尤其是以产业园区为载体的产业集群发展初具特色，北京偏重高科技文化创意型产业，天津倾向于深加工大型制造产业，而河北趋向资源型产业和轻型加工产业。

8.1.1 京津冀各自产业结构不断升级

我们以2007年和2013年的产业结构进行比较。2007年，北京全年实现生产总值（GDP）9006.2亿元，连续第9年实现两位数增长。其中，第一产业增加值101.3亿元，增长2.1%；第二产业增加值2479.3亿元，增长12.6%；第三产业增加值6425.6亿元，增长12.3%。第三产业中，信息传输、计算机服务和软件业，租赁和商务服务业，科学研究、技术服务与地质勘查业，教育等行业发展较快，增速高于第三产业平均水平。三次产业结构比为1.1：27.5：71.4；2007年，天津全市实现生产总值（GDP）5018.28亿元，经济连续第5年在高增长平台上快速、稳定运行。其中，第一产业实现增加值102.86亿元，增长1.4%；第二产业增加值2891.33亿元，增长16.5%；第三产业增加值2024.09亿元，增长14.0%。第三产业增速比2006年加快2.9个百分点。三次产业结构比为2.1：57.6：40.3；2007年，河北省全省生产总值（GDP）达到13863.5亿元，比2006年增长12.9%。其中，第一产业增加值1971.2亿元，增长4.0%；第二产业增加值7252.5亿元，增长14.2%；第三产业增加值4639.8亿元，增长14.6%。第一、第二、第三产业增加值占全省生产总值的比重分别为14.2：52.3：33.5（见图8－1）。

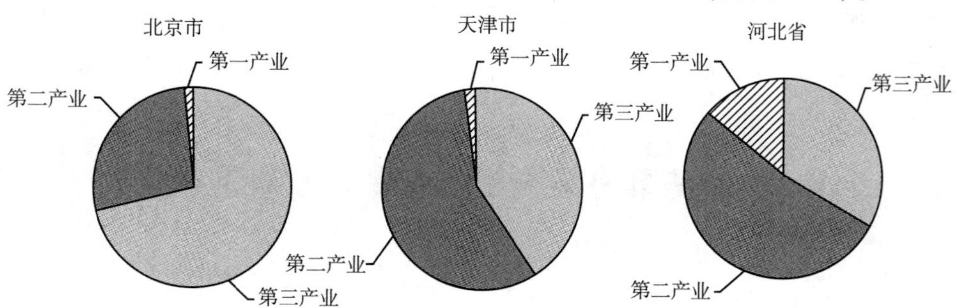

图8－1　2007年京津冀三产结构比较

到2013年，北京市生产总值（GDP）达19500.6亿元，比2012年增长7.7%。其中，第三产业增加值比重为76.9%，三次产业比重为0.8∶22.3∶76.9；天津市生产总值（GDP）达14370.16亿元，比2012年增长12.5%，第三产业的增加值比重为48.1%，三次产业比重为1.3∶50.6∶48.1；河北省生产总值（GDP）达28301.4亿元，比2012年增长8.2%，第三产业增加值比重为35.5%，三次产业比重为12.4∶52.1∶35.5（见图8－2）。

2013年，北京第三产业比重是河北2.1倍，是天津的1.6倍，而全国的比重为46.1%。河北第一产业增加值比重为12.4%，北京为0.8%，天津为1.3%，全国为10.0%，京津第一产业增加值加起来仅相当于河北1/10。北京第三产业占比突出，天津第二产业地位明显，河北第一产业占比较大。仅就产业结构来看，京津冀三地产业结构升级越来越高，三地不同产业的占比也越来越大。

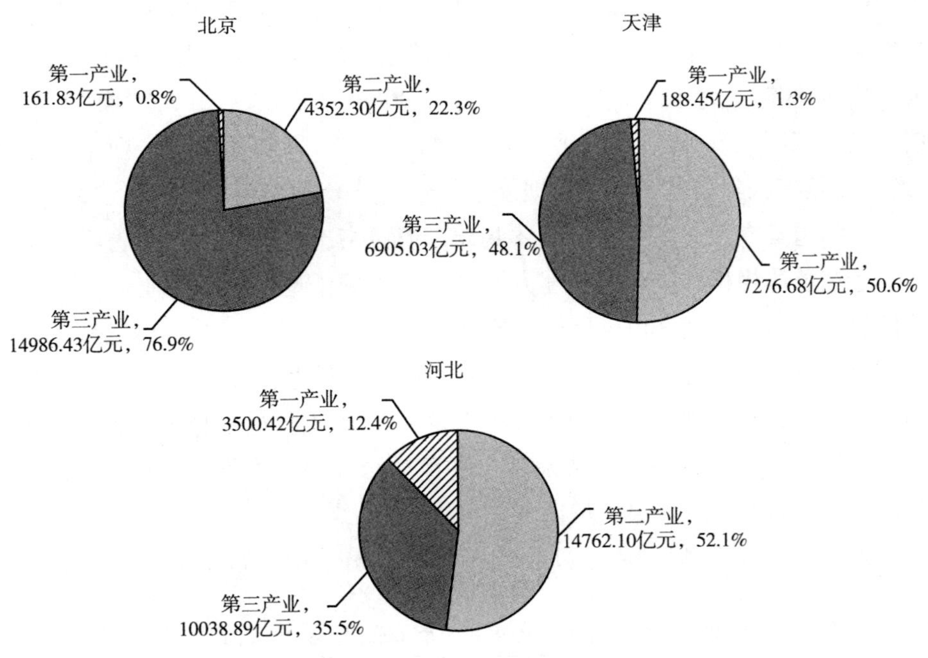

图8－2　2013年京津冀产业构成状况

8.1.2　京津冀产业各有特色

北京是我国科技实力最雄厚、人力资本最丰富的地区，国家级科研机构大多坐落在北京，高等院校云集，科技投入和科技成果远远超过国内其他任何一个省份，据北京市第三次经济普查主要数据公报4号公报，2013年，北京研发（R&D）经费支出11850亿元，比2009年增长77.2%，研发经费投入强度（研发经费与地区生产总值之比）由2009年的55%提高到61%，提高了0.6个百分点，位列全国第一。研发人员全时当量24.2万人年，比2009年增长26%。专利申请5.6万件，比2009年增长1.2倍，其中发明专利3.9万件，比2009年增长1.2倍。2013年末，全市共有文化创意产业法人单位14.6万个，比2008年末增长1.7倍；从业人员183.6万人，比2008年末增长71.3%；资产总计20594.7亿元，比2008年末增长1.5倍；收入合计12377.4亿元，比2008年增长1.3倍；利润总额776.3亿元，比2008年增长1.8倍（北京市第三次全国经济普查主要数据公报4号公报，2014年）。因此，第三产业发展基础雄厚，且对经济发展的贡献度也高，尤其是金融、保险、通信、邮政、信息传输等生产性服务业优势突出。2013年末，北京市生产性服务业法人单位365万个，比2008年末增长18倍；从业人员4849万人，比2008年末增长63.7%；收入合计90634.1亿元，比2008年增长13倍；利润总额178742亿元，比2008年增长29倍，均高于第三产业平均增速（北京市第三次经济普查主要数据公报4号公报，2014年）。

天津也具有较好的科技、人才基础，但更突出的是发达的制造业。天津制造业在总体规模和技术密集度方面处于全国领先地位。制造业是天津经济的优势所在，是拉动全市国民经济连续十几年两位数增长的主要力量。

河北省虽然经济发展水平相对较低，但在区域经济发展中也具有很多优势。工业具有一定基础，劳动力资源丰富，在构建区域产业链、提供配套产品方面具有一定的竞争力，特别是在资源供给（包括农产品供应）、物流方面，河北省对北京、天津贡献很大。

2005年京津冀地区各主要城市工业的专业分工情况如表8－1所示。

表8－1　　2005年京津冀地区各主要城市工业的专业分工情况

城　市	优势行业和产品
北　京	高新技术产业，主要包括手机、微型计算机和软件；轿车
天　津	手机、电子元器件、大规模半导体集成电路和手机电池；轿车、客车和汽车电子类零部件；石油化工和海洋化工；无缝钢管和其他金属制品；中成药；新能源和环保产业

续表

城　市	优势行业和产品
石家庄	化学原料；纺织服装
保　定	SUV 和皮卡及汽车零部件；太阳能和风能等新能源；输变电设备制造
张家口	矿山设备；钢材；煤电能源；葡萄酒和果汁饮料
唐　山	钢材；建材；煤电能源；海洋化工

资料来源：由各城市 2005 年统计公报、“十一五”发展规划纲要和实际调研资料综合得到。

8.1.3　京津冀整体产业分工水平偏低

关于京津冀区域产业分工的现状研究，主要有两种观点。一种认为京津冀存在主导产业趋同现象，尤其是京津地区①；另一种认为京津冀地区各主要城市产业之间并不存在严重的产业同构，而是表现出一个初步的专业化分工格局，存在一定互补性②。孙久文，丁鸿君（2012）计算了京津冀分工指数，认为 2005 ~ 2010 年京津冀总体分工水平有了一定程度的提高，并趋于合理化，产业的差异度也明显提高，但部分行业的分工程度偏低，一些问题仍然存在。周立群、夏良科（2010）构建了趋于一体化分层指标体系，包括产业一体化、市场一体化、政策一体化，计算了长三角、珠三角、京津冀一体化水平，结果表明京津冀一体化程度最高，长三角、珠三角最低。

为了更为深入准确地测度京津冀产业分工状况，我们运用现在比较成熟的理论方法来检测。主要采用 2013 年北京统计年鉴、天津统计年鉴、河北经济统计年鉴 40 个工业部门的经济统计数据，包括各产业的工业总产值，各地区的总工业产值，这些数据相对于其他统计来源，数据标准化程度更高、更统一。主要运用利用克鲁格曼分工指数即产业间分工指数（Krugman，1991）来测算京津冀产业间分工指数，基于投入产出表数据来测算京津冀分工情况。投入产出表中的数据充分反映了产业关联，能更好地体现出产业分工情况。

我们的研究认为，京津冀整体的分工水平还是偏低的，从三地各自的经济体系来看，各地的经济系统非常完整，这说明“行政区经济”的影响还并

① 母爱英，王叶军，单海鹏．后经济危机时代京津冀都市圈发展的路径选择［J］．城市发展研究，2010（12）．

② 孙久文，丁鸿君．京津冀区域经济一体化进程研究［J］．经济与管理研究，2012（7）．

未完全消除，京津冀地区产业的分工和合作还没有深入展开。

克鲁格曼分工指数公式为：

$$Srs = \sum_{i=1}^{n} \left| \frac{q_i^r}{q^r} - \frac{q_i^s}{q^s} \right| \quad (8-1)$$

其中，下标 r 和 s 表示区域；i 表示产业；q_i^r和q_i^s分别表示两地区的 i 产业的产值；q^r和q^s是两地区各自的总的工业产值。如果地区 r 和地区 s 有完全相同的产业结构，也就是说，对所有的 i，产值份额都是一样的，那么这个指数当然为 0。如果两个区域的产业结构毫不相关，这个指数将为 2。因此，这个指数可以衡量区域分工的程度，即 $0 \leqslant Srs \leqslant 2$，指数值越高，两地区行业差异程度越高；指数值越低，两地区产业同构性越大。

我们采用 2013 年北京统计年鉴、天津统计年鉴、河北经济统计年鉴 40 个工业部门的经济统计数据，包括各产业的工业总产值，各地区的总工业产值。严格来说，产业分工计算跟产业的划分有极大的关系，产业划分越细，克鲁格曼指数将会越大，相反则越小（见表 8－2）。本书采用的数据相对于其他统计来源数据标准化程度更高更统一。

表 8－2　　　　京津冀克鲁格曼分工指数

地区	克鲁格曼分工指数
北京—天津	0.76
北京—河北	1.00
天津—河北	0.65

从表 8－2 可以看出，北京、河北、天津的克鲁格曼分工指数都小于等于 1，这说明京津冀整体的分工水平还是偏低的。从三地各自的经济体系来看，各地的经济系统非常完整，这说明“行政区经济”的影响还并未完全消除，京津冀地区产业的分工和合作还没有深入展开。

从区域内部来看，北京和河北的克鲁格曼系数最大为 1.00，这说明两地产业异质性较高，产业结构差距大。北京跟天津的产业结构差距要比天津跟河北的产业结构差距大，这也说明了北京已经处于工业化发展的后期，而天津正在工业化快速发展阶段，河北则处于工业化起步阶段。但这种阶梯性差异是以整体产业体系和结构层级为背景的，这种表面上的层级差异却并不能说明产业梯度转移的动能就大。

8.1.3.1　京津冀在产业方向上有差异，专业化达到一定水平，但存在一定的竞争关系

区位商是用来描述一个地方某个产业专业化程度的有效工具。区位商大于 1 说明该部门在本地区形成了一定的规模，达到一定的专业化水平。这里计算的区位商是相对于全国水平的区位商，而非是三地之间的专业程度的比较。因此，数据反映了该行业在全国的一个水平分布。通过区位商的计算，可以得出京津冀各自的专业化部门，尤其是对于北京，通过得出区位商较小的行业部门，可以知道该行业目前没有形成规模优势，具备转移出去的可能性。

区位商计算公式：

$$\beta_{ij} = \frac{q_{ij}/q_j}{q_i/q} \tag{8-2}$$

区位商（β_{ij}）中，其分子是地区 j 的产业 i 占该地区全部产业总值的份额，分母是产业 i 占全国全部产业总值的份额，所以 β 指数也是测度该地区的产业结构与全国平均水平之间的差异，借此评价一个地区的专业化水平。我们采用 2013 年北京、天津、河北、全国第一产业、第二产业、第三产业总产值数据来计算三大产业的区位商，所有数据来自北京、天津、河北、国家统计局网站。同时，为详细理解京津冀三地第二产业的现状，尤其是北京第二产业的现状，本书选取《2012 年中国工业经济统计年鉴》提供的 2011 年京津冀三地以及全国 27 个工业部门的工业总产值数据来计算工业部门的区位商。

通过表 8－3 可以看出，北京在第三产业有绝对的优势，天津、河北在第二产业有很大的优势，同时天津的优势略大于河北，这说明天津打造现代制造业中心是有基础的。河北在第一产业有很大的优势，同时第二产业优势在全国也相对较大。

表 8－3　　　　京津冀三大产业区位商

区位商	北京	天津	河北
第一产业	0.09	0.13	1.32
第二产业	0.51	1.20	1.19
第三产业	1.64	0.99	0.76

通过表 8－4 可以看出，北京区位商大于 1 的工业部门一共 9 个，占 27 个工业部门的 33.3%。优势部门主要集中在电力、热力的生产和供应业、交通运输设备制造业、通信设备、计算机及其他电子设备制造业、仪器仪表及文化办公用机械制造业、医药制造业、黑色金属矿采选业、石油加工、炼焦及核燃料加工业、煤炭开采和洗选业、专用设备制造业。

表 8－4　北京区位商大于 1 的行业

部门名称	区位商
电力、热力的生产和供应业	2.71
交通运输设备制造业	2.22
通信设备、计算机及其他电子设备制造业	1.78
仪器仪表及文化办公用机械制造业	1.78
医药制造业	1.70
黑色金属矿采选业	1.51
石油加工、炼焦及核燃料加工业	1.37
煤炭开采和洗选业	1.33
专用设备制造业	1.22

通过表 8－5 看出，天津在 27 个工业部门中区位商大于 1 的部门共有 8 个。优势部门为石油和天然气开采业，黑色金属冶炼及压延加工业，食品制造业，金属制品业，石油加工、炼焦及核燃料加工业，交通运输设备制造业，煤炭开采和洗选业，通信设备、计算机及其他电子设备制造业。天津部门优势部门重合的为交通运输设备制造业、通信设备、计算机及其他电子设备制造业、煤炭开采和洗选业。这说明天津在承接这些部门或者两地在此部门之间进行资源共享和资源整合方面有很大的潜力。

表 8－5　天津区位商大于 1 的行业

部　门	区位商
石油和天然气开采业	5.48
黑色金属冶炼及压延加工业	2.13
食品制造业	1.88
金属制品业	1.45
石油加工、炼焦及核燃料加工业	1.33

续表

部　　门	区位商
交通运输设备制造业	1.31
煤炭开采和洗选业	1.25
通信设备、计算机及其他电子设备制造业	1.25

通过表 8－6 看出，河北在 27 个工业部门中区位商大于等于 1 的共有 6 个，相对于京津有很大的差距，说明河北工业总体情况比较落后。河北的优势部门是黑色金属矿采选业、黑色金属冶炼及压延加工业、金属制品业、石油加工、炼焦及核燃料加工业、电力、热力的生产和供应业、煤炭开采和洗选业。可以说相对于北京和天津，河北的制造业并没有什么优势。表 8－6 中 6 个区位商大于等于 1 的行业中，制造业仅有黑色金属冶炼及压延加工业和金属制品业。在一些技术含量高的装备制造业中河北更没有明显优势，例如交通运输设备制造业区位商仅为 0.54、专用设备制造业 0.72、医药制造业 0.78、化学原料及化学制品制造业 0.63。这显然是河北打造高端装备制造业的一个“瓶颈”。目前来看，河北的优势主要是集中于采矿业，这也是为什么目前北京一些产业专业即使转移到东南沿海也不转移到河北的原因，也就是说河北缺乏产业的承接平台。

表 8－6　　河北区位商大于等于 1 的行业

部　　门	区位商
黑色金属矿采选业	5.81
黑色金属冶炼及压延加工业	3.74
金属制品业	1.44
石油加工、炼焦及核燃料加工业	1.17
电力、热力的生产和供应业	1.11
煤炭开采和洗选业	1.00

通过图 8－3 可以看出，北京、天津、河北各自的专业化方向是一定分工的。尤其是北京同天津、河北产业分工明显，河北和天津分工不太明显，存在一定的竞争关系。北京专业部门主要在第 15、第 23、第 25、第 26、第 27 部门。天津集中于第 2、第 7、第 13、第 20 部门，河北集中于第 3、第 13、第 18、第 20 部门。

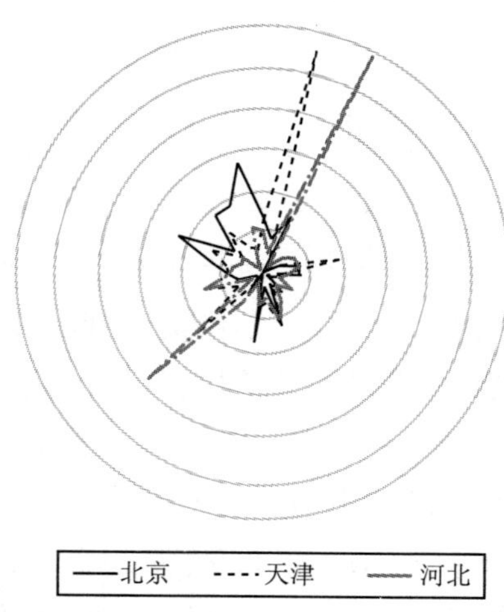

图8-3 京津冀42部门区位商雷达

8.1.3.2 京津产业效率较高但重合部门较多，河北产业效率总体偏低，但与京津差异较大

鉴于北京目前面临着产业结构优化调整和部分产业的转移，因此，主要考虑第二产业，对于明显体现首都核心功能的科技、文化等产业不作分析。

模型和方法：

采用DEA模型。数据包络分析（data envelopment analysis，DEA）方法是运用数学工具评价经济系统生产前沿面有效性的非参数方法，它适应用于多投入多产出的多目标决策单元的绩效评价。

本书选取的投入指标为固定资产合计、流动资产、从业人员人数，反映了企业在生产中的各种要素投入。选取的产出指标为工业总产值、主营业务税金，反映了企业的最终产出。为充分比较各个产业的生产效率，本书选取了全国31个省份的27个产业部门的行业经济指标。

模型求解的软件工具是MaxDEA5.2。全部数据来自《2012年中国工业经济统计年鉴》。结果及分析如表8-7所示。

表8-7 京津冀27个产业部门效率

工业部门	北京	天津	河北
煤炭开采和洗选业	1.00	1.00	0.32
石油和天然气开采业	0.45	0.91	0.40

续表

工业部门	北京	天津	河北
黑色金属矿采选业	0.44	1.00	0.96
有色金属矿采选业			0.66
非金属矿采选业	0.22	0.22	0.52
农副食品加工业	1.00	1.00	0.78
食品制造业	0.53	1.00	0.88
饮料制造业	0.67	0.85	1.00
烟草制品业	0.82	1.00	0.81
纺织业	0.87	0.44	0.96
纺织服装、鞋、帽制造业	0.64	1.00	1.00
造纸及纸制品业	0.85	0.51	0.93
石油加工、炼焦及核燃料加工业	1.00	0.88	0.52
化学原料及化学制品制造业	0.74	0.81	0.76
医药制造业	1.00	1.00	0.61
化学纤维制造业	0.17	0.48	0.44
非金属矿物制品业	0.93	0.96	0.67
黑色金属冶炼及压延加工业	0.45	1.00	0.89
有色金属冶炼及压延加工业	1.00	1.00	0.72
金属制品业	0.50	0.66	0.77
通用设备制造业	0.92	0.86	0.86
专用设备制造业	0.61	0.63	0.73
交通运输设备制造业	1.00	0.96	0.69
电气机械及器材制造业	0.69	0.63	0.64
通信设备、计算机及其他电子设备制造业	0.93	1.00	0.60
仪器仪表及文化办公用机械制造业	0.78	0.76	0.65
电力、热力的生产和供应业	1.00	0.53	0.91

北京在27个行业中只有7个在全国有效率，约有74%的产业没有效率。这说明北京的第二产业的整体效率不高。北京有效率的产业为煤炭开采和洗选业，农副食品加工业，石油加工、炼焦及核燃料加工业，医药制造业，有色金属冶炼及压延加工业，交通运输设备制造业，电力、热力的生产和供应业。同时在石油和天然气开采业，黑色金属矿采选业，非金属矿采选业，化学纤维制造业，黑色金属冶炼及压延加工业，金属制品业效率比较低，尤其

是化学纤维制造业效率只有 0.17，为所有行业中效率最低的部门。

天津在 27 个行业中有 10 个在全国有效率，说明天津的工业实力在全国居于优势地位。有效率的部门有：煤炭开采和洗选业，黑色金属矿采选业，农副食品加工业，食品制造业，烟草制品业，纺织服装、鞋、帽制造业，纺织服装、鞋、帽制造业，医药制造业，黑色金属冶炼及压延加工业，有色金属冶炼及压延加工业，通信设备、计算机及其他电子设备制造业。在全国和京津冀区域中都效率极度低下的产业是非金属矿采选业，纺织业，化学纤维制造业。

河北在 27 个行业中仅有 2 个在全国有效率。分别为饮料制造业，纺织服装、鞋、帽制造业。说明河北还处于第二产业发展的初级阶段。河北在煤炭开采和洗选业、石油和天然气开采业、化学纤维制造业都处于全国和京津冀区域内效率较为低下的位置。分析同时发现河北有 22 个行业处于产业效率 0.5～1，说明河北工业水平总体比较弱，亟须整合外部资源，吸收外部先进水平提高自身工业能力水平，从这个意义上看，河北将自身的功能定位为转型升级是正确的。

通过京津冀三地的产业效率雷达（见图 8－4），可以看出：京津两地产业效率重合的部门较多，主要是第 1、第 6、第 15、第 17、第 19、第 21、第 23、第 24、第 25 部门。河北产业效率总体较低，而且同京津两地重复的部

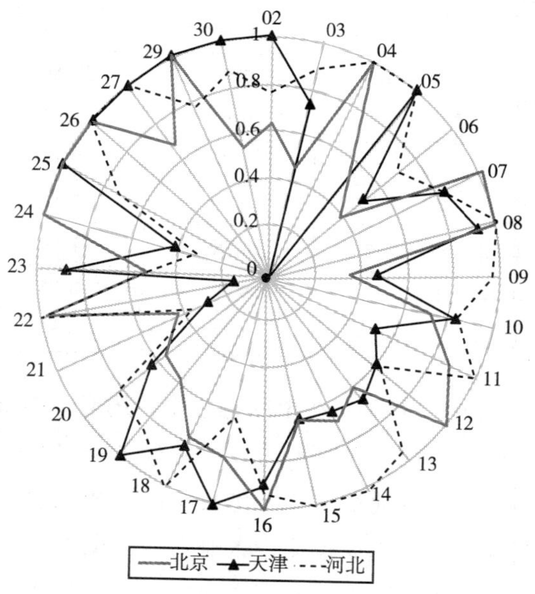

图 8－4　京津冀产业效率雷达

门较少。同时，在京津一些产业效率低的产业，河北的产业效率反而较高，比如第 3、第 8、第 10、第 12、第 18 部门。这为京津冀之间的产业转移提供了一个较好的基础。

8.1.3.3　京津冀产业关联系数行业差异较大，体现出产业对本地经济系统的支撑作用不同，为进行产业转移调整提供了次序选择

在产业结构这一系统中，某产业在生产过程中的任一变化，都将通过产业间的关联关系而对其他产业发生波及作用。通常，把一个产业受其他产业的波及作用叫感应度，而把它影响其他产业的波及作用叫作影响力。影响系数主要反映该产业对本地经济的拉动作用，感应度系数主要反映了该产业对本地经济系统的支撑作用。判断产业的关联系数，可以帮助了解该产业对本地经济系统的重要性。

方法：根据投入产出表中的影响力系数和感应度系数计算方法。数据采用目前最新公布的投入产出表数据，2007 年天津、河北、北京投入产出表。北京市编纂了 2010 年的投入产出延长表，但是为了数据能够有更好的对比性，所以采用北京市的 2007 年投入产出表数据。同时，由于在短时间内区域内的产业结构不会产生过大的变化，因此，可以利用 2007 年的投入产出表来研究现有的产业结构（见表 8 - 8）。

影响力系数计算公式为：

$$s_j = \frac{\sum_{i=1}^{n} b_{ij}}{\frac{1}{n}\sum_{j=1}^{n}\sum_{i=1}^{n} b_{ij}} \quad (j = 1, 2, \cdots, n) \qquad (8-3)$$

感应度系数计算系数：

$$r_i = \frac{\sum_{j=1}^{n} b_{ij}}{\frac{1}{n}\sum_{i=1}^{n}\sum_{j=1}^{n} b_{ij}} \quad (i = 1, 2, \cdots, n) \qquad (8-4)$$

其中，b_{ij} 为里昂惕夫逆矩阵中的元素。

计算结果为：

表 8-8 京津冀三地 42 部门影响力系数和感应度系数

代码	部门	北京		天津		河北	
		影响系数	感应系数	影响系数	感应系数	影响系数	感应系数
1	农林牧渔业	0.93	1.10	0.92	0.89	0.77	1.52
2	煤炭开采和洗选业	1.28	1.40	1.06	1.05	0.95	2.91
3	石油和天然气开采业	0.76	1.39	0.71	0.87	0.82	1.14
4	金属矿采选业	0.75	0.95	0.36	0.40	1.00	1.37
5	非金属矿及其他矿采选业	1.10	0.53	1.14	0.48	1.03	0.51
6	食品制造及烟草加工业	1.07	0.64	1.13	1.08	1.08	0.85
7	纺织业	0.99	0.88	1.18	0.89	1.11	0.71
8	纺织服装鞋帽皮革羽绒及其制品业	0.91	0.43	1.20	0.54	1.12	0.70
9	木材加工及家具制造业	1.22	0.57	1.25	0.63	1.08	0.88
10	造纸印刷及文教体育用品制造业	1.06	1.02	1.17	1.00	1.11	1.08
11	石油加工、炼焦及核燃料加工业	1.14	1.55	1.13	1.76	1.14	1.50
12	化学工业	0.95	2.39	1.17	2.81	1.18	2.58
13	非金属矿物制品业	1.17	0.77	1.16	0.78	1.18	0.89
14	金属冶炼及压延加工业	1.18	2.83	1.22	3.23	1.26	3.29
15	金属制品业	1.25	0.99	1.35	1.18	1.28	1.89
16	通用、专用设备制造业	1.11	1.20	1.22	1.06	1.22	1.21
17	交通运输设备制造业	1.26	1.12	1.34	0.92	1.38	0.82
18	电气机械及器材制造业	1.16	0.91	1.27	0.75	1.26	0.73
19	通信设备、计算机及其他电子设备制造业	1.38	2.42	1.31	1.21	1.18	0.65
20	仪器仪表及文化办公用机械制造业	1.13	0.74	1.21	0.58	1.11	0.56
21	工艺品及其他制造业	1.23	0.40	1.28	0.54	1.11	0.43

续表

代码	部门	北京		天津		河北	
		影响系数	感应系数	影响系数	感应系数	影响系数	感应系数
22	废品废料	1.17	0.76	0.62	0.85	0.46	0.57
23	电力、热力的生产和供应业	1.08	2.80	1.05	2.12	1.05	2.58
24	燃气生产和供应业	0.50	0.43	1.13	0.58	1.11	0.54
25	水的生产和供应业	1.06	0.35	0.91	0.69	0.89	0.39
26	建筑业	1.16	0.53	1.30	0.49	1.15	0.52
27	交通运输及仓储业	0.94	2.45	1.12	3.69	0.89	1.84
28	邮政业	0.74	0.34	1.11	0.42	1.09	0.41
29	信息传输、计算机服务和软件业	1.03	0.63	0.72	0.56	0.98	0.57
30	批发和零售业	0.73	1.90	0.62	1.96	0.70	1.05
31	住宿和餐饮业	0.85	0.79	0.89	0.88	0.92	0.86
32	金融业	0.60	0.99	0.53	1.43	0.77	0.96
33	房地产业	0.59	0.55	0.51	0.75	0.56	0.49
34	租赁和商务服务业	0.97	1.33	0.94	1.22	0.92	0.85
35	研究与试验发展业	1.03	0.54	0.95	0.42	0.94	0.42
36	综合技术服务业	1.10	0.77	0.90	0.43	1.01	0.41
37	水利、环境和公共设施管理业	0.90	0.43	0.64	0.48	0.77	0.46
38	居民服务和其他服务业	1.05	0.48	0.91	0.60	0.89	0.75
39	教育	0.77	0.39	0.68	0.45	0.81	0.44
40	卫生、社会保障和社会福利业	0.97	0.32	1.02	0.49	1.05	0.76
41	文化、体育和娱乐业	0.90	0.59	0.99	0.48	0.88	0.50
42	公共管理和社会组织	0.81	0.36	0.71	0.37	0.79	0.38

8.2 京津冀产业调整及其分工的趋向判断

京津冀城市和区域功能的定位决定了产业分工。京津冀三地“发展什么产业”我们要对产业分工发展的重点作出判断，还要与京津冀城市功能定位相联系，提出京津冀产业发展和产业结构优化调整的方向：北京主要是产业扩散与结构升级；天津主要是产业集聚与经济转型；河北主要是产业承接与整体提升。在此基础上，为了促进京津冀合理经济结构的形成，必然涉及产业的调整转移问题，这就要对北京现有产业结构和分工现状进行梳理，同时也应该对天津和河北的产业结构情况和三地整体分工情况进行分析，以便实现三地产业链的衔接和不同产业功能区的分工合作。我们重点针对北京的产业转移进行分析，总体来说就是要发展符合首都核心功能的产业、转移疏解出部分非核心功能产业。但目前关于北京该转移哪些产业出去，该发展哪些产业，众多研究出于一种战略的思考以及专家各自经验，还没有提出一个可供评判的参照标准，也缺乏相关的数据和定量分析支撑。这一部分我们通过定量分析，提出了可供遵循的三大转移原则，对北京应该优先转移哪些产业、发展哪些产业、怎么转移才能对北京的经济影响最小，提出了转移和发展的路径分析①。

8.2.1 发展战略要求下的城市功能定位

城市功能是指某个城市在国家或区域中所起的作用或承担的分工。城市功能是由城市的各种结构性因素决定的城市机能或能力，是指在现有社会经济技术和资源条件下，城市在国家或者一定区域范围内的政治、经济、文化生活中所承担的任务和所起的作用，以及由于这种作用的发挥而产生的效能。

因此，我们认为城市功能是一个复合体，是功能属性、功能能力和功能作用的统一。城市功能作为一种属性，表现在城市经营管理过程中各实施要素的性质及其相互间的关系；作为一种能力，是城市运营对城市自身发展和区域发展所产生的影响强度；作为一种效用，必须依赖于特定的城市实体及

① 王玉海，何海岩．产业集群与京津冀协调发展［J］．中国特色社会主义研究，2014（4）．

其经营管理过程，同时表现在其对国家或地区及其自身的政治、经济、社会、文化生活中所产生的关系、能力及作用。不同城市发展的侧重不同，属性的内涵不同；不同城市其辐射带动的影响程度也不同；不同城市功能作用发生的形式不同。因此，城市的功能是城市属性的表达、能力的体现和效用的发挥。城市功能大小体现在城市承担的功能类型和功能作用的空间范围两个方面，不同类型功能具有不同服务空间范围，不同空间尺度起主导作用的城市功能类型不同。比如北京政治中心的功能就是服务全国的空间范围，而在京津冀区域范围内，北京发挥主导作用的可能就是科技创新驱动功能（见图8-5）。

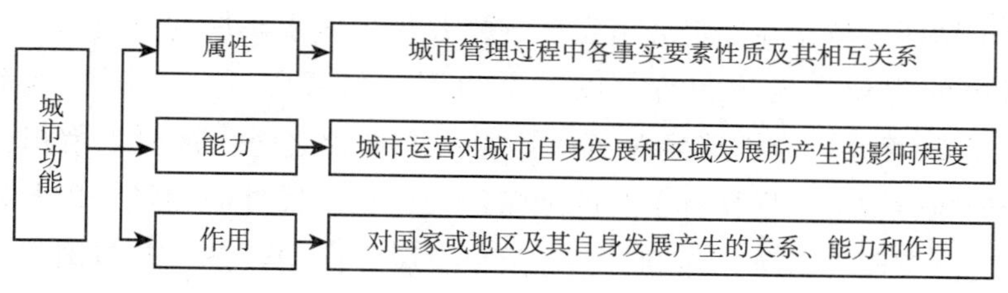

图8-5 城市功能

城市功能定位是在对城市自身优劣势、区位条件和外部环境深入分析的基础上，通过确定城市在区域当中的区位，使城市在区域中占据一个独特的位置，以获得更大的城市竞争力。城市功能定位是根据城市发展的历史渊源、现状基础与区域条件等，谋划城市未来发展要实现的主要功能与努力的战略方向。通过彰显城市的个性和特色，发挥城市的独特优势，以取得城市社会经济发展的良好效果，是城市功能定位要追求的目标。首先，通过对城市发展面临的趋势背景进行分析，结合城市自身特点，确定城市发展面临的机遇和挑战；其次，对城市所处区域条件进行分析，确定城市辐射的空间区域；再其次，将城市自身发展需要结合城市面临的机遇挑战，确定城市功能的未来定位区域；最后，将城市发展的机遇和挑战、现状区域和定位区域三者结合，对城市功能作出定位。在具体某城市功能定位过程中，要在准确分析该城市历史发展脉络、区位条件、社会经济发展条件等因素的基础上，准确判断影响该城市发展的主要影响因子和制约条件，综合运用各种方法，充分挖掘城市发展潜力和竞争优势，避免城市劣势，为城市功能合理定位提供坚实的支撑（见图8-6）。

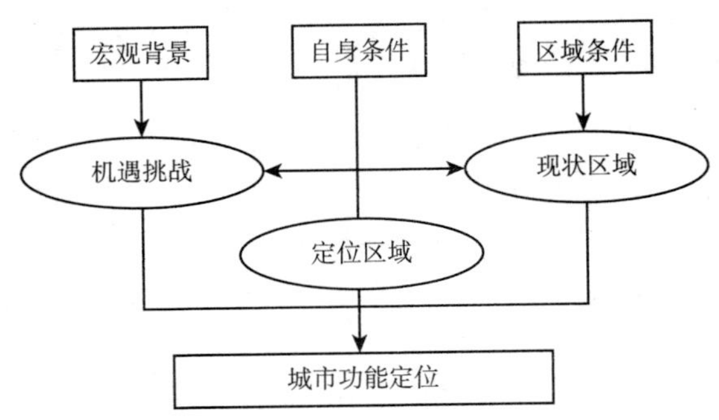

图8-6 城市功能定位

城市功能定位是在确定城市发展规模及规划城市布局的重要基础，直接反映城市的定位和发展目标。以北京为例，北京在《全国城镇体系规划(2006-2020年)》中被确定为五大国家中心城市之一，被要求承担全球职能，全球职能城市是指具有重要的战略地位，在发展外向型经济以及推动国际文化交流方面具有重要作用，“是国家发展外向型经济、参与国际竞争与交流合作的重要对外开放门户”，这类城市有可能发展成为亚洲乃至于世界的金融、贸易、文化、管理的中心城市。规定国家中心城市应体现六大中心职能：一是在国际化中经济、交流中的核心组织地位；二是在宏观经济发展与全国性市场建设中发挥核心组织作用；三是在全国城镇化发展中发挥中心引导地位的作用；四是在全国交通、信息网络中的中心地位作用；五是在全国文化事业发展中发挥中心地位作用；六是在全国体制改革方面的“领头羊”地位。还提出了国家中心城市考察的七大指标，分别是综合经济能力、科技创新能力、国际竞争能力、辐射带动能力、交通通达能力、信息交流能力、可持续发展能力等。可见，北京市不能局限于“国家”或“国内”，还要在功能上参与国际竞争，能够发挥沟通国家区域经济与全球经济的桥梁与作用，更要注重功能的外向性，其在全球的参与能力、全国城市体系的核心地位和在区域的领携作用都是外在联系与发展的重要体现。

8.2.2 京津冀产业分工的发展方向判断

京津冀地区产业分工处在垂直分工向水平分工转变的阶段。前面的分析揭示京津冀地区产业有一定分工，三地产业也具有一定的专业化水平，只是分工合作的程度不高。目前来看，京津冀的主要产业分工以垂直分工为主，即以一个或多个制成品为核心建立相应的与之互补、依附性强的产业合作，产业链上下游的特征突出，价值链附加值高低的微笑曲线效应明显，这是发达地区与欠发达地区合作的主要方式。水平分工也在北京和天津的一些高端产业存在，比如北京和天津的部分通信设备、计算机及其电子设备制造业中，在同一产业内存在着产品差异分工，也就是属同一产业，不同厂商生产的产品具有相同或相近的技术程度，但在工序工艺、外观设计、规格品种、商标牌号等方面存在着差异，体现的是专业化程度提高，产品零配件加工工艺的分工越来越细。未来应着力推动这种垂直分工向垂直分工和水平分工并存过渡，进而向以水平分工为主转变。

8.2.2.1 北京产业发展方向

在京津冀协同发展中，北京市要转移一批，调整一批，还要大力发展一批。调整的部分就是根据前文得出的黑色金属矿采选业、专用设备制造业、通信设备、计算机及其他电子设备制造业、仪器仪表及文化办公用机械制造业。大力发展的就是第三产业，尤其是第三产业中区位商较高的产业，例如研究与试验发展业，综合技术服务业，信息传输、计算机服务和软件业，文化、体育和娱乐业，信息传输、计算机服务和软件业，邮政业，租赁和商务服务业，金融业，房地产业，水利、环境和公共设施管理业，住宿和餐饮业、卫生、社会保障和社会福利，教育，公共管理和社会组织。尤其要注重研究与试验发展业，综合技术服务业，信息传输、计算机服务和软件业，文化的产业发展。不仅仅是因为其相对优势明显，而且是因为其体现了北京发展的首都核心功能。

8.2.2.2 天津产业发展方向

天津市同北京以及河北在部分产业上的确存在竞争的问题，其实现代制造业生产典型的表现为差别化产品的生产。比如京津所产的汽车品牌不同，品牌细分特征各异，但不同的品牌有不同的市场定位，有不同的客户群。所以并不能按照完全产业竞争的观点来看。天津市应该重点发展煤炭开采和洗选业、食品制造业、黑色金属冶炼及压延加工业、通信设备、计算机及其他电子设备制造业。从产业转移角度来看，天津市可以承接北京的第三产业转移区中的石油和天然气开采业，第二产业转移区中的电气机械及器材制造业，并对暂缓转移区的产业积极创造承接模式，争取同北京合作好，以双赢的方式完成好产业承接转移。

8.2.2.3 河北产业发展方向

河北应该积极争取承接北京迁移的产业，但是承接的原则要在效率和规模的优势上，不要以牺牲资源和环境为代价，造成污染和浪费。河北发展的优势是河北的优势部门是黑色金属矿采选业、黑色金属冶炼及压延加工业、金属制品业、石油加工、炼焦及核燃料加工业、电力、热力的生产和供应业、煤炭开采和洗选业。北京第一转移区中纺织业、纺织服装、鞋、帽制造业，都完全可以转移到河北，有利于两地整合资源并提升河北在这两个产业的竞争水平。北京产业转移第二转移区中的食品制造、电气机械及器材制造业是天津的优势产业，可以考虑转移到天津。烟草加工业、金属制品业、非金属矿物制品业、非金属矿矿采选业则可以考虑转移到河北。

8.2.3 京津冀产业转移调整的原则

目前研究京津冀产业结构问题，大多数基于区位商的方法分析区位差异、资源优势、要素禀赋优势或者外部经济。该方法简单易行，但是以单一指标区位商为基础的产业转移分析强调产业规模对地区专业化的影响，将产业规模相对较小的产业视为一个地区的劣势产业。这不能解释规模大和规模小的产业在一个区域同时存在的现象，更不能解释一个产业的培育和成长，更无法解释主导产业的更替（刘安国、张英奎等，2010）。

第一，单一地以规模指标（如区位商、产业集中度等）为基础设定产业转移的标准，不区分效率高低让所有小规模产业一概转移，则将面临无从培育新兴产业的困境；相反，对于规模比较大的产业，我们同样无从了解其竞争力表现，从而判断它在当地的未来演化趋势（集聚抑或扩散）（刘安国、张英奎等，2010）。也就是说我们还应该通过对效率的判断来作为转移产业的一个条件，如果一个行业效率高、规模小，但是有很好的发展前景，这也应该是要积极扶持的。根据区位商的标准，区位商低于 1 的产业将成为优先考虑的转移对象。

第二，仅仅通过专业化程度和效率来判断产业转移也还不够，这是因为还需要判断这个产业同本地其他产业的关系，也就是产业的关联程度。如果某个产业效率偏低，但有相当规模的当地集聚，在考虑产业转移时对它如何处理？一方面，如果此类产业在本地产业中同其他产业关联程度很高，那么将这样的产业从本地外迁有可能会造成本地产业的“空心化”，甚至经济系统的不稳定；另一方面，如果产业关联程度较大，对政府的税收也会产生一定的影响。根据效率原则，效率低于1的产业将成为有限转移的对象。

第三，只通过规模和效率判断还不能达到产业转移的目的，产业转移尤其是政府主导的外部压力型产业转移必须考虑产业转移对本地区经济的影响，尤其是对于北京来说，虽然新的首都核心功能中没有经济中心，但是这绝非是不发展经济。产业转移对于北京来说，也存在着一定成本，因此，应该明确和了解待转移产业对于本地区经济的关联性。为了处理这个问题，我们可以引入产业关联程度的判断系数，即产业影响系数和感应系数。如果产业影响系数和感应系数都比较大，即使符合规模小、效率低的转移标准，也应该暂缓转移，或者要逐步转移。

在此，我们在综合的基础上，提出产业转移的三个判断原则。

第一，区位商原则。这一原则反映了比较优势原则。区位商既可以指导地区发展主导产业，也可以明确产业在整个国家产业发展中的位置，反映了产业的专业化水平。根据这一原则，区位商低于1的产业将成为优先考虑的转移对象。

第二，产业效率原则。这一原则反映了产业的竞争优势，符合经济地理学和区域经济学所强调的产业集聚与区域分工分析及产业经济学所强调的产业效率分析。结合区位商，区位商小于1同时产业效率低于1的产业成为优先考虑的转移对象。

第三，产业关联程度原则。产业关联程度是判断产业转移对本地经济结构和发展影响的重要指标。根据关联系数原则，在符合区位商转移原则和效率转移原则的基础上，产业关联程度最小的产业成为优先考虑的转移对象。具体转移原则如下，根据影响系数和感应系数的关系，提出基于产业关联系数的产业关联度转移原则。

（1）第一转移区。影响系数和感应系数都小的产业，同时是处于产业优先转移区的产业，应该立刻转移。

（2）影响系数和感应系数两者有一个大于1时，优先转移影响系数大的产业。转移感应系数大于1的产业会对其他产业的发展造成一定的“瓶颈”和影响。而转移影响系数大于1的产业则会降低这个产业对其他产业的带动作用，不过由于目前北京的发展并不缺少增量，所以还是可以承受的。因此，第二转移区为影响系数大于 1 而感应系数小于 1 的产业。第三转移区为影响系数小于 1 而感应系数大于 1 的产业。

（3）影响系数和感应系数都大的产业即第Ⅱ类中间投入型制造业，暂缓转移。该原则不仅可以指出北京产业的转移问题。而且还可以明确北京的产业发展和产业结构优化调整的方向。

8.2.4 针对北京产业转移的分析

8.2.4.1 北京产业转移的区位商和效率分析

我们首先从专业化程度和效率两个维度来研究京津冀地区产业转移问题。该部分研究的方法参考刘安国等（2013）的研究方法，但本书采用的行业更多，参考的省份也更多，数据口径统一。

从 2003 ~ 2007 年，北京市一些行业在逐渐退出或转移到河北、天津或者其他地区。从 2007 ~ 2011 年，北京市绝大多数行业进一步转移出去，天津市转移出去的行业不多而且有许多行业正在转移进来。河北省的产业正在承接北京市和其他地方转移出去的产业从而得到快速发展。总的来看北京是京津冀地区产业转移的主要地区，而天津产业转移得很少，因为天津市自身的产业发展空间还很大，还没有达到像北京一样的饱和状态，因而是扮演承接产业转移的角色。

因此，本书研究只给出北京地区产业转移分析。天津地区的产业转移可以通过上述数据同理得到。以区位商为大于 1 和小于 1 分类，主要考虑区位商大于 1 的产业相对形成了一定规模的集聚，在区域分工中处于支配者地位。区位商小于 1 的产业还未形成集聚，在区域分工中处于依附地位。根据 DEA 模型，产业效率 = 1，则意味着有效率，小于 1 则无效。

通过表 8 - 9，可以划分为四个部分。

A 区：本地集聚形成规模并有效率；

B 区：优化调整区；

C 区：再判断区；

D 区：待转移区。

表8－9　北京产业转移和优化调整区域分布

	产业效率＝1	产业效率＜1
区位商＞1	煤炭开采和洗选业 石油加工、炼焦及核燃料加工业 医药制造业 交通运输设备制造业 电力、热力的生产和供应业 A区：本地集聚形成规模并有效率 C区：再判断区（判断其未来有没有可能会集聚，是不是未来发展的高精尖产业）	黑色金属矿采选业 专用设备制造业 通信设备、计算机及其他电子设备制造业 仪器仪表及文化办公用机械制造业 B区：优化调整区 D区：优先转移区 石油和天然气开采业 非金属矿采选业
区位商＜1	农副食品加工业 有色金属冶炼及压延加工业	食品加工业 饮料生产业 烟草生产业 纺织业 纺织服装、鞋、帽制造业 造纸及纸制品业 化学原料及化学制品制造业 化学纤维制造业 非金属矿物制品业 金属制品业 通用设备制造业 电气机械及器材制造业

A区：本地集聚形成规模并有效率。区位商大于1同时产业效率等于1的地区为本地聚集并有效率的产业，本部分为专业化程度高且效率高的产业，这些产业对本地区发展的作用不言而喻。

B区：优化调整区。区位商大于1同时产业效率小于1的产业为产业优化调整区，这部分是专业化程度高但是效率不足的产业，形成了一定的规模和聚集。由于产业进入成熟发展阶段，产业整体效率不再处于峰值，因而需通过产品创新、管理创新、工艺创新来升级产业链，可以考虑将生产的部分环节转移到下游地区。比如批发行业中，目前“大红门”和“动批”已经转移到河北和天津。

C区：再判断区。区位商小于1同时产业效率等于1为再判断区（判断其未来有没有可能会集聚，是不是未来发展的高精尖产业）。该区为专业化程度低且效率高的产业，可能是成长中的产业，也有可能是传统产业，需要再进一步判断。比如废品废料以及水的生产和供应随着可持续发展的力度加深以及国家越来越重视资源环境问题，都会有较好的发展前景。化学工业由于包含了医药产业，也有着较好的发展前景。而纺织业、纺织服装鞋帽皮革羽绒及其制品业、金属矿采选业等就需要转移出去。

D 区：优先转移区。区位商小于 1 同时产业效率小于 1 为优先转移区。本区为专业化程度低且效率低的产业，是北京地区发展中不具备优势的企业。

8.2.4.2 产业关联度的转移原则

基于产业区位商和产业效率的原则，我们提供了一个产业转移的基本路径。但是，产业的转移有可能会对本地经济系统产生较大的影响，因此，在转移的过程中，还应该遵循尽量减少对本地经济系统冲击的原则，在此原则下循序渐进地实现产业转移（见表 8－10）。

表 8－10　　北京产业转移路径

	感应系数大于 1	感应系数小于 1
影响系数大于 1	造纸印刷及文教体育用品制造业、通用设备制造业	食品加工业、烟草加工业、金属制品业、非金属矿物制品业、非金属矿矿采选业、电气机械及器材制造业
	暂缓转移区	第二转移区
影响系数小于 1	第三转移区	第一转移区
	石油和天然气开采业、化学原料及化学制品制造业 化学纤维制造业	纺织业 纺织服装、鞋、帽制造业

我们根据产业关联系数的性质，提出三个产业转移的产业关联度原则。

（1）第一转移区。影响系数和感应系数都小的产业，同时是处于产业优先转移区的产业，应该立刻转移。

（2）影响系数和感应系数两者有一个大于 1 时，优先转移影响系数大的产业。转移感应系数大于 1 的产业会对其他产业的发展造成一定的“瓶颈”和影响。而转移影响系数大于 1 的产业则会降低这个产业对其他产业的带动作用，不过由于目前北京的发展并不缺少增量，所以还是可以承受的。因此，第二转移区为影响系数大于 1 而感应系数小于 1 的产业。第三转移区为影响系数小于 1 而感应系数大于 1 的产业。

（3）影响系数和感应系数都大的产业即第Ⅱ类中间投入型制造业，暂缓转移。

根据以上的原则，我们把前文得出的优先转移区和再判断区重新作分析，得出北京市最终产业转移的产业和转移顺序。

8.3　京津冀协同发展下的产业集聚及评价

前面通过产业转移和产业分工的研究，我们明确了各地区“发展什么产业”的问题，但是这些产业落地在哪里，“在哪里发展”是一个更现实、更直接的问题。京津冀地区虽然形成了一定的产业分工，但是现有产业分工由于长期受条块体制影响，各地区不同产业之间的分工程度不高。实现京津冀产业分工格局的新局面应该走产业集群发展的道路，通过产业集群吸引相关产业在京津冀地区转移并形成新的产业空间分工格局，进而打破现有行政区的产业结构，实现产业在京津冀区域的空间再造。

8.3.1　京津冀产业发展的集群化趋势

产业集群是指存在于某一特定领域内，通过公共性活动与互补性活动（commonalities and complementarities）相互联系的企业及相关机构在地理位置上的群集（Porter，1998），这些企业集体分享与承担共同的机会与威胁（Rosenfeld，1997）。

8.3.1.1　近年来京津冀产业集群的兴起

京津冀近年来出现了一个重要的变化，这便是产业集群的兴起。京津冀地区以行政区为界的产业集群已具有一定的规模，北京市生产性服务业主导产业集群特点突出，在 13 大服务部门中，人员区位商大于 1 的有 7 个，在 47 个城市中排名前 10 位的占了 6 个。主要集中于中关村科技园区商务中心区（CBD）、金融街、王府井西单核心商业区等重点功能区，初步形成了具有鲜明首都特色的科技、商务、金融、文化、商贸等产业集群。

北京国家级经济开发区有 3 个，分别是中关村科技园、北京经济技术开发区、天竺进出口加工区；北京市级 19 个，分别是天竺空港工业区、林河经济开发区、小汤山经济开发区、延庆经济开发区、八达岭经济开发区、兴谷开发区、通州经济开发区、西集开发区、永乐经济开发区、大兴经济开发区、大兴采育经济开发区、房山经济开发区、石龙经济开发区等。此外，还有许多区级园区。中关村、亦庄、CBD、金融街、奥林匹克中心区、临空经济区6大高端产业功能区，是奥运后北京着力打造的新的经济增长点，也是首都经济向高端、高效、高辐射方向发展的重要力量，成为国内外优质资本聚集的重要区域。以北京市7%的平原面积，集聚了全市4成左右的GDP和资产，实现了全市4成以上的利润和税金。据北京市第三次全国经济普查主要数据公报（4号公报，2014）显示，目前六大高端产业功能区集聚了北京市55%的生产性服务业、52%的文化创意产业、90%的高技术产业和80%的现代制造业，创造了全国1/6的集成电路，1/10的汽车、计算机，以及全球1/10的手机。已成为全市经济增长的重要支撑力量。

为了促进产业集群和城市功能集聚，《北京市国民经济和社会发展第十二个五年规划纲要》明确提出，北京市将提升高端产业功能区，积极培育高端产业功能新区，构建“两城两带、六高四新”的创新和产业发展空间格局。北京在“十一五”提出“六高”的基础上，“十二五”规划首次提出“两城两带”和“四新”的概念，“两城两带”，是指中关村科学城、未来科技城、北部研发服务和高新技术产业发展带、南部高技术制造业和战略性新兴产业发展带。“四新”，则是指通州高端商务服务区、丽泽金融商务区、新首钢高端产业综合服务区、怀柔文化科技高端产业新区。《北京“十三五”时期现代产业发展和重点功能区建设规划》将未来北京市重点功能区建设概括为三个层次：已经成型的六大高端产业功能区（中关村、金融街、CBD、奥林匹克中心区、经济技术开发区、临空经济区）；高端产业新区和特色功能区（即“老四新”：通州高端商务服务区、新首钢高端产业服务区、丽泽金融商务区、怀柔文化科技高端产业新区等高端产业新区发展，“新四新”：新机场临空经济区、北京科技商务区、海淀北部生态科技新区、环球主题公园等特色功能区发展建设）；在京津冀一体化层面上共同建设“4+N”战略合作功能区（曹妃甸协同发展示范区、北京新机场临空经济区、天津滨海—中关村科技园、张（家口）承（德）生态功能区，以及N个开放式共建园区）。可见，北京市在产业园区方面已经由产业集群向城市功能区延伸，由本市向京津冀范围扩展。

天津市制造业产业集群竞争优势相对突出。在39个制造业中，天津在全国很有优势的产业有1个，即石油和天然气开采业。比较有优势的6个，包括石油和天然气开采业、金属制品业、橡胶制品业、电子设备制造业、仪器仪表及文化、办公用机器制造业等行业。天津国家级园区有6个，天津市示范工业园区累计达31个（见表8-11）。

表8-11　　2018年天津市主要27个开发区名单

国家级开发区	开发区名称	批准时间	核准面积（公顷）	主导产业
1	东丽经济技术开发区	2014年2月	721.7	汽车、新能源、新材料
2	天津经济技术开发区	1984年12月	3797.04	汽车、医药、装备制造
3	西青经济技术开发区	2010年12月	1688	电子信息、汽车配套、机械
4	北辰经济技术开发区	2013年3月	248.4	装备制造
5	武清经济技术开发区	2010年12月	915.49	生物医药
6	天津子牙经济技术开发区	2012年12月	117.3	再生资源综合利用、新能源
省级开发区	开发区名称	批准时间	核准面积（公顷）	主导产业
1	天津军粮城工业园区	2006年4月	181.82	科技研发、新材料、商务商贸
2	天津中北工业园区	2006年4月	300.75	汽车零部件、电子、机械
3	天津津南经济开发区	1992年7月	687.51	电子信息、汽车零部件
4	天津八里台工业园区	2006年4月	613.1	电子信息、智能化产品、机械
5	天津海河工业区	2006年4月	320.47	装备制造、电子信息
6	天津滨海民营经济成长示范基地	2009年7月	782.3	钢铁、石油钻采
7	天津双口工业园区	2006年4月	429.97	自行车零部件、木器、电子
8	天津京滨工业园	2009年8月	945.78	电子信息、新材料、智能制造
9	天津武清福源经济开发区	2006年4月	300.54	电子、机械加工、建材
10	天津宝坻经济开发区	2006年4月	703.92	装备制造、节能环保、新能源、新材料
11	天津宝坻九园工业园区	2006年4月	669.9	新能源、新材料、装备制造、医疗器械
12	天津空港经济区	2002年1月	2275.1	先进制造

续表

国家级开发区	开发区名称	批准时间	核准面积（公顷）	主导产业
13	天津开发区现代产业区	1996 年 1 月	807.35	石化、装备制造、医药
14	天津大港经济开发区	1992 年 7 月	601.5	轻工机械、自行车、金属压延
15	天津大港石化产业园区	2003 年 1 月	200	精细化工、医药
16	天津宁河经济开发区	2006 年 4 月	773.41	金属制品、包装、机械
17	天津潘庄工业区	2006 年 4 月	150	高端制造、汽车零部件、食品
18	天津静海经济开发区	2006 年 4 月	1175.75	自行车、电动车、汽车零部件
19	天津大邱庄工业区	2009 年 8 月	690.84	黑色金属冶炼压延加工、金属制品
20	天津蓟州区经济开发区	1992 年 6 月	668.08	机械、建材、食品
21	天津专用汽车产业园	2009 年 8 月	1366.13	装备制造、新材料

资料来源：国家发展改革委、科技部、国土资源部、住房城乡建设部、商务部、海关总署发布的2018 年第 4 号公告。2018 年版《中国开发区审核公告目录》参见国家发改委网站 http://www.gov.cn/xinwen/2018-03/03/content_5270330.htm.

天津原有 314 个工业园区（集聚区），其中，国家级 10 个、市级 42 个、区级 93 个、区级以下 169 个。2018 年按照《中国开发区审核公告目录》（2018 年版），以国家级和市级工业园区为主体，输出品牌、管理和服务，通过委托代管、合作共建、“一区多园”等模式，对符合城市总体规划、土地利用总体规划、工业布局规划的工业园区（集聚区）进行空间整合和体制融合。工业园区大革新，关闭了 277 个，淘汰率 90%，确定保留的名单仅 27 个，这样加快了工业布局优化，加速了工业产业创新转型升级，打造了创新型、开放型、生态型工业园区，为天津高质量发展提供了有力的载体支撑。

河北省比较突出的产业集群有钢铁产业集群、服装产业集群。钢铁产业集群有 200 多家钢铁企业，但技术水平低、企业规模小、产业布局分散，需要进行进一步产业整合。服装产业集群特点最为突出，虽然产值水平比钢铁产业低，但充分体现了中小企业地区集中的优势。河北省服装企业已发展到 4000 多家，从业人员超过 80 多万人，已形成荣成服装、辛集皮衣、宁晋牛仔、安新羽绒、清河羊绒和卓达服装产业园等六大区域性服装产业集群。早在2010年，河北省人民政府就颁布了《关于加快工业聚集区发展的若干意见》，大力促进产业集聚。如今按照2018年版《中国开发区审核公告目录》，河北省已经有各类园区153家，其中，国家级开发区15家，省级开发区138家（见表8-12）。

表8-12　河北产业园区情况

河北藁城经济开发区	河北鹿泉经济开发区	河北承德高新技术产业园区
河北张家口经济开发区	河北山海关经济开发区	河北北戴经济开发区
河北唐山高新技术产业园区	河北丰南经济开发区	河北唐山南堡经济开发区
河北滦县经济开发区	河北唐山海港经济开发区	河北玉田工业园区
河北唐山芦台经济开发区	河北廊坊经济开发区	河北霸州经济开发区
河北香河经济开发区	河北涿州经济开发区	河北高碑店经济开发区
河北沧州经济开发区	河北任丘经济开发区	河北吴桥经济开发区
河北衡水经济开发区	河北冀州经济开发区	河北邢台经济开发区
河北清河经济开发区	河北邯郸经济开发区	河北武安工业园区
河北邯郸工业园区	河北涉县经济开发区	河北燕郊经济开发区
河北张家口沙城经济开发区	河北固安工业园区	河北永清工业园区
河北大城工业园区	河北文安工业园区	河北大厂工业园区
河北保定工业园区	河北枣强琉璃钢产业园区	河北景县工业园区
河北昌黎工业园区	河北宣化经济开发区	河北黄骅经济开发区
河北沧州临港化工产业园区	河北永年工业园区	河北辛集经济开发区

8.3.1.2　近年来京津冀产业集群的特点

京津冀产业集聚大多局限于行政区范围，以产业结构调整和产业链延伸为主。现有产业集群以行政体系为背景，还没有出现不同特色跨地区（比如在相邻地区之间）的产业集聚。首先，京津冀地区其城市功能和产业的分工没有长三角和珠三角完善，城市群的协同发展程度也不高，加之京津冀三地之间产业断层现象明显，很难形成良好的发展新兴产业园区的生态；其次，京津冀地区行政化突出，地区之间缺乏横向的交流，导致很多新兴产业园区呈现同质化；最后，由于园区开发大多采取政府主导模式，虽然这在发展初期的作用突出，但到后期建设却出现一些弊端，由此产生了园区功能发育不全、配套不足、产业定位和发展战略不明确等一系列问题。综合来看，京津冀的产业集群具有以下三个特点。

一是产业集群以园区为载体。在京津冀区域，建立了包括北京中关村高科技产业园区、北京经济技术开发区、廊坊经济技术开发区、天津武清开发区、天津海洋新技术高新区、天津高科技产业园、天津经济技术开发区和天津港保税区等在内的新兴产业聚集带，典型的如中关村科技园产业带、丰台园的光机电一体化产业集群、生物医药产业集群。这些园区在引导和整合行政区内产业集群发展方面的确发挥了重要作用，但相对于以民间企业自主行为形成的产业集聚，还是带有行政主导打造产业集群的人为特点，这需要在今后产业集群的发展过程中加以调整完善。

二是产业集群还局限于既有行政边界。是在行政区产业结构调整进程中，各地采取的新举措，这些园区被印上了行政地域边界的烙印。一方面相对原先自成一体产业体系的状况来说，产业的集聚优势得到加强；但另一方面这些产业集群囿于一定行政区域，一个个园区形成相对独立的“产业孤岛”，倒反约束了跨区域产业的转移和集聚。京津冀协同发展要打破既有园区行政归属的模式，以此带动产业集群跨地域发展。

三是出现了产业集群在京津冀相邻地区的趋向。北京向东南发展，将东部新城作为未来发展的主要产业带，逐步与天津一体化发展，天津北上在宝坻建京津新城和宝坻低碳工业区，在武清区建京滨工业园，河北省因势利导借势京津发展，2010 年颁布《环京津地区产业发展规划（2010 - 2015 年）》，着力打造环京津休闲旅游产业带、环京津高新技术产业带、环京津特色农业带等。如今，环京津东部地区已形成聚集高新技术产业的省级以上园区 39 个，省级高新技术区域特色产业基地 30 个。

2014 年提出京津冀协同发展战略以来，为打破京津冀三地产业结构自成体系、自我封闭和产业同构问题，合作共建产业园区成为促进产业转移与承接、实现京津冀协同发展的主要举措。京津之间签署“1 + 5”合作协议，《共同推进天津未来科技城合作示范区建设框架协议》在滨海新区“合作建设中国最大科技产业园”，《共建滨海—中关村科技园合作框架协议》，整合中关村国家自主创新示范区和滨海新区综合配套改革试验区先行先试等政策优势，将滨海—中关村科技园建设成为国际一流科技研发及成果转化示范园区；京冀之间的《共同打造曹妃甸协同发展示范区框架协议》《共建北京新机场临空经济合作区协议》《共同推进中关村与河北科技园区合作协议》，以曹妃甸、渤海新区为重点，主动承接京津重化工业转移；津冀之间的《共同打造（涉县—天铁）循环经济产业示范区框架协议》等。以临近主要交通干线的特色产业园区为载体，承接京津高端产业制造环节与一般制造业整体转移；通过与京津共建新兴产业园区，加快科技成果孵化转化，河北已确定40个承接京津功能疏解和产业转移重点平台。

2016年，工信部、北京市人民政府、天津市人民政府、河北省人民政府联合发布了《京津冀产业转移指南》，明确指出要构建“一个中心、五区五带五链、若干特色基地”（简称“1555N”）的产业发展格局。“一个中心”即依托北京的科技和人才资源优势，打造具有全球影响力的科技创新中心和战略性新兴产业策源地；“五区”即以北京中关村、天津滨海新区、唐山曹妃甸区、沧州沿海地区、张承（张家口、承德）地区为依托，建成京津冀产业升级转移的重要引擎；“五带”分别为京津走廊高新技术及生产性服务业产业带、沿海临港产业带、沿京广线先进制造业产业带、沿京九线特色轻纺产业带和沿张承线绿色生态产业带；“五链”即引导汽车、新能源装备、智能终端、大数据和现代农业五大产业链合理布局，协同发展；“若干（N个）特色基地”以点状经济作为带状经济的重要补充，依托现有特色和优势，积极发展特色产业集群。这份由国家有关部委和京津冀核心政府部门共同制定的指南，不仅规划了京津冀的产业转移，而且也推动了京津冀地区新兴产业园区的建设。

8.3.2　产业集聚与经济增长关系分析

产业集聚程度与区域经济发展存在着较强的相关性。制造产业集聚是市场经济条件下工业化进行到一定阶段后的必然产物，是现阶段区域经济增长的重要来源。从国际范围来看，制造产业集聚是工业化进程中的普遍现象，在工业发达国家，竞争力强的制造产业通常采取集聚方式使某类产品与某个城市的名字联系在一起。美国哈佛大学的迈克尔·波特教授在《国家竞争战略》一书中，通过对十个工业化国家的考察，提出一个国家的产业竞争力，集中表现在这个国家内以集聚形态出现的产业上。

本书利用产业集聚弹性来描述产业集聚和经济增长的关系。产业集聚弹性指经济增长的变化率同产业集聚水平变化率的比值。经济增长采用产业的工业销售值来表示。产业集聚弹性反映出不同制造产业集聚水平变化对工业经济增长产生的影响是不同的。产业集聚弹性理论可以为我们发展产业集群和制定产业政策提供决策参考。使用2012年的工业销售值和产业集聚HHI

指数以及2003年的工业销售值和产业集聚HHI指数来计算产业集聚弹性系数。计算结果如表8－13所示。

表8－13 京津冀各行业产业集聚弹性系数

产　业	产业集聚弹性系数
专用设备制造业	219.2839
交通运输设备制造业	－116.868
医药制造业	－82.5098
通用设备制造业	78.16758
电力、热力的生产和供应业	－73.0899
有色金属冶炼及压延加工业	65.07842
农副食品加工业	64.90142
电气机械及器材制造业	47.61073
仪器仪表及文化、办公用机械制造业	－36.356
纺织服装、鞋、帽制造业	34.44246
石油加工、炼焦及核燃料加工业	33.59422
金属制品业	28.99801
非金属矿物制品业	27.97297
造纸及纸制品业	24.72154
通信设备、计算机及其他电子设备制造业	－23.921
黑色金属冶炼及压延加工业	19.98186
饮料生产业	12.92579
化学原料及化学制品制造业	9.008898
食品加工业	8.939628
化学纤维制造业	6.302189
纺织业	4.379604
烟草制品业	1.545618

（1）专用设备制造业、交通运输设备制造业、医药制造、通用设备的产业集聚弹性系数最高。根据王子龙（2006）研究表明，全国产业集聚弹性系数最高的产业为交通运输设备制造业、专用设备制造业、医药制造。说明京

津冀地区发展同全国产业集聚水平基本一致。

(2) 劳动密集型产业弹性系数普遍较小。该类产业的集聚并不会对经济增长有太大贡献（见表8－14）。

(3) 劳动技术密集型制造业产业集聚弹性系数比较大，该类型产业的产业集聚对经济增长的贡献较大（见表8－15）。

(4) 资本密集型制造业中产业集聚弹性普遍较小，意味着该类产业集聚并不会带来经济增长的显著表现。其中，农副食品加工业的产业集聚弹性较大，在今后的产业调整中，可以将农副食品加工业适当集聚，提高产业发展水平（见表8－16和表8－17）。

(5) 医药制造业，交通运输设备制造业，通信设备、计算机及其他电子设备制造业，仪器仪表及文化、办公机械制造业产业集聚弹性为负，意味着产业集聚水平下降，工业销售产值反而上升。这并不是意味着此类产业不适合产业集聚，而是这类产业还处于产业发展的初期阶段，此时竞争的收益会大于合作的收益。这也意味着在产业调整中，没有必要在现阶段将此类产业集聚在一起（见表8－18）。

表8－14　　劳动密集型制造业产业弹性系数

劳动密集型制造业产业	产业集聚弹性系数
纺织服装、鞋、帽制造业	34.44246
金属制品业	28.99801
食品加工业	8.939628
纺织业	4.379604

表8－15　　劳动技术密集型制造业产业集聚弹性系数

劳动技术密集型制造业	产业集聚弹性系数
医药制造业	－82.5098
通用设备制造业	78.16758
专用设备制造业	219.2839
电器机械及器材制造业	47.61073
仪器仪表及文化、办公机械制造业	－36.356

表 8－16　　资本密集型制造业产业集聚弹性系数

资本密集型制造业	产业集聚弹性系数
农副食品加工业	64. 90142
饮料生产业	12. 92579
烟草生产业	1. 545618
造纸及纸制品制造业	24. 72154
石油加工、炼焦及核燃料加工业	33. 59422
化学纤维制造业	6. 302189
非金属矿物制品业	27. 97297

表 8－17　　资本技术密集型制造业产业集聚弹性系数

资本技术密集型制造业	产业集聚弹性系数
化学原料及化学制品制造业	9. 008898
黑色金属冶炼及压延加工业	19. 98186
有色金属冶炼及压延加工业	65. 07842

表 8－18　　技术密集型制造业产业集聚弹性系数

技术密集型制造业	产业集聚弹性系数
交通运输设备制造业	－116. 868
通信设备、计算机及其他电子设备制造业	－23. 921

通过对京津冀地区产业集聚水平的实证研究，发现 2003～2012 年，京津冀地区产业集聚水平虽然总体水平不高，但是从趋势上看产业集聚水平在不断上升，说明京津冀三地的产业专业化集聚化程度在不断提升，这为京津冀分工合作奠定了良好的产业集群基础。

从产业集聚分行业来看，资本密集型制造业和资本技术密集型制造业存在一定的产业集聚水平，尤其是烟草制造业和饮料制造业集聚水平最高。但是，在技术密集型制造业的产业集聚水平在逐渐下降，说明该产业在京津冀地区之间的分布趋于分散。这也反映三地在高新技术产业上面的竞争。

从产业集聚和经济增长的关系来看，专用设备制造业、交通运输设备制造业、医药制造、通用设备的产业集聚弹性系数最高。这启示我们，未来京津冀的产业集聚重点应该放在专用设备制造业、交通运输设备制造业、医药制造、通用设备方面，将这些产业作为一个突破口，提高产业集聚水平，以便通过产业集群集聚推动京津冀的产业转移调整，同时能够保障京津冀地区获得持续的经济增长。

8.3.3　京津冀的产业集聚水平测度

目前京津冀的产业集聚现状和趋势是影响未来产业布局的重要因素，测度京津冀的产业集聚水平显得尤其重要。关于京津冀的产业集聚到底处于一个什么样的水平，还没有相关的定量分析。另外，关于产业集聚对区域经济增长到底贡献多大，是否所有的产业都要走产业集聚的道路，哪些产业的集聚对区域经济增长的贡献更大，这些都是在未来京津冀的产业布局中亟须思考和解决的问题。本书选取 27 个工业部门，利用赫希曼—赫芬达尔指数（Hirschman – Herfindahl Index）测度京津冀 2003 ~ 2012 年的产业集聚水平，同时利用产业集聚弹性系数来测度产业集聚对经济增长的贡献，从而为京津冀地区未来产业集聚的发展方向提供一个定量的分析。

8.3.3.1　测度方法

本书采用空间集聚指数来测度产业空间集聚水平。测度产业集聚的方法有很多，如区域集中度指数、区域赫希曼—赫芬达尔指数（Hirschman – Herfindahl Index）、熵指数和空间基尼系数、空间集聚指数。赫希曼—赫芬达尔指数（HHI）最初由赫希曼（Hirschman）提出，后经赫芬达尔（Herfinadalh）进一步发展，是衡量产业集聚度的重要方法。其计算公式为：

$$HHI = \sum_{i=1}^{n} R_i^2 = \sum_{i=1}^{n} \left(\frac{A_i}{A}\right)^2 \qquad (8-5)$$

其中，A 代表京津冀产业总规模；A_i 代表某个地区某个特定产业的工业销售产值；R_i 代表某个地区某个特定产业的工业销售产值占整个地区该产业的销售产值的份额；N 代表地区数，这里是指北京、天津、河北地区。

令 $A' = \frac{\sum_{i=1}^{n} A_i}{n}$，则该产业工业销售产值地区分布的方差为：

$$\sigma^2 = \frac{1}{n}\sum_{i=1}^{n}(Ai - A')^2 = \frac{1}{n}\sum_{i=1}^{n}A_i^2 - (A')^2$$

$$令\ c^2 = \sigma^2/(A')^2 = \frac{1}{n}\sum_{i=1}^{n}\frac{A_i^2}{(A')2} - 1,$$

故 $HHI = \frac{C^2+1}{n}$。 (8-6)

从式（8-6）可以清晰地看出，HHI 与产业的地区分布 n 成反比，与产业工业销售产值区域分布的离散程度成正比。产业分布的区域越多，竞争力更激烈，产业集聚的可能性就越小，HHI 就越小；产业规模离散度越小，也就是说，各个地区产业规模之间的实力相差不大，产业集聚的可能性就越小，HHI 就越小，极端考虑，如果每个地区的产业规模都相同，则 C = 0，此时，HHI 到达最小值 1/n。如果产业规模的地区差异非常大，极端情况下，一个产业全部集中于一个地区，则此时的 HHI 为 1。HHI 能够反映市场垄断与竞争程度的变化，对产业转移合并与分立反应灵敏，且计算方法相对容易。

8.3.3.2 数据来源

依据国家统计单位采用的国民经济行业分类体系 GB/T4754—2002，选取了 21 个制造业部门。各地区各产业的工业销售产值数据来源于《中国工业经济统计年鉴》（2004 年，2006～2013 年），《中国经济普查年鉴》（2014）。

8.3.3.3 计算结果及数据分析

根据公式计算结果如表 8-19 所示。

（1）京津冀整体的产业集聚程度在不断上升，反映京津冀内部产业调整和转移也在逐渐开展。

根据表 8-19 计算各年度的总体的产业集聚水平，计算结果如图 8-7 所示。可以看出，京津冀区域 2003～2012 年总体 HHI 指数除了在 2009 年有小幅下降，总体在不断上升。说明京津冀区域整体的产业集聚程度在不断上升，京津冀内部产业调整和转移也得到了验证。

表 8-19　京津冀 2003~2012 年产业集聚水平 HHI 指数

编号	产业	赫希曼—赫芬达尔指数（HHI）									
		2003 年	2004 年	2005 年	2006 年	2007 年	2008 年	2009 年	2010 年	2011 年	2012 年
1	农副食品加工业	0.43	0.46	0.48	0.51	0.5	0.5	0.49	0.51	0.51	0.47
2	食品加工业	0.36	0.36	0.39	0.42	0.36	0.36	0.37	0.36	0.39	0.41
3	饮料生产业	0.37	0.36	0.37	0.35	0.36	0.36	0.37	0.38	0.38	0.84
4	纺织业	0.52	0.57	0.58	0.65	0.65	0.69	0.74	0.75	0.79	0.85
5	纺织服装、鞋、帽制造业	0.34	0.34	0.33	0.34	0.36	0.36	0.36	0.36	0.38	0.37
6	造纸及纸制品业	0.46	0.46	0.47	0.48	0.49	0.49	0.49	0.48	0.52	0.52
7	石油加工、炼焦及核燃料加工业	0.33	0.34	0.34	0.34	0.34	0.37	0.38	0.36	0.37	0.39
8	化学原料及化学制品制造业	0.34	0.34	0.38	0.39	0.4	0.41	0.43	0.42	0.43	0.45
9	医药制造业	0.36	0.35	0.35	0.35	0.35	0.35	0.34	0.34	0.35	0.34
10	化学纤维制造业	0.61	0.69	0.62	0.66	0.78	0.67	0.7	0.75	0.76	0.74
11	非金属矿物制品业	0.46	0.46	0.46	0.48	0.49	0.48	0.5	0.5	0.53	0.53
12	黑色金属冶炼及压延加工业	0.48	0.51	0.55	0.54	0.54	0.58	0.56	0.6	0.62	0.62
13	有色金属冶炼及压延加工业	0.41	0.39	0.39	0.39	0.39	0.4	0.43	0.43	0.43	0.45
14	金属制品业	0.37	0.36	0.37	0.38	0.37	0.39	0.42	0.42	0.46	0.47

续表

编号	产业	赫希曼—赫芬达尔指数（HHI）									
		2003 年	2004 年	2005 年	2006 年	2007 年	2008 年	2009 年	2010 年	2011 年	2012 年
15	通用设备制造业	0. 34	0. 33	0. 34	0. 34	0. 34	0. 35	0. 36	0. 37	0. 39	0. 36
16	专用设备制造业	0. 35	0. 35	0. 35	0. 36	0. 35	0. 33	0. 33	0. 35	0. 35	0. 37
17	交通运输设备制造业	0. 36	0. 38	0. 37	0. 37	0. 36	0. 36	0. 35	0. 35	0. 34	0. 34
18	电气机械及器材制造业	0. 34	0. 35	0. 34	0. 35	0. 35	0. 36	0. 35	0. 36	0. 37	0. 38
19	通信设备、计算机及其他电子设备制造业	0. 47	0. 48	0. 48	0. 49	0. 49	0. 48	0. 47	0. 45	0. 44	0. 44
20	仪器仪表及文化、办公用机械制造业	0. 48	0. 5	0. 53	0. 46	0. 47	0. 42	0. 41	0. 39	0. 4	0. 45
21	电力、热力的生产和供应业	0. 48	0. 41	0. 41	0. 4	0. 4	0. 4	0. 4	0. 4	0. 4	0. 41

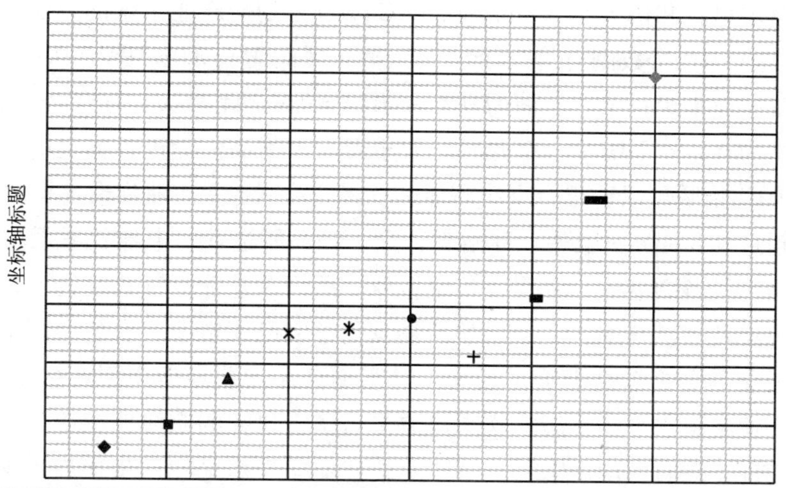

图8－7　京津冀2003～2012年产业集聚总体水平

（2）基于要素分类的工业HHI指数反映京津冀产业集聚水平不高，但动态产业集聚水平在逐步提高。

本书参照陈立敏，谭力文（2004）以及张理（2007）的方法对目标行业进行分类，将本书所选的21工业部门分为劳动密集、资本技术密集和资本密集型制造业（见表8－20）。

表8－20　　我国制造业按要素分类

要素分类	产业部门
劳动密集型制造业	纺织服装、鞋、帽制造业；金属制品业；食品制造业；纺织业
劳动技术密集型制造业	医药制造业；通用设备制造业；专用设备制造业；电器机械及器材制造业；仪器仪表及文化、办公机械制造业
资本密集型制造业	农副食品加工业；饮料制造业；烟草制造业；造纸及纸制品制造业；石油加工、炼焦及核燃料加工业；化学纤维制造业；非金属矿物制品业
资本技术密集型制造业	化学原料及化学制品制造业；黑色金属冶炼及压延加工业；有色金属冶炼及压延加工业
技术密集型制造业	交通运输设备制造业；通信设备、计算机及其他电子设备制造业

借鉴埃里森和格莱塞（Ellision and Glaeser）划分产业集聚的办法，将产业集聚按照 HHI 指数划分为三个区间：第一区间为 0.33 < HHI < 0.4，此时认为没有产业集聚；第二区间为 0.4 ≤ HHI < 0.8，此时认为存在产业集聚；第三区间为 0.8 ≤ HHI ≤ 1，此时产业集聚水平很高。通过各类型的产业集聚水平 HHI 指数可以看出，京津冀地区只有烟草制造业产业集聚水平达到 1，纺织业超过 0.8。纺织服装、鞋帽制造业，食品制造业，电器机械及器材制造业，通用设备制造业，专用设备制造业，医药制造业，饮料制造业，石油加工、炼焦及核燃料加工业，化学原料及化学制品制造业，有色金属冶炼及压延加工业等产业都处于第一区间，说明不存在产业集聚现象。总体来看，京津冀产业集聚水平还不高，这同目前多名学者研究的京津冀产业分工不足也相互印证，同时，动态来看，京津冀的产业集聚水平在逐步提高，这也印证了京津冀产业分工不断提高的论断。

分析各产业类型的产业集聚的特点以及趋势可以得出以下结论。

（1）劳动密集型制造业和劳动技术密集型制造业产业集聚水平基本上处于 0.33 ~ 0.45，同时从现有数据来看，并没有进一步集聚的趋势。说明单独靠市场力量很难实现产业集聚发展。

（2）资本密集型制造业和资本技术密集型制造业存在一定的产业集聚水平。但是在资本密集型制造业中没有进一步集聚的趋势，而在资本技术密集型制造业中存在产业进一步集聚的趋势。烟草制造业和饮料制造业集聚水平的提高，说明该产业已经开始产业转移。

（3）技术密集型制造业的产业集聚水平在逐渐下降，说明该产业在京津冀地区之间的分布趋于分散。这也反映了三地在高新技术产业上面的竞争。

8.4 京津冀协同发展下产业调整路径分析

京津冀协同发展的形成有赖于产业的转移调整。这个转移调整是区域产业空间再造，既不是区域市场一体化下的资源流转自然形成，更不是简单的产业规划布局，其中内含着区域产业创新，这包括产业生态链的内部构造与新产业空间的拓展两个方面。产业生态链的内部构造体现为产业的“柔性”集聚，这是相对于福特制的“刚性”（即大批量标准化）而言的，可以将它理解为对市场变化的一种快速适应能力；而所谓的新产业空间，是指在新技术革命的推动下，世界范围内许多产业的发展已经或正在从福特制向后福特制转变，柔性专业化中小企业随之不断涌现，最终，通过“企业网络→产业集群→产业带”的演化与空间拓展，推动产业创新和产业竞争力提高，从更大的区域空间上实施集聚战略，并将资源配置、产业发展与区域发展结合起来。

产业空间再造以产业集群为基础，是产业创新在空间区域的结构表现。产业集群导源于企业集聚，企业集中于一地，然后才可能形成产业集群。但企业集中并不就是产业集群，产业集群是不同企业间形成了合作分工关系。因此，如何促进企业扎堆集中向产业集群集聚转变是问题的关键。京津冀产业协同发展就是区域产业空间结构再造，而区域产业空间结构再造应以产业集群为基础调整。这一产业调整的路径不是在既有产业体系的基础上、按照比较优势选择产业及其转移调整的“归大堆”，而是要以产业集群为基础进行区域产业调整，以期打破既有的行政性地区化产业结构体系，而且还要选择恰当的重点地区作为区域产业分工调整空间再造的突破口。

8.4.1　以产业集群为基础促进产业空间调整

产业集群实际是企业主体在一定地域范围的集聚。是企业组织在追求持久利润时，通过内部分工向外部分工的转化，使专业化达到一定的程度，借助市场化在一定区域实现地域分工专业化。是企业主体竞合的结果，而不是其他主体，如行政主体规划的结果，行政主体的作用体现在基础条件的提供上，如基础建设提供和基本市场规范的提供。因此，如果没有企业的主动性，就没有产业集群的动力源，没有市场化条件，也就缺失了内部分工向外部分工的转化机制。产业集群是产业集中与地理集中的综合，也是地理临近性和组织临近性的综合，既有因产业集中而形成的集群，也有因地理集中而形成的集群，产业集群有两条基本途径，一条是通过企业兼并重组形成大企业主导下的企业集群；另一条是因市场化程度提高而在一定地域（如相邻地区）中小企业集聚，以中小企业为主导。

产业集群不同于产业梯度差异下的产业空间转移。产业梯度反映的是产业结构高级化的程度差异，却不是不同区域产业之间的差异。在我国现有产业梯度是以既有行政区产业结构为基础，按照比较优势界定相关地区的差异。京津冀由于长期条块体制分割，各地区不同产业之间并没有形成一定的产业分工合作关系。反倒是行政区内部各个产业的相互配合分工关系比较紧密。区域产业空间再造不能以现有行政地区产业结构差异化为基础，想当然地认为不同地区产业结构层次差异大，地区之间产业转移的势能就大。这也许是长期以来京津冀地区产业难以转移的认识根源。换句话说，如果并不创设产业集群基础，在现有行政区产业结构基础上要实现产业空间再造和产业转移就是一句空话。

京津冀培育和壮大新的产业集群有三个重点：一是传统优势产业集群。利用本区域国有和国有控股企业多的特点，用好政府对资产的处置权，以资产为纽带进行整合，使区内大型优势企业由资源消耗型向质量效益型转变，真正使产业内部分工协作，既不断向后续加工延伸，又向上下游产业延伸，形成互为保障、互相促进的企业群体。二是高新技术产业集群。周边地区要主动承接和大力吸引京津高科技、高效益、高附加值、无污染的优势企业落户，并对其进行配套和延伸产业链条。三是依托港口的新型工业产业集群。围绕做大做强天津滨海新区、曹妃甸、东营等临海工业园区，按照循环经济的思路，大力发展相互补充、相辅相成的新型工业。要加强同领域内企业横向联合，互相配套、互为市场，争取纵向形成产业链，横向形成产业群，通过协作分工获得各自的收益。企业资产重组是首都产业整合的重要途径。进行资产重组，要充分发挥和利用市场中介机构的作用，突破地域结构局限，突破区域行政管辖局限，通过资产经营、收购兼并、联合、优劣资产的置换，股权转让，对上市公司的买壳、借壳上市，以及产权交易等形式，跨区域组建企业集团。

构建京津冀产业集群载体及其产业转移调整平台已经纳入京津冀协同发展战略实施之中。2017 年 12 月，京津冀三省份首次联合制定的《关于加强京津冀产业转移承接重点平台建设的意见》中明确指出要以园区为平台整合产业集群。如图 8－8 所示，在京津冀范围内，率先确定公布了四大类 46 个平台组团，涉及协同创新平台 15 个，现代制造业平台 20 个，服务业平台 8 个，农业合作平台 3 个。这 46 个园区平台是三地联合协同梳理既有园区之后，给出的一份指南针式的“清单”，以此进一步推进三地产业对接协作，带动区域产业转型升级和协同发展。它们有五个显著特点：一是追求产业的集群化布局，防止布局分散；二是避免“大而全”，防止无序竞争；三是突破既有行政区划束缚，防止各自为政；四是巧借既有园区，充分利用现有产业集群基础；五是将产业集群化承接平台与产业转移调整有机结合。

图 8－8　京津冀协同发展的四大类 46 个承接产业集聚平台

资料来源：2017 年 12 月 20 日京津冀三地联合出台的《关于加强京津冀产业转移承接重点平台建设的意见》。参见人民网 http：//finance. people. com. cn/n1/2017/1222/c1004 －29722679. html.

8.4.2　从整体出发谋划京津冀的未来产业空间布局

《京津冀协同发展规划纲要》确定了“功能互补、区域联动、轴向集聚、节点支撑”的布局思路，明确了以“一核、双城、三轴、四区、多节点”为骨架，推动有序疏解北京非首都功能，构建以重要城市为支点，以战略性功能区平台为载体，以交通干线、生态廊道为纽带的网络型空间格局。

联系到产业发展，我们这里提出要从整体区域出发谋划京津冀未来产业空间布局。实现京津冀协同发展，一定要超越既有的行政格局，不同层级城市和地区要按照主体功能区之间的内在联系，塑造地区专业化分工体系，促成区域间互动合作机制。我们不能陈陈相因的还是以京津冀三行政区为对象谋划产业分工及其布局，而是要在京津冀地区以点—线—面关系布局产业集群空间分工架构，按点（主要节点城市与产业园区）、线（铁路、公路、海运线等重要交通轴线）、面（主要的功能平台）的空间格局来构建产业结构的基本框架。其中的核心一是以产业集聚为基础；二是以产业功能提升为内容；三是以点线面贯通为目标，目的是实现京津冀产业集群与城市功能的融合和促进京津冀整体产业空间的再造，具体包括以下三个方面。

“点”是依托京津冀产业园区，形成带动京津冀发展的增长极。这是产业集群的载体，又是衍生地区功能的基础，主要是要突破行政区的束缚，打破行政所属关系的体制外壳，使原先隶属于京津冀三地的产业园区能够相对独立地发展起来，借助产业集聚特色实现三地产业的转移调整。

“线”为“三带”，包括京津塘高新技术产业带、京唐秦滨海先进制造产业带、京保石新兴产业带。这三条带是规划思路提到的“三大发展轴”的产业支撑，就其实质内容而言，是产业链与交通线的有机结合，是产业链不同环节和价值链不同构成的统一，整体上三条产业带具有不同的产业特色，而就每条产业带而言，又体现不同产业构成环节和价值含量的不同组合。值得一提的是，要借助这“三条产业带”打破现有北京环状发展和天津一体两翼布局及其河北环京津贫困带的困境，通过产业发展贯通京津冀促进产业融合。

“面”是指四个经济区，即京津高新技术与现代服务业产业区、天津—唐山—秦皇岛新型产业和先进制造业优化提升区、石家庄—邯郸—沧州现代制造业区、张家口—承德生态产业区。这与规划思路提出的“四区”相对应，我们更加突出的是四区的产业特色，如在京津保所在的“中部核心功能区”突出高新技术产业和现代服务业。“面”是产业集聚块状空间与城市功能特色及其资源环境支撑条件的统一，这些不同的面其实就是未来新的产业功能区，它们在京津冀协同发展中具有不同的功能地位，发挥着不同的角色作用，左右前后的聚合辐射效应比较突出，是未来京津冀产业空间的构成板块。

为支撑京津冀地区形成“一核、双城、三轴、四区、多节点”的空间格局，推动北京部分产业功能疏解和京津冀地区产业联动发展，需要在京津冀地区打造“一圈、两核、三轴、四区、多中心”的产业空间格局。一环即以打造首都创新、创业、健康养老、休闲度假、观光旅游、有机蔬菜、宜居生活基地为目标的环首都创新、创业与文化休闲旅游产业圈；两核即发展服务经济、知识经济为核心的北京和天津；三轴即以打造高技术产业带，促进高新技术产业、临港产业和传统产业的战略重组和相互协调的京唐秦发展轴，以打造京津同城化以及大力发展电子信息、生物医药等战略新兴产业及先进制造业的京津经济发展轴，以发展现代制造业和现代农业为代表的京保石发展轴；四区分别为中部创新发展区、东部临港产业发展区、南部现代产业发展区和西北部生态涵养发展区（见图8－9）。

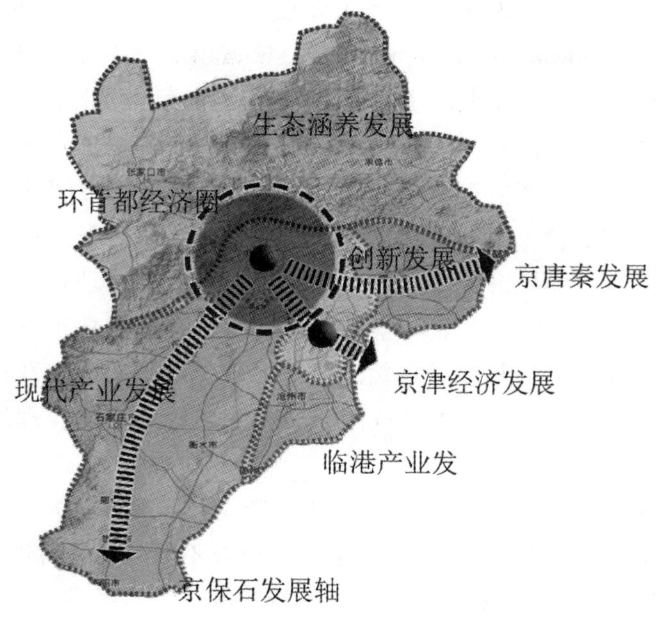

图8-9 京津冀产业空间布局

如今京津冀都市圈产业空间架构已初具雏形，这便是“2+4+N”的产业合作格局。具体是立足三省份功能定位和产业发展定位，以北京城市副中心、河北雄安新区功能定位为新的“两翼”，构建和提升曹妃甸协同发展示范区、北京新机场临空经济区、张承生态功能区、天津滨海新区四大产业合作服务共建共管的战略合作功能区，梳理形成“N”个以园区为基础的产业合作平台，首批公布46个平台，其中，协同创新平台15个，现代制造业平台20个，服务业平台8个，农业合作平台3个。这些“4+N”产业集群载体和转移平台，将积极吸纳和集聚创新资源要素，打造创新产业集群，促进产城融合职住平衡。此外，还包括一批特色小镇和微中心。这些承接平台仍然较多且布局相对分散，产业转移政策体系也须进一步完善。为了克服无序竞争，三地需继续联合协同梳理园区，下一步要打破行政隶属关系，分类分专业促进产业集群发展，以便推进三地产业对接协作，带动区域产业转型升级和协同发展。

8.4.3 选择临近重点地区的产业集群作为产业调整的突破口

集群地理性的关键体现在集群内部企业和其他机构的邻近性。根据邻近性所传递的内容可将其分为“地理邻近性”（geographical proximity）和“组织邻近性”（organizational proximity）。根据组织近邻性和地理近邻性的性质，可以区分企业是扎堆还是集群，抑或是网络。产业集群以企业间的分工合作关系为基础，其内在关系可以独立于一定的地理环境。如果经济单位集中于特殊的地理空间（有地理近邻性），但单位之间缺乏相似的价值观和行为的相似性（无社会近邻性），那么仅仅就是企业的扎堆。按照产业集群地理相邻性与组织相邻性互动的规律，具有地理临近性的地区将率先成为京津冀协同发展产业调整的地区。这也有可能从根本上打破既有行政区范围产业体系完整性的藩篱。通过产业结构调整，实现京津冀协同发展方式的转型，进一步加强区域产业分工，形成京津冀合理的产业空间结构。

通过对京津冀地区以产业园区为代表的产业集群进行分析(见图 8 - 10)，我们发现产业园区布局囿于行政区范围，但也有不同阶段的演进性特点。第一阶段是服从行政区产业布局，以完善本行政区产业体系为主，如北京向西北发展，天津向东南发展，在京津角力下，河北省出现了南北分隔的现象；第二阶段是沿着主要交通线路创建产业园区，以最大限度地发挥本地产业的集群优势，同时能够兼得其他地区的资源，如在京津塘高速公路、京津公路、京沪铁路为主轴的交通走廊上，共分布有 25 个开发区，天津尤其是河北省兴办了许多产业园区；第三阶段是相互临近地区逐渐引起京津冀三地的关注，不管是基于自身发展的需要，还是客观发展形势使然，北京、天津都出现了产业布局在相邻区域的趋向，北京向东南发展，将东部新城作为未来发展的主要产业带，逐步与天津一体化发展。天津北上在宝坻建京津新城，在武清建“京津产业新城”和“国家大学协同创新基地”，京津冀核心区相对靠拢。

但现有的研究分析仅停留在产业对接和政府层面基础设施的对接上，还没有具体落实到关键的典型区域，也没有考虑如何通过地域空间布局实现产业对接。随着天津滨海新区和曹妃甸工业区的开发建设，京津“双城”如何实现优势互补和良性互动式协作，以及京津冀重点产业发展区如何带动其他区域经济发展，成为影响区域发展的重要问题。如今京津冀区域分工程度加深，空间上进一步加强合理布局成为下一阶段的重点。

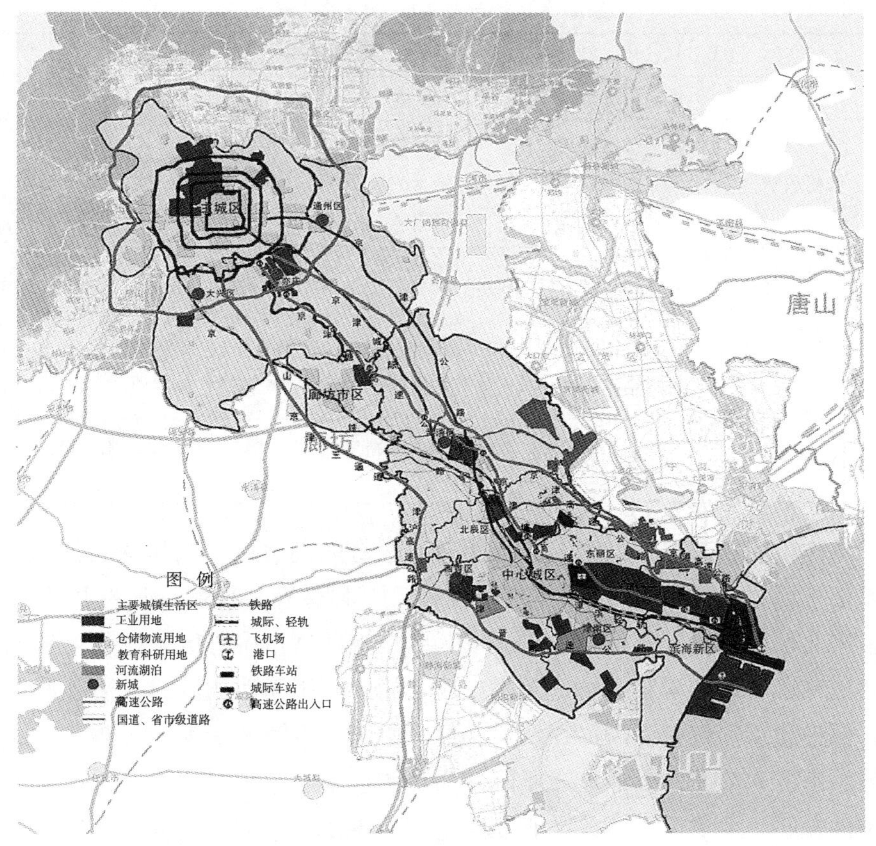

图8-10　京津冀相邻地区轴状产业集群带

资料来源：周长林，孟颖.《京津滨产业带空间布局及发展对策研究》[M]. 中国建筑工业出版社，2010.

可以京津走廊高新技术及生产性服务业产业带为京津冀经济合作的重点。北京亦庄经济技术开发区至滨海新区，这一条线位于北京东南方向，有高速公路直达天津港，产业基础已初具规模，是发展高科技产业的最佳首选地带，即将亦庄—廊坊—武清—滨海新区一线建成高科技产业发展重点。北京的支柱产业布局正朝东南和东部方向发展，沿着京津和京唐的连线发育产业带。与廊坊、燕郊及香河开发区在空间上逐步接近、渗透、融合，进一步推动京津冀区域经济一体化的发展趋势，形成高科技产业和现代制造业的北方聚集带。通过吸收华北和其他地区电子、化工、机械等类科研院所、工科院校进入，可以将廊坊建设成全国重要的科技教育基地与科技成果转化基地，建设京廊津塘高科技产业带是京津冀经济合作的重点之一（见表8-21）。

表 8－21 京津冀轴状产业集群带构成要素

依托条件	内容描述
依托中心	北京；天津
依托基础	河北省的廊坊 北京的中心城区、通州区、大兴区 天津的武清区、北辰区、西青区、市内六区、东丽区、津南区和滨海新区
依托载体	北京中关村高科技园区、北京亦庄经济技术开发区、北京大兴经济开发区、廊坊经济技术开发区、武清开发区、逸仙园科学工业园、武清科技园、北辰科技园、华苑产业园、天津航空城、滨海高新区、开发区西区、塘沽海洋高新区、天津经济技术开发区和天津港保税区等。有 25 个开发园区
依托轴线	京津塘高速公路、京津塘高速公路二线、京津城际铁路、京山铁路和京津公路等

具体以北京市东部京津发展带为产业融合的突破口。东部发展带位于北京城市东部，是北京发展高新技术产业、现代制造业和现代农业的主要载体，是未来北京城市发展的重心所在，也是北京疏散城市中心区产业与人口的重要区域，还可以和河北廊坊、天津连成一线，利用天津的港口发展外向型经济，促进北京物流速度的提高。这一地区主要以京津两大城市为中心，以京津冀城镇群为依托，以各类产业园区为载体，串联相邻产业园区，产业聚集的条件较好。主要包括两条产业发展走廊，一条是京津城镇发展走廊，由京津塘高速公路、京津公路、京沪铁路为主轴的交通走廊构成，共分布有 25 个开发区；一条是京唐城镇—产业发展走廊，以京沈高速公路和通香（唐）公路为主轴，北京至秦皇岛范围内共分布有 9 个开发区。以京津塘高速公路和京津城际铁路等京津之间的重要交通通道为中轴。产业带西起北京海淀区中关村，东至天津港，全长 155 千米。产业带的空间范围包括北京的中心城区、通州区和大兴区，河北省的廊坊，天津的武清区、北辰区、西青区、市内六区、东丽区、津南区和滨海新区，总面积 8043 平方千米。

现在已在沿京津方向，明确提出布局武清京津产业新城、未来科技城京津合作示范区、武清国家大学创新园区三个协同创新平台；主要聚焦廊坊经济技术开发区、北京亦庄・永清高新技术产业开发区、天津经济技术开发区、天津滨海新区临空产业区、天津东丽湖片区、天津北辰高端装备制造园、天津津南海河教育园高研园、天津西青南站科技商务区、沧州渤海新区、沧州经济开发区等 10 个现代制造业承接平台，引导电子信息、高端装备、航空航天、现代化工、生物医药、现代种业等产业转移承接，积极承担京津冀地区科技成果产业化功能，打造高新技术产业带（见表8－22）。

表8－22 京津走廊高技术和生产性服务业产业带园区

1	北京经济技术开发区	新能源智能汽车、集成电路、高端装备制造、新一代信息技术、新一代健康诊疗与服务
2	北京新机场临空经济区	航空物流、综合保税、电子商务、航空服务保障、航空金融
3	北京天竺空港经济开发区	集成电路装备、重大疾病药物、现代服务业
4	北京林河经济开发区	微电子、关键汽车零部件、智能成套装备、生物医药
5	中关村顺义园	研发服务、信息服务
6	天津经济技术开发区	电子信息、汽车、高端装备、医药健康
7	天津滨海高新区	软件及新一代信息技术、新能源、节能环保、文化创意
8	武清经济技术开发区	高端制造、生物医药
9	天津空港经济区	航空航天、电子信息、高端装备制造、生物医药、现代物流
10	天津滨海新区中心商务区	金融运营、金融创新、总部经济、国际贸易、电子商务、文化教育、创新创业
11	天津滨海新区未来科技城	新能源汽车及核心零部件、高端装备
12	天津东疆保税港区	国际航运、保税物流、融资租赁、离岸金融、国际贸易
13	天津武清京津产业新城	研发转化、商贸物流、电子商务
14	天津北辰经济技术开发区	高端装备、生物医药、新一代信息技术、新能源、新材料、现代物流
15	天津宝坻京津中关村科技新城	生物医药、软件和信息服务业、节能环保、装备制造
16	天津宁河京津合作示范区	环境技术研发、健康医疗、休闲旅游
17	蓟州区京津州河科技产业园	现代装备制造、新材料、电子信息
18	廊坊经济技术开发区	电子信息、新能源、装备制造、生物医药
19	廊坊物流园区	电子商务、现代物流、商贸服务
20	廊坊高新技术产业开发区	新材料、高端装备、新能源
21	燕郊国家高新技术产业开发区	电子信息、医疗器械、新材料
22	亦庄·永清高新技术产业开发区	移动通信、集成电路、生物医药
23	河北玉田电子元器件产业园	高端电子元器件、微电子产品制造

而今为引导京津冀地区合理有序承接产业转移，加快产业结构调整和转型升级步伐，2016 年 6 月工信部和京津冀三省联合发布了《京津冀产业转移指南》，提出了以京津走廊高新技术及生产性服务业产业带、沿海临港产业带、沿京广线先进制造业产业带、沿京九线特色轻纺产业带、沿张承线绿色生态产业带五大产业带为支撑优化京津冀区域布局。而囊括北京、廊坊、天津一线的京津走廊高新技术及生产性服务业产业带正展露雏形，利用北京技术优势和天津、河北廊坊等地的制造能力，重点发展高新技术产业、生产性服务业和高端装备制造业，成为优化区域布局的支撑。作为北京实体经济“主力军”和京津冀一体化“桥头堡”的北京经济技术开发区，正有条不紊地推进发展战略，北京天竺空港经济开发区、中关村顺义园，也在不断聚拢“高精尖”产业。河北廊坊市与北京经济技术开发区签署协议，约定创新跨区域合作共建永清高新区。

在此，我们还要特别指出一些抓手重点，以便抓住重大战略机遇，争取区域协同发展能够率先取得战略突破。

一是以北京新机场建设为契机，共建国家级“临空经济区域合作示范区”。北京新机场选定在北京市大兴区榆垡镇、礼贤镇和河北省廊坊市广阳区之间。从新机场 20 千米的临空经济辐射范围来看，既包含北京的大兴、丰台、房山、通州部分区域，又涉及河北廊坊、保定以及天津武清等津冀部分区域，属于京津冀城市群的核心区域。规划建设的首都第二机场，不仅可以疏解北京的非首都城市功能、优化空间布局、打造新经济增长极的重要抓手，也为京津冀三地围绕新机场统一谋划、整合资源、联手共建临空产业、航空城镇、交通体系、宜居生态等提供了重要平台和战略支点。

二是依托天津滨海新区和天津自贸区，共建中国投资和服务贸易综合改革创新区。天津滨海新区和自贸区已相继获批，李克强总理在天津滨海新区考察时明确提出天津要建成中国投资和贸易便利化综合改革创新区，这无疑给京津冀地区发展带来难得的战略机遇，北京和河北应主动参与，与天津共建“创新区”，在体制改革、机制创新、扩大开放和区域一体化等方面走在全国的前列。

三是抓住京津冀三地优化空间结构的机遇，共建国家级“京津科技新干线”。北京近年来积极实施“南城行动计划”。天津也在调整空间布局，将“工业战略东移”调整为“东移北转”。由此可见，京津两市的发展重心逐步靠拢。河北省近年来也加快了空间布局调整步伐，正在努力做强“沿海”、做优“环首都”、做活“冀中南”。京津冀三地对空间结构的重大调整，无疑给京津冀共建“京津科技新干线”提供了难得的机遇。目前在京津城际走廊上，已形成了若干科技产业功能区，为进一步打造京津科技新干线奠定了坚实基础。无论是现实中的产业发展态势，还是规划中的产业空间布局，京津高新技术产业带都是京津冀地区产业发展的主轴和脊梁。应抓住京津冀调整空间布局的战略机遇，合力打造一条从“中关村—亦庄—廊坊—武清—北辰—东丽—滨海新区”的京津科技新干线。在打造京津科技新干线过程中，北京应充分发挥生产性服务业辐射带动和科技辐射作用，发挥首都总部经济的引领作用。

第9章　北京市高精尖经济结构内涵界定与发展探索

京津冀协同发展要求三地在产业上各有侧重，那么北京市产业发展的方向应该如何选择。我们认为北京市要从“四个中心”的城市战略定位出发，深入分析北京市功能定位，保障宜居基础，充分发挥首都核心功能，突显科技创新在京津冀区域中的引领作用，未雨绸缪地把握好产业发展未来趋向。北京已定位于构建“高精尖”经济结构，升级并转型北京市既有产业结构、引领并促进京津冀产业协同发展、服务并带动国家产业结构调整、参与并重塑国际分工。具体选择高新技术产业、创意文化产业、现代生产服务业等产业为发展重点，通过产业集群的方式加强城市的功能区集聚。这其中的内在机理就是城市功能—产业选择—集群发展的相互作用关系。城市功能定位决定产业选择重点，产业发展采取产业集群的方式，而产业集群能够优化城市功能，其中，最为核心的是科技创新驱动的作用，科技创新驱动为产业发展提供技术方向，促进产业集群集约优化，又能够促进改善城市功能环境。那么什么是“高精尖”呢？如何界定其经济结构的内涵？其理论依据何在？如何考核评估北京市高精尖经济发展的情况？

9.1　首都城市功能对北京产业选择的要求作用

首都城市功能经历了多次发展演变，形成了新时期综合性的首都功能定位。这客观要求首都现代产业发展必须立足北京实际，着眼于构建与城市性质、发展战略和功能定位相协调、与首都独特的比较优势相融合、与人口资源环境的承载能力相适应的现代产业体系，为首都城市功能的充分实现提供有力支撑。北京市首都城市定位与产业发展是相互作用的。一方面首都城市功能定位为产业发展提供一定的优势条件；另一方面首都城市功能定位对产业发展也提出了相应的约束。

9.1.1　首都城市功能定位为北京产业发展带来多方面的优势条件

北京作为首都和全国政治中心，发展得到中央政府的大力支持，也得到周边“兄弟”省份在资源、能源等方面的有力保障。首都对各种生产要素具备强大的吸引力，各种高端要素加速向北京聚集。国家党政机关、国务院所属各大部委及全国性行业协会均在北京，使北京成为全国最大的信息产出、集散和周转地，成为跨国公司、央企集团的集中布局地。目前，中央单位资产总额占到全市 8 成左右、增加值占全市 4 成左右，以央企在京企事业单位为主的中央经济和总部经济成为首都经济的重要组成部分。

与此同时，大量的科研、教育、文化艺术、卫生医疗等机构也设在北京，特别是全国一流的科教文卫机构集中建在北京，赋予北京在科技、教育、文化、人才等方面的独特优势条件。全国 7 成以上的中央研究机构、1/3 的重点实验室和工程研究中心，1/2 以上的两院院士都在北京。此外，还有许多政策上的优势，如中关村是中央确定的第一个国家自主创新示范区，中关村“1 + 6”政策、人才特区政策等一系列先行先试政策和服务业综合改革试点等行业改革发展试点在北京全面推进，中央要求其加快向具有全球影响力的科技创新中心进军，为在全国实施创新驱动发展战略发挥示范引领作用。

9.1.2　首都城市功能定位也对产业发展提出一定的约束性

北京是国家首都，承担着综合性的城市功能，同时人口多、土地开发强度大、水资源有限，2013 年底人口已达 2114. 8 万人，现在已经面临着人口过多、交通拥堵、房价高涨、环境污染等一系列“大城市病”，人口资源环境矛盾非常突出。这就要求北京在产业选择和发展过程中，先要保障城市功能的充分实现，两者发生矛盾时，产业发展必须让位于城市功能，重点行业领域的选择和发展必然受到一定限制和约束。有效缓解首都人口资源环境矛盾是充分实现首都宜居功能的重要前提，这就要求北京在产业选择和发展中要充分考虑水、土地、能源等常规性资源不足的约束性条件。目前，北京人均土地1127平方米，不到全国平均水平的1/6；人均水资源不足300立方米，为全国平均水平的1/7；100%的天然气、100%的石油、95%的煤炭、64%的电力、55%的成品油都要从外埠调入，这样的资源环境客观要求北京选取注重资源节约和环境保护的发展方式①。北京作为全国的政治中心，需要考虑和处理的非经济问题明显多于其他城市，稳定是第一位的责任，“首都稳，全国稳”，这在一定程度上导致北京相对于其他城市，在推进市场化和产业发展的各项改革措施方面相对滞后。例如，尽管北京服务业发展水平较高，但很难在全国率先开展服务业体制机制改革和政策先行先试，也难以出台类似其他地区以税收、土地等为主的优惠政策。

9.1.3 基于首都城市功能的现代产业发展重点

北京市的产业发展，必须坚守北京城市战略定位，以保障首都城市功能的充分实现为前提，坚持和强化首都核心功能，有所为有所不为，按照“高端化、服务化、集聚化、融合化、低碳化”的产业选择原则，根据首都经济内涵和首都资源优势，放弃发展“大而全”的经济体系，一方面构建“高精尖”经济结构，重点发展服务性产业，形成“高端引领、创新驱动、绿色低碳”的产业发展模式；另一方面从更好地服务首都城市战略定位出发，积极调整疏解非首都核心功能，促进产业的转移调整，实现京津冀产业的分工合作和协同发展。根据北京市城市战略定位和城市功能定位，北京市产业的选择总体上应该以服务性产业为发展方向，以产业功能集聚为基础，以科技创新为内涵，重点发展高新技术产业、战略性新兴产业、创意文化产业、现代生产服务业四大产业，构建彰显首都特色的现代产业体系，增强首都经济综合实力，有力支撑首都经济可持续发展和首都城市功能的不断完善。培育一批新型产业，例如互联网金融、新兴服务业、节能环保产业等，就是打造高精尖经济结构里面“高”的那部分，然后改造和提升一批企业，通过改造、升级适宜在北京发展，如信息产业（见图9－1）。

① 资料来源：顾行发，李闽榕，徐东华．皮书系列·遥感监测绿皮书：中国可持续发展遥感监测报告（2016）［M］．北京：社会科学文献出版社，2007.

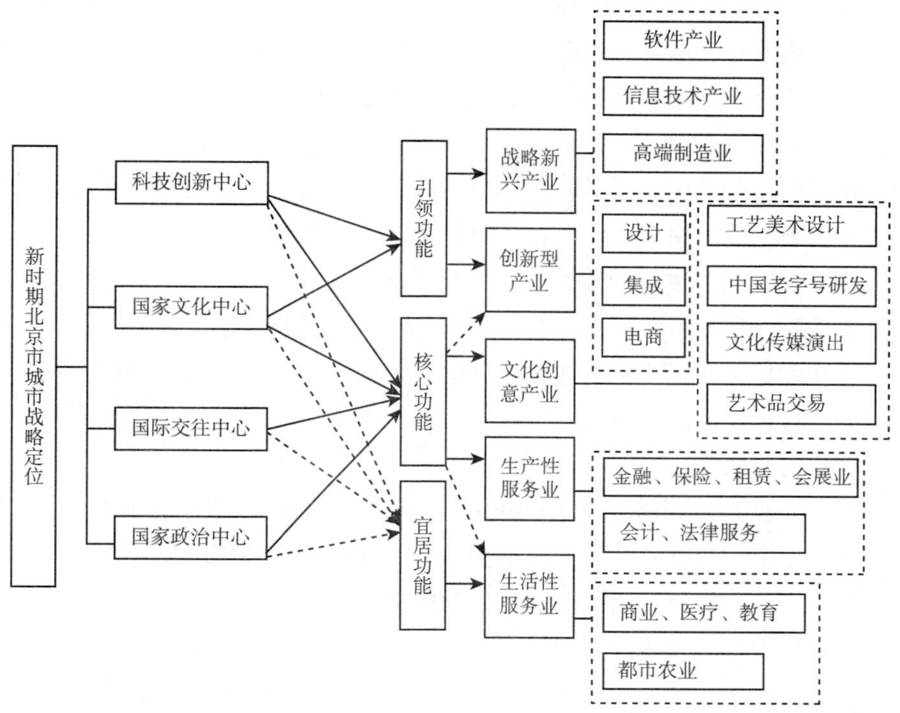

图9－1　北京市战略地位要求下的产业发展方向选择

9.1.4　通过产业集群优化北京市城市功能

产业集群是指集中于一定区域内特定产业的众多具有分工合作关系的不同规模等级的企业和与其发展有关的各种机构、组织等行为主体通过纵横交错的网络关系紧密联系在一起的空间集聚体，代表着介于市场和等级制之间的一种新的空间经济组织形式。城市功能的优化是指在内外部环境条件变化的背景下，依据城市功能发展的客观规律，调整城市功能的合理结构和空间布局，确立城市功能运作的有效方式，对原有城市功能中不合理部分进行调整，使城市功能系统更加有效地运行，以增强城市竞争力。

产业集群与城市功能相辅相成、相互促进。城市功能与城市产业相辅相成，有什么样的功能，就必然有创造这些功能的产业；有什么样的产业，一般就具有相应的功能。城市是产业集群的产物，城市功能的提高又进一步强化产业集群。城市化的本质是产业集聚，城市化的发展主要是产业集群的发展。一方面城市的集聚功能和城市化的经济效应为产业集群提供条件；另一方面产业集群是城市功能的有力支撑，城市发展纳入产业集群才能充实城市发展，更有效地推动城市基础设施建设和社会事业发展。

（1）产业集群的集聚效应实现对土地等资源的集约化利用。产业集群作为一种为创造竞争优势而形成的产业空间组织形式，产业集群具有群体竞争优势和集聚发展的规模效益，是集约化利用资源的产物。

（2）产业集群的同业集聚特征强化城市的功能分区要求。产业集群强调的是集中于一地的企业相互间所具有的分工合作关系，这个地区相应也就被赋予不同的功能作用，于是这个地方也就形成以一种产业为特色以一种功能为标志的特色性地区。如北京西城区金融街就是以金融业为主以金融服务为功能特色的地区。

（3）产业集群能够彰显城市的主导功能。城市的功能、主导功能寓于城市的产业之中，通过一定的产业集群体现出来。产业集群与城市主导功能应该是相契合的，而且它们在空间上也是相互耦合的。产业集群地区与城市功能区、人口分布的关联程度进一步加深，城市功能的实现和产业的发展需要专业化空间承载。城市主导功能往往是由城市的优势产业创造出来的。如中关村是科技创新的集聚地，相应的也就成为北京科技引导功能的地区。

（4）产业集群能够优化区域产业空间结构。城市是产业空间实现的主要形式，也是产业结构调整和升级的重要内容。产业集群的形成不仅能强化城市的辐射功能，而且还会引起城市功能系统在空间分布格局上的巨大变化。

（5）产业集群能够促进区域协同调整。经济要素的空间聚集与扩散更多是在城市与城市之间进行，并且是以城市产业联系作为载体来实现的。处于同一产业链上的不同集群分布在同一城市群内的相邻城市，城市群体空间的产业形态表现出产业链经济和产业集群经济互相促进。由此形成都市圈区域经济一体化，并进而以集群的形式接收国际产业转移，融入全球产业价值体系。

9.2 北京市构建“高精尖”经济结构提出背景及作用定位

2014 年 2 月，习近平总书记在北京视察时指出，北京要构建“高精尖”经济结构，使经济发展更好地服务于城市战略功能定位。明确要求北京市优化三次产业结构，突出高端化、服务化、集聚化、融合化、低碳化，形成高端引领、创新驱动、绿色低碳的产业发展模式。2015 年 4 月，中共中央政治局审议通过了《京津冀协同发展规划纲要》，提出北京应升级现有产业结构，构建“高精尖”的经济结构，带动京津冀协同发展。2016 年 7 月，北京市出台《北京市人民政府关于进一步优化提升生产性服务业加快构建高精尖经济结构的意见》，意味着北京市加快构建“高精尖”经济结构已成为北京市的核心任务，“高精尖”经济将是北京市经济发展程度的新表征。

9.2.1　北京市发展“高精尖”产业的背景要求

北京市构建“高精尖”经济结构实际是国际国内经济发展变化形势使然。这是主动适应新形势的新举措，国际上产业结构正在发生深刻变革，呈现出产业发展高端化、产业地域集群化、产业间关系生态化的总体趋势。与此同时，我国经济发展进入减速换挡的新常态，体制机制正在深化改革，发展方式也在深刻转型。

《京津冀协同发展规划纲要》颁布，北京市需重新定位产业发展的方向，北京市遂提出构建“高精尖”经济结构的主张。北京市产业的选择总体上应该以服务性产业为发展方向，以产业功能集聚为基础，以科技创新为内涵，构建彰显首都特色的现代产业体系。城市战略、城市功能、经济结构是相互依存的关系，城市战略决定了要构建高精尖的经济结构，而高精尖的经济结构则支撑着城市功能，城市功能进一步彰显城市发展战略。因此，北京市构建“高精尖”经济结构并不只是北京市自身的事，还要考虑对地区、国家乃至国际的影响。从京津冀、全国乃至国际角度对北京经济结构进行审视，北京市“高精尖”经济结构要发挥应有的作用影响。北京市构建“高精尖”经济结构是国际国内经济发展变化形势的新要求，是主动适应新形势的新举措。具体可以从以下三个层面认识。

（1）国际产业结构调整的新趋势。2008 年美国次贷危机导致全球性的金融和经济危机，是世界经济发展的一个重要转折点。以新一代信息技术、互联网、新材料、新能源等为代表的技术创新和应用，推动世界产业结构发生深刻变革。互联网技术把制造与服务更为紧密地结合在一起，生产体现为国际分工下的生产，市场也体现为全球一体化的市场，横跨全球的国际产业链分工法规体系得以形成，但在“平的地球”上凸显出的区域产业集群和城市功能集聚的节点与增长极更为引人注目，主要呈现出三个特点，分别是产业地域集群化、产业之间的融合化和产业发展的生态化。产业集群化是以专业分工为基础的、地区产业高度集中的一种产业空间集聚现象，产业之间的融合化是高新技术渗透融合、产业内部重组融合，上、中、下游相关产业联系在一起，产业发展的生态化是产业—生态形成共生系统，使经济系统和谐地纳入自然生态系统的物质循环过程中。为了塑造新的竞争优势、抢占新的制高点，各个国家一个重要的举措是培植产业链分工合作新地区，作为一国经济发展的增长极和战略性新兴产业的新载体。京津冀协同发展区域其实也就是融入国际分工体系的新平台、塑造区域产业链分工合作的增长极和促进国家经济发展转型的新引擎。

（2）国内经济发展进入“新常态”。近年来我国经济发展已经进入“减速换挡”的新阶段性，未来我国经济发展的大逻辑就是认识、适应和引领新常态。“新常态”包涵的不只是发展速度的回归，还内含经济结构的调整，更为深刻的其实是发展方式的转型和体制机制的深化改革，这意味着中国经济目前正处在发展模式转型的关键时期。具体而言增长的动力由外需转向内需，由投资转向消费；增长的主体由以省、地行政单位为主的“点状”转变以区域板块集群优势下的“块状”；增长的机制由行政主导变为政府和市场相互结合的综合驱动机制；增长的主导产业由一般性制造业和房地产业转变为新兴产业与传统产业的融合为主；增长的综合表现由简单的土地城市化变为人的城镇化，而且进一步演进为城市功能提升的城市化。

（3）区域京津冀协同发展新态势。京津冀协同发展是中国三大区域发展战略中谋划最早、基础也最为成熟的区域板块，目前已进入集中攻坚、重点突破、全面落实的关键阶段。《京津冀协同发展规划总体思路框架》提出了“功能互补、区域联动、轴向集聚、节点支撑”的战略思路，提出要以“一核、双城、三轴、四区、多节点”为骨架，打造形成以重要城市为支点、以战略性功能区平台为载体、以交通干线和生态廊道为纽带的网络型空间格局，也已经确定在交通、生态环保、产业升级三个重点领域率先突破。这要求疏解不符合首都核心功能的产业行业，《京津冀协同发展规划总体思路框架》提出推进存量调整，对不符合首都战略定位的功能，研究提出调整方式、路径和步骤，有序引导向周边地区疏解。而率先就新增固定资产投资项目和新设立各类市场主体颁布《北京市新增产业的禁止限制目录（2014 年版）》，这意味着已经从增量和存量两个层面着手调整北京产业经济结构，从更好地服务首都城市战略定位出发，北京市产业发展的方向是构建“高精尖”经济结构，而相应积极调整疏解非首都核心功能，促进产业的转移调整，实现京津冀产业的分工合作和协同发展。

总之，北京市在新的国内外发展形势下构建“高精尖”经济结构，不只是为了解决北京的问题，也是有效带动京津冀协同发展，打造新的首都经济圈增长极，参与国际分工重塑国际产业结构，探索人—资—环协调发展的区域生态文明建设的客观要求。

9.2.2　北京市发展“高精尖”产业的作用定位

北京市构建“高精尖”经济结构不只是北京市自身的事，还要能有效带动京津冀协同发展，进而打造新的首都经济圈增长极，参与国际分工重塑国际分工结构，也是探索人—资—环协调发展的区域生态文明建设的客观要求（见图9－2）。

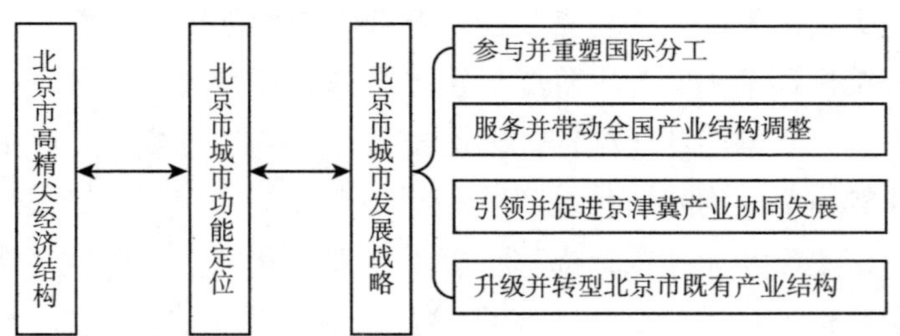

图9－2　北京市“高精尖”产业发展作用定位

城市战略、城市功能、经济结构是相互依存的关系。城市战略决定了要构建高精尖的经济结构，而高精尖的经济结构则支撑着城市功能，城市功能进一步彰显城市发展战略。另外，也要从京津冀、全国乃至国际角度对北京经济结构进行审视，预判北京市“高精尖”经济结构的作用影响，主要包括参与并重塑国际分工；服务并带动国家产业结构调整；引领并促进京津冀产业协同发展；升级并转型北京市既有产业结构。

9.2.2.1　北京要发挥参与并重塑国际分工的作用

中国前30多年的发展是被动地接受国际分工，产业链逐渐融入国际体系，但在价值链分工上是低端定位。目前，在国际经济结构大调整的背景下，我们需要创造主动，积极参与塑造国际经济体系的新格局。当前的世界经济深度调整，新兴经济体兴起，多元化经济格局进一步形成，经济和贸易重新组合加深。最近在中国倡导下成立的金砖国家开发银行（NDB）、上合组织开发银行以及亚洲基础设施投资银行（AIIB）得到国际经济界的积极呼应。中国提倡筹建亚洲基础设施投资银行，一方面能继续推动国际货币基金组织（IMF）和世界银行（WB）的进一步改革；另一方面也是补充当前亚洲开发银行（ADB）在亚太地区的投融资与国际援助职能。将弥补亚洲发展中国家在基础设施投资领域存在的巨大缺口，减少亚洲区内资金外流，投资于亚洲的“活力与增长”。作为京津冀首都圈，北京“高精尖”经济结构要成为参与和促进国际经济结构调整的支撑力量，也要成为吸引国际资本聚集的价值洼地，还要成为带动中国经济融入国际经济体系的重要增长极。

9.2.2.2 北京要发挥服务并带动产业结构调整的作用

我国产业结构中的不平衡、不协调和不可持续问题充分暴露，已经成为经济发展中的突出矛盾，迫切需要加快产业结构的战略性调整。党的十八大将推进经济结构调整确定为现阶段最重要的战略任务之一，其中产业结构调整是核心内容。我国的产业结构，无论是第一、第二、第三产业结构（也包括三次产业的内部结构）或传统产业和新兴产业结构或劳动密集型、技术密集型和资本密集型产业结构，都存在着不合理的状况。在全球金融危机的冲击下，产业结构不合理的状况更加凸显，产业结构不合理的程度更加严重。具体表现为许多行业出现了严重的产能过剩和重复建设。除了前不久国家发改委“点名”的钢铁、水泥、平板玻璃、煤化工、多晶硅和风电设备等行业以外，还有一些新兴产业也出现了类似的情况，例如新能源产业国内已经有18个省提出建设新能源基地，甚至有的把新能源当作支柱产业来发展。“一窝蜂”发展的结果是“一哄而上”，导致资源浪费严重、整个产业发展失序。

产业结构调整的重点是大力发展服务业，特别是要积极推进传统服务业的转型和现代服务业的发展。为此，2014年8月，国务院印发《关于加快发展生产性服务业促进产业结构调整升级的指导意见》（以下简称《指导意见》），这是国务院首次对生产性服务业发展作出的全面部署。强调要以产业转型升级需求为导向，引导企业进一步打破“大而全”“小而全”的格局，分离和外包非核心业务，向价值链高端延伸，促进我国产业逐步由生产制造型向生产服务型转变。而北京发展“高精尖”产业结构，在全国层面来看，还要发挥带动产业结构调整的带动作用。

9.2.2.3　北京要发挥引领并促进京津冀产业协同发展作用

京津冀协同发展产业转移既是突破口又是当然内容。以产业转移带动非首都功能疏解，破除体制机制障碍，打破行政区域限制，促进生产要素在更大范围内自由流动，作为北京市来说要主动积极引领示范。北京“大城市病”的实质是在有限的空间里集中了过多的功能，只有功能疏解才是明智之举。北京城市功能疏解对区域产业、交通、生态、公共服务等布局必将产生深远影响，同时，也是北京实现产业升级和阶段跃升的最好时机。北京通过功能疏解突破发展“瓶颈”，才能更好地发挥首都核心功能，提升北京的影响力和控制力，通过产业技术的扩散转移发挥北京科技引领作用。只有京津冀产业协同发展，才能找到产业优化升级、梯度转移的承接地，找到可持续发展的新起点，才能更好地发挥首都的辐射带动作用，助力区域经济社会持续健康发展。

9.2.2.4　北京要发挥升级并转型自身既有产业结构的作用

北京市产业结构还不尽合理，表现为第二产业增值环节低下，第三产业生产性规模偏低。尤其从产业内部结构来看，北京市金融、信息服务等优势产业占比已接近世界城市平均水平，但行业总量规模差距较大。2011 年，北京市金融业实现增加值占服务业的比重为 17%，略低于纽约（19.2%）、伦敦（21.6%），超过东京（14.4%）；信息服务业实现增加值占服务业的比重为 12.4%，比纽约（8%）高出 4.4 个百分点。但与世界城市相比，北京这些优势行业的产业规模仍偏低，金融业实现增加值不足纽约的 1/6、伦敦和东京的 1/3，信息服务业实现增加值仅为纽约的 1/4。同时，北京制造业发展规模也不及纽约、东京等世界城市。2011 年，纽约、东京制造业实现增加值为 672.4 亿美元和 815.4 亿美元，分别比北京高 190 亿美元和 333 亿美元，其庞大的制造业产业集群有力带动了服务业特别是生产性服务业的发展。而且北京市的产业发展质量和效益还有待进一步提高。以服务业为例，与纽约等世界城市相比，北京的服务业发展在劳动生产率、重点服务业聚集区产出能力等方面还存在较大差距。2011 年，北京服务业全员社会劳动生产率为 2.4 万美元/人，仅为纽约和伦敦的 1/4，不足东京的 1/7。纽约等世界城市的服务业聚集区产出能力极高，如纽约时代广场区域汇集了全市 11% 的经济活动，2011 年创造的经济价值高达 1100 亿美元，而北京金融街、CBD 等重点服务业聚集区的产出能力尚难与之匹敌，如 2011 年北京 CBD 中心区域 GDP 为 737 亿元，不及纽约时代广场的 1/9。北京市促进“高精尖”产业的发展，不仅要升级改造既有产业结构，还要转型培植新型高端产业。

9.3 “高精尖”经济结构的界定、理论依据及其内在逻辑

目前，“高精尖”产业的概念散见于政府各种文件、报纸、新闻等，并没有一个学术化内涵的界定，即使在政府文件中也没有一个较为明确的定义。因此，从系统的理论高度研究界定高精尖定义及其理论依据和内在逻辑，具有重要的理论价值和现实指导意义。

9.3.1 “高精尖”经济结构概念界定

“高精尖”一词最早见于 1960 年的《人民日报》，指高级、精密、尖端的技术或产品。国外并没有明确提出“高精尖”经济结构，但在进行产业标准界定时，探讨产业层次高低的差异，例如“OECD 的高技术产业划分标准”“布鲁金斯学会的《美国高端产业：定义、布局及其重要性》”“德国工业 4.0”等。

国内的探讨主要在 2014 年“京津冀协同发展”国家战略提出之后，尤其以北京市对其经济结构的定位为代表，且以实证层面针对北京市的政策建议为主。在 2014 年《京津冀协同发展规划总体思路框架》提出，北京要优化三次产业结构，发挥科技创新中心作用，突出高端化、服务化、集聚化、融合化、低碳化，加快构建高精尖经济结构。2015 年北京市发展改革委《关于首都功能定位与适当疏解相关工作情况的报告》中指出，知识经济、服务经济、总部经济、绿色经济等四种经济形态，是构建高精尖经济结构的重要内容。随后，北京市经济开发区提出了“4 +4”高精尖产业体系，即四大优势产业——电子信息产业、生物医药产业、装备产业、汽车产业，四大新兴产业——高端服务业、文化创意产业、临空产业、节能环保产业。这是北京市比较明确提出的高精尖产业体系。这是北京市在实践层面对高精尖产业体系的明确认定。2016 年，北京市人民政府发布《关于进一步优化提升生产性

服务业加快构建高精尖经济结构的意见》，强调了北京市构建“高精尖”产业，对外要提高国际化发展水平，对内要服务全国重点是服务好京津冀地区。总体来看，北京市基于现实构建高精尖产业体系的探讨比较突出，实践远远走在理论前面，目前对于“高精尖”产业的认识基本还是停留在高精尖产业如何纳入实践之中，却并没有探讨高精尖产业的内涵构成，也没有深入探究高精尖经济发展的理论依据，也没有深入探究高精尖经济内在的逻辑关系，更无从谈起建立一个“高精尖”产业的评价体系。

其实高精尖经济结构不能只局限于产业层次，只是就产业的高端化进行界定，它不仅是一个新型的产业体系结构，也是一种新型的经济形态，需要从全新的视角出发进行研究，尤其要从理论的高度就其内在机理进行深入研究。

9.3.2 “高精尖”经济结构的理论依据

经济结构（economic structure）指国民经济的组成和构造。它是一个由许多系统构成的多层次、多因素的复合体。它不仅呈现为一定的产业结构状况，也体现出产业递进的发展特点，而且还反映出一定经济体不同优势的综合。有多重含义：（1）从一定社会生产关系的总和来考察，则主要通过不同的生产资料所有制经济成分的比重和构成来表现。（2）从国民经济各部门和社会再生产的各个方面的组成和构造考察，则包括产业结构（如第一、第二、第三次产业的构成，农业、轻工业、重工业的构成等）、分配结构（如积累与消费的比例及其内部的结构等）、交换结构（如价格结构、进出口结构等）、消费结构、技术结构、劳动力结构等。（3）从所包含的范围来考察，则可分为国民经济总体结构、部门结构、地区结构，以及企业结构等。（4）从不同角度进行专门研究的需要来考察，又可分为经济组织结构、产品结构、人员结构、就业结构、投资结构、能源结构、材料结构，等等。经济结构是个经济系统，研究任何一个经济结构，不但要重视它的要素特性及其结合形式，同时也要重视它的比例关系。

9.3.2.1 “高精尖”经济结构是产业结构演进要求使然

产业结构理论揭示一个国家和地区的发展程度体现出产业结构的演进。最早注意到产业结构演变趋势的是威廉·配第（William Petty），他在《政治算数》这部名著中比较了英国荷兰等国不同行业的收入差异，最终得出结论认为，比起农业来，工业的收入多，而商业的收入又比工业多。1940 年，克拉克（Colin Clark）在《经济进步的条件》一书中，以配第的研究为基础，对 40 多个国家和地区不同时期三次产业的劳动投入产出资料进行开创性的统计分析和研究后认为，随着经济发展和人均国民收入水平的提高，劳动力首先由第一产业向第二产业转移，然后再向第三产业转移的演进趋势，揭示了人均国民收入水平与结构变动的内在关联，这便是“配第 - 克拉克定理”。

霍夫曼（W. G. Hoffmann，1931）通过对工业化进程中消费资料工业的净产值与资本资料工业的净产值之比，提出霍夫曼比例，而这一比例是不断下降的。并据此将工业化进程分为四个阶段，以此解释一个国家或地区工业化进程中工业结构演变的规律。里昂惕夫（W. Leontief，1953）利用其开创的投入产出分析法，分析国民经济各部门之间的投入与产业的数量关系，把整个产业联通起来，能够数量化地看出产业演进的序列变化。虽然是封闭的静态的，但却精确地揭示了经济增长与产业结构之间的关系。

遵循产业结构的演进规律可以通过调整经济结构来促进经济增长。丁伯根提出通过调整结构的手段以达到某种目的，他提出通过一些政策来改变经济结构进而促进经济增长，如通过改变投入产出表中的一些元素来提升结构，这说明调整结构促进增长是可以有所作为的。赫希曼（1958）在《经济发展战略》提出了一个不平衡增长模型，他认为发展路径好比一个链条，从主导部门通向其他部门。因为产业之间存在着关联效应和最有效次序，所以要按照“引致投资最大化”“联系效应最大化”原则，优先发展“进口替代工业”。不发达国家和地区的发展战略就是选择若干战略部门投资，创造发展机会。罗斯托在《经济成长的过程》和《经济成长的阶段》中，提出了著名的主导产业扩散效应理论和经济成长阶段理论，他认为产业结构的变化对经济增长具有重大的影响，在经济发展中要重视发挥主导产业的扩散效应。

实践验证方面最著名的是日本学者赤松要（1936、1957、1965）提出的产业发展“雁形态论”，他认为本国产业发展要与国际市场紧密地结合起来促进产业结构国际化，后起的国家要根据“雁形形态论”的特点制定产业发展政策，通过四个阶段来加快本国工业化进程。领头的主导产业先是低附加值的消费品产业，然后才在生产资料产业，继而形成整个制造业结构调整中的雁形变化格局。此后山泽逸平将赤松要“雁形产业发展形态”理论进行具体扩展：引进→进口替代→出口成长→成熟→逆进口五个阶段，揭示了后起国扶持发展幼稚产业形成动态比较优势的具体途径。

钱纳里（Hollis B. Chenery，1986）认为在工业化初级阶段，轻工业特别是纺织、食品工业在产业结构中处于重要地位，在生产要素密集程度方面以劳动密集型为特征；进入工业化中、后期阶段，重化工业品的发展又可分为以原材料工业为重点和以加工型工业为重点的两个不同阶段，资本密集度、技术集约度都明显提高。在这一增长过程中，经济增长具有加速趋势。当经济发展在完成工业化任务而进入发达经济以后，增长速度会明显回落。弗农提出立足于发达国家“产品循环说”。该学说认为，产业结构的演进规律为新产品开发到国内市场形成到产品出口，再到资本和技术出口，再到产品进口，再到开发更新的产品……按照这种顺序不停循环上升。

库兹涅茨（Kuznets，1985）在继承克拉克研究成果的基础上，从劳动结构和部门产值结构两个方面，对人均产值与结构变动的关系作了更为彻底的考察。在《各国的经济的增长》一书中，他以13个发达国家的国民收入和总产值的统计资料为基础，探讨了现代经济增长过程中生产部门结构和劳动力部门结构的变化趋向，结果发现：随着现代经济的发展，在国民生产总值不断增长和人均产值不断提高的情况下，生产的部门结构和劳动力的部门结构都发生了很大变化。农业部门的份额显著下降，工业部门所占的份额则不断上升，而服务部门所占的份额则微微地但并非始终如一地上升。库兹涅茨把经济增长分析与国民收入分析进行融合，考察发达国家的经济进程，探索影响经济增长的长期因素，发现生产结构变动的高速度是现代经济区别过去时代的重要特征。

综上所述，产业结构理论揭示出产业结构演进的规律，产业结构呈现出高级化的趋势，可以通过调整产业结构来促进经济增长。北京市的产业结构演进同样遵从产业发展规律，在构建北京市高精尖经济结构过程中要高度重视产业发展规律。但更需探讨的是，北京市在京津冀协同发展过程中，既要满足城市功能定位，又要积极参与国内国际产业分工，如何在遵从原有产业发展规律基础上，走出一条切合北京实际的高精尖经济结构调整发展之路。

9.3.2.2 “高精尖”经济结构是多重优势理论的综合体现

“高精尖”经济结构的理论依据是比较优势成本理论、竞争优势理论、创新优势理论和可持续发展理论（见图9-3）。其中，比较优势侧重的是既有环境不变条件下的成本比较，而竞争优势看重的是在市场条件变动下对机会的把握和对风险的规避，看重的是选择的价值，而创新是在整个经济条件变动下的革新，这并不局限于简单的技术创新，而是打破既有成规的熊彼特式创造性破坏，包括发展的模式、新型业态和制度变革等。在这三个理论的基础之上还要把环境生态因素也纳入进来，也就是要考虑资源环境不确定性条件下的选择、融合与主导（见表9－1）。

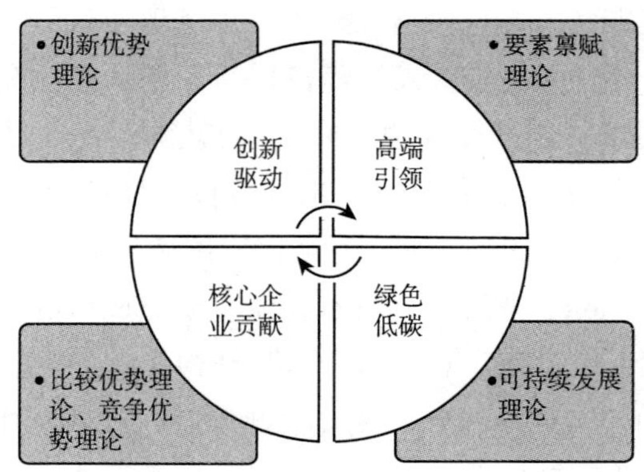

图9－3 “高精尖”经济结构内涵及理论基础

表9－1 “高精尖”经济结构依从理论要点

理论依据	代表性人物	依从条件	分析工具	理论要点
比较优势理论	亚当·斯密 大卫·李嘉图 赫克歇尔、俄林	确定条件	成本—收益比较	生产技术领先
竞争优势理论	波特	市场多变	选择机会 回避风险	核心竞争能力
创新优势理论	熊彼特	不确定	创造性破坏	发展方式创新。“建立一种新的生产函数”，即“生产要素的重新组合”
可持续发展理论	布兰特伦等	气候变化	适应性变革	低碳化 生态文明革命

对应起来说，“高”就是“高端化”，就是产业层次高，是既有产业结构和产业链中的高价值，其背后的理论依据是比较优势理论，就是在产业层次

上比较高级、在产业链上属于高端、在产业价值链上居于高位。

“精”就是精细，也是“集约化”，就是产业集聚强，企业集聚之后形成了族群集聚优势，其背后的理论依据是市场竞争优势理论，投入成本少资源利用高产业集聚效应突出。

“尖”就是尖端，主要体现在“生态化”，就是产业生态效应优化，产业经济结构与生态环境条件能够融合起来，实现了资源节约环境友好，体现出与区域资源环境的良性循环效果。这背后的理论依据是可持续发展理论，具体可以借鉴生态经济学的分析。

9.3.3 “高精尖”经济结构的内在逻辑联系

“高精尖”经济结构的发展是一个经济结构体系化的整体发展。从经济体系的构成来看，包括要素投入、产品价值、产业组织及其外部环境条件四个层次，体现出要素投入—企业经营—产业延伸—环境影响的逻辑递进关系。自然“高精尖”也就要体现在经济体系的不同层面（见图9-4）。

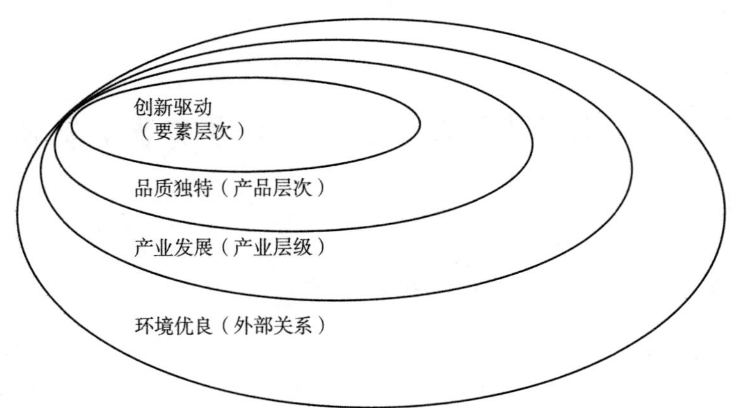

图9-4 “高精尖”经济结构发展的内在逻辑关系

（1）要素投入特点。从要素投入来看，我们有劳动密集型、资源主导型、资本密集型和技术密集型等的产业划分。而“高精尖”经济结构以知识、人才、创意等的投入为主，不是简单的劳动力、资源、资本等的投入，在要素投入层面体现出技术专利、工艺设计、创意思想、人才培养等的特征。

（2）产品价值特点。产品价值是一个企业核心竞争力的体现，总体上是以企业为主体的产业组织经营活动，是不易被其他企业所获得的独特异质性。

它由与企业经营相关的一系列活动构成，体现出企业活力、产品研发、品质品牌、组织方式、经营业态等的特征。

（3）产业层次特点。产业是具有某种同类属性的企业经济活动的集合，是以企业为主体产品间联系密切、利益相关、具有不同分工、由各个相关行业所组成的业态。产业是社会分工的产物，第二次世界大战以后，西方国家大多采用了三次产业分类法。这方面主要体现在产业层次、产业价值链、产业融合（带动）、产业集聚等方面，其中产业相互的融合尤其是“互联网+”应该是“高端化、绿色化、集约化发展”的突出特征。

（4）环境影响特点。这是反映一个经济结构对外部环境影响的关系，也就是要体现资源节约环境友好。这主要包括投入、产出及其循环利用三个方面，投入资源的节约是一个基本的要求，产出主要是看对环境污染的程度，废弃物的排出和处理较好，能够得到循环利用。

可见，“高精尖”经济结构是从资源要素投入产品经营运作，再到产业延伸拓展，以至于生态环境涵养等的整体性经济体系，这一新结构在逻辑上是贯通的，在整体上是融合的，自身具有一定的协调张力，与外部也是协同兼容的。

9.4 “高精尖”经济结构内涵及其优势特征

9.4.1 “高精尖”经济结构内涵界定

综合以上的理论分析，借鉴国际经验，结合习总书记讲话精神和首都城市战略定位的基础，我们对北京“高精尖”经济结构作如下界定：“高精尖”经济结构，总体而言就是构建以创新为驱动力，以知识密集型、技术密集型产业为主导、以符合首都城市战略定位的优势、特色产业为补充，以一批具备比较优势和竞争优势的核心企业为支撑的经济结构。

“高精尖”经济结构的定义主要是在创新优势理论、比较优势理论、竞争优势理论和可持续发展理论的基础之上，是从宏观到中观再到微观三个层面的综合。宏观层面，整体经济应以创新为驱动；中观层面，以知识密集型、技术密集型产业为主导，特色产业为补充，要符合北京资源禀赋优势；微观层面，以核心企业为支撑。三个层次，依次递进，相互支撑，较为全面地反映了经济结构的全貌。具体来说：

"以创新为驱动力"符合世界发展趋势，符合国家发展战略，符合首都城市战略定位和发展实际。从全球来看，新一轮科技革命和产业变革正在孕育兴起，科技创新在推动国家发展上发挥着日益重要的作用，北京作为中国最具创新活力的地区之一，必应主动而为，抢占先机，争当全球最具影响力的创新中心之一；从中国来看，党的十八大报告中明确提出了实施创新驱动发展战略，将科技创新摆在了事关国家发展全局的核心位置。北京作为全国科技创新资源最为集中的地区之一，理应成为国家创新战略的高地；从北京城市战略定位和自身发展实际来看，科技创新中心的城市战略定位，中央对北京在推动京津冀协同发展中的产业定位、北京经济自身转型升级的客观需要求，都需要我们加快形成以创新为内生动力的经济发展模式，因此，"高精尖"经济结构必然以创新为驱动力。

"以知识密集型、技术密集型产业为主导、以符合首都城市战略定位的优势、特色产业为补充"，主要是对习总书记 2. 26 讲话精神中关于北京产业发展要求的诠释。讲话指出，北京要放弃"大而全"的经济体系，构建"高精尖"的经济结构。要形成高端引领、创新驱动、绿色低碳的产业发展模式。搞产业，北京要做"菜心"，不要做"白菜帮子"。那么，何谓"菜心"？从世界经验来看，知识密集型、技术密集型产业具有高技术含量、高附加值、高产出效率、绿色低碳的特点，符合习总书记提出的要求，因此，北京要发展产业，必须发展这样的产业。然而，考虑到北京政治中心、文化中心和国际交往中心的城市战略定位，除了从地区经济发展的角度考虑到底发展哪些产业外，还要考虑到一些产业选择的社会效益，例如会展业、旅游业、文化创意产业、生活性服务业等，这些产业发展在服务中央、服务国际交往、服务文化引领、服务首都人民生活上也是必需的，因而也应有所保留，但都要体现首都特色和最高服务水准。

"以一批具备比较优势和竞争优势的核心企业为支撑"，主要强调领军企业的作用。众所周知，企业强则产业强，产业强则经济强，因此，一个地区经济发展的强大与否，关键是看该地区是否有一批具有全球影响力的领军企业。美国有世界知名的亚马逊、微软、思科；德国有西门子、奔驰、大众；日本有本田、丰田、索尼，而北京鲜有这样的代表。那么，北京"高精尖"经济结构的一个重要内容就是培育一批这样的领军企业，以此推动经济结构向“高精尖”方向发展。正是基于以上的思想，我们界定北京“高精尖”经济结构，并进一步就“高”“精”“尖”的内涵特性进行如下具体界定。

（1）“高”——产业层次高、带动作用强，起到高端引领作用。这主要是产业层次上的定位。产业层次高，是处在产业分工的高端，突出地体现为产业发展水平及其强大的产业竞争力，带动作用强是对其他产业的辐射带动作用。结合北京实际，产业层次高主要体现在三个层面：一是高端产业；二是产业高端环节；三是新兴经济业态。高端产业主要包括四大产业，分别是生产性服务业、战略性新型产业、文化创意产业和生活性服务业；产业高端环节是从完整产业链构成出发，按照附加值构成的微笑曲线特点，在产业构成环节上做强高端环节，提高核心竞争力，主要是大力发展研发设计环节、提升高端制造环节、做长品牌服务环节；新兴经济业态体现产业发展与需求者结合经营方式或者服务方式的变化，主要包括总部型业态、知识型业态、平台型业态、互联网型业态等。

（2）“精”——资源占用小、产值利润大，具有高效低耗特征。这主要是产业投入产出上的特征。这主要体现在投入要素、组织生产、产品产出三个环节：投入端是投入的要素类型及其节约程度，例如资本、人力、技术等投入及其所占比重，R&D 经费支出占 GDP 的比重、科技成果创制转化效率、万元 GDP 能耗水耗、土地资源利用的集约化程度；组织生产体现在产业集群、产业融合以及循环利用程度，例如物联网、云计算、大数据等对“互联网 +”产业的支撑作用；产品产出体现在产值利税、产品质量、服务占比、品牌效应等方面。

（3）“尖”——科技品质优、创新特色足，发挥创新驱动的作用。这主要是产业在动力活力上的特性。所谓尖端就是技术处于世界领先地位，这包括技术创新的科技人才、技术创新的机构主体、促进技术成果转化的中介机构等方面。主要体现在调动万众创业大众创新的人才激励机制，以及支撑创新的平台建设。

9.4.2 “高精尖”产业结构的优势特征

高精尖产业不见得非要排除传统产业，也不一定完全是新兴产业，但一定是相比较具有优势的产业，而且还是具有发展潜力的产业。这样我们把高精尖产业特征概括为“三大优势四大特性”（见图 9 –5）。

9.4.2.1　高精尖产业具有的三大优势

高精尖产业无疑是最富有优势的产业，这些优势不仅是与其他地方相比的比较优势，而且还是竞争中表现出来的竞争优势，更是能够自我不断超越的创新优势。因此，我们将高精尖产业所具有的优势概括为比较优势、竞争优势、创新优势的统一。

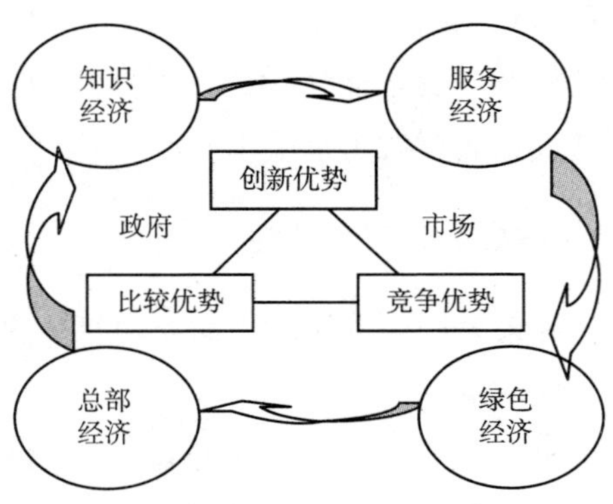

图9－5　高精尖产业的优势特征

（1）成本比较优势。比较优势是既有产业效率的相对差异，也是既有产业比较下的一种差异，其中资源要素禀赋、技术素质水平在其中扮演了重要的角色，因此，各地产业以各自的比较优势而有所侧重，例如劳动密集型产业、资本密集型产业、技术密集型产业。就北京市构建“高精尖”产业而言，要发挥北京既有的比较优势，如人才教育、科技创新、生产服务、文化创意等，构建北京市高精尖产业就要彰显这些优势。

（2）市场竞争优势。竞争优势是在竞争中培育出来的、某种不同于其他竞争对手的独特品质，这种品质难以观察和测量，但在竞争中能够明显地表现出来，具体表现为能够创造并保持高于行业平均利润率的可持续水平。竞争优势是产业创新的结果，这包括产业生态链的形成与新产业空间的拓展两个方面。产业生态链的形成是产业“柔性”集聚与融合的结果，与福特制的“刚性”（即大批量标准化）集合不同，产业生态链是产业发展生态化，既体现出产业与资源环境的生态协调，又体现出产业内部的和谐共生，还体现出产业对市场变化的快速适应性；新产业空间拓展是指，产业发展从福特制向后福特制转变，出现柔性专业化，形成大中小企业群落，最终，通过“企业网络→产业集群→产业带”的演化与空间拓展，在更大的区域空间上形成集聚，推动产业创新和产业竞争力提高，由集团竞争演变为族群竞争。

（3）创新驱动优势。创新主要在于激励机制和资源共享机制，这是高精尖产业的根本优势所在。结合北京来说，创新主要涉及三个方面：一是以中关村国家自主创新示范区为基础探索创新的体制机制，这主要是强化改革创新的顶层设计，切实增强创新驱动活力；二是调动创新人才的积极性，这主要是将人才要素与资本要素结合起来，通过股权投资、创业投资、天使投资以及股权改制等强化资本对创新人才的激励支撑；三是构建创新平台，探索共享机制，做到资源共享，建设企业主导的产学研用协同创新体系和协同创新网络，将科研院所高校企业有机衔接起来。

9.4.2.2 高精尖经济要具有四大特性

高精尖经济不仅代表未来产业发展的方向，而且蕴含新经济因素的特质，这突出地体现了四大特性。

（1）高精尖经济是知识经济，具有自主创新的能力。知识经济是指建立在知识和信息的生产、分配和使用基础上的经济。强调知识在生产中的主导地位，以及知识型产业的龙头带动作用。它与农业经济、工业经济相对应，特点是以知识、智力等无形资产的投入为主，其中的核心关键是不断创新的能力，而载体是知识密集型的产业和业态。为此，强化技术创新的原创地位，加强知识产权保护是必不可少的重要举措。

（2）高精尖经济是服务经济，能够提升产业发展能级。服务经济是以人力资本服务为基本生产要素形成的经济形态。它是建立在高度发达的工业、充裕的物质财富以及城市化高比率基础之上的，土地和机器的重要性都大大下降了，技术、知识在经济和社会发展中的重要性提高。美国社会学家贝尔（D. Bell）在其1974年发表的《后工业社会的来临》一书中指出："如果工业社会是以商品数量来定义社会质量，后工业社会就是以服务来定义社会质量。"服务经济所体现的不仅是生产制造向服务的延伸，将服务业与其他产业有机融合，生产性服务业发展异常迅猛。而且以服务为主导业务的拓展服务产业，如以信息消费和文化消费为主导的消费领域逐步扩大。与此同时，还在进行服务模式的创新，如在新一代信息技术和数字技术的引领下的消费金融、科技金融、文化金融等新型服务业态不断涌现。

（3）高精尖经济是总部经济，具有高效的资源配置能力。总部经济是伴随着商务园区、中心商务区（CBD）的出现才形成的一种经济模式。它是众多资源大规模聚合产生特定功能的经济区域，它的形成一方面是产业分工趋势下企业总部与生产加工基地分离趋势使然；另一方面又是不同企业总部集聚以共享资源的体现。总部集聚的地区能够提供税收供应效应、产业聚集效应、产业关联效应、消费带动效应、就业乘数效应、资本放大效应等明显的外溢效应。因此，总部经济最大的特点是提供共享平台，提高资源配置效能。北京市高精尖经济在一定程度上，并不是高端产业的集中，而是主导这些高端产业的企业总部的集聚，因此，要将高端产业和知名企业结合起来，促进形成总部经济。

（4）高精尖经济是绿色经济，可以达到低碳集约环境友好。绿色经济是一种资源消耗低、环境污染少、产品附加值高、生产方式集约的一种经济形态。它的重要特征是资源节约环境友好，以经济绿色化和绿色产业化为内涵，以高新技术为支撑，使人与自然和谐相处，市场化和生态化有机结合。绿色经济的范围很广，是产业生态化和生态产业化的统一，具体包括生态农业、生态工业、生态旅游、环保产业、绿色服务业等。北京要发展高精尖经济，在能源上要推进太阳能、风能等新能源的使用，在生产上限制淘汰高耗能产业，在消费上推行节能节水、低碳减排的生活方式，还要引入市场交易机制，推进碳排放权、排污权、水权等交易制度的建立。

9.5 北京“高精尖”经济结构评估的思路框架及其评价体系

构建北京“高精尖”经济结构需要创设一定的监测指标体系。这里我们初步提出一个评估的思路和框架，并在此基础上提出一个具体的指标体系。

9.5.1 “五维度”衡量的评价思路

“高精尖”经济结构发展的优势和特性最终都要通过社会经济活动体现出来，为此我们提出科技创新度、财税贡献度、产业集聚度、地区辐射度、环境友好度“五维度”衡量评价体系（见图9－6）。

（1）科技创新度：就是科技创新的程度，具体通过诸如人才质量、成果奖励、高新技术中心、科研院所、技术专利等方面体现。

（2）财税贡献度：这是高精尖企业对地方财政的贡献程度，具体通过财税收入水平、专利交易收益等方面表现。

（3）环境友好度：这是资源节约环境友好的程度，具体通过单位 GDP 能耗、水耗、碳排放和污染物排放等方面来表现。

（4）产业集聚度：这是对产业集约和融合程度的衡量，主要通过单位面积产值、共享平台使用、产业关联系数等方面来表现。

（5）地区辐射度：这是对区域的影响程度，既有正向的辐射带动作用，也有负向的虹吸效应，也需要纳入评估之中，例如技术转移、人才交流、跨地区合作等情况。

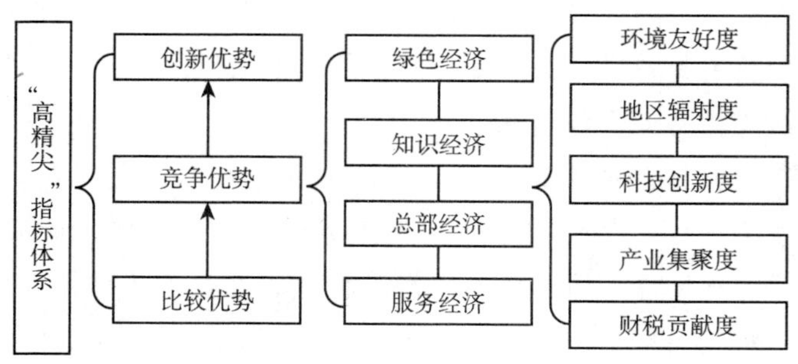

图 9－6 “高精尖”产业评价的维度框架

9.5.2 “五维度”衡量的内涵阐释与效果模拟

（1）科技创新度采用科技投入和科技产出来衡量。科技投入反映了创新的条件，科技产出体现了创新的成绩。衡量科技投入用科研人员的数量和科研经费的数量来表示。科研产出可以用专利申请数和新产品产值来表示，前者表现为科研的直接产出，后者体现了科研真正的价值。

（2）财税贡献度主要用地税和国税来表示，前者表现为对地方的贡献，后者表现为对国家的贡献。国税和地税分别用营业税和企业所得税、个人所得税来表示。营业税反映了产业的规模，企业所得税反映了企业的盈利能力，个人所得税反映了人员的竞争力。

（3）产业集聚度主要通过产业结构、产业的专业化程度和产业的分工水平来表示。产业结构反映了产业的前向与后向拉动和推动作用，主要用产业关联系数来表示。产业的专业化程度反映了产业的规模水平，进而体现了产业的集聚程度。产业的分工指数反映产业的分工程度。

（4）地区辐射度主要通过资本转移、技术转移、产业转移和产品转移来表示，分别体现了资本、技术、产业和市场等方面的地区辐射，反映的是产业的辐射效应。资本转移通过区域间的直接投资来表示。技术转移通过区际之间的技术协定来表示。产业转移通过区域间产业转移的产值来表示。产品转移则通过产品的调出和出口两个指标来表示，前者反映了产品在国内的销售情况，后者反映了产品在国际上的竞争情况。

（5）环境友好度主要通过能耗水平和环境影响来表示。前者反映了资源的投入消耗情况，后者反映了对环境的影响程度。能耗水平用能源弹性系数和能耗强度来表示。能源弹性系数用行业能源消耗增长率除以行业总产值增长率来表示。能耗强度用单位产值能耗量来表示。环境影响用废水废气固体废弃物指数来表示。

以五维做轴的玫瑰图，如图9－7所示，可以直观地表示“高精尖”经济结构的发展程度及其结构状况。

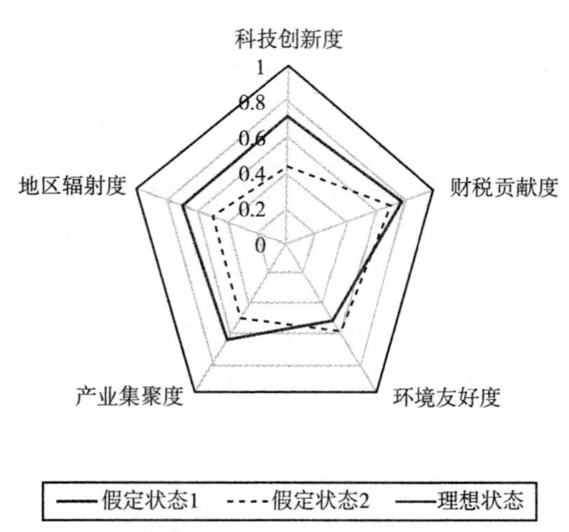

图9－7　五维度量效果

9.5.3　构建监测指标体系的指导思想和原则

构建北京“高精尖”经济结构监测指标体系，我们主要以习总书记2.26讲话精神、《京津冀协同发展规划纲要》（以下简称《纲要》）、《中共北京市委关于制定北京市第十三个五年规划的建议》（以下简称《建议》）为指导思想，紧密结合北京“高精尖”经济结构的定义来开展的。构建过程中主要遵循以下原则。

（1）以导向性原则。构建“高精尖”经济结构监测指标体系的最终目的是引导、促进北京经济结构向着“高精尖”方向发展。因此，在设计指标体系过程中，我们回避了从传统的对经济结构的认识入手，而是突出了习总书记对北京产业发展的要求，以此为主线将经济构成中微观、中观、宏观三个层面的要素串联起来，综合全面地反映经济发展全貌，凸显了指标体系的导向性和示范性作用。同时，在指标设置过程中参考了北京市“十三五”规划建议中重点领域的工作安排，突出指标体系对实际工作的指导意义。

（2）创新性原则。一是认识上的创新。本书撰写之初，我们就认识到，仅从宏观层面反映“高精尖”经济结构是不够的，微观企业更为重要，“高精尖”经济结构必须由一批具有竞争优势的核心企业来支撑。而要寻找到这批核心企业，就需要我们打破传统思维定式，即从产业的层面去挖掘企业，如认为信息、金融、科技等领域的企业就一定符合高精尖要求，钢铁企业就一定是被疏解淘汰的企业。二是方法上的创新。我们运用大数据的思维理念，立足于统计部门的数据优势，从高端企业、尖端企业、精品企业三个维度去寻找北京市的核心企业，并在指标体系中有所反映，专门设计了“核心支撑”维度的评价内容，以观测核心企业对全市经济发展的引领和科技进步的带动作用。

（3）开放性原则。在建立指标体系的过程中，我们始终保持指标体系的动态性和开放性。从企业层面来看，核心企业是一个动态调整的企业库，每一年根据企业的发展变化情况，既可以将发展态势不好、有衰退迹象的企业及时退出，也可将符合新业态、新模式、新方向企业及时纳入其中。对于重点监测的产业，可以根据北京不同时期的产业发展重点，及时进行更新调整。对于整体宏观层面的指标选取，可随时补充、修订和完善。

（4）可操作性原则。在选择指标时，除了考虑其代表性，同时兼顾了统计数据的可获得性，使指标可采集、可量化、可对比。

9.5.4 监测指标体系基本框架

目前，北京“高精尖”经济结构监测指标体系共包括 4 项一级指标，18

项二级指标。具体指标选择还需要结合实际进一步凝练。具体框架和设计思路如表 9 – 2 所示。

表 9 – 2　北京“高精尖”经济结构监测指标体系

一级指标	序号	二级指标	单位
创新驱动	1	企业研发经费投入强度	%
	2	企业研发人员投入强度	%
	3	万人发明专利拥有量	件/万人
	4	人均技术合同成交额	万元/人
	5	科技进步贡献率	%
高端引领	6	高技术制造业增加值占制造业增加值比重	%
	7	科技服务业增加值占服务业增加值比重	%
	8	“双自主”企业出口额占全部产品出口额的比重	%
	9	社会劳动生产率	万元/人
	10	规模以上工业企业和限额以上服务业企业收入利润率	%
核心企业贡献	11	核心企业劳动生产率与全市平均水平之比	倍
	12	核心企业收入利润率与全市平均水平之比	倍
	13	核心企业研发经费投入占全部企业研发经费投入的比重	%
	14	核心企业增加值占全市地区生产总值的比重	%
绿色低碳	15	万元地区生产总值能耗	吨标准煤/万元
	16	万元地区生产总值水耗	立方米/万元
	17	万元地区生产总值地耗	公顷/万元
	18	万元地区生产总值二氧化硫排放量	吨/万元

主要体现以下四大特性。

一是创新驱动。创新投入主要选取“企业研发经费投入强度”和“企业科技人员投入强度”两项指标。之所以强调“企业”研发经费投入是由于企业是创新活动的主体，是地区创新活力的动力之源，北京的科技创新长期以来是政府多、企业少，因此，观察企业研发经费投入强度更能代表地区的创新水平。“企业研发人员投入强度”反映的是北京科技人才的创新优势，正如习总书记所说的“人才是创新的根基，创新驱动实际上是指人才驱动，谁拥有一流的创新人才，谁就有科技创新的优势和主导权”，因此，人才要素作为创新要素之一也被纳入其中。创新产出选取“每万人发明专利拥有量”。万人发明专利拥有量反映的是地区原始创新能力和创新成果的重要指标，选取这一指标与全市“十三五”科技发展规划相衔接。创新成果转化选取“人均技术合同成交额”，主要反映企业对技术的市场化应用程度以及知识、技术的转化能力。创新影响选取“科技进步贡献率”这一指标，反映科技对于地区经济增长的贡献，创新驱动型经济必然具有较高的科技进步贡献率。

二是高端引领。高端引领包括高技术制造业增加值占制造业增加值比重、科技服务业增加值占服务业增加值比重、“双自主”企业出口额占全部产品出口额的比重、社会劳动生产率、规模以上工业企业和限额以上服务业企业收入利润率。“高技术制造业增加值占工业增加值比重”“科技服务业增加值占服务业增加值比重”2 项指标，分别反映工业、服务业内部产业层次高端化的特点。其中，“高技术制造业增加值占工业增加值比重”符合《北京创造 2025》中大力发展电子信息、生物医药、航空航天、新能源、新材料和节能环保等战略性新兴产业的发展要求，与发展目标相衔接；“科技服务业增加值占服务业增加值比重”符合北京科技创新中心的功能定位，是北京的优势产业和重点发展方向，与全市“十三五”科技发展规划目标相衔接。“‘双自主’企业出口额占全部产品出口额比重”指拥有自主品牌和自主知识产权的企业的出口额占全部产品出口额的比重，比重越高，表示出口产品的质量层次越高，符合《规划》中提出的加快转变对外贸易方式，支持具有自主知识产权和自主品牌的企业出口的要求。“社会劳动生产率”和“规模以上工业企业和限额以上服务业企业收入利润率”是反映经济增长质量效益的重要指标。高端引领的经济发展必然具有高的产出效率和盈利水平。党的十八大报告中提出“要把经济发展的立足点放到提高发展质量和效益上来”；《建议》中明确提出了“坚持创新驱动发展，着力提高发展质量和效益”的要求，因而选取这两项指标反映产出效率和盈利能力，以此体现经济增长的质量和效益。

三是核心企业贡献。在“核心企业贡献”层面，我们主要观察核心企业对于地区经济和科技创新的贡献和影响，主要涉及 4 项指标。“核心企业劳动生产率与全市平均水平之比”和“核心企业收入利润率与全市平均水平之比”2 项指标主要反映核心企业对全市经济增长质量效益的影响，倍数越大反映核心企业对于全市经济增长质量效益的提升贡献越大。“核心企业研发经费投入占全部企业研发经费投入的比重”和“核心企业增加值占地区生产总值的比重”2 项指标分别表示核心企业对全市科技创新和经济增长的影响，占比越高，表示对地区科技进步和经济增长的贡献越大。由于核心企业由一批具有知名品牌、国际领先技术水平和盈利水平高的企业组成，因此，核心企业对地区经济发展发挥着重要引领作用。核心企业对地区经济发展影响越大，也就代表着整体经济的发展质量越加向着创新驱动、质量效益型增长方式迈进。

四是绿色低碳。主要包含资源消耗和环境影响 2 个维度 4 项指标，表明“高精尖”经济结构低消耗、环境影响小的特点，符合《建议》中建设资源节约型和环境友好型社会的要求。资源消耗主要考虑能耗、水耗、地耗三个领域的资源消耗，具体分别为“万元地区生产总值能耗”“万元地区生产总值水耗”“万元地区生产总值地耗”。这三项指标与习总书记提出的绿色经济的发展理念相吻合，符合《建议》中提出的强化约束性指标管理，落实能源和水资源消耗、建设用地总量和强度双控行动的要求，是“高精尖”经济结构资源节约、产出高效的应有之义。环境影响主要选取“万元地区生产总值二氧化硫排放量”这一指标。主要考虑二氧化硫作为大气最主要污染物之一，其排放量与地区经济结构关联度高，观察其变化能够一定程度上反映地区经济结构的优化升级，同时这一指标与《建议》中相关指标也较好衔接，有利于指导实际工作。

9.5.5 北京“高精尖”经济结构监测指标体系的测算应用

9.5.5.1 测算方法的选择

多指标综合评价是指人们根据不同的评价目的，选择相应的评价形式据此选择多个因素或指标，并通过一定的评价方法将多个评价因素或指标转化为能反映评价对象总体特征的信息，其中，评价指标与权重系数确定将直接影响综合评价的结果。按照权数产生方法的不同，多指标综合评价方法可分为主观赋权评价法和客观赋权评价法两大类，其中，主观赋权评价法采取定性的方法由专家根据经验进行主观判断而得到权数，然后再对指标进行综合评价，例如层次分析法、综合评分法、模糊评价法、指数加权法和功效系数法等。客观赋权评价法则根据指标之间的相关关系或各项指标的变异系数来确定权数进行综合评价，例如熵值法、神经网络分析法、TOPSIS 法、灰色关联分析法、主成分分析法、变异系数法等。两种赋权方法特点不同，其中，主观赋权评价法依据专家经验衡量各指标的相对重要性，有一定的主观随意性，受人为因素的干扰较大，在评价指标较多时难以得到准确的评价。客观赋权评价法综合考虑各指标间的相互关系，根据各指标所提供的初始信息量来确定权数，能够达到评价结果的精确，但是当指标较多时，计算量非常大。通过对比各种方法，结合专家打分评价，本书采用变异系数法来测算指标体系的权重。

变异系数法是直接利用各项指标所包含的信息，通过计算得到指标的权重。是一种客观赋权的方法。此方法的基本做法是：在评价指标体系中，指标取值差异越大的指标，也就是越难以实现的指标，这样的指标更能反映被评价单位的差距。例如，在评价各个国家的经济发展状况时，选择人均国民生产总值（人均 GNP）作为评价的标准指标之一，是因为人均 GNP 不仅能反映各个国家的经济发展水平，还能反映一个国家的现代化程度。如果各个国家的人均 GNP 没有多大的差别，则这个指标用来衡量现代化程度、经济发展水平就失去了意义。

由于评价指标体系中的各项指标的量纲不同，不宜直接比较其差别程度。为了消除各项评价指标的量纲不同的影响，需要用各项指标的变异系数来衡量各项指标取值的差异程度。各项指标的变异系数公式如下：

$$V_i = \frac{\sigma_i}{\bar{x}_i} (i = 1, 2, \cdots, n)$$

其中，V_i 是第 i 项指标的变异系数，也称为标准差系数；σ_i 是第 i 项指标的标准差；$\bar{x}_i$ 是第 i 项指标的平均数。

各项指标的权重为：

$$W_i = \frac{V_i}{\sum_{i=1}^{n} V_i}$$

9.5.5.2 权重的确定

通过权重计算可以看出，一级指标的权重排序为创新驱动 30%，高端引领 30%，绿色低碳 25%，核心企业贡献率 15%。从三级指标来看，权重比较大的为：科技进步贡献率 9%，科技服务业增加值占服务业增加值比重 7.5%，核心企业四项指标 6.3%（见表 9－3），说明这些指标对构建“高精尖”经济结构至关重要。

表9-3　“高精尖”经济结构监测指标评价体系权重

一级指标	序号	二级指标	最大值	最小值	权重（%）（Wi）
创新驱动30%	1	企业研发经费投入强度	0.95	0.56	4.5
	2	企业研发人员投入强度	2.88	2.03	4.5
	3	万人发明专利拥有量	48.17	19.88	6.0
	4	人均技术合同成交额	1.46	0.81	6.0
	5	科技进步贡献率	60.11	55.35	9.0
高端引领30%	6	高技术制造业增加值占制造业增加值比重	29.05	24.35	6.0
	7	科技服务业增加值占服务业增加值比重	21.87	19.20	7.5
	8	“双自主”企业出口额占全部产品出口额的比重	13.50	6.02	4.5
	9	社会劳动生产率	18.57	13.91	6.0
	10	规模以上工业企业和限额以上服务业企业收入利润率	14.90	13.20	6.0
核心企业贡献25%	11	核心企业劳动生产率与全市平均水平之比	4.36	3.20	6.3
	12	核心企业收入利润率与全市平均水平之比	3.74	3.10	6.3
	13	核心企业研发经费投入占全部企业研发经费投入的比重	31.59	24.20	6.3
	14	核心企业增加值占全市地区生产总值的比重	24.04	18.70	6.3
绿色低碳15%	15	万元地区生产总值能耗	0.49	0.36	4.5
	16	万元地区生产总值水耗	24.94	17.58	4.5
	17	万元地区生产总值地耗	0.02	0.02	3.0
	18	万元地区生产总值二氧化硫排放量	0.0008	0.0004	3.0

9.5.5.3　计算结果

2014年，北京经济结构向着“高精尖”方向迈进，总指数和4项分指数均呈上升态势。具体来看，北京“高精尖”经济结构指数为104.7，比2013年提高4.7。其中，创新驱动贡献最为突出，比2013年提高1.4，对总指数增长的贡献达到29.8%；高端引领、核心企业贡献、绿色低碳3项指数分别比2013年提高1.2、1.1和1，对总指数增长的贡献分别为25.5%、23.4%和21.3%（见表9-4）。

表9-4　　　　北京"高精尖"经济结构监测结果

分类	2013年	2014年	指数变动	贡献率（%）
总指数	100.0	104.7	4.7	100.0
创新驱动	30.0	31.4	1.4	29.8
高端引领	30.0	31.2	1.2	25.5
核心企业贡献	25.0	26.1	1.1	23.4
绿色低碳	15.0	16.0	1.0	21.3

9.5.5.4　北京市"高精尖"经济结构主要特点

（1）创新驱动经济增长模式不断强化。随着科技经费、人员投入力度的加大，全市科技产出水平逐年提高。2014年，万人发明专利拥有量为48.2件，是2010年的2.4倍，年均增长24.8%；是上海的2.1倍。人均技术合同成交额1.5万元，是2010年1.9倍，年均增长16%；是上海的5.3倍。2014年，科技进步贡献率达到60.1%，比2010年提高4.8个百分点，科技创新对全市经济增长的贡献显著提升。

（2）高端引领发展特征日益凸显。以高技术制造业、科技服务业为代表的知识和技术密集型新兴产业快速发展，成为带动全市经济增长的重要力量。2011~2014年，高技术制造业增加值年均增长11.6%，高于全市制造业平均增速4.1个百分点。2014年，高技术制造业增加值占全市制造业增加值比重为28.4%，比2010年提高4个百分点。科技服务业增加值占服务业增加值比重为21.9%，比2013年提高0.6个百分点。此外，从产品层次看，2014年，"双自主"企业出口额占到全市产品出口额的13.5%，比2010年提高7.5个百分点，高端引领的经济结构有所显现。

（3）提质增效取得积极进展。党的十八大报告中明确提出了要把经济发展的立足点放到提高发展质量和效益上。劳动生产率和收入利润率作为反映经济增长质量和效益的最重要指标，也是"高精尖"经济结构构建成效的重要体现。"十二五"前4年，北京劳动生产率逐年提高，2014年达到18.6万元/人，比2010年提高33.5%，分别高于上海1.4万元/人，在全国处于领先水平。2014 年，全市规模以上企业实现收入 12.1 万亿元，比 2010 年增长 54.3%；规模以上企业收入利润率为 18.2%，比 2010 年提高 3.9 个百分点，表明经济增长方式正向质量效益型转变。

（4）核心企业贡献突出。一批高技术含量、高产出效率效益和高品牌价值的核心企业对全市经济发展发挥着重要引领作用。2014 年，2165 家核心企业占全市规模以上企业数量的 5.7%，贡献了规模以上企业 32.7% 的利润和 32.4% 的增加值。此外，从对提升经济增长质量和对科技创新影响来看，核心企业发挥着重要作用。2014 年，核心企业劳动生产率为 81 万元/人，是全市规模以上企业平均水平的 3.2 倍；收入利润率达到 54.5%，是全市规模以上企业平均水平的 3.4 倍。核心企业研发经费投入强度达到 2.4%，研发人员投入强度达到 10%，分别高于全市规模以上企业平均水平 1.4 个和 7.4 个百分点，是全市科技创新的重要载体。

（5）绿色低碳发展方式日渐形成。面对长期以来的资源环境硬约束，北京不断加快产业结构调整步伐，经济发展更加注重绿色低碳理念，资源使用效率逐年提升。2014 年，全市万元地区生产总值能耗、水耗和地耗分别为 0.32 吨标煤、17.6 立方米和 203.3 平方千米，按可比价计算，分别比 2010 年下降 20.2%、20.8% 和 20.7%；万元地区生产总值二氧化硫排放量为 0.38 公斤，按可比价计算，比 2010 年下降 49%，发展更加绿色化、低碳化。

9.5.6　主要问题及对策建议

9.5.6.1　企业创新活力、创新后劲不足

一直以来，北京凭借高校、科研院所集中的优势，全社会研发投入强度在全国遥遥领先，但企业研发动力和后劲明显不足，成为制约北京科技创新的短板。根据北京企业家创新调查结果显示，北京企业家对创新重要性的认同度由 2010 年的 58.6% 下降到 2014 年的 44.1%。2014 年，全市企业研发经费仅相当于上海的 84.8%；占全社会研发经费的比重为 36.5%，比上海低 26.9 个百分点；占 GDP 的比重为 2.17%，低于上海（2.32%）、韩国（3.26%）和日本（2.64%）的水平①。从创新投入来看，“十二五”时期，

---

① 上海数据根据《上海统计年鉴 2015》计算；韩国和日本数据为 2013 年数据，来源于 OECD。

北京企业研发经费和研发人员投入强度虽有所提升，但提升幅度有限，研发经费投入强度始终未超过1%，人员投入强度2014年比2013年下降0.27个百分点，尚未形成较强的创新能力。

企业作为科技发展的市场主体，创新投入低必将导致创新后劲儿不足，影响地区未来经济发展。为此建议，提高企业创新政策的扶持力度，通过资金倾斜、税收优惠等各项措施鼓励企业开展技术创新。同时要简化申请流程，对政策实施效果进行及时跟踪。加强以市场需求为导向、以企业为主体的产学研协同创新体制机制建设，促进研发成果规范化、产业化、国际化。

9.5.6.2 高端引领产业体量尚小，核心竞争力有待进一步提升

高技术制造业体量小、贡献弱。2014年，高技术制造业占地区生产总值的比重为3.8%，对全市经济增长的贡献为0.2%，对全市经济的带动作用不明显，与金融危机后发达国家的制造业回顾的大势不相符。而从决定产业核心竞争力的科技投入来看，高技术制造业、科技服务业研发投入仍显不足。2014年，高技术制造业研发投入强度为2.7%，科技服务中占比超四成的科技信息服务业研发投入强度仅为2%左右，与OECD界定的研发投入强度超过4%才具有较强创新能力的国际标准尚有较大差距。

高技术制造业与科技服务业作为首都产业中高层次产业的典型代表，鼓励和扶持其发展既是避免经济失速和产业断层的重要着力点，也是实现首都结构转型升级的重要依托。为此建议：一是进一步做大做强高技术制造业，尤其对于航空航天、医药制造等北京已经具备先发优势的产业积极引导，加强创新，强化市场对接能力，壮大高技术制造业规模；二是强化企业的技术创新主体地位，鼓励企业积极投入创新，认真落实《北京创造2015》指示精神，培育一批有国际竞争力的知名企业，提高产业核心竞争力；三是强化科技服务科研服务优势，提升技术推广服务水平，鼓励社会资本投资科技服务业，形成一批具有国际影响力的科技服务业领军企业，提升科技服务业对首都科技创新和产业融合发展的支撑能力，促进首都经济健康、可持续发展。

9.5.6.3 集聚受行政限制较大，要通过产业集群发挥科技创新优势

京津冀协同发展的根本动力在于创新驱动。京津冀地区集中了全国1/3的国家重点实验室和工程技术研究中心，拥有超过2/3的两院院士，聚集了

以中关村国家自主创新示范区为代表的 7 个国家高新区和 7 个国家级经济技术开发区，是我国重要的科技创新源头。立足京津冀三地产业基础及创新合作需求，加强区域间以及各高新区之间的合作，实现京津冀三地创新资源、产业资源、空间资源、政策资源的优化配置，提升京津冀大区域创新能力与发展质量，将京津冀地区打造成为我国发展方式转变的先行区，成为具有全球知名度的创新型区域。

京津冀三地应该加快构建协同创新共同体，京津冀协同创新共同体是命运共同体、利益共同体，也是责任共同体。发挥中关村示范区的示范引领作用，推动京津冀协同创新。目前，中关村推动与津冀重点区域创新合作，已初步形成多主体、多层次、多领域的格局态势。目前，已探索出许多创新驱动的方式途径：一是以共建项目为抓手开展务实合作。分别与天津滨海新区、宝坻，河北唐山、承德、廊坊、保定等区域建立了战略合作关系。同时配合支持张家口发展大数据产业，着力建设张北云计算产业园；积极支持石家庄市建设集成电路封装测试产业园。二是通过政府引导推动创新主体合作。着力构建多主体参与的创新合作体系，大力支持企业、高校院所、产业投资机构和科技咨询机构、协会、联盟等服务机构，共同推动非政府性交流活动，促进区域和企业、机构间的互动和协作。目前，中关村企业已在河北设立分支机构 1029 家，在天津设立分支机构 503 家；一批社会组织将服务平台延伸到天津、河北有关区域；清华大学与河北廊坊、秦皇岛、唐山等多地共建研究院、科技园、研究中心，北京大学与天津、河北合作项目超过 330 个；一批科技服务机构加速落户津冀，清控科创与天津东丽联合打造的孵化器总面积达 3 万平方米，入驻企业超过 100 家。三是充分发挥市场配置资源作用。积极利用社会资本，引导创新资源高效流动配置，实现利益共享。下一步，中关村要在更高起点，系统谋划构筑区域一体创新创业生态系统，重点抓好七大工程实施，积极推进全面创新改革试点工程，创新社区共建，打造跨区域特色产业带，推进科技资源开放共享，推动科技项目联合攻关和新技术新产品示范应用，构建京津冀人才圈，建设区域金融服务体系。

创新驱动产业的合理分工和融合，以协同创新引领京津冀协同发展。一是创新驱动发展方式转型。把协同创新放在突出的战略位置，加强联动部署，实现创新资源、产业对接，彻底摆脱局限的外延式发展方式，转向创新驱动发展，在全国率先形成创新驱动模式。二是创新驱动京津冀产业集群。立足全球视野和全球未来坐标系，坚持大循环理念。京津冀地区是丝绸之路经济带和海上丝绸之路的交会区，应该主动融入全球经济体系，坚持高端引领瞄准未来全球发展的制高点，吸引整合好全球高端创新资源，构建大区域一体化的创新创业生态系统和高精尖的经济结构，打造创新驱动为根本的首都经济群，建设世界级创新经济群。三是创新驱动强化城市功能。坚持优势互补、突出特色、有序合作，引导形成差异化的功能布局，特别是在研发、实验、产业化、企业孵化和市场应用等功能方面寻找差异化定位，以功能布局引导创新资源。四是创新驱动资源整合。把握时代特征加强顶层设计，推进区域合作创新。区域合作核心在于思想流、信息流、资金流，关键是基于功能的顶层设计。五是创新驱动产业融合。发挥市场配置资源的决定性作用，形成市场主导、政府引导、多主体协同发展的新模式，要充分发挥企业的积极性和创造性，打破产业界限、区域界限，贯通产业链的瓶颈，重组产业资源，重塑产业的生态环境。

9.5.6.4 产业存在大而全问题，要疏解不符合首都功能定位的产业

北京市已经提出了在产业功能疏解方面“四个一批”的思路，即禁一批、关一批、控一批、转一批、调一批，分类疏解不符合首都功能定位的产业。禁止新建、扩建首都不宜发展的工业项目，全市范围退出不符合首都功能定位的产业；关停一批高污染、高耗能、高耗水企业，全面治理镇村工业大院；对水泥、石化等保障城市运行及民生的行业实行质量控制；对不符合首都战略地位的劳动密集型、资源依赖型一般制造业实行整体转移，例如批发市场、物流等这类的企业；对高端产业中不具备比较优势的制造环节，按照“两头在内、中间在外”的原则实施环节调整，主动在京津冀进行全产业链布局。

北京市已于 2014 年 7 月出台了《北京市新增产业的禁止和限制目录(2014 年版)》，以国民经济行业分类中类计，超过 1/3 的产业全市禁限。根据要求，禁限的包括传统的建材、造纸、纺织等一般制造业、区域性专业市场，京城核心区还将禁止新建和扩建高等学校、大型医院，严格限制酒店、写字楼、展览馆。北汽将企业“大脑”留在北京，“肢体”伸向津冀的全产业链布局。

北京市新增产业的禁止限制目录（2014 年版）主要是针对增量的一个限制，而产业转移原则及分析主要是对存量的一个调整和优化，这都要基于首都功能定位做出。目前政府规划的思路是先控制增量，再寻求存量的调整和

疏解。我们前面的研究重点就是针对产业存量进行的分析，提出了疏解坚持的原则。从该目录中可以看出现在政府并没有一个逐步禁止和限制的思路，几乎所有的制造业都被禁止和限制，这有不利于北京市经济发展的稳定过渡，因此，根据前面提出的产业调整三原则，应逐步对制造业禁止限制和转移。

第10章 促进京津冀都市圈协同发展与合作共治的对策建议

京津冀都市圈既是一个城市系统，更是一个区域生态系统，我们要全面看待这一地区的协同发展。在《京津冀协同发展纲要》颁布之后，随着北京城市副中心和雄安新区建设的展开，2017年《北京城市总体规划（2016－2035年）》和2018年《河北雄安新区规划纲要》相继发布，北京市也公布了《建设项目规划使用性质正面和负面清单》，将北京市划分为核心区、中心城区、城市副中心等六类地区，规定了建设项目规划使用性质的正面和负面清单，《北京城市副中心控制性详细规划》也即将出台。我们可以作出判断：随着相关规划的一一出台发布，京津冀协同发展的顶层设计已经完成，京津冀将进入实施实践协同发展机制与尝试摸索合作治理机制的重要探索阶段。

10.1 京津冀都市圈协同发展的结论性认识

总结国际区域经济发展状况，大都市圈发展模式是国际经济发展趋势的必然要求。中国自20世纪90年代以来，也开始进入都市圈发展模式。这既是中国经济实现可持续“新常态”发展的增长点，也是中国经济参与全球竞争的必然要求，更是中国走向新时代的重要内容。中国经济由高速增长向中高速增长的转型，已经无法再通过原有的“点状式”增长来带动，只有通过区域增长来实现。但中国的区域增长无法通过行政计划的模式来实现，也不可能通过西方国家的市场化主导的大都市圈发展模式来实现。中国的区域经济增长必然是通过政府和市场的有效结合来实现，区域经济发展中实现两者结合的最佳模式就是城市群或都市圈模式，而京津冀都市圈便是这种结合的典型代表，因此，围绕京津冀都市圈协同发展的实践探索，对中国实现经济持续发展有示范意义。

10.1.1　京津冀协同发展战略的实施进展

自 2014 年 2 月习近平总书记考察北京，提出京津冀协同发展战略以来，京津冀协同发展有力有序有效推进，各领域不断取得重大进展，实现了良好开局。

一是协同发展规划体系“四梁八柱”基本建立。《京津冀协同发展规划纲要》于 2015 年 6 月印发实施，2016 年 2 月，《“十三五”时期京津冀国民经济和社会发展规划》印发实施，这是全国第一个跨省份的区域“十三五”规划，明确了京津冀地区未来五年的发展目标，接着 2017 年《北京城市总体规划（2016 – 2035 年）》2018 年《河北雄安新区规划纲要》相继发布，北京市也公布了将北京市划分成核心区、中心城区、城市副中心等六类地区的《建设项目规划使用性质正面和负面清单》，规定了建设项目规划使用性质的正面和负面清单。编制实施全国首个跨省级行政区的《“十三五”时期京津冀国民经济和社会发展规划》，现今，《北京城市副中心控制性详细规划》也即将出台，也正研究制定《京津冀空间规划》。此外，还出台了实施京津冀产业、交通、科技、生态环保等 12 个专项规划及北京新机场临空经济区、京冀交界地区规划建设管理等工作方案，印发实施北京加强全国科技创新中心建设总体方案，天津市、河北省分别制订了落实各自功能定位的规划方案。由此可见，京津冀协同发展的顶层设计已经完成，目标一致、层次明确、互相衔接的规划体系已经基本出台完成。

二是京津冀城市空间架构已初步形成。2016 年中央明确了通州作为北京城市副中心的定位，2017 年正式批准设立河北雄安新区。结合《北京城市总体规划（2016 – 2035 年）》，北京市将形成“一核一主一副、两轴多点一区”的城市空间结构，北京将形成“一核两翼”协同发展的新格局。结合《京津冀协同发展规划纲要》，京津冀将形成“一核、双城、三轴、四区、多节点”的空间格局，而就核心城市带动来看，由双城变为三角驱动，规划中的四梁八柱支撑已经落地奠基。

三是京津冀产业空间格局初步形成。围绕非首都功能疏解，产业调整转移有序推进。2017 年底北京市级各大机关及部分市属行政部门将率先启动向城市副中心搬迁，其他疏解工作正在进行之中，如北京市累计调整疏解商品交易市场433家、疏解物流中心71个，调整退出高投入、高消耗、高污染、低水平、低效益企业1835家。2016年末北京市常住人口比2015年增加2.4万人，增量减少16.5万人，其中城六区常住人口由升到降，比2015年下降3%。产业空间格局初步形成，京津冀三省份首次联合制定的综合性、指导性文件——《关于加强京津冀产业转移承接重点平台建设的意见》，搭建形成“2+4+46”产业发展平台，即北京城市副中心和河北雄安新区两个集中承载地，曹妃甸协同发展示范区、北京新机场临空经济区、张承生态功能区、天津滨海新区四大战略合作功能区，以及46个专业化、特色化的承接平台。以功能平台——产业集群的方式推进产业空间转移。

四是交通通信、资源环境、公共服务、技术合作、体制机制开始对接协同。以北京为中心、“半小时通勤圈”逐步扩大，京津保1小时交通圈构建完成，交通一卡通全面覆盖京津冀13个地级以上城市。京津冀手机长途及漫游费自2015年8月1日起全面取消。京津冀大气污染传输通道治理“2+26”协作机制正式建立，区域内PM2.5平均浓度2016年比2013年下降33%，提前完成2017年目标。津冀引滦入津横向生态补偿机制启动实施，北京长城国家公园体制试点方案获批，张家口可再生能源示范区等产业合作园区加快提升。京津与河北高等教育和基础教育开始交流合作，京津冀医疗机构合作初步推开，跨行政区的“京东休闲旅游示范区”“京北生态旅游圈”正着力打造，脱贫扶贫对口帮扶关系形成。北京科技创新中心建设向津冀扩展，中关村一区多园推广，北京输出到津冀技术合同增加，海关实行区域通关一体化改革，京津冀城际铁路投资公司正式设立。京津冀协同发展试点示范工作方案印发实施，新机场临空经济区等先行先试平台加快打造。北京服务业扩大开放综合试点任务推开，产业转移对接企业税收收入分享办法出台实施。

10.1.2 京津冀都市圈发展所处阶段的判断

根据以上研究内容，我们对京津冀都市圈发展作出三个基本的结论性判断。

一是从时间来看，从战略谋划转向机制探索。以规划为代表的顶层设计转向落实规划的探索协同发展机制阶段，重要的是协同发展模式和区域治理模式的探索。协同发展的机制意味着要探索京津冀区域发展模式，这包括利益驱动机制和收益分享机制两个方面，驱动机制涉及产业集聚效应，分享机制涉区域补偿。其中财税制度改革是核心关键，如果说分税制很好地解决了计划经济转向市场经济的中央和地方、政府和企业之间的利益关系，那么在区域化都市圈城市群兴起的趋势下，到底需要怎样的财税制度，还需进行深入的探索；区域治理机制方面，随着京津冀区域都市圈的形成，一个良好的治理机制成为紧迫的需求，显然自上而下的传统行政管理不再适合，三地让渡权力的联合治理也还有待实践检验。按照理论的逻辑来说，未来京津冀都市圈治理，一定是政府和市场、社会和企业恰当结合的治理模式，这一问题其实已经被作为国家治理现代化和治理体系现代化的重要探索任务，作为京津冀都市圈的治理，以首善之区被人们期许。

需要提出注意的是，协同发展的机制及其区域发展模式、区域治理机制及其现代化治理体系的形成，而今还面临着很大的不确定变数，面临着“城市病”日益突出、资源相对紧缺和生态环境恶化、城乡二元经济结构依然明显、社会管理体制不完善等诸多问题，正因此，许多实际的地方政府间合作与制度性的协调改革也大量出现，客观上要求中央和地方政府进行区域协同发展的体制机制创新。

二是从空间上来看，支撑空间的四梁八柱已经成型。重要的是探索生产—生活—生态“三生”空间格局。京津冀区域联合提出来得非常早，但在提出京津冀协同发展战略，并在中央重视和主导下才进行有效推进，这说明三地政府间的合作，一直受到诸如无序竞争、重复投资这些问题的羁绊。这意味着京津冀区域空间架构（包括城市群内部构建），不同城市功能定位是必要的，合作共治并不是有了政策三地就自然能够步调一致进行合作。其中最主要的是产业分工的空间格局形成，因为产业分工牵涉经济利益，因此，如何理顺产业分工格局不是产业布局能够解决的，但产业空间再造是必需的。京津冀都市圈在产业空间再造方面，不是单纯从产业分工产业体系出发，而是从城市功能梳理出发，通过设立北京城市副中心和雄安新区，巧妙地促进并形成了产业空间架构及城市空间结构。一方面三地行政区划没有调整，做到了成本最低；另一方面却促进了北京非首都功能的疏解，带动了产业调整。这就犹如给京津冀楔入了一个楔子，找到了一个撬动区域发展的支点。下一步要探讨的是生活—生产—生态三者相融的城市空间生境。

三是从路径上来看，资源整合成为京津冀协同发展的重要思路和对策举措。随着城市空间格局的确立，产业调整的空间再造确定，接下来重要的是探索产业集群与人口集聚的产城融合问题。京津冀都市圈形成，其实是在更大的范围和程度上利用资源和环境，这就超越了市场交换的资源配置要求，而变为在资源共享基础上的资源整合。京津冀三地的合作，不是三地之间建立在市场交换基础上的资源让渡，而是资源转换过程中的资源共享。这意味着要通过资源整合形成资源共享，因此，区域资源整合—资源共享—协同发展是其中的核心思路。具体的载体就是产业集群下的共享平台建设，如京津冀四大功能平台和46个专业化特色化的承接平台，以资源整合—功能平台—产业集群的方式实现资源共享，促进京津冀区域协同发展。如何实现区域内城市之间的“资源共享”是京津冀都市圈发展的突破口，物质资源尤其是基础设施的共享是第一阶段，也是区域内城市之间最容易实现合作的领域，随着区域内城市合作的深入，共享的领域也会向纵深发展，从而出现由共享自然资源，到社会资源再到社会资本以及文化资源等，形成企业集聚、产业集群、制度和信息等的共享发展模式。

10.2 促进京津冀都市圈发展的对策建议

京津冀协同发展是指围绕同一发展目标，基于合作共赢理念、优势互补原则、产业分工要求和资源环境承载力，协调京津冀三个行政单元组成的区域，形成目标同向、风险共担、利益分享的区域发展新实体。而京津冀都市圈，是以城市架构为载体，形成一个产业与城市相融合、生产生活生态相结合的区域性城市结构。为了促使京津冀都市圈的健康发展，根据前面对协同发展机制和合作治理机制的分析，我们总结性地提出对策建议。

10.2.1 关于京津冀区域发展的对策研究回顾

如何更好地促进京津冀地区的联合发展，早在20世纪80年代就已经开始了对策研究。京津冀协同发展虽然提法不同，但关于这一地区的合作发展却提出来得很早。以2014年初京津冀协同发展成为国家战略为界，可分为前后两个时期：成为国家战略前的研究以京津冀区域的重要性、合作的必要性和可行性为主，提出了许多倡议；成为国家战略之后的研究以京津冀区域定位及其三地如何构建协同机制为主，提出了许多规划顶层设计的建议。

10.2.1.1　京津冀协同发展成为国家战略之前的研究

京津冀区域合作提出的很早。有学者把京津冀区域合作的历史追溯至1949 年新中国成立后所设置的华北行政区，指出该行政区同时兼具经济区的功能，有利于促进大行政区内各省市间的分工与合作（马海龙，2009）。在1982 年的《北京城市建设总体规划方案》中，最早提出“首都圈”概念（内圈是北京、天津和唐山、廊坊和秦皇岛，外圈包括承德、张家口、保定和沧州）。1986 年，在时任天津市市长李瑞环的倡导下，环渤海地区 15 个城市共同发起成立了环渤海地区市长联席会。1992 年党的十四大报告中提出了加速环渤海区域开发和开放。

京津冀合作一开始就受到国家和地方政府的高度重视。2004 年国家发改委地区经济司在河北廊坊召开京津冀区域经济发展战略研讨会，发布了《廊坊共识》，这被认为是京津冀区域合作由学术界的理论研究转入了政府实质性操作的标志。2004 年国家主导的《京津冀都市圈区域规划》也开始编制，2010 年上报国务院。2011 年，京津冀一体化发展、首都经济圈、河北沿海地区发展写入国家“十二五”规划。

关于京津冀研究的学术平台也体现出学术界的重视。自 2006 年起，由京津冀三省份社科联联合举办“京津冀协同发展论坛”，一直延续至今。

关于京津冀协调合作的规划研究是一个特色。早在 1984 年中国科学院地理研究所胡序威研究员主持完成了《京津唐地区国土规划前期综合研究》，提出了对京津唐地区进行综合开发整治的若干战略设想以及地区内因地制宜开发整治的综合区划。1991 ~ 1995 年，京津冀城市科学研究会共举办了 5 次京津冀城市发展协调研讨会，倡导从区域发展一体化视角研究京津冀各城市的发展问题。2002 年吴良镛等编著的《京津冀地区城乡空间发展规划研究》一书出版发行，主张以整体观念研究城市发展的战略定位、区域功能和空间布局模式。其后，吴良镛等分别于 2006 年编著出版了《京津冀地区城乡空间发展规划研究（二期报告）》，2013 年编著出版了《京津冀地区城乡空间发展规划研究（三期报告）》，这些规划研究为后期京津冀协同发展规划提供了很好的研究基础。此外，还有《京津冀都市圈区域综合规划研究》（樊杰，2008）、祝尔娟（2009）教授的《京津冀都市圈理论与实践的新进展》，曾珍香（2010）教授的《基于复杂系统的区域协调发展——以京津冀为例》，周立群（2012）教授的《京津冀都市圈的崛起与中国经济发展》、李国平教授和陈红霞（2012）教授的《协调发展与区域治理：京津冀地区的实践》以及《京津冀区域发展报告》（李国平，2013、2014）、文魁教授和祝尔娟（2013、2014）教授等的《京津冀蓝皮书：京津冀发展报告》等，这些研究成果的相继问世，体现出对京津冀都市圈研究的不断深入，也为京津冀协同发展奠定了一定的理论基础。

10.2.1.2 京津冀协同发展成为国家战略之后的研究

2014 年初京津冀协同发展成为国家战略之后，相关的研究大量问世，京津冀协同发展的顶层设计、不同城市的功能定位、产业分工布局、协同发展的思路以及体制机制对策等是学术界关注的热点问题。

顶层设计受到普遍重视。京津冀协同发展纳入国家发展战略，规划顶层设计首当其冲，加强顶层制度设计，从国家层面统筹协调，是学术界的共识。研究主要包括两个方面：一方面是对京津冀区域的战略定位，如连玉明（2014）在《试论京津冀协同发展的顶层设计》一文中提出要从国家战略布局高度看待京津冀地区的战略地位；另一方面是对京津冀协调机制制度层面的设计，如赵弘（2014）在《京津冀协同发展的顶层设计》一文中提出加快建立国家层面的统筹协调机制，建立“京津冀协调发展委员会”，构建起包括交通基础设施、公共服务、产业对接和生态环境等分领域的跨区域协调联动机制，建立京津冀区域财税体制改革试验区，构建跨行政区域的 GDP 分计和税收分成机制。随着 2015 年 4 月审议通过《京津冀协同发展规划纲要》，关于京津冀协同发展的顶层设计研究暂告一段落。

城市功能定位最受争议。作为一个战略规划区域，功能定位关系不同地区的战略利益。这方面的研究有两个截然不同的出发点，一个是从京津冀整体定位出发再确定域内城市功能分工；另一个是从现实实际出发根据各个城市的现状优势来定位。其中不同城市发挥什么功能是各地最为看重的，因而这方面的研究也更多地夹杂着现实利益的考量，多少带有从本地本位出发的特点。例如京津两地竞争“北方经济中心”，而河北关注的则是如何化解“环京津贫困带”的虹吸效应。《规划纲要》对京津冀三地具体功能进行了明确定位，这方面的争论也就暂告一段落，但现实利益的争议还会不断产生，因而关键是建立一个利益协调的机制。

产业分工布局的研究最为丰富。区域的协调发展基于产业的合理分工和布局，研究主要包括三个层面：首先是对京津冀产业既有状况的研究；其次是对京津冀产业分工布局研究；最后是对京津冀产业调整路径的研究。研究揭示，京津冀产业发展程度落差很大，以致相互之间存在产业差异的“悬崖”，但既有产业存在着严重的趋同现象，因而深层次的协作缺乏，这可以说是研究的共识，差异在于如何看待？更多的分析认为由于以前条块分割的体制，改革开放之后行政单元地位强化，于是京津冀三地追求各自完整的产业体系，进而三地产业相对独立又互不合作。

协同发展的思路研究最为普遍。京津冀协同发展的本质就在协同的思路，思路不一样政策举措就不一样，最终的效果差别也就很大。有的强调产业合作，有的强调治理环境污染和加快交通基础设施建设，有的强调政策一体化，有的强调公共服务均衡化，还有的强调构建利益协作机制。

关于对策举措更是丰富多样。在对北京疏解非首都核心功能的认识上基本没有差异，但对北京、天津和河北的地位与作用的认识上还存在不同看法，有的主张发挥北京的核心引领带动作用，有的主张京津互动，还有的主张京津冀平等协商，并适当向弱势一方的河北省倾斜。

10.2.1.3　关于京津冀都市圈协同发展政策建议的评价

关于京津冀协同发展的研究全面而且深入。这些研究既有具体京津冀区域的针对性，又有结合形势变化的动态性，还有将研究认识转化为具体政策的实践性，也有将实证研究进一步提炼而成的一般性。随着《京津冀协同发展规划纲要》的颁布，包括顶层设计、区域范围、功能定位、空间架构、重点任务、机构措施等的研究认识，已经被很好地转化吸收并确定下来。

但结合发展机制和区域政策来看，上述有关京津冀区域一体化和区域协同发展的成果，在机制和区域政策研究方面明显地存在三方面的不足。

一是对区域发展机制与政策研究比较泛化，针对性与指导性不强，大多都囿于市场机制而简单化地提出市场一体化的对策建议，比如京津冀协同发展就比京津冀区域一体化更有针对性，也包含了政府和市场相结合的丰富内涵。

二是抽象的机制和一般性的区域政策建议多，而空间层面城市架构的探索不够，比如城市副中心的设立和雄安新区的设立，马上从京津冀城市空间格局上破解了京津冀都市圈，在三地行政区划不变的前提下，像楔子一样成为撬动京津冀都市圈形成发展的支点，而有些研究都还局限于行政区划外部性内部化的调整，提出的建议是扩大调整行政区划，如将河北承德或者张家口合并到北京，以解决环境外部性问题。

三是局限于产业结构体系和既有产业现实状况，而忽视了产业集群之于京津冀产业空间再造的路径作用。表面上来看是尊重了现实，实际上却是局限于产业结构体系，试图要在京津冀大范围形成一定产业分工的经济结构体系，其实今天之所以形成都市圈，就是产业集群的作用使然，具体的表现就是以园区为平台的产业集群，这也是后来提出平台建设实现三地产业空间再造的现实依据。如三省份首次联合制定的综合性、指导性文件——《关于加强京津冀产业转移承接重点平台建设的意见》，就提出搭建形成“2+4+46”平台，形成三地产业空间格局。

10.2.2 关于促进京津冀都市圈协同发展和合作共治的对策建议

京津冀协同发展是一个重大国家战略。中共中央政治局在2015年4月审议通过了《京津冀协同发展规划纲要》，标志着京津冀协同发展的顶层设计基本完成，推动实施这一战略的总体方针已经明确。随着通州北京城市副中心和雄安新区的相继公布及其规划建设，京津冀协同发展格局的立柱架梁已初步确立。接下来就是京津冀协同发展规划的落地实施，现实中的各种利益矛盾及协调问题自然会逐渐显现，探究京津冀协同发展机制及其区域治理问题，也就成为京津冀协同发展的现实迫切要求。

10.2.2.1 以“底线思维”认识京津冀发展的生态资源环境本底条件

从区域主体功能综合角度审视京津冀，它是基于经济生态主体功能内在联系着的区域综合，却不是行政区划的简单拼凑，具有整体性、主体功能互补性的特点。具体而言，京津冀协同发展是生态系统整体性的要求，河北为京津提供了广阔的经济腹地、资源供应和生态服务，在经济发展上，京津冀经济联系广泛，京津冀的人流、物流、信息流、资金流等都已经是互通有无，资源、技术、贸易、物流、金融等都已经形成为一个整体。在生态上，京津不可能构成一个独立的生态单元，必须将京津冀作为一个整体地区。从区域经济—社会—生态系统出发，京津冀构成了一个综合的可持续发展区域，构成多种系统重叠并形成经济扩散的区域。在区域内部，通过功能分区实现各个地区之间发展的共赢，使区域内部经济、社会、资源、环境诸方面协调发展（见图 10－1）。

资源环境主导限制性分区

- 综合各种资源环境限制因素，可以把一体化过程中的京津冀划分为四个区域：
- 生态安全限制区占京津冀地区总面积的56.28%，该区土地利用类型以森林和草地为主，植被覆盖率高生物多样性丰富。
- 优质耕地保护限制区占京津冀地区总面积的16.57%，该区土地利用类型以耕地为主，优质耕地面积占县面积比例为60%~90%。
- 水体污染与水资源短缺限制区占京津冀地区总面积的14.38%，水体污染和水资源短缺是该区区域一体化发展的主导限制性因素。
- 大气污染与地壳稳定性限制区占京津冀地区总面积的12.77%，大气污染和地壳稳定性是该区区域一体化发展的主导限制性因素。

图 10－1　京津冀主体功能区划分

底线思维是一种科学的思维方式和有效的工作方法，主要指作决策办事情时的一种方法，我们这里借用，主要是指坚持生态底线、耕地底线、水质水量底线，明确不可逆的底线限制。底线是一道防线，一条警戒线，突破底线会导致不可逆的致命危险。京津冀区域的大气污染、地理地形、土地利用、人口分布、水资源等情况如何，要根据这些资源环境状况对京津冀地区进行资源环境主导限制性分区，摸清本区域的本底状况，以便为进一步的资源利用配置和产业分工布局及其调整提供资源环境基础依据。

底线思维首先意味着什么是最为根本的制约，以京津冀为例，总体上宁可经济发展速度降缓，也要保持大气环境的优良、维护耕地“红线”，对于列入负面清单的企业，无论财政贡献多大都要坚决淘汰转型；其次是底线思维是共同的坚守，京津冀要一张“生态蓝图”管到底，不能因时而变因地而异，制定生态保护专项规划，明确涵养区定位，划定生态保护“红线”，扩大生态空间；最后底线思维是从根本出发的互利合作，京津冀生态圈地缘相接唇齿相依，由此决定生态建设要共享共建、联防联治。一方面政府间的合作要加强，如防治京津冀及周边地区大气污染的“大气十条”就是政府间通力合作的产物，京津冀 13 个重点城市 PM 2.5平均浓度同比下降，大气治污上已经取得进展，京津冀在水资源保护、水环境治理的合作也将逐步深入；

另一方面跨界生态补偿机制也要探索，如设立水环境补偿基金，正为全局统筹建立大的流域生态补偿机制探路。

10.2.2.2 以“负面清单”界定京津冀产业发展的范围边界

负面清单管理模式，指的是一个国家在引进外资的过程中，对某些与国民待遇不符的管理措施，以清单形式公开列明，在一些实行对外资最惠国待遇的国家，有关这方面的要求也以清单形式公开列明。这种模式的好处是让外资企业可以对照这个清单实行自检，对其中不符合要求的部分事先进行整改，从而提高外资进入的效率。所谓负面清单管理模式，相当于投资领域的“黑名单”，列明了企业不能投资的领域和产业。学术上的说法是：凡是针对外资的与国民待遇、最惠国待遇不符的管理措施，或业绩要求、高管要求等方面的管理限制措施，均以清单方式列明。

具体从思路上来说，要分“容量、存量、增量”进行全面统筹，就“容量怎么看、存量怎么办、增量怎么做”形成具体的调节分流发展思路。对京津冀三地也可以按照资源环境容量的承载力要求、既有产业行业的存量状况、将来变化的增量趋势，采取“守住容量、引导增量、消化存量”的办法，对经济产业和社会事业进行调整。资源环境容量体现出京津冀区域的总体承载力条件，这要就资源环境状况进行梳理，明确资源环境的承载力，此外还要对社会公共服务领域进行梳理，例如商业服务、卫生医疗、教育发展等，应结合网络信息化的发展趋势，分清必需和衍生，制定一个疏解调流的对策；既有产业行业的现有存量是现状情况，要摸清自己现有的经济产业状况，并与自身存在的环境、交通、人口等城市病问题联系起来分析，然后制定一个负面清单；未来变化的增量需求体现对区域发展趋势的把握，要瞄准未来发展趋势选择恰当的发展重点，这方面比如高科技创新、文化创意等要出台促进的鼓励政策。

10.2.2.3 恰当界定京津冀区域发展所处的阶段

我们将京津冀都市圈的发展看作以资源利用为基础的产业集群演进，因而重要的是实现不同阶段产业集群优势的有效转换。把区域都市圈发展的阶段、集聚目标、资源支撑三者结合在一起，将区域发展描述为一个三维动态变化进程。首先，区域发展需经历发育、成长、成熟和衰老与转换 4 个不同阶段，并螺旋式循环上升；其次，在不同发展阶段，区域集聚目标不同，总体上分为经济增长、经济增长与发展、经济社会发展和和谐社会 4 大阶段目标；处于不同发展阶段，发展的要素侧重点不同，根据发展阶段，资源支撑由低到高分为原材料与能源、资金与交通、技术与人才、信息与环境。重点是揭示不同发展阶段产业集聚所依据的共享资源支撑的类型特点是不一样的。

都市圈的形成发展从资源支撑来看经历了这样一个过程：初始资源地域分异—企业开始集聚—集聚强化—企业集群形成和发展。资源地域分异是其初始条件，其核心是资源，主要包括自然条件（自然资源）、经济因素（经济资源：主要是资本等）、历史条件（包括文化资源、社会资本），人力资源等。自然资源条件是企业集群形成的一个重要原因，如荷兰的交通运输集群得益于荷兰在欧洲的交通枢纽位置、广泛的水上运输网络、阿姆斯特丹港的高效率、荷兰人在悠久的航海历史上积累下来的技能等；经济资源因素是企业集中于某地的一个关键因素；人力资源是集群形成必不可少的一个条件。硅谷的成功因素之一是人力资本的先进性，“硅谷”内拥有 8 所大学，9 所社区大学和 33 所技工学校，其中斯坦福大学是著名的电子学研究中心。印度软件业迅速发展的最关键因素是有具有大量优秀的软件人才，形成了“具体程序员—软件工程师—系统分析员—项目经理”的合理人才结构。

京津冀的经济关系客观地存在着由经济素质、资源结构和区域分工规律决定的“级差”，即产业结构上的“梯度差异”、经济上比较优势的替代关系以及地区资源差异的内在联系。工业经济的迂回生产方式决定其产业价值链以及规模经济的价值核心，所以工业化发展的空间集聚与专业化协作就显得十分重要。经济的内在联系使得区域内各方都能通过经济的一体化得到明显的收益。就京津冀区域产业空间再造所处的阶段而言。

总体来说，京津冀区域的空间一体化进程尚处于强中心出现，极化进程加快的发展阶段，即处于极化效应加强、区域内部梯度还将逐步增大、中心城市加快调整提升的初步发展期。扩散效应将随着聚集效应的加大而逐步加大，这样一是功能定位正在进一步明确；二是京津冀的空间构架正逐步形成；三是京津中心城市的辐射作用还有待加强，区域协调发展应该进一步协调。

10.2.2.4　发挥创新驱动作用塑造京津冀新型产业和新型业态

京津是科技创新的源头，不仅是技术的策源地，而且是连接海内外市场的桥头堡，这种整体性也体现在文化的共通和传承上。一个中心城市的产业升级又与它所处区域总体的经济发展密切相关，所有的国际大都市，其周边地区都是高度发展的区域经济，所以周边地区产业升级相对不足反过来又制约了中心城市的产业升级。京津冀区域经济发展之所以相对落后，是因为这一地区的产业缺乏相对的竞争优势[①]。产业的竞争优势关键在于产业创新和升级能力。目前京津冀区域产业创新和升级能力比较稀缺，这种稀缺决定了它的经济发展相对落后。产业升级和创新能力相对不足，新的产业就无法进来，旧的产业就无法转移出去。由于新的产业的收入效应、就业效应、财政效应不足以替代旧的产业，而且还有足够的增长，产业转移就没有足够的动力和压力。这样，周边地区获得转移产业的机会就少，产业升级就相对不足。

总之，中国近30年的经济发展进程中，始终存在着两种不同的发展思维或模式：一是强调传统经济理论中的比较优势原理，依靠“要素租金”推动经济的快速增长；二是强调专业化分工和创新思想，依靠“创新租金”和竞争优势实现经济的跨越发展[②]。在京津冀的发展过程中，依靠要素租金来发展已经不适合了，以往北京依靠政治中心的位置来发展经济也不合时宜了，接下来的发展就是要靠分工和专业化，依靠在分工专业化中产生的创新租金和竞争优势来发展经济，并通过创新和竞争优势来进一步促进分工和专业化。这也正是杨小凯提到的经济增长的奥秘不是在规模报酬递增，而是来自分工和专业化[③]

10.2.2.5　深化体制机制改革推动京津冀协同发展

党的十九大报告强调，要建立更加有效的区域协调发展新机制。促进区域协调发展，增强区域发展的协同性、联动性、整体性，关键在深化改革和体制机制创新。京津冀协同发展可以说是中国近年来最大的体制创新、最大的结构调整和最大的经济转型。要坚持问题导向，从京津冀地区发展面临体制机制障碍和约束出发，解决矛盾问题。促进区域协同发展主要有五大机制，分别是市场机制、合作机制、保障机制、补偿机制、共享机制。京津冀协调互动的机制，目前主要停留在基础设施、商品生产和商品市场一体化方面。市场的一体化、社会服务一体化滞后，尤其是金融协调发展的体制机制、社会体制机制以及生态文明建设的体制机制还比较缺乏。这就制约了产业的有

---

① 吴群刚，杨开忠．关于京津冀区域一体化发展的思考［J］．城市问题，2010（1）：11－16.

② 祝尔娟：京津冀一体化中的产业升级与整合［J］．经济地理，2009（6）.

③ 杨小凯，张永生．新兴古典经济学与超边际分析（修订版）［M］．北京：社会科学文献出版社，2003.

效融合及其区域可持续发展。例如，由于缺乏水权交易市场、环境污染权交易市场，这个地区的要素和社会服务的一体化就大打折扣。而像社会保障体系、社会医疗、教育一体化还没有提到议事日程。概括来说，京津冀市场一体化的硬件已有一定基础，但市场交易的内涵层次以及市场交易秩序的维护等软件内容还相对滞后。

（1）充分发挥市场机制作用。厘清不符合市场规律、制约京津冀协同发展的体制机制和政策规定方面的问题，按难易程度、分轻重缓急提出破解的意见建议。发挥三省份协调机制作用，属于三省份地方事权的，加强政策衔接，在产业转移、财税分享、平台共建、社保接续、社会管理等方面，选择能够形成共识且容易操作的关键环节，加强沟通，先行先试；属于国家事权的，共同协商提出意见，争取在国家层面予以协调并作出制度安排。

（2）建立利益共享机制。对政府主导、在一定纳税额以上的整体搬迁企业或项目，在一定期限内实行经济总量与税收分享政策，特别是高新技术成果转化项目和知名院校、科研院所、医疗机构及其他居民生活服务业项目，如转出地按设定比例分享转出企业在转入地上缴的地方税收；探索产业园区跨行政区共建模式，鼓励共同组建企业化运营管理主体，税收和运营收益按出资比例分享；争取国家在北京新机场及临空经济区建设执行京冀一体化财税政策。

（3）健全开放合作机制。推动建立常态化的沟通协调机制，合作建设对外开放平台，如科技园区“一区多园”模式和联合纳入天津自由贸易区，推进京津冀口岸信息互换、监管互认、执法互助的“一站式”通关试点，促进贸易便利化，深化海港、空港、陆港的合作。

（4）完善生态补偿机制。制定生态环境功能区划，划定生态“红线”。将张家口、承德生态建设与水源涵养功能区列入国家专项规划，建成京津绿色生态屏障，争取国家加大中央转移支付力度，实现生态建设与经济发展的双赢。加强京津冀在水资源保护、防护林建设和清洁能源使用等方面的深度合作，建立京津冀流域水环境补偿机制，把临时性补偿措施固化为符合市场原则的制度性安排。探索建立流域水资源使用权转让制度，推行主要污染物排放权交易制度。

（5）创新公共服务保障机制。在京津冀地区探索户籍制度改革试点，并在环京津周边地区先行开展高等教育、社会保障、医疗卫生等方面的同城化试验，逐步消除户籍及附着利益对人口流动的影响；对接京津冀制度安排和服务水平，尽力缩小公共服务差距，引导京津人口向河北转移。与国家工业和信息化部及电信运营商沟通协调，实现京津冀电信服务统一。

10.2.2.6 京津冀产业分工要走垂直化分工的道路

垂直专业化分工是指一种商品的生产过程延伸为多个连续的生产阶段，每一个国家只在某个连续的特殊阶段进行专业化生产，形成了跨越许多国家的垂直性贸易链（Hummels，2001）。垂直专业化分工的出现及发展导致全球生产过程的片段化（fragmentation）和跨国界进行地理上的重新配置，使世界价值创造体系在全球出现了前所未有的垂直分离和重构，掀起了全球范围内风起云涌的制造外包和服务外包浪潮。事实上，专家提出的在北京大力发展总部经济就是垂直化分工的另外一种表述。目前，京津冀的产业梯度适合走一条垂直化分工的道路，传统的产业间分工的路子已经走不通，不能将不同的产业放置在不同的地区，以此来求得区域经济增长的突破。现代生产越来越趋向于价值链的分工协作，同一产业可将不同的生产环节分布在不同的地区，尽量发挥这些地区的优势，这既是现代贸易方式的体现，也是比较优势成本理论的新的运用。北京作为京津冀三地的创新中心可以承担产业的上游设计、管理、策划等环节，天津凭借强大的工业生产能力可以从事产品的生产，而河北有着丰富的劳动力资源，可以从事一些简单的加工组装环节。未来随着区域保护主义的打破，地区之间的生产和贸易方式将会越来越多地以垂直化分工的方式进行，京津冀三地作为区域经济发展的核心地区，应该在此方面积极创新，早日实现本地区合理、有序发展。

10.2.2.7 京津冀产业协同发展要走产业集聚的道路

产业集聚是产业发展演化过程中的必然出现的现象。京津冀目前的产业集聚的现状和趋势是影响未来产业布局的重要因素。本书通过对京津冀地区产业集聚水平的实证研究，发现2003~2012年，京津冀地区产业集聚水平虽然总体水平不高，但是从趋势上看产业集聚水平在不断上升，说明京津冀三地的产业合作在不断发展。但是，目前京津冀的产业集聚度高的行业还是集中在一些低技术行业，尤其是烟草制造业和饮料制造业集聚水平最高。高技术密集型制造业的产业集聚水平在逐渐下降，说明该产业在京津冀地区之间的分布趋于分散。这也反映三地在高新技术产业上面的竞争。因此，未来京津冀在合理布局低技术产业集聚时，更应该注意在高技术行业方面的资源整合，避免盲目竞争。从产业集聚和经济增长的关系来看，专用设备制造业、交通运输设备制造业、医药制造、通用设备的产业集聚弹性系数最高，因此，建议京津冀三地优先考虑这四个产业的产业集聚。

10.2.2.8　政府发挥作用的途径是依次递进地提供合作共享资源

京津冀协同发展对政府职能转变提出了更高更迫切的要求。区域联合发展表现为跨行政区资源利用的要求，也就是资源利用不再局限于以前的行政地区，而是扩展到整个区域范围，自然这样的资源配置效率会更高。从资源禀赋差异来看，京津冀区域合作潜力非常大，北京虽然也具有战略资源优势，但自然资源不足，生产系统脆弱，土地资源随着城市规模的不断扩大也日显紧张，缺乏产业工人特别是高级技工；天津则拥有丰富且高素质的产业工人；河北的矿产、煤炭、石油、土地等自然资源丰富，一般劳动力的数量多、成本低。三地在生产要素上具有较强的互补性，这为进行产业整合和分工协作奠定了基础。

政府对区域经济发展的支持作用体现在共享资源的提供上。但这样的支持既要相互配套，还要按照发展的程度提供。京津冀地区的地方政府对区域经济合作非常热心，但往往停留在单一的规划和交通基础设施的共享层面，远没有深入促进产业合作的深度层面。一个需要探讨的问题，就是政府作用发挥与共享资源递进的原则不紧密。前面我们根据产业集群的发展把都市圈的演进分为四个阶段，这样，地方政府的作用要根据城市化功能演进和产业集群发展程度提供共享资源，也即是不同阶段政府提供共享资源的侧重点不同。

企业群聚一地有时是众多企业为了争夺“资源租金”的“扎堆”现象（也包括目前许多工业园区）；只有当经济单位集中于特殊的地理空间（有地理近邻性），且各单位之间存在相似的价值观和行为的相似性（有社会近邻性），这时产业集群才能形成。其特征实质是综合了地理近邻性和社会近邻性，实现了一定地域自然环境地理资源与社会人文资源的有效整合。在一定地域集聚的近邻性关系的内容是不同的，这一内容差异就是共享资源的特点差异，其既有高低层次之分，也有发展阶段之别。在区域经济集聚的不同阶段和层次，企业群体共享合作的基础是不一样的，因此，应相应采取不同的促进共享资源提供的措施。

集群政策，归纳起来可分为两个相关联的重要目标。一是资源的目标功能，即如何借助集群而集聚其发展所需要的资源；二是资源的杠杆功能，即如何借助集群的协同作用而充分利用已拥有的资源，并使它们的产出最大化。我们可以把这两个功能概括为“拓展资源”和“整合资源”两个方面，但还要补充一个集群重要的功能，这就是“创生资源”的功能，也即是创造产业集群合作共享的资源，这既包括物质性的如公共设施，也包括非物质性的如文化资源。一是京津冀对各自地区之外资源的有效拓展利用；二是要将以前的专属资源转化为京津冀三地共享资源，处理好资源的转化利用；三是进行资源整合，在京津冀协同发展过程中，对包括自然资源、基础设施资源、科技资源、政策资源等进行有效整合；四是还要不断创造提供新的共享资源，如合作之后形成的共同性知识以及默认的习俗惯例等。

这里关键是要形成一套共享资源提供的投融资机制。政府作用的突出表现，就在于对诸如基础设施等共享资源的投资。完善的基础设施服务，例如能源、交通运输、通信、供水和环境卫生设施以及废弃物的安全处理等，是产业集群合作有效运行所必需的前提条件，而基础设施的技术特性和经济特性使政府在提供基础设施方面可以发挥特殊的作用。由于土地的政府所有权和复杂而普遍的政府管制，政府可以给市场投资者提供回报的机会，包括基础设施本身的经营特许权、土地的协议转让、房地产开发以及对本地市场的进入许可等。可见关键是形成了一套切合实际又能高效运转的投融资模式，与此相联系，更为重要的是，要把持续改善基础设施的政府努力与政治约束模式下的官员选择行为（即政绩激励）联系起来。地方政府的重要作用就体现在共享资源的提供上，准确地说是形成了一套适应中国国情的共享资源提供的投融资机制。

10.2.2.9 依据北京城市战略定位选择和调整产业

坚守北京城市战略定位，以保障首都城市功能的充分实现为前提，坚持和强化首都核心功能，按照“高端化、服务化、集聚化、融合化、低碳化”的产业选择原则，根据首都经济内涵和首都资源优势，放弃发展“大而全”的经济体系，一方面构建“高精尖”经济结构，重点发展服务性产业，形成“高端引领、创新驱动、绿色低碳”的产业发展模式；另一方面从更好地服务首都城市战略定位出发，积极调整疏解非首都核心功能，促进产业的转移调整，实现京津冀产业的分工合作和协同发展。北京市产业的选择总体上应该以服务性产业为发展方向，以产业功能集聚为基础，以科技创新为内涵，构建彰显首都特色的现代产业体系。重点发展高新技术产业、战略性新兴产业、创意文化产业、现代生产服务业四大产业，培育一批新型产业，如互联网金融、新兴服务业、节能环保产业等，就是打造高精尖经济结构里面"高"的那部分改造和提升一批企业，通过改造，通过升级适宜在北京发展，如信息产业。

《北京市新增产业的禁止限制目录（2014 年版)》以下简称《目录》规定新增固定资产投资项目和新设立各类市场主体须执行《目录》。《目录》中的管理措施分为禁止性和限制性两类。同时，《目录》中管理措施分为全市和四类功能区域（即首都功能核心区、城市功能拓展区、城市发展新区和生态涵养发展区）两个层面：全市层面的管理措施须在全市范围内普遍执行；四类功能区域层面的管理措施是指须在执行全市层面管理措施基础上，增加了差异化管理措施。通过目录可以看出，大部分禁止项目都集中在制造业，几乎所有的制造业都被禁止新增和扩建。虽然在不同的城市功能区有不同的管理措施，体现了管理的弹性，但是《目录》对禁止和限制的产业选择可能没有考虑到产业关联、效率和专业化等原则，进而也就忽视了禁止和限制对本地经济的影响。例如，《目录》规定，城市功能拓展区内禁止金属制品业、通用设备制造业、专用设备制造业、运输设备制造业、电器机械和器材制造业、计算机、通信和其他电子设备制造、金属制品、机械和设备修理业产业扩建和新建。根据我们的研究，交通运输设备制造业、通用、专用设备制造业属于感应系数和影响系数都很大的产业，短期内一并限制其扩张，可能会对经济系统产生一定的影响。因此，北京市出台的限制和禁止目录能否增加一个过渡时间表，避免"一刀切"式的限制和禁止。

10.2.2.10　北京的产业转移要遵循一定的规律和路径

首先，要防止对北京经济造成较大影响。要在不对本地经济系统产生较大影响的前提下做好产业调整和产业转移工作。对于一些在北京地区不占比较优势，同时效率也比低的产业，要注意产业之间的关联，强行转移一个产业，也许会造成强烈的经济震荡甚至社会问题，因此，应该优先转移专业化程度低、产业效率低，同时产业关联小的产业。所以要根据专业化程度、产业效率以及产业关联的标准，划分好优先转移产业，次优先转移产业，循序渐进，做好产业转移的规划工作。

其次，北京要在产业转移的同时积极开源，承接国际产业转移。核心城市的经济活动必须“有进有出”，而且“集聚”的经济活动规模必须大于“疏散”的经济活动规模，问题的关键是增量是什么？如果是科技创新、文化产业、对外交往等增量还是应该大力发展。从经济活动来讲，这种转移出去的产业，如果没有转移进来的产业进行补偿，谈何发展？因此，北京在积极进行产业转移的同时要注意积极承接国际相关产业，北京作为对外交往中心在承接对外产业方向有极大的优势。

再其次，北京产业发展应走产业集群发展的道路。北京产业发展中需要调整的部分就是根据前文得出的通信设备、计算机及其他电子设备制造业、仪器仪表及文化办公用机械制造业、交通运输及仓储业。未来产业的发展应该充分考虑产业园区，注意产业园区的功能划分，形成特色专业的产业园区，而非大而全的整体园区。

最后，北京要积极发展好生产性服务业。金融服务、现代物流、信息服务、研发及科研服务等技术、知识密集型的生产性服务业，是现代产业链、价值链和创新链的高端环节，可以有效提高生产过程不同阶段的产出价值和运行效率，其在上游（如可行性研究、风险资本、产品概念设计、市场研究等）中游（如质量控制、会计、人事管理、法律、保险等）和下游的服务活动（如广告、物流、销售、人员培训等），均可以在很大程度上提升城市的综合竞争力。目前北京在生产性服务业上有很大的优势，突出表现在北京的生产性服务业与天津、河北的制造业互有需求，具有很强的互赖性。

参考文献

[1] 埃比尼泽·霍华德. 明日的田园城市 [M]. 金经元，译. 商务印书馆，2000.

[2] 巴泽尔. 产权的经济分析 [M]. 上海：上海三联书店，上海人民出版社，1997：159.

[3] 白素霞，何弘毅. 对北京市构建“高精尖”经济结构的思考——以海淀区为例 [J]. 中国经贸导刊，2016 (3)：74 –75.

[4] 班瓦·尼米托，贾格迪胥·谢兹.《再造企业价值空间》[M]. 北京：机械工业出版社，2003.

[5] 北京、河北、天津及其他地方投入产出表来自各地统计局网站.

[6] 北京市统计局，国家统计局北京调查总队. 北京市第三次全国经济普查主要数据公报4号公报，2014.

[7] 曹贤忠，曾刚，邹琳. 长三角城市群R&D资源投入产出效率分析及空间分异 [J]. 经济地理，2015 (1).

[8] 陈延斌，程钰. 山东半岛城市群城市规模分布演变特征 [J]. 青岛科技大学学报：社会科学版，2012 (1).

[9] 陈耀. 大城市群协同发展障碍及实现机制研究 [J]. 区域经济评论，2016 (2).

[10] 陈玉光. 城市群形成的条件、特点和动力机制 [J]. 城市问题，2009 (1)：18 –22.

[11] 陈章喜，徐通. 珠三角城市群战略实施以来的效率评价 [J]. 经济地理，2011 (11).

[12] 陈钊，徐彤. 走向“为和谐而竞争”：晋升锦标赛下的中央和地方治理模式变迁 [J]. 世界经济，2011 (9)：3 –18.

[13] 成升魁. 资源综合研究问题探讨 [J]. 资源科学2000，22 (1)：1 –4.

［14］ 成媛媛．德国城市规划体系及规划中的公众参与［J］．江苏城市规划，2006（8）：45－46.

［15］ 代明，殷仪金，戴谢尔．创新理论：1912－2012——纪念熊彼特《经济发展理论》首版100周年［J］．经济学动态，2012（4）：143－150.

［16］ 方创琳，关兴良．我国城市群投入产出效率的综合测度与空间分异［J］．地理学报，2011（8）.

［17］ 方创琳．中国城市群形成发育的政策影响过程与实施效果评价［J］．地理科学，2012（3）.

［18］ 付丽娜，陈晓红，冷智花．基于超效率DEA模型的城市群生态效率研究——以长株潭“3＋5”城市群为例［J］．中国人口·资源与环境，2013（4）.

［19］ 辜胜阻，刘传江，钟水映．中国自上而下城镇化发展研究［J］．中国人口科学，1998（3）：1－10.

［20］ 顾朝林．城市群研究进展与展望［J］．地理研究，2011（5）.

［21］ 顾朝林．城市群研究进展与展望［J］．地理研究，2011，30（5）：771－784.

［22］ 顾乃华．生产性服务业对工业获利能力的影响和渠道——基于城市面板数据SFA模型的实证研究［J］．中国工业经济，2010（5）：48－58.

［23］ 郭凤城．产业群、城市群的耦合与区域经济发展［D］．长春：吉林大学，2008.

［24］ 郭先登．大国区域经济发展空间新格局下城市群基本发展样态与趋势研究［J］．经济与管理评论，2017（5）：136－145.

［25］ 国家发改委国地所课题组．中国城市群的发展阶段与十大城市群的功能定位［J］．改革，2009（9）.

［26］ 何佳艳．《北京构建“高精尖”经济结构》［J］．投资北京，2016（18）：34－36.

［27］ 胡兰，王芳．瞄准高精尖 锻造新引擎——中关村积极构建“高精尖”经济结构新思路实录［J］．中国高新区，2014（8）84－89.

［28］ 胡序威．沿海城镇密集地区空间集聚与扩散研究［J］．城市规划，1998（6）.

［29］ 江小涓．理论、实践、借鉴与中国经济学的发展——以产业结构理论研究为例［J］．中国社会科学，1999（6）：4－18.

[30] 金瓯卜. 高层高密度和快速建设新城——香港、新加坡居住区和新城建设的一些经验和问题 [J]. 世界建筑, 1982 (4): 8-11, 80.

[31] 李红锦, 李胜会. 基于 DEA 模型的城市化效率实证研究——我国三大城市群的比较 [J]. 大连理工大学学报, 2012 (3).

[32] 李金龙, 王敏. 城市群内府际关系协调: 理论阐释、现实困境及路径选择 [J]. 天津社会科学, 2010 (1): 85-89.

[33] 李京文, 吉昱华. 中国城市化水平之国际比较 [J]. 城市发展研究, 2004, 11 (3): 1-10.

[34] 李京文. 中国城市化的重要发展趋势: 城市群 (圈) 的出现及对投资的需求 [J]. 创新, 2008 (3): 5-7.

[35] 李瑞, 郭谦, 贺跻, 等. 环渤海地区城市旅游业发展效率时空特征及其演化阶段——以三大城市群为例 [J]. 地理科学进展, 2014 (6).

[36] 李胜会, 冯邦彦. 基于综合城市化的城市群效率研究——我国三大城市群的实证比较 [J]. 学术研究, 2012 (1).

[37] 李世庆. 从上海临港新城的建设实践谈"产城融合"的规划思维 [C] // 2015 中国城市规划年会. 2015.

[38] 李伟, 王明山. 对传统产业结构理论的再认识 [J]. 昆明理工大学学报, 2000 (1): 1-3, 19.

[39] 林明珠, 刘军伟. 香港新市镇开发建设透析 [J]. 上海城市管理, 2008, 17 (4): 53-55.

[40] 刘安国, 张英奎, 姜玲, 刘伟. 京津冀制造业产业转移与产业结构调整优化重点领域研究——不完全竞争视角 [J]. 重庆大学学报: 社会科学版, 2013, 19 (5): 1-7.

[41] 刘刚, 赵欣欣. 京津冀都市圈产业发展和演进趋势分析 [J]. 天津行政学院学报, 2008 (1): 64-68.

[42] 刘俊杰. 新时期粤港澳区域整合发展的若干制约因素及调控 [J]. 人文地理, 2002, 17 (4): 63-66.

[43] 刘学敏. 首都区——实现区域可持续发展的战略构想 [M]. 北京: 科学出版社, 2010.

[44] 刘耀彬, 王英, 谢非. 环鄱阳湖城市群城市规模结构演变特征 [J]. 经济地理, 2013 (4).

[45] 鲁平俊, 唐小飞, 王春国, 等. 城市群战略与资源集聚效率研究

[J]. 宏观经济研究，2015 (5).

[46] 陆大道. 京津功能定位须跨越体制门槛 [J]. 中国房地产业，2014 (11)：50 - 51.

[47] 陆大道. 我国区域发展的战略、态势及京津冀协调发展分析 [J]. 北京社会科学，(6)：5 -7.

[48] 马勇，刘军. 长江中游城市群产业生态化效率研究 [J]. 经济地理，2015 (6).

[49] 孟景伟. 构建高精尖经济结构路径研究 [N]. 北京日报，2015 - 07 -15，第6版。

[50] 孟李美. 上海临港新城产业发展模式研究 [J]. 科技和产业，2010，10 (6)：6 -9.

[51] 宁越敏，施倩，查志强. 长江三角洲都市连绵区形成机制与跨区域规划研究 [J]. 城市规划，1998 (1).

[52] 牛凤瑞，盛广耀. 三大都市密集区：中国现代化的引擎 [M]. 北京：社会科学文献出版社，2006.

[53] 潘竟虎，胡艳兴. 中国城市群"四化"协调发展效率测算 [J]. 中国人口·资源与环境，2015 (9).

[54] 庞晶，叶裕民. 城市群形成与发展机制研究 [J]. 生态经济，2008 (2).

[55] 庞瑞芝，李鹏，李爽，等. 区域技术创新网络绩效评价：基于长三角、环渤海技术创新网络的三层次分析 [J]. 产业经济研究，2013 (1)：70 -78.

[56] 饶常林. 中国地方政府合作的博弈分析：困境与消解 [J]. 北京理工大学学报：社会科学版，2014，16 (5)：59 -64.

[57] 盛世豪，郑燕伟. 浙江现象，产业集群与区域经济发展 [M]. 北京：清华大学出版社，2004.

[58] 史雅娟，朱永彬，冯德显，等. 中原城市群多中心网络式空间发展模式研究 [J]. 地理科学，2012 (12).

[59] 史育龙，周一星. 关于大都市带（都市连绵区）研究的论争及进展述评 [J]. 国际城市规划，1997 (5).

[60] 宋家泰. 城市 - 区域与城市区域调查研究——城市发展的区域经济基础调查研究 [J]. 地理学报，1980 (4).

[61] 宋欣然. 可持续发展理念在汉堡港口新城建设中的体现 [J]. 城市

建设理论研究：电子版，2013（9）.

［62］孙一飞．城镇密集区的界定——以江苏省为例［J］．经济地理，1995（3）.

［63］孙胤社．大都市区的形成机制及定界——以北京为例［J］．地理学报，1992（6）.

［64］唐建国．北京加快发展高精尖产业的路径机制研究［J］．前线，2016（12）：97－99.

［65］万庆，吴传清，曾菊新．中国城市群城市化效率及影响因素研究［J］．中国人口·资源与环境，2015（2）.

［66］王春萌，谷人旭，高士博，等．长三角经济圈产业分工及经济合作潜力研究［J］．上海经济研究，2016（5）：84－93.

［67］王纪武，张丽璐．香港新市镇建设的启示［J］．规划师，2002，18（9）：47－50.

［68］王婧，方创琳．中国城市群发育的新型驱动力研究［J］．地理研究，2011，（2）.

［69］王小鲁，樊纲．中国收入差距的走势和影响因素分析［J］．经济研究，2005（10）：24－36.

［70］王小鲁．中国城市化路径与城市规模的经济学分析［J］．经济研究，2010（10）.

［71］王宇，高晓明．城市港口区域空间的复兴——德国汉堡新城“城市空间设计”［J］．工业建筑，2016，46（2）：5－8.

［72］王玉海，何海岩．产业集群与京津冀协调发展［J］．中国特色社会主义研究，2014（4）：101－106.

［73］王玉海，刘学敏，谷潇磊．首都经济圈内涵及产业空间再造路径探讨［J］．北京社会科学，2013（1）：46－55.

［74］王玉潜，袁建文，李华编著．投入产出分析的理论与方法［M］．广州：广东高等教育出版社，2002（12）：101－105.

［75］王振坡，翟婧彤，张颖，等．京津冀城市群城市规模分布特征研究［J］．上海经济研究，2015（7）.

［76］王振坡，张颖，翟婧彤，等．京津冀城市群城市规模分布演进机理研究［J］．北京联合大学学报：人文社会科学版，2016（2）.

［77］魏守华，汤丹宁，孙修远．本地经济结构、外部空间溢出与制造

业增长：以长三角为例［J］. 产业经济研究，2015（1）：71－82.

［78］吴福象，刘志彪. 城市化群落驱动经济增长的机制研究——来自长三角16个城市的经验证据［J］. 经济研究，2008（11）.

［79］吴启焰. 城市密集区空间结构特征及演变机制——从城市群到大都市带［J］. 人文地理，1999（1）.

［80］吴群刚，杨开忠. 关于京津冀区域一体化发展的思考［J］. 城市问题，2010（1）：11－16.

［81］肖刚，杜德斌，李恒，等. 长江中游城市群城市创新差异的时空格局演变［J］. 长江流域资源与环境，2016（2）.

［82］肖金成，李忠. 促进京津冀产业分工合作的基本思路及政策建议［J］. 中国发展观察，2014（5）：14－16.

［83］肖丕楚，张建儒.《产业扩散、企业分蘖与空间再造》［J］. 当代经济科学，2004（2）.

［84］谢敏. 德国空间规划体系概述及其对我国国土规划的借鉴［J］. 国土资源情报，2009（11）：22－26.

［85］谢永琴，詹新叶. 基于DEA模型研究东北三省城市经济效率与城市化发展速度的协调性问题［J］. 特区经济，2012（11）.

［86］许强，丁帅，安景文. 中关村示范区"高精尖"产业出口竞争力研究——基于出口技术复杂度［J］. 现代管理科学，2017（9）：27－29.

［87］许学强. 我国城镇体系的演变和预测［J］. 中山大学学报：哲社版，1982（3）.

［88］严重敏，宁越敏. 我国城镇人口发展变化特点初探［G］. 人口研究论文集，上海：华东师范大学出版社，1980.

［89］杨开忠. 中国城市化驱动经济增长的机制与概念模型［J］. 城市问题，2001（3）：4－7.

［90］杨莉莉，邵帅，曹建华，等. 长三角城市群工业全要素能源效率变动分解及影响因素——基于随机前沿生产函数的经验研究［J］. 上海财经大学学报，2014（6）.

［91］杨小凯，张永生. 新兴古典经济学与超边际分析（修订版）［M］. 北京：社会科学文献出版社，2003.

［92］于洪俊，宁越敏. 城市地理概论［M］. 合肥：安徽科学技术出版社，1983.

［93］袁晓军，袁璐．基于产业结构演变的关中城市群发展效率及影响因素研究［J］．区域经济评论，2015（5）．

［94］苑清敏，申婷婷，邱静．中国三大城市群环境效率差异及其影响因素［J］．城市问题，2015（7）．

［95］张可云．区域经济政策［M］．北京：商务印书馆，2005．

［96］张曙．再现城市活力的港口改造——德国汉堡港口新城规划简评［J］．新建筑，2005（1）：28－31．

［97］张嵩，顾洁．香港新市镇建设经验和反思［J］．建筑与文化，2012（11）：77－79．

［98］张学良，李培鑫．城市群经济机理与中国城市群竞争格局［J］．探索与争鸣，2014（9）．

［99］张治河，谢忠泉，周国华，张传波．产业创新的理论综述与发展趋势［J］．技术经济，2008（1）：35－43，48．

［100］周韬．基于价值链的城市空间演化及增值机理研究［J］．技术经济与管理研究，2015（5）：115－120．

［101］周韬．空间交互视角下的长三角城市群空间溢出效应研究［J］．经济问题探索，2015（6）：97－104．

［102］周挺，张兴国．汉堡港口新城建设中的更新改造对策［J］．新建筑，2010（5）：84－87．

［103］周一星，杨齐．我国城镇等级体系变动的回顾及其省区地域类型［J］．地理学报，1986（2）．

［104］祝尔娟．“十二五”时期京津冀发展阶段与趋势特征分析［J］．经济与管理研究，2010（10）：122－128．

［105］祝尔娟．京津冀一体化中的产业升级与整合［J］．经济地理，2009，29（6）：881－885．

［106］ANSELIN L. Spatial Econometric: Methods and Models［M］. Kluwer Academic Publishers，1988：141－145.

［107］Bederman S H，Adams J S. Job accessibility and underemployment［J］. Annals of the Association of American Geographers，1974，64（3）：378－386.

［108］Carrothers G A P. Population projection by means of income potential models［J］. Papers in Regional Science，1958，4（1）：121－152.

［109］Clark C，Wilson F，Bradley J. Industrial location and economic potential in Western Europe [J]. Regional Studies, 1969, 3 (2): 197 - 212.

[110] Fujita M, Ogawa H. Multiple equilibrium and structure transition of non-monocentric urban configuration [J]. Regional Science and Urban Economics, 1982, 12 (2): 161 - 196.

[111] Geddes P. Cities in Evolution: An Introduction to the Town Planning Movement and to the Study of Civics [M]. London: Williams & Norgate, 1915.

[112] Itoh S. Geographical studies on the distance parameter of spatial interaction model: A review article [J]. Bulletin of the Faculty of Education, Kanazawa University, 1987, 36: 75 - 86.

[113] Krugman P. Increasing returns and economic geography [J]. Journal of Political Economy, 1991, 99: 483 - 499.

[114] Meijers, E J, M J Burger. Spatial Structure and Productivity in US Metropolitan Areas [J]. Environment and Planning A, 2010 (6).

[115] Nordbeck S. Computing distances in road nets [J]. Papers in Regional Science, 1964, 12 (1): 207 - 220.

[116] RALLET A, TORRE A. On geography and technology: Proximity relations in localized innovation networks. In M Steiner et al. (Eds), Clusters and regional specialization [M]. London, Pion Limited, 1998: 41 - 56.

[117] Rich D C. Concepts and Techniques in Modern Geography 26: Potential Models in Human Geography [M]. Norwich: Geo Abstracts, University of East Anglia, 1980.

[118] Singer H W. The "Courbe des Populations" A Parallel to Pareto's Law [J]. Economic Journal, 1936 (182).

[119] Taylor P J. Concepts and Techniques in Modern Geography 2: Distance Decay in Spatial Interactions [J]. Norwich: Geo Abstracts, University of East Anglia, 1975.

[120] Wang Li, Niu Wenyuan. Chinese urban potential from the perspective of resources and environment [J]. China Population, Resources and Environment, 2013, 23 (6): 96 - 102.

[121] Wilson A G. A statistical theory of spatial distribution models [J]. Transportation Research, 1967, 1 (3): 253 - 269.

[122] Wilson A G. Entropy in urban and regional modelling: Retrospect and

prospect [J]. Geographical Analysis, 2010, 42 (4): 364 - 394.

[123] Zhou Yixing, Zhang Li. China's urban economic region in the open context [J]. Acta Geographica Sinica, 2003, 58 (2): 271 - 284.

后　　记

整理完书稿，终于可以长舒一口气！

回头看看窗外的蓝天白云，秋日的京城的确是难得的透亮，老舍说：秋天一定要住北平。何况今年是新中国成立70周年大庆，空气都弥漫着喜庆的气息！

每每写完一个东西，小到一篇诗文，大到一部书稿，虽然不敢说“文章千古事”，但的确是“得失寸心知”！心里确是少有的一种舒泰！自是难免对这背后的“故事”感慨一番。而且好像是多年的积习，就是看学生的硕博士论文，看得最仔细认真的也是“后记”，总觉得严谨的科学论文难以尽书作者的心路历程。因此，对于我自己的书稿，写后记也是我最看重和最喜欢做的事情。

该从哪里说起呢？想说的太多了，尤其是当我经历了一场大病，看着自己所做的研究变成了图书，一种温热从心底里升起，这已经不是简单的感谢感恩，还有对自己的庆幸和对生命的感怀！说来也的确太不容易了，劫后余生，我还能够继续做研究，还能够把研究成果出版成为著作。这是老天对我的奖赏，这是生命对我的眷顾！我自己概括了两句话来勉励自己：要感染他人得先感动自己，先自我陶醉再和大家一起同醉！就是要站在生命的高度去审视看待自己的研究，要有真情实感，提出的研究认识应是自己的真知真觉，哪怕是自说自话，也一定是自己想说的，力戒空话套话尤其不能说假话。这便是我给本书定的标尺！

本书是对京津冀都市圈进行的针对性研究。说来也是自有一番滋味在心头，我从2005年进入北师大做博士后，就一直关注大都市的发展。也是因缘际会充满奇巧，本来自己出身于农村，但却对不太熟悉、自小没有经历过的城市充满兴趣。相比较却对农村、对反贫困、对现在的乡村振兴敬而远之，生怕因为自己太熟悉、太牵扯情感、难免深陷其中而不能自拔。就像照相需要有一定的焦距才能成像，我就想，隔着一定的距离看待城市或许能够看得更清楚些，关键是看的高度和角度。本书研究不一定准确到位，但我敢说至少是充满好奇又最为赤忱投入的。

其实这也是与我个人的努力奋斗一脉相承的。想当初考大学，最初发端于改变命运的认识，便是考大学“跳农门”，之后我的努力也是如何立足于城市，考上研究生、调来北京，我不避讳地说，这都是为了更为贴近城市、走向心中的梦想追求，与现代化和城市化携手前行。这并不是说我的研究带有功利性，而是出于自己的兴趣和本心，城里人司空见惯的一切，在我却都有点滴发现和感悟启发，而且还想从中发现一些蛛丝马迹的连贯，希冀思考总结出城市及其都市圈演进的规律。反观农村由来已久的“三农问题”，如今出现的土地撂荒乡村凋敝，看着着实让人心酸。如是，恰当地说，我一直没有忘记从农村审视城市化的发展。借用一句文学的表达，我是以农民的心灵去探知城市的性格！

这个京津冀都市圈协同发展的研究是我一直以来观察思考的总结。从当初在范围上的界定，到后来关注于内容的构成，从片面地看重产业经济，到后来着重于城市功能的塑造，从探究驱动的市场一体化动力，到辨析都市圈形成的共享资源基础，从大都市扩展到都市圈探析，再到国家战略中的都市圈布局，从国内的发展趋势，延伸到国际区域都市化的发展。可以说围绕城市及其都市圈城市群，展开了我自己关注的方方面面的研究。总括来说，主要包括两方面：一是关于区域范围的辨析；二是关于内涵机理的探究。

关于区域范围的辨析。一开始引起我关注的是1986年成立的环渤海地区市长联席会，后来在参与刘学敏教授主持的国家“十一五”科技支撑重点项目《滨海新区可持续发展模式研究》中，才辨析清楚“环渤海”概念是一个地理上的错觉。借用刘学敏教授的话说：因为“环渤海区域内的三个板块（京津冀地区、辽东半岛和山东半岛）是三个相对独立的经济体，它们是通过极不相同的路径获得发展的。”（参见《首都区：实现区域可持续发展的战略构想》，北京：科学出版社2010年版）。而我们从区域可持续发展角度研究得出的结论是，与京津冀地区联系密切的是山西中北部地区、内蒙古中西部地区以及陕西北部地区（即晋陕蒙），因为那里是京津冀地区发展的广阔腹地、能源保障和生态屏障。在后来京津冀协同发展的区域规划中，“首都区”概念及其范围并没有被采纳，想来也是从相邻行政关系的现实性和非首都功能疏解的可操作性出发吧。

关于内涵机理的探究。一开始我是从经济一体化要素自由流动实现资源有效配置的学理出发，与现实中的资源瓶颈和公共环境雾霾以及大城市病的问题相联系，探究京津冀的社会经济与资源环境的耦合机制。我在反思市场机制失灵的基础上，才搞清楚资源配置仅仅是一种交换机制，而区域联合发展不能建立在相互交换资源的市场配置基础之上。由此辨别了协同发展与协调发展，区域协调与资源配置相关，区域协同则以资源共享为基础。如此，后来在京津冀协同发展真正被作为战略提出之后，我便提出要探究资源共享下的京津冀协同发展问题，包括协同发展机制和合作共治机制两个方面。而资源共享的途径是资源整合，这便归纳出一条由资源整合到资源共享再到协同发展的思路。具体就是把京津冀三地各自专有或专属的资源整合起来，例如交通、网络、信息、基础设施、科技平台、教育资源等，都可以整合起来为三地共享。

京津冀都市圈是中国众多区域发展板块的一个典型代表。其实更具有普遍价值的是诸如长三角、珠三角、大湾区等区域发展之于中国经济发展的意义价值，这是中国经济能否持续发展的重大问题。对此，我在深入研究京津冀地区的基础上，对比国内外的区域发展及其城市群都市圈，更为明晰地意识到城市集群式发展已经是当今经济发展的大势所趋。正如美国哈佛大学教授迈克·波特所说："集群的因素支配着当今世界经济版图，它是每个国家国民经济、区域经济甚至城市经济的一个显著特征，在发达国家和发展中国家都是如此。"联系到中国的发展，改革开放以来，中国经济增长是以行政单元为主导（以省级单元为代表）的"点状"增长格局。如今这种地方政府主导的增长主义倾向，却成为土地财政、产能过剩、房地产泡沫、地方债务等问题的主要"症结"所在，成为中国经济可持续发展的瓶颈约束。因此，各地通过区域联合以获得集聚效应已成为普遍的目的，与此同时环境以及社会公共性问题的钳制也客观地提出了风险共担的要求。于是，一个以地方政府为主导、以相邻地区为对象范围、以一定城市结构为形态的城市群（都市圈）区域发展战略规划成为近年来引人注目的经济发展现象，由此我作出判断：中国经济要持续增长，就必须进行"由点到面"的跃变。以上就是这本书的主要观点。

需要着意提出来的是，本书是大家集体研究的结晶。刘学敏教授通过对环渤海地区各种研究文献及其政策主张的详细比较研究，从区域可持续发展的现实要求出发，对京津冀都市圈进行了界定；田建国博士对京津冀的产业集聚状况进行了深入研究，梳理了北京市“高精尖”产业结构的理论依据，提出了评估指标体系；宋逸群博士对京津冀协同发展机制和合作共治机制进行了深入研究，阐释了基于资源共享的共享经济机理；张鹏飞博士和郝修宇硕士对京津冀都市圈的城市结构图景，分别从传统城市空间架构和现代城市间网络关系两方面进行了深入解析，既让我们看到城市结构功能分工的关系，又让我们看到信息时代下流空间的数据关系；冯瀚钊硕士论证了资源共享—资源整合—协同发展的内容机理，并以北京城市副中心为实证对象，就资源整合途径进行了应用说明。

与此同时，需要再三提出的是对引文著者的感谢。本书的研究借鉴吸收了许多先辈及贤达学人的著述文章，我们本着对知识产权的尊重和对科学真理的敬仰，尽量在文末进行了标注，但仍挂一漏万，错误甚至权益混淆难免。请各位同仁学者见谅，如发现存有的问题，请通过各种途径指出，我定会及时修正并致歉。

最后，我们要感谢与本书研究主题相关的几个重要支持课题。北京市中国特色社会主义理论体系研究中心重大课题《大都市圈的发展与治理研究》，给我们提供了京津冀，尤其是雄安新区调研的便利，还组织专家对我们的研究成果进行了论证和完善。北京城市副中心行政办公区工程建设办委托的项目《北京城市副中心建设对通州的影响研究》，给我们提供了调研北京城市副中心及其通州区的便利，让我们能够深入实际的建设实践之中，对矫正我们的思路认识有很大的帮助。北京市统计局委托的项目——《北京市高精尖经济结构监测指标体系构建研究》，不仅让我们对高精尖有了现实的调研认识，而且无私地提供了相关的统计数据，让这个研究在很大程度上能够用数据说话。

在本书结尾，我想借用法国诗人缪塞在诗体剧作《杯与唇》中写的诗词表达我的心意：“我的杯子很小，但我是用自己的杯子喝水。”在本书中，我要努力写出自己的感知。真乃是，这一路走来的探索思索，如同饮水，冷暖自知。

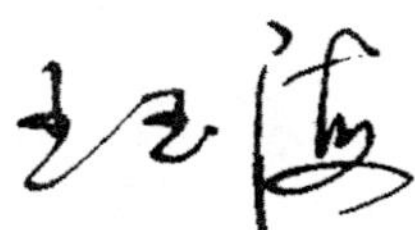

2019 年 9 月 28 日于北京师范大学京师科技大厦